Demokratie-Monitoring
Baden-Württemberg 2016/2017

Baden-Württemberg Stiftung
(Hrsg.)

Demokratie-Monitoring Baden-Württemberg 2016/2017

Studien zu Demokratie und Partizipation

Springer VS

Hrsg.
Baden-Württemberg Stiftung
Stuttgart, Deutschland

ISBN 978-3-658-23330-3   ISBN 978-3-658-23331-0 (eBook)
https://doi.org/10.1007/978-3-658-23331-0

Die Deutsche Nationalbibliothek verzeichnet diese Publikation in der Deutschen Nationalbibliografie; detaillierte bibliografische Daten sind im Internet über http://dnb.d-nb.de abrufbar.

Springer VS
© Springer Fachmedien Wiesbaden GmbH, ein Teil von Springer Nature 2019
Das Werk einschließlich aller seiner Teile ist urheberrechtlich geschützt. Jede Verwertung, die nicht ausdrücklich vom Urheberrechtsgesetz zugelassen ist, bedarf der vorherigen Zustimmung des Verlags. Das gilt insbesondere für Vervielfältigungen, Bearbeitungen, Übersetzungen, Mikroverfilmungen und die Einspeicherung und Verarbeitung in elektronischen Systemen.
Die Wiedergabe von Gebrauchsnamen, Handelsnamen, Warenbezeichnungen usw. in diesem Werk berechtigt auch ohne besondere Kennzeichnung nicht zu der Annahme, dass solche Namen im Sinne der Warenzeichen- und Markenschutz-Gesetzgebung als frei zu betrachten wären und daher von jedermann benutzt werden dürften.
Der Verlag, die Autoren und die Herausgeber gehen davon aus, dass die Angaben und Informationen in diesem Werk zum Zeitpunkt der Veröffentlichung vollständig und korrekt sind. Weder der Verlag, noch die Autoren oder die Herausgeber übernehmen, ausdrücklich oder implizit, Gewähr für den Inhalt des Werkes, etwaige Fehler oder Äußerungen. Der Verlag bleibt im Hinblick auf geografische Zuordnungen und Gebietsbezeichnungen in veröffentlichten Karten und Institutionsadressen neutral.

Verantwortlich im Verlag: Jan Treibel

Springer VS ist ein Imprint der eingetragenen Gesellschaft Springer Fachmedien Wiesbaden GmbH und ist ein Teil von Springer Nature
Die Anschrift der Gesellschaft ist: Abraham-Lincoln-Str. 46, 65189 Wiesbaden, Germany

Vorwort

Christoph Dahl und Andreas Weber

Liebe Leserinnen, liebe Leser,

innerhalb weniger Jahre hat sich die politische Kultur in den demokratisch verfassten Gesellschaften der Welt sehr stark verändert. Populistische Ideen und Herangehensweisen haben sich erschreckend schnell ausgebreitet. Die Erfolge der PiS in Polen, der FPÖ in Österreich, des Front National in Frankreich, das Brexit-Referendum in Großbritannien und die Wahl Donald Trumps zum amerikanischen Präsidenten sind besonders eindrückliche Beispiele und Zeichen für tiefgreifende Veränderungen innerhalb demokratischer Gesellschaften und der bisherigen Ordnung des politischen Systems. Deutschland war von diesem Trend lange weniger stark betroffen. Doch spätestens mit der Bundestagswahl 2017 und dem Einzug der AfD ins Berliner Parlament ist klar, dass sich die politische Kultur auch hierzulande ändert. In Baden-Württemberg hat die AfD bei der letzten Landtagswahl 2016 aus dem Stand sogar 15 Prozent erreicht.

Populisten sind weiterhin auf dem Vormarsch. Sie bieten für komplexe Fragen und vielschichtige Probleme einfache und gefällige Lösungen an, die sie in der Regel nicht faktenbasiert ableiten, sondern die häufig nur das weit verbreitete Bedürfnis der Menschen nach einfachen, emotional zugänglichen Problemzuschreibungen und Lösungen bedienen. Mehr und mehr Wählerinnen und Wähler schenken populistischen Parolen Glauben, ohne den Wahrheitsgehalt der Aussagen zu überprüfen und die Konsequenzen der angebotenen Lösungen zu überdenken.

Die Ursachen für das Erstarken des Populismus sind vielfältig und noch lange nicht in Gänze durchdrungen. Viele Erklärungsversuche wurden unternommen. Ursachen seien die zunehmende Komplexität von Zusammenhängen und die zunehmende Geschwindigkeit von Veränderungen in einer globalisierten Welt, die breiten Teilen der Gesellschaft Angst machen und sie überfordern. Auch fehlende Bürgernähe bzw. eine große Distanz zwischen der Politik und der Alltagswelt der

Bürgerinnen und Bürger sowie das bei vielen Menschen zunehmende Gefühl, von den etablierten Parteien im Parlament nicht mehr repräsentiert, sondern im Gegenteil, vom Establishment und den Regierenden verraten zu werden. Die Ausbreitung der sozialen Medien mit ihren Möglichkeiten des Scharfmachens und Überbietens von Parolen aus der weitgehenden Anonymität heraus werden ebenfalls als Gründe angeführt.

Die Äußerungen und Handlungen der populistisch agierenden Parteien und Bewegungen und der Zuspruch, den diese Gruppierungen erfahren, schockieren und beunruhigen, auch uns, die Baden-Württemberg Stiftung. Wir sind davon überzeugt, dass es zu unserer repräsentativen Demokratie keine Alternative gibt. In unserer lokal, regional, national und global pluralen Gesellschaft gibt es keine einfachen Patentlösungen. Angesichts der vielschichtigen Herausforderungen müssen unsere Politikerinnen und Politiker unter Abwägung der Vor- und Nachteile für unterschiedliche Gesellschaftsgruppen und auf der Grundlage des Grundgesetzes und weiterer Gesetze bestmögliche Lösungen suchen. Diese Entscheidungsprozesse, das Ringen um Ideen, das Beschaffen von Mehrheiten und das Aushandeln von Kompromissen sind bisweilen zäh und stellen meist nicht alle zufrieden. Solche Prozesse gehören aber untrennbar zu einer repräsentativen Demokratie, in der die Freiheit der Meinungen einer der wichtigsten Werte ist. Zu Recht lautet ein von Luther abgeleiteter Lehrsatz der Demokratie: Die Politik hat dem Volk aufs Maul zu schauen, nicht aber nach dem Mund zu reden.

Mit Maßnahmen zur politischen Bildung und Teilhabe, zur Völkerverständigung und zur Förderung von Integration möchten wir als Stiftung populistischen Strömungen entgegentreten. Wir unterstützen und finanzieren zahlreiche Projekte in diesen Themenfeldern. Besonders hervorzuheben ist dabei das 2012 initiierte Programm *„Bürgerbeteiligung und Zivilgesellschaft"*. Ziel des Programmes war es, mit verschiedenen Projekten unterschiedliche Bevölkerungsgruppen für Politik, Demokratie und Bürgerbeteiligung zu sensibilisieren und zu befähigen. Ein Schwerpunkt lag dabei auf Jugendlichen, die in Baden-Württemberg seit 2014 auf kommunaler Ebene ab 16 Jahren wählen dürfen, und auf Menschen mit Migrationshintergrund. Flankiert wurden diese Qualifizierungsprojekte durch verschiedene Forschungsprojekte zum Thema Demokratie und Bürgerbeteiligung, insbesondere durch die zwei Forschungsprogramme *„Demokratie-Monitoring Baden-Württemberg 2013/2014"* sowie *„2016/2017"* und eine Machbarkeitsstudie zur Einführung eines Beteiligungshaushaltes auf Landesebene in Baden-Württemberg.

Die Publikation fasst die Ergebnisse der vier Forschungsprojekte des Forschungsprogramms *„Demokratie-Monitoring 2016/2017"* in mehreren Beiträgen zusammen. Die Projekte beleuchten mit einer repräsentativen Bevölkerungsumfrage das Demokratieverständnis der baden-württembergischen Bevölkerung, geben mit einer lebensweltlichen Analyse Einblick in die Gruppe der AfD-Wählerinnen und -Wähler, untersuchen das Partizipationsrecht in Baden-Württemberg, unterbreiten Vorschläge zu dessen Stärkung und analysieren die Einstellung kommunaler Entscheidungsträger zur Bürgerbeteiligung.

Wir wünschen eine interessante Lektüre und neue Erkenntnisse rund um die Themen Demokratieverständnis, Populismus und Bürgerbeteiligung.

Christoph Dahl
Geschäftsführer
Baden-Württemberg Stiftung

Dr. Andreas Weber
Abteilungsleiter Bildung
Baden-Württemberg Stiftung

Inhalt

Vorwort von Christoph Dahl und Andreas Weber V
Verzeichnis der Tabellen und Abbildungen XVI

1 **Wo aber Gefahr ist, wächst das Rettende auch…**
   Demokratie ist mehr als wählen 1
   Gisela Erler
   1.1 Mit der „Politik des Gehört-Werdens" zur vielfältigen Demokratie .. 1
   1.2 Eine Stufe höher: Partizipative Gesetzgebung 3
   1.3 Die Grammatik guter Bürgerbeteiligung 3
   1.4 Mehr Demokratie durch den Zufall 5
   1.5 Die Neuentdeckung der gewählten Organe 7
   1.6 Die direkte Demokratie als Notbremse? 7
   1.7 Auf in die Zukunft… 8

2 **Bürgerbeteiligung und Zivilgesellschaft**
   Ein Programm der Baden-Württemberg Stiftung 11
   Simone Plahuta und Andreas Weber

3 **Die AfD nach der rechtspopulistischen Wende**
   Wählerunterstützung am Beispiel Baden-Württembergs 15
   Rüdiger Schmitt-Beck, Jan W. van Deth und Alexander Staudt
   3.1 Hintergrund und Fragestellung 15
   3.2 Theoretischer Rahmen und Hypothesen 18
   3.3 Daten, Instrumentierung und Analysestrategie 28
       3.3.1 Datenbasis 28
       3.3.2 Abhängige Variable 29
       3.3.3 Unabhängige Variablen 30
       3.3.4 Analysestrategie 35

3.4 Ergebnisse: Determinanten der AfD-Wahl 40
    3.4.1 Partialmodelle 40
    3.4.2 Integriertes Gesamtmodell 42
3.5 Fazit 43

4 Politische Unterstützung in Baden-Württemberg 53
Sarah Perry
4.1 Armut und politische Unterstützung in Baden-Württemberg 53
4.2 Politische Unterstützung und Ressourcen 54
4.3 Das Konzept der landespolitischen Unterstützung 58
4.4 „Bürger und Demokratie in Baden-Württemberg" 61
    4.4.1 Die erste und die zweite Welle von „Bürger und Demokratie in Baden-Württemberg" 62
    4.4.2 Die Messung und Verteilung von politischer Unterstützung in Baden-Württemberg 62
    4.4.3 Die Messung und Verteilung von Geld, Zeit und sozialen Kontakten 66
4.5 Die Determinanten von politischer Unterstützung in Baden-Württemberg 72
4.6 Mehr soziale Kontakte für das Land 80

5 Mehr Demokratie ertragen?
Eine lebensweltliche Studie der AfD-Wählerinnen und -Wähler 85
Daniel Buhr, Rolf Frankenberger und Tim Gensheimer
5.1 Die Lebenswelt-Studie im Überblick 85
    5.1.1 Fragestellung und Erkenntnisinteresse 87
    5.1.2 Theoretische Grundlagen: Politische Kultur und Lebenswelt 88
    5.1.3 Untersuchungsdesign und Auswertungsverfahren 90
    5.1.4 Die Stichprobe 93
        5.1.4.1 Rekrutierung und Datenerhebung 93
        5.1.4.2 Repräsentativität 94
        5.1.4.3 Zusammensetzung des Samples 95

6 Themen, Thesen, Argumente.
   **Die Bedeutung von politischem System, Politikfeldern und
   Beteiligungsangeboten für AfD- und Nicht-AfD-Wähler
   im Vergleich** 103
   Tim Gensheimer und Rolf Frankenberger
   6.1 Die Polity – Das politische System 103
        6.1.1 Zufriedenheit mit dem politischen System 104
        6.1.2 Unzufriedenheit 107
   6.2 Policies: Politische Themen 111
   6.3 Politics: Partizipation auf der Wissens- und Handlungsebene ... 118
        6.3.1 Die Wissensebene 118
               6.3.1.1 Ausreichend Beteiligungsmöglichkeiten 121
               6.3.1.2 Eingeschränkte Beteiligungsmöglichkeiten 122
               6.3.1.3 Zu wenige Beteiligungsmöglichkeiten 123
        6.3.2 Die Handlungsebene 124
   6.4 Fazit 126

7 **Wir wollen mitbestimmen!**
   **Argumente und Narrative für und gegen Direktdemokratie im
   Vergleich von AfD- und Nicht-AfD-Wählerinnen und Wählern** 129
   Tim Gensheimer, Daniel Buhr und Rolf Frankenberger
   7.1 Befürwortung von direkter Demokratie 132
        7.1.1 AfD-Wähler 134
        7.1.2 Nicht-AfD-Wähler 136
   7.2 Themen 137
   7.3 Skepsis gegenüber direkter Demokratie 138
        7.3.1 AfD-Wähler 139
        7.3.2 Nicht-AfD-Wähler 140
   7.4 Deliberative Demokratie 142
        7.4.1 AfD-Wähler 144
        7.4.2 Nicht-AfD-Wähler 145
   7.5 Fazit 147

8 Zwischen Mitmachen und Dagegen sein.
   Politische Lebenswelten in Baden-Württemberg 149
   Rolf Frankenberger, Tim Gensheimer und Daniel Buhr
   8.1 Politische Lebenswelten im Überblick 153
   8.2 Politische Lebenswelten im Jahr 2017 156
        8.2.1 Politikverständnisse 156

	8.2.2	Demokratieverständnis	159
8.3		Die Lebenswelt-Matrix 2017	161
8.4		Neujustierung des Lebensweltmodells: kritisch-affirmativ vs. kritisch-aversiv	168
8.5		Statt eines Fazits: Politische Lebenswelten und AfD-Sympathie	170

9 Partizipationsrecht in Baden-Württemberg.
Vorschläge zur Stärkung der Beteiligung durch das Recht 173
Volker M. Haug und Marc Zeccola

	9.1	Einleitung		173
		9.1.1	Anlass und Ziel der Untersuchung	173
		9.1.2	Untersuchungsmethode	174
		9.1.3	Partizipationsrechtsbegriff	174
		9.1.4	Abgrenzung zwischen formeller und informeller Beteiligung	175
			9.1.4.1 Formelle Beteiligung	175
			9.1.4.2 Informelle Beteiligung	175
		9.1.5	Funktionen des Partizipationsrechts	176
			9.1.5.1 Legitimationsfunktion und Akzeptanzfunktion	176
			9.1.5.2 Informations-, Transparenz- und Kontrollfunktion	177
			9.1.5.3 Ausgleichsfunktion	177
			9.1.5.4 Qualitätsfunktion	177
			9.1.5.5 Rechtsschutzfunktion	178
		9.1.6	Wesentliche Probleme des Partizipationsrechts	179
		9.1.7	Partizipationsstufen als Grundstruktur des Berichts	180
	9.2	Informationsrechte		180
		9.2.1	Bedeutung	180
		9.2.2	Bundesebene	181
			9.2.2.1 Beschränkte Aktenöffentlichkeit	181
			9.2.2.2 Jedermanns-Informationszugang (gen. Informationsansprüche)	183
		9.2.3	Landesebene Baden-Württemberg	183
			9.2.3.1 Verhältnis Umweltverwaltungsgesetz und Landesinformationsfreiheitsgesetz	185
			9.2.3.2 Informationsanspruch des LIFG	185
			9.2.3.3 Umweltinformationsanspruch	190
			9.2.3.4 Zwischenergebnis	191

	9.2.4 Besondere Informationsrechte auf kommunaler Ebene 191	
	9.2.4.1 Allgemeine Transparenzvorschriften 191	
	9.2.4.2 Veröffentlichung der Fraktionsstellungnahmen 192	
	9.2.4.3 Öffentlichkeit der beschließenden Ausschüsse 194	
	9.2.4.4 Berichtspflicht aus Gemeinderatssitzungen 194	
9.3	Anregungsrechte 196	
	9.3.1 Petition 196	
	9.3.2 Bürgerbeauftragter 197	
	9.3.2.1 Funktion und Zielsetzung 197	
	9.3.2.2 Gesetzliche Ausgestaltung 198	
	9.3.2.3 Verfahren und Kompetenzen 199	
	9.3.2.4 Ländervergleich 200	
	9.3.3 Volksantrag 201	
	9.3.4 Anregungsrechte auf kommunaler Ebene 202	
	9.3.4.1 Einwohnerversammlung 202	
	9.3.4.2 Einwohnerantrag 205	
9.4	Mitwirkungsrechte 207	
	9.4.1 Beteiligung im Verwaltungsverfahren 207	
	9.4.1.1 Frühzeitige Öffentlichkeitsbeteiligung 207	
	9.4.1.2 Umweltverwaltungsgesetz 208	
	9.4.1.3 VwV Öffentlichkeitsbeteiligung 210	
	9.4.1.4 Ländervergleich 212	
	9.4.2 Beteiligung im Gesetzgebungsverfahren 212	
	9.4.2.1 Allgemeines Beteiligungsverfahren über das Beteiligungsportal 212	
	9.4.2.2 Bürgerhaushalt 213	
	9.4.3 Beteiligungsrechte auf kommunaler Ebene 213	
	9.4.3.1 Jugendbeteiligung 213	
	9.4.3.2 Partizipations- und Integrationsgesetz 215	
9.5	Mitbestimmung durch direktdemokratische Instrumente 217	
	9.5.1 Direktdemokratische Beteiligung auf Landesebene 217	
	9.5.1.1 Das Volksbegehren 218	
	9.5.1.2 Die Volksabstimmung 219	
	9.5.1.3 Ländervergleich 220	
	9.5.2 Direktdemokratische Beteiligung auf kommunaler Ebene .. 221	
	9.5.2.1 Einordnung 221	
	9.5.2.2 Bürgerbegehren/Bürgerentscheid 222	
	9.5.2.3 Einzelfragen 223	
	9.5.2.4 Ländervergleich 226	

9.6 Vorschläge 227
    9.6.1 Beteiligungsgesetz 227
    9.6.2 Informationsrechte 228
    9.6.3 Anregungs- und Entscheidungsrechte auf Landesebene 229
        9.6.3.1 Bürgerbeauftragter 229
        9.6.3.2 Petitionsrecht 229
        9.6.3.3 Direkte Demokratie 230
    9.6.4 Partizipationsmöglichkeiten auf kommunaler Ebene 230
        9.6.4.1 Unterrichtungspflichten 230
        9.6.4.2 Einwohnerversammlung 231
        9.6.4.3 Bürgerentscheid 231
    9.6.5 Ausbau elektronischer Beteiligungsmöglichkeiten 231

10 Wie tickt der Schultes?
Politische Beteiligung aus Sicht der kommunalen Führungsspitze
in Baden-Württemberg 241
Florian Ruf, Uwe Wagschal und Eva Krummenauer
10.1 Einleitung 241
10.2 Kommunalpolitische Studien zur politischen Beteiligung 243
10.3 Demokratietheorie und repräsentative, partizipative und
     direktdemokratische Beteiligung in Baden-Württemberg 246
10.4 Individuelle und kontextuelle Erklärungsfaktoren 248
10.5 Daten und deskriptive Befunde zum Beteiligungsverhältnis
     auf lokaler Ebene 254
10.6 Operationalisierung der Daten und Analysestrategie 257
10.7 Determinanten repräsentativer, partizipativer und
     direktdemokratischer Beteiligungsmöglichkeiten 260
10.8 Fazit und Ausblick 264

11 Machtlos durch Bürgerbeteiligung?
Die Einstellung von Gemeinderäten im Kontext lokaler
Beteiligung in Baden-Württemberg 273
Florian Ruf, Eva Krummenauer und Uwe Wagschal
11.1 Einleitung 273
11.2 Lokale Beteiligung in Baden-Württemberg und deskriptive
     Befunde 275
11.3 Individuelle und kontextuelle Erklärungsfaktoren 280
11.4 Determinanten der Beteiligungsformen 283
11.5 Fazit und Ausblick 288

**12 Stimmen Sie mit Ja!
Eine qualitative Inhaltsanalyse der öffentlichen Kommunikation
zu sechs Bürgerentscheiden** 293
Eva Krummenauer, Florian Ruf und Uwe Wagschal
12.1 Einleitung 293
12.2 Gliederung 294
12.3 Öffentlicher Diskurs und Akteure der Direktdemokratie 294
12.4 Fallauswahl, Datenquellen und Datenanalysemethode 297
12.5 Advocacy Coalition Framework und Framing-Ansatz 301
12.6 Kommunikationsanalyse 305
    12.6.1 Zentrale Akteure und ihre wichtigsten
    Überzeugungsstrategien 305
    12.6.2 Interviewerkenntnisse 307
    12.6.3 Überprüfung der Hypothesen 309
    12.6.4 Wesentliche Erkenntnisse und
    Generalisierungsmöglichkeiten 310
12.7 Fazit 311
12.8 Anhang 312

Die Autorinnen und Autoren 323

Verzeichnis der Tabellen und Abbildungen

Tabellen

Tab. 1	Determinanten der AfD-Wahl	37
Tab. 2	Beschreibung der Variablen	46
Tab. 3	Landespolitische Objekte und ihre Unterstützungsformen	61
Tab. 4	Dimensionalität der politischen Unterstützung in Baden-Württemberg 2016/17	66
Tab. 5	Determinanten von politischer Unterstützung in Baden-Württemberg 2016/17	77
Tab. 6	Zufriedenheit mit dem politischen System	104
Tab. 7	Unzufriedenheit mit dem politischen System	108
Tab. 8	Befürwortung von direkter Demokratie	132
Tab. 9	Skepsis gegenüber direkter Demokratie	138
Tab. 10	Befürwortung von deliberativer Demokratie	143
Tab. 11	Befürwortung von direkter und deliberativer Demokratie	147
Tab. 12	Politikverständnisse	158
Tab. 13	Demokratiebegriffe	160
Tab. 14	Politische Lebenswelten der Studie 2017	161
Tab. 15	Übersicht der Datengrundlage von Kommunalbefragungen in Deutschland	244
Tab. 16	Grundgesamtheit und Umfrageteilnehmer nach Gemeindegrößenklasse	258
Tab. 17	Marginale Effekte der fractional multnomial logit nach Beteiligungsform – Kontext- und Individualebene	262
Tab. 18	Marginale Effekte der fractional multinomial logit nach Beteiligungsformen	284
Tab. 19	Übersicht Untersuchungsfälle	312
Tab. 20	Codebuch der qualitativen Inhaltsanalyse und Ankerbeispiele	314

Abbildungen

Abb. 1	Hypothesen zur AfD-Wahl im „Trichter der Kausalität"	19
Abb. 2	Politische Unterstützung in Baden-Württemberg	65
Abb. 3	Haushaltseinkommen nach Geschlecht, Migrationshintergrund bzw. Staatsangehörigkeit, Bildung und beruflichem Anforderungsniveau	68
Abb. 4	Zeit nach Geschlecht, Staatsangehörigkeit, Bildung und beruflichem Anforderungsniveau	69
Abb. 5	Vereins- und Organisationensaktivitäten nach Geschlecht, Migrationshintergrund bzw. Staatsangehörigkeit, Bildung und beruflichem Anforderungsniveau	71
Abb. 6	Politische Unterstützung in Baden-Württemberg nach Geld, Zeit und sozialen Kontakten	73
Abb. 7	Politische Unterstützung in Baden-Württemberg nach Geschlecht, Staatsangehörigkeit, Bildung und beruflichem Anforderungsniveau	75
Abb. 8	Interaktionseffekt von Bildung und soziale Kontakte auf politische Unterstützung in Baden-Württemberg (vorhergesagte Werte)	80
Abb. 9	Alterskategorien – Verteilung in der Stichprobe und in Baden-Württemberg (Stichtag 31.12.2016) (in %)	96
Abb. 10	Wohnorte der Befragten nach Postleitzahl	96
Abb. 11	Allgemeine Schulausbildung – Verteilung in der Stichprobe und in Baden-Württemberg (in %)	97
Abb. 12	Haushaltsnettoeinkommen im Monat – Verteilung in der Stichprobe und in Baden-Württemberg (Stichtag 2013) (in %)	98
Abb. 13	Subjektive Schichtzugehörigkeit – Verteilung in der Stichprobe (in %)	99
Abb. 14	Zufriedenheit mit dem politischen System. Top 5 Nennungen im Vergleich	105
Abb. 15	Unzufriedenheit mit dem politischen System. Top-5 Nennungen im Vergleich	108
Abb. 16	Politische Themen. Top-10 Nennungen im Vergleich	112
Abb. 17	Aktiv genannte Beteiligungsmöglichkeiten	119
Abb. 18	Beurteilung der Vielfalt von Partizipationsmöglichkeiten	120
Abb. 19	Politisches und soziales Engagement im Vergleich	125
Abb. 20	Barrieren bezüglich Engagement	126
Abb. 21	Übersicht über direktdemokratische Entscheidungsverfahren	130
Abb. 22	Bewertung der direkten Demokratie	131

Tabellen und Abbildungen

Abb. 23	Befürwortung von direkter Demokratie. Top-5 Nennungen im Vergleich	133
Abb. 24	Themen für direkte Demokratie. Top-5 Nennungen im Vergleich	137
Abb. 25	Skepsis gegenüber direkter Demokratie. Top-5 Nennungen im Vergleich	139
Abb. 26	Befürwortung von deliberativer Demokratie. Top-5 Begründungen im Vergleich	144
Abb. 27	Lebenswelten 2013/14	156
Abb. 28	Lebenswelten 2017	163
Abb. 29	Die Lebenswelt-Typologie 2017	169
Abb. 30	Schieberegler als Erfassungsinstrument politischer Prioritäten	254
Abb. 31	Boxplot für das erwünschte Verhältnis der Beteiligungsmöglichkeiten in der Gemeinde	255
Abb. 32	Präferenzen für die Beteiligungselemente nach Parteizugehörigkeit der Bürgermeister	256
Abb. 33	Präferenzen der Gemeinderäte für Beteiligung der Bürger	276
Abb. 34	Liniendiagramm der Beteiligungsformen nach Parteizugehörigkeit der Ratsmitglieder für CDU, FW, SPD, Grüne und Sonstige	278
Abb. 35	Liniendiagramm der Beteiligungsformen nach Parteizugehörigkeit der Ratsmitglieder für FDP, Linke, Grün-Alternative und AfD	279
Abb. 36	Liniendiagramm der Beteiligungsformen nach Mehrheitszugehörigkeit der Ratsmitglieder	280

Wo aber Gefahr ist, wächst das Rettende auch... 1

Demokratie ist mehr als wählen[1]

Gisela Erler

1.1 Mit der „Politik des Gehört-Werdens" zur vielfältigen Demokratie

Die Proteste rund um Stuttgart 21 waren nicht nur eine der Ursachen für den epochalen Regierungswechsel zu Grün-Rot in Baden-Württemberg im Jahr 2011. Sie waren auch eine Schocktherapie für die Erneuerung der Demokratie in ganz Deutschland. Überall fragten sich Bürgermeister und Verwaltungen, aber auch Landesregierungen und sogar die Bundesregierung: Was können wir tun, um in Zukunft solche politischen Erschütterungen bei Infrastrukturvorhaben zu verhindern? Stand doch der Bau neuer Stromtrassen und Windräder, der durch die Energiewende nötig wurde, im Raum, gefolgt von der Notwendigkeit, Städte im Innern zu verdichten oder neue Gewerbeflächen auszuweisen. Hinzu kam schließlich die Flüchtlingskrise, die ganz grundsätzliche Fragen aufwarf und die bis heute viele Bürger in Erregung versetzt. Dabei wurde insgesamt immer deutlicher, dass sich sehr viele Menschen nicht mehr damit zufriedengeben, einmal in vier oder fünf Jahren zur Wahlurne zu gehen. Sie wenden sich entweder ganz von der Politik ab, um sich dann eventuell populistischen Einfachlösungen zuzuwenden – oder sie fordern neben den Wahlen Volksabstimmungen „wie in der Schweiz", um ihrem Unbehagen Ausdruck verleihen zu können.

Viele Kommunen in Deutschland hatten sich bereits seit den 90er Jahren auf den Weg gemacht, um zunächst bei Planung und Stadtentwicklung die Bürger aktiv einzubinden – es wurden Leitlinien entwickelt, runde Tische und Bürgerversammlungen abgehalten, Masterpläne mit Bürgern konzipiert. Dennoch führte die

---

1 Nachdruck aus Fücks, R. und Th. Schmid, Hrsg. 2018. *Gegenverkehr. Demokratische Öffentlichkeit neu denken.* 71–85. Tübingen: Klöpfer & Meyer. Der Nachdruck erfolgt mit freundlicher Genehmigung des Verlags Klöpfer & Meyer.

© Springer Fachmedien Wiesbaden GmbH, ein Teil von Springer Nature 2019
Baden-Württemberg Stiftung (Hrsg.), *Demokratie-Monitoring Baden-Württemberg 2016/2017*, https://doi.org/10.1007/978-3-658-23331-0_1

Bürgerbeteiligung bei der Planung eher ein Schattendasein. Denn im öffentlichen Diskurs und gerade auch bei der organisierten Zivilgesellschaft stand sie im Verdacht, nur eine Ersatzlösung für echte Mitbestimmung zu sein, ein Placebo zur Besänftigung von Wutbürgern. In gewisser Weise nahmen Bürgerinitiativen für sich in Anspruch, allein die Bürger zu vertreten. Zudem fehlte auf Landes- und Bundesebene jede institutionelle Verankerung von Beteiligung jenseits der engen förmlichen Beteiligung in Planungsverfahren. In der juristisch geprägten Verwaltungskultur sah man in der Regel keinen Sinn darin, informelle Beteiligungsprozesse zu fördern. Man sträubte sich gegen diese Ergänzung mit dem Argument, dies schaffe überflüssigen Ballast, der die Dinge nur verlangsame. „Schlafende Hunde" solle man besser nicht durch zu viel Transparenz wecken – obwohl doch immer deutlicher wurde, dass mangelnde Offenheit den Widerstand erst recht anfachte und zur Verbitterung vieler Menschen beitrug. Der schlafende Hund auf Bürgerseite erwies sich, einmal geweckt, immer öfter als bissiger Wachhund.

Mit der von Winfried Kretschmann geführten Landesregierung in Baden-Württemberg kam es dann zu einer qualitativen Veränderung in diesem Gefüge: Durch die Schaffung des Amts einer Staatsrätin für Zivilgesellschaft und Bürgerbeteiligung in meiner Person, die zugleich stimmberechtigtes Kabinettsmitglied ist, wurde die Thematik der Bürgerbeteiligung erstmals auf der Ebene einer Landesregierung in einer Staatskanzlei verankert und höher platziert sowie mit mehr realem Einfluss ausgestattet als irgendwo sonst in Europa. Das Motto der „Politik des Gehört-Werdens" wurde zur Maxime auf allen Politikfeldern, das Prinzip der Augenhöhe im Umgang mit Bürgern wurde als Prinzip handlungsleitend. Orientierung dafür gaben eine Verwaltungsvorschrift und ein Leitfaden für die Landesverwaltung, entwickelt in engem Austausch mit Behörden und Zivilgesellschaft. Dieses Regelwerk wurde fortan bei allen Planungen des Landes, etwa beim Hochwasserschutz, angewandt, aber auch bei Projekten des Bundes im Autobahn- und Fernstraßenbau oder bei der Verlegung neuer Stromtrassen. Mit Erfolg – immer seltener kommt es seitdem zu unversöhnlichen Frontstellungen.

Diese neuen Methoden blieben zudem nicht auf die Landesverwaltung beschränkt. Auch in den Kommunen schossen Beteiligungsprojekte zu vielen Themen aus dem Boden, nicht zuletzt getrieben durch mehrere landesweite Wettbewerbe. Hunderte Verfahren fanden statt, fließende Übergänge vom Bürgerengagement im Sozialbereich zur Mitgestaltung des kommunalen Gemeinwesens bildeten sich heraus. Das Land summt und brummt vor Beteiligung auf immer mehr Themenfeldern, die von der Jugendarbeit bis zur Gesundheitspolitik und dem Zusammenleben mit Flüchtlingen reichen.

Baden-Württemberg war schlagartig ein Reallabor für die Weiterentwicklung von Demokratie geworden. Im Lauf der Jahre entstand so ein neues umfassendes

Konzept für eine handlungsfähige Demokratie. In enger Zusammenarbeit mit zahlreichen Wissenschaftlern und zwei Stiftungen, der Bertelsmann Stiftung und der Baden-Württemberg Stiftung, wurde deutlich: Ja, viele Menschen wünschen sich mehr direkte Demokratie bei Abstimmungen. Aber es besteht ein ebenso ausgeprägter Wunsch nach Mitsprache und Mitgestaltung am Gemeinwesen, auch wenn die Beteiligten dabei letztlich nicht entscheiden können, was am Ende verwirklicht wird. Eben diese dialogische Bürgerbeteiligung, oft gerade von kritischen Bürgern und Initiativen der Alibifunktion verdächtigt, ist heute eindeutig das wichtigste Instrument für eine neue Art der Diskussionskultur, für eine qualitativ neue Beziehung von Bürger, Verwaltung und Politik. Sie ist das dritte Standbein der Demokratie und das wirkungsvollste gestaltende Werkzeug für Bürger im politischen Alltag – denn Volks- oder Bürgerentscheide bilden stets die Ausnahme, und Wahlen finden nur alle paar Jahre statt.

1.2 Eine Stufe höher: Partizipative Gesetzgebung

Bürgerbeteiligung in Baden-Württemberg ist im Übrigen nicht mehr auf konkrete Einzelvorhaben begrenzt. Inzwischen entsteht eine partizipative Gesetzgebung.

Dabei werden einerseits auf dem Beteiligungsportal des Landes (www.beteiligungsportal-baden-wuerttemberg.de) alle Gesetzentwürfe den Bürgern per Internet zur Kommentierung unterbreitet. Das Interesse an solcher Kommentierung ist meist nicht sehr hoch, allerdings schätzen die Bürger die dadurch entstandene Transparenz sehr. Doch die Königsdisziplin solcher Beteiligung ist die „Konsultation" – die Einbeziehung von Bürgerinnen und Bürgern schon in die Ideenfindung für ein geplantes Gesetz. So wurde zum Beispiel das Klimaschutzkonzept, das aus mehr als 100 Einzelmaßnahmen besteht, gemeinsam mit der organisierten Zivilgesellschaft, mit zufällig ausgewählten Bürgerinnen und mit Experten entwickelt. Auch das zunächst kontroverse Psychisch-Kranken-Hilfe-Gesetz wurde auf diesem Wege unerwartet harmonisch auf den Weg gebracht und verabschiedet.

1.3 Die Grammatik guter Bürgerbeteiligung

Der Weg zu Wirksamkeit und Augenhöhe führt allerdings nur über die gut gemachte Bürgerbeteiligung – sonst kann es in der Tat zu Enttäuschungen kommen. Wie aber sieht diese Beteiligung aus?

Der Leitfaden der Landesverwaltung setzte Maßstäbe und führte Methoden ein, die teilweise wegweisend waren. Neu war die Schaffung eines verbindlichen Handlungsrahmens für eine Landesverwaltung. Mit dem Leitfaden war nicht beabsichtigt, in Zukunft alle Bürger dazu zu bewegen, strittige Projekte voll zu akzeptieren. Jürgen Habermas hatte mit dem Konzept der Deliberation zwar genau dies gefordert: Augenhöhe bis zum vollen Konsens.

In Baden-Württemberg ging es aber zunächst darum, die „Legitimität durch Verfahren" (wieder) herzustellen – zu Deutsch: alle Akteure, auch die Kritiker, sollten am Ende wenn nicht den Inhalt, so zumindest den Entscheidungsweg bei einem Projekt nachvollziehen und respektieren können. Das bedeutet zum einen: umfassende Information – was Behörden oft sehr schwerfällt. Zum anderen und am wichtigsten: sehr frühe Beteiligung, möglichst bevor Pläne gezeichnet und genaue Festlegungen, zum Beispiel über einen Trassenverlauf, getroffen werden. Für gute Beteiligung braucht es Handlungsspielräume – je größer diese sind, umso geringer ist das Konfliktpotential. Wenn es aber keine Handlungsoptionen gibt, ist Beteiligung sinnlos – dann braucht es stattdessen gute Informationen und Begründungen.

Entscheidend ist ferner, was mit den Ergebnissen von Beteiligung geschieht. Es muss für die beteiligten Akteure zeitnah erkennbar sein, ob ihre Anregungen aufgegriffen werden. Und wenn das nicht geschieht, haben die Bürger ein Recht, die Gründe dafür zu erfahren. Bürger erwarten keineswegs, dass alle ihre Vorschläge realisiert werden – aber sie erwarten Antworten und solide Begründungen. Die Rollenverteilung zwischen Beratung durch die Bürger und Letztentscheidung muss dabei stets völlig klar sein. Es muss aber auch der klare Wille der Entscheidungsgremien erkennbar sein, Vorschläge wenn möglich aufzugreifen und zu verwirklichen.

Keinesfalls dürfen nur organisierte Kritiker oder Befürworter eingebunden werden. Es wird vielmehr zu Beginn eine kleine Begleitgruppe potenziell Betroffener gebildet – das können neben Meinungsführern auch Eltern sein, Landfrauen, Jugendliche, Geschäftsleute. Diese Gruppe legt dann nicht Inhalte fest, sondern plant gemeinsam, wie das Verfahren aussehen soll – und zwar über den gesamten Zeitverlauf hinweg. Für Außenstehende mag das ziemlich technokratisch klingen. Aber: Dass gemeinsam mit Bürgern und Verwaltung von vornherein entschieden wird, wann welche Veranstaltungen stattfinden, welche Informationen wo veröffentlicht und welche Gutachten angefordert werden – genau dieses Verfahren schafft Vertrauen bei Bürgern und Öffentlichkeit. Es bringt aber auch den Behörden Sicherheit. Ein hoher Beamter in Nordrhein-Westfalen, der nach der Methode Baden-Württembergs arbeitet, brachte es auf einer Tagung der von der Bertelsmann Stiftung geförderten bundesweiten „Allianz vielfältige Demokratie" im Januar 2018 so auf den Punkt: Genau mit diesem Vorgehen könne er schneller planen, habe weniger Klagen und größere Rechtssicherheit. Die üblichen Sorgen vor unnötiger Verzögerung seien völlig unbegründet, das genaue Gegenteil sei der Fall. Eine mehrere Kilometer lange neue Autobahnstrecke hätte er anders kaum verwirklichen können.

Nicht immer wird das Urteil so überschwänglich ausfallen, doch das neue Instrumentarium erhöht in der Tat meist die Effizienz für Planer – aber auch für die engagierten Bürger. Auf diese Art wurde in Baden-Württemberg 2016 der Standort für eine höchst umstrittene neue Justizvollzugsanstalt in Rottweil gefunden, abgesegnet durch einen Bürgerentscheid. Bei vielen anderen Projekten konnte ziemlich geräuschlos geplant und genehmigt werden, etwa im Jahre 2017 bei der Stromtrasse Südlink, die in anderen Bundesländern zu heftigen Konflikten geführt hat.

Die Einbindung von Bürgern kann übrigens auch zu mehr Eleganz und geringeren Kosten führen – so etwa bei einem komplexen Fernstraßenprojekt an der Bundesstraße 27 bei Tübingen: Bürger haben mit Erfolg eine ganz andere Lösung gefunden als die, die zuvor das Regierungspräsidium entwickelt hatte.

1.4 Mehr Demokratie durch den Zufall

Ein Vorbehalt gegenüber der Bürgerbeteiligung lautet häufig, dabei könnten nur die sogenannten Worteliten ihre Interessen einbringen, und das sei kein legitimierter Ausdruck von Bürgerinteressen. Das gilt generell für alle Protestbewegungen – was jedoch nichts daran ändert, dass sie für eine lebendige Demokratie unverzichtbar sind.

Dennoch stimmt es tatsächlich, dass sich viele Bevölkerungsgruppen, nicht zuletzt Frauen, für die Bürgerbeteiligung kaum erwärmen können. Darauf gibt es eine interessante politische Antwort: Man bildet, wie das in Baden-Württemberg inzwischen geschieht, Gremien von zufällig ausgewählten Bürgern. Diese sind dann entsprechend der Bevölkerung zu gleichen Teilen mit Frauen und Männern besetzt, aber auch mit Jüngeren und Älteren. Nicht alle, die angeschrieben werden, kommen tatsächlich. Aber es bildet sich dennoch eine viel wirklichkeitsnähere Zusammensetzung heraus als etwa bei Bürgerversammlungen.

Das Land fördert gegenwärtig nach diesem Modell „Nachbarschaftsgespräche" vor allem in Brennpunktvierteln. Einwohner, auch solche, die keine Stimmbürger sind, kommen mit konkreten Anliegen hierher. Es wird dann versucht, rasch Abhilfe zu schaffen, etwa bei unsicheren Kreuzungen, dunklen Angsträumen oder kaputtem Spielgerät. Die Gruppe trägt ihre Forderungen selbst im Gemeinderat vor. Dies ist Ausdruck von Wertschätzung, von „Responsivität" der Politik, wie sie etwa der Soziologe Hartmut Rosa fordert. Der Austausch nicht nur mit der Verwaltung, sondern auch direkt mit den gewählten Vertretern verstärkt bei den Betroffenen das Gefühl von Einflussnahme und „Gehört-Werden", vor allem, wenn die Verwaltung zeitnah reagiert. Selbstwirksamkeit wirkt gegen das verbreitete Gefühl von Ohnmacht. Sie ist sicher kein Allheilmittel gegen die innere Abwanderung in demokratiefeindliche Milieus, aber sehr wohl ein mögliches Gegenmittel. Regelmäßig finden sich in solchen neuen Gruppen auch Personen, die sich längerfristig engagieren und, ähnlich wie Bürgerinitiativen, neuen Nachwuchs für Gemeinderäte bilden. Solche zufällig ausgewählten Gremien sind in den letzten Jahren auch international verstärkt in den Blick geraten. In Vorarlberg in Österreich sind sie als Bürgerräte sogar verfassungsmäßig verankert. In Irland gibt es die citizens assembly, die jeweils zu einer Fragestellung für ein Jahr zufällig ausgewählt wird und die sich mit Fragen der Verfassung befasst.

Der Landtag von Baden-Württemberg beschloss im Herbst 2017 zum höchst umstrittenen Thema der Abgeordnetenversorgung im Alter nicht nur eine Expertenkommission, sondern auch die Schaffung eines Bürgerforums mit 25 zufällig ausgewählten Mitgliedern. Diese haben nach umfangreichen Kontakten mit Abgeordneten und Experten mehrere Versorgungsmodelle vorgeschlagen, welche nun mit in die Entscheidung des Parlaments einfließen.

Noch vor wenigen Jahren war der Gedanke, zufällig ausgewählte Personen könnten sinnvolle Vorschläge unterbreiten, eher exotisch. Man befürchtete, damit würde die Autorität von gewählten Parlamentsabgeordneten untergraben. Der belgische Autor David von Reybrouck hat indes in seinem Buch „Gegen Wahlen: Warum Abstimmen nicht demokratisch ist" sogar die Abschaffung von Wahlen gefordert. Man solle stattdessen die Mitglieder der Regierung jeweils für nur eine Legislaturperiode auslosen. Das stößt bei vielen Intellektuellen auf Sympathie, beruft sich der Autor doch auf die athenische Demokratie. Unser Ansinnen ist das aber keineswegs. Es geht uns um eine Ergänzung der parlamentarischen Entscheidungsfindung durch Ansichten von Bürgerinnen und Bürgern, die sich zuvor gründlich informiert und ausgiebig debattiert haben.

Inzwischen stößt dieser Gedanke auf breite Zustimmung. Denn seit der Wiederauferstehung des Nichtwählers als rechter Protestwähler ist die Bereitschaft von Politikern aller Parteien drastisch gewachsen, „Normalbürgern" auch außerhalb von Wahlen ernsthaft zuzuhören. Wer wiedergewählt werden möchte, tut gut daran, sich sehr konkret auch mit Meinungen jenseits seines eigenen Milieus zu befassen. Doch für fundierte sachliche Gespräche fehlen einfach die Gelegenheiten. In der Bevölkerung gibt es aber trotz aller Polarisierung eine gewisse Sehnsucht nach dem respektvollen Dialog und dem Austausch echter Informationen. Man muss nur einen Rahmen dafür schaffen – jenseits von Parteiversammlung und offener Bürgerversammlung.

1.5 Die Neuentdeckung der gewählten Organe

Lange waren Bürgerbeteiligungsverfahren vornehmlich Projekte der Verwaltung. Die gewählten Räte blieben dagegen weitgehend am Rande und fühlten sich oft auch so. Dabei sind sie es, die letztlich über die Verwirklichung oder Ablehnung von Bürgerwünschen entscheiden. Im Rahmen der vielfältigen Demokratie wird nun gerade die notwendige Verknüpfung der Beteiligungsformate mit der repräsentativen Politik neu entdeckt. Immer öfter werden Beteiligungsverfahren direkt vom Gemeinderat in Auftrag gegeben. Viele Gemeinderäte haben Leitlinien verabschiedet, die die Aufgaben und Rollen bei der Beteiligung klären. Hier spielt etwa Heidelberg seit langem eine führende Rolle. Andernorts gibt es oft noch ein Nebeneinander von Beteiligung, Verwaltung und Politik. Doch bei der Ertüchtigung der Demokratie geht es eben nicht nur um das empowerment von Bürgerinnen und Bürgern, sondern auch darum, dass die Bürger die Aufgaben der Abgeordneten besser verstehen. Wie auch umgekehrt. Dafür ist Begegnung nötig.

1.6 Die direkte Demokratie als Notbremse?

Die große Mehrheit der Bürger in Deutschland befürwortet heute eine Ausweitung der direkten Demokratie.

Das große Problem der direkten Demokratie besteht aber darin, dass hier komplexe Fragen auf die Alternative Ja oder Nein reduziert werden und dass gerade in Fragen von Ausländerpolitik und nationaler Souveränität Populisten solche Themen oft kapern – wie es ja in der Schweiz, Ungarn oder Großbritannien zu beobachten ist. Je höher die politische Ebene, desto größer wird diese Gefahr.

Dennoch sind direktdemokratische Abstimmungen ein wichtiges Instrument, um Bürgerforderungen tatsächlich durchzusetzen. Sie können Politik und Verwaltungen zwingen, Planungen zu revidieren oder aufzugeben. In Berlin und Hamburg, aber auch in Bayern (Olympia) hat sich das Instrument schon öfter als scharfes Schwert erwiesen. In Baden-Württemberg hat der Landtag 2015 die Hürden für Volksabstimmungen und Bürgerentscheide auf lokaler Ebene deutlich gesenkt, und zwar auf ein Abstimmungsquorum von nunmehr 20 Prozent. Dass dabei auch die Bauleitplanung in den Kommunen teilweise für Bürgerentscheide geöffnet wurde, kritisieren viele Oberbürgermeister und Bürgermeister heftig. Denn sie befürchten, dass dadurch aus ihrer Sicht notwendige Projekte verhindert werden. Die Logik der direkten Demokratie ist in der Tat eine völlig andere als bei der „Politik des Gehört-Werdens". Bei der Beteiligung entscheidet zwar letztlich die Politik. Es zählt jedoch das fachlich-sachliche Argument, das auch zu Kompromissen führen kann. Bei der Abstimmung dagegen gilt erbarmungslos und bisweilen tatsächlich ohne Rücksicht auf Fakten die Mehrheit – was die Verlierer oft verbittert zurücklässt. In sehr vielen Fällen müsste es freilich gar nicht erst zu Abstimmungen kommen, wenn Politik und Verwaltung nur fähig wären, Kritikern aufmerksam zuzuhören, Alternativen ernsthaft zu prüfen und Pläne zu ändern, sofern die Sachargumente dafür stichhaltig sind. Mit dieser Methode hätte sich zum Beispiel das Debakel um Stuttgart 21 wahrscheinlich verhindern lassen.

Immer öfter entwickeln sich inzwischen auch hybride Formen: Zunächst eine intensive Beteiligung, die dann in einen Bürgerentscheid mündet. Das lässt sich auch mit neuen digitalen Verfahren verknüpfen. So führt gerade Boris Palmer, der quirlige Oberbürgermeister von Tübingen, gemeinsam mit dem Gemeinderat der Stadt eine App ein, die Abstimmungen zu strittigen Themen ermöglicht. Vorher wird umfangreich informiert und diskutiert. Mit dieser App sollen gerade auch junge Menschen und Migranten erreicht werden. Ein lohnender Versuch.

1.7 Auf in die Zukunft…

Abstimmungen und Proteste sind (fast) immer rückwärtsgewandt – sie verteidigen einen Zustand gegen Neuerungen. Das mag angemessen sein oder nicht. Es ist aber ganz klar, dass Kommunen, Regionen und Staaten vor allem die Zukunft gestalten müssen: Verkehrswende, industrielle Transformation, Migration, Europa. Es geht also darum, die Menschen zurückzuholen in die Zukunft, und zwar durch Beteiligung an grundsätzlichen, vorwärts gerichteten Fragen. Deswegen wird die Landesregierung 2018 einen großen Europadialog auch mit Zufallsbürgern führen, sowie einen großen zivilgesellschaftlichen Dialog zur Zukunft von Verkehr und Mobilität anstoßen, in Ergänzung zu Expertenforen. Ziel sind konkrete Handlungsperspektiven. Es geht darum, die Menschen zu gestaltenden Teilhabern und Teilnehmern dieser Transformationen zu machen. Mit einer solchen neuen demokratischen Vielfalt hat unser offenes Wirtschafts- und Demokratiemodell vielleicht tatsächlich eine Chance gegenüber den neuen autoritären Versuchungen weltweit.

Winfried Kretschmann hält mit seiner ganzen Landesregierung unbeirrt am Kurs der „Politik des Gehört-Werdens" und der Fortentwicklung der Demokratie fest. Das geht nicht ohne Rückschläge ab. 2013 etwa haben sich die rund um den geplanten Nationalpark im Schwarzwald gelegenen Dörfer trotz intensiver Bürgerbeteiligung in einer „wilden" Abstimmung mit mehr als 70 Prozent gegen das Projekt gestellt. Der Weg der Demokratie ist nun einmal kein geradliniger.

Es wäre zu wünschen, dass es in Zukunft überall in Europa nationale Konvente zur Zukunft Europas gibt, wie es Frankreichs Staatspräsident Emmanuel Macron angeregt hat. Baden-Württemberg hat in immerhin zwei Koalitionen diese Ideen in Deutschland und Europa spürbar mit vorangebracht.

Literatur

Allianz vielfältige Demokratie und Bertelsmann Stiftung. 2017. *Mitreden, mitgestalten, mitentscheiden. Fünf Impulse zur Erneuerung demokratischer Beteiligung.* Gütersloh.
Baden-Württemberg Stiftung, Hrsg. 2015. *Demokratie-Monitoring Baden-Württemberg 2013/2014. Studien zu Demokratie und Partizipation.* Wiesbaden: Springer VS.
Beteiligungsportal Baden-Württemberg (kein Datum). Von http://beteiligungsportal.baden-wuerttemberg.de abgerufen
Diener, Peter C. 2002. *Die Planungszelle: Der Bürger als Chance.* Opladen: Westdeutscher Verlag.
Heinrich-Böll-Stiftung. Hrsg. 2013. *Experiment Bürgerbeteiligung. Das Beispiel Baden-Württemberg* (Schriften zur Demokratie, Bd. 32). Berlin.
Nanz, Patrizia und Claus Leggewie. 2016. *Die Konsultative: Mehr Demokratie durch Bürgerbeteiligung.* Berlin: Klaus Wagenbach Verlag.
Rosa, Hartmut. 2016. *Resonanz. Eine Soziologie der Weltbeziehung.* Berlin: Suhrkamp Verlag.
Van Reybrouck, David. 2016. *Gegen Wahlen: Warum Abstimmen nicht demokratisch ist.* Göttingen: Wallstein Verlag.
Vehrkamp, Robert und Christina Tillmann. 2014. *Vielfältige Demokratie. Kernergebnisse der Studie „Partizipation im Wandel – Unsere Demokratie zwischen Wählen, Mitmachen und Entscheiden".* Gütersloh.

Bürgerbeteiligung und Zivilgesellschaft
Ein Programm der Baden-Württemberg Stiftung

2

Simone Plahuta und Andreas Weber

Gesellschaften verändern sich laufend. Deshalb ist es erforderlich, dass wir auf der Basis des demokratischen Grundkonsenses immer wieder darüber nachdenken, ob und wie sich die konkrete Ausgestaltung von Demokratie weiterentwickeln kann und sollte.

Politische Beteiligung über die reine Wahlhandlung hinaus ist für eine Demokratie unverzichtbar und es besteht mittlerweile ein breiter Grundkonsens, dass weitere Formen der politischen Bürgerbeteiligung immer wichtiger werden. Die Gründe hierfür sind vielfältig: Zum einen steigt bei vielen Bürgerinnen und Bürgern der Wunsch, in die Entscheidungen, die ihr Leben berühren, direkter und unmittelbarer einbezogen zu werden. Gleichzeitig führen die zunehmende Komplexität politischer Entscheidungen und die für die Bürgerinnen und Bürger manchmal schwer nachvollziehbaren Zuständigkeiten zwischen Brüssel, Berlin, Land und Kommune zu einem Gefühl der zunehmenden Distanz zwischen Politik und Bürgern und zu einem Legitimationsdefizit von politischen Entscheidungen und Politikern. Bürgerbeteiligung kann und soll dazu beitragen, diese Distanz zu überbrücken. Zum anderen ist Bürgerbeteiligung gerade bei zunehmend komplexeren Problemen und bei langfristig wirksamen Projekten immer unverzichtbarer, um der Politik dabei zu helfen, zu guten, ausgewogenen Entscheidungen zu kommen und eine nachhaltige Akzeptanz in der Bevölkerung zu erreichen.

In den letzten Jahren nahm die Diskussion darüber, in welcher Form sich Bürgerinnen und Bürger in einer Demokratie beteiligen können, sollen und können sollten, zu. Das Interesse an verschiedenen Verfahren der Bürgerbeteiligung und direkter Demokratie stieg – sowohl seitens der Bürgerinnen und Bürger als auch seitens der Politik. Die Zahl der Bürgerversammlungen, Jugendgemeinderäte, Bürgerbefragungen, Bürgerforen, Zukunftswerkstätten, Planungszellen, Runden Tische, Bürgerinitiativen, Bürger- und Volksentscheide nahm zu. Dabei zeigt sich: Wo sich Bürgerinnen und Bürger nachhaltig engagieren und sich gegenseitig unterstützen, stärkt das die Zivilgesellschaft und wirkt positiv auf die Lebensumstände aller.

© Springer Fachmedien Wiesbaden GmbH, ein Teil von Springer Nature 2019
Baden-Württemberg Stiftung (Hrsg.), *Demokratie-Monitoring Baden-Württemberg 2016/2017*, https://doi.org/10.1007/978-3-658-23331-0_2

Dabei geht es nicht unbedingt darum, politisch aktiv zu werden. Von Verwaltung und Politik unabhängige Aktivitäten der Bürgerinnen und Bürger zur Lösung konkreter Probleme und Fragen vor Ort sind gleichermaßen wertvoll. Auch wer eine eigene Streuobstwiese anlegt, beim örtlichen Seniorenstift vorbeischaut oder nachmittags in der benachbarten Schule bei den Hausaufgaben hilft, leistet einen wichtigen Beitrag – für die Gesellschaft und für die persönliche Zufriedenheit.

So unterschiedlich die Interessen und Möglichkeiten einer jeden Bürgerin und eines jeden Bürgers sind, so vielfältig ist das Repertoire, gesellschaftlich aktiv zu werden. Um unterschiedliche Bevölkerungsgruppen für Bürgerbeteiligung zu sensibilisieren und zu befähigen, hat die Baden-Württemberg Stiftung 2012 das Programm *Bürgerbeteiligung und Zivilgesellschaft* aufgelegt und verschiedene Projekte zur Qualifizierung unterschiedlicher Bevölkerungsgruppen für Bürgerbeteiligung entwickelt. Flankiert wurden diese Qualifizierungsprojekte durch verschiedene Forschungsprojekte zum Thema Demokratie und Bürgerbeteiligung, insbesondere durch die zwei Forschungsprogramme *Demokratie-Monitoring Baden-Württemberg 2013/14* sowie *2016/17*. Die einzelnen Qualifizierungs- und Forschungsprojekte sind im Folgenden kurz zusammengefasst. Eine darüber hinausgehende Darstellung der Projekte sowie die erarbeiteten Materialien finden sich auf der Homepage der Baden-Württemberg Stiftung[2].

IN ZUKUNFT MIT UNS!

Wählen ist in Baden-Württemberg inzwischen ab 16 Jahren möglich. Doch wer wird da eigentlich gewählt? Was machen Kommunalpolitiker anderes als die Politiker, die ich abends in den Nachrichten sehe? Und was mache ich mit den vielen Stimmzetteln, die ich alle vor der Wahl bekommen habe? Was ist der Gemeinderat? Was der Kreistag?

Anlässlich der Wahlaltersabsenkung ging es im Rahmen dieses Teilprogramms darum, die rund 231.000 Erstwählerinnen und Erstwähler im Alter von 16 und 17 Jahren über ihre neuen Möglichkeiten zu informieren und fit zu machen für die Kommunalwahl 2014. Für die MultiplikatorInnen entstand eine umfangreiche Sammlung von Materialien und Methoden. In einer zweiten Phase des Teilprogramms ging es um die Stärkung der Jugendbeteiligung in Kommunen, Vereinen und Schulen. Die Erkenntnisse und Materialien aus den Projekten werden nun für die Kommunalwahl 2019 fruchtbar gemacht. Für das Teilprogramm *In Zukunft mit UNS!* hat die Baden-Württemberg Stiftung eng mit dem Landesjugendring Baden-Württemberg und der Landeszentrale für politische Bildung Baden-Württemberg zusammengearbeitet.

---

2 https://www.bwstiftung.de/buergerbeteiligung-zivilgesellschaft

2 Bürgerbeteiligung und Zivilgesellschaft

TEAMWORK GEFRAGT!

Das Teilprogramm *Teamwork gefragt!* richtete sich an Menschen mit Zuwanderungsgeschichte. Migrantenorganisationen sollten auf Basis von Beratung, Wissensvermittlung, Vernetzungsarbeit sowie ausgestattet mit eigenen Finanzmitteln bei der Umsetzung eines eigenen Beteiligungsprojekts unterstützt und so an das Thema kommunale Bürgerbeteiligung herangeführt werden. Das Programm wurde von der Allianz für Beteiligung durchgeführt. Die unterstützten Beteiligungsprojekte und die gemachten Erfahrungen sind in einer Dokumentation des Programms zusammengefasst.

INFRASTRUKTURPROJEKTE IM ÖFFENTLICHEN DISKURS

In Rahmen eines Forschungsprojektes an der Universität Hohenheim wurde untersucht, welche Erwartungen Bürgerinnen und Bürger an die Bürgerbeteiligung haben und welche Kommunikation bei der Planung und Umsetzung von Infrastrukturprojekten zum Ausbau der erneuerbaren Energien angebracht ist. Die Ergebnisse der repräsentativen Untersuchung sind ebenfalls beim Springer-Verlag veröffentlicht[3].

BETEILIGUNGSHAUSHALT AUF LANDESEBENE

Bürgerhaushalte geben Bürgerinnen und Bürgern die Möglichkeit, bei der Erstellung des kommunalen Haushaltes und damit bei der Verteilung der öffentlichen Mittel stärker als bisher mitzuwirken. Außerdem soll der Bürgerhaushalt der Kommunalpolitik bei ihren Entscheidungen über die städtischen Finanzen eine Orientierung geben.

Eine Beteiligung bei der Aufstellung eines Landeshaushaltes ist jedoch zumindest im mitteleuropäischen Raum demokratiepolitisches Neuland. Auch weltweit gibt es nur sehr wenige Beispiele, in deren Rahmen versucht wurde, Partizipation in Haushaltsfragen von der kommunalen auf die Ebene eines Bundeslandes oder Staates zu heben. Ziel der Machbarkeitsstudie „Bürgerhaushalt Baden-Württemberg", die unter Mitwirkung des Ministeriums für Finanzen und Wirtschaft Baden-Württemberg durchgeführt wurde, war die Klärung der Voraussetzungen für eine solche Bürgerbeteiligung bei der Haushaltsaufstellung des Landes. Am Beispiel Baden-Württembergs wurden die sozialwissenschaftlichen, technischen und

---

3 Mast, Claudia, und Helena Stehle. 2016. *Energieprojekte im öffentlichen Diskurs. Erwartungen und Themeninteressen der Bevölkerung.* Wiesbaden: Springer VS.

rechtlichen Bedingungen untersucht, die für einen erfolgreichen Beteiligungshaushalt gegeben sein müssen. Die Ergebnisse sind im Springer-Verlag veröffentlicht[4].

DEMOKRATIE-MONITORING 2013/2014 und 2016/2017

Die Baden-Württemberg Stiftung hat in den Jahren 2013/2014 ein erstes Demokratie-Monitoring in Baden-Württemberg durchführen lassen. Ausgangspunkt und Rahmen der Forschungsprojekte bildete die Feststellung, dass in fast allen liberalen Demokratien des Westens zwei komplementäre Entwicklungen zu beobachten sind: Zum einen eine zunehmende Skepsis der Bürgerinnen und Bürger gegenüber den repräsentativen Institutionen und Akteuren, zum anderen ein gesteigertes Bedürfnis der Bürgerinnen und Bürger nach direkter Beteiligung an politischen Entscheidungsprozessen. Hieraus ergab sich die Frage, wie es angesichts dieser Entwicklungen um die Qualität der Demokratie in Baden-Württemberg bestellt ist. Die Ergebnisse der Forschungsprojekte 2013/2014 wurden im Springer-Verlag veröffentlicht[5].

Im Rahmen des Demokratie-Monitoring 2016/2017 finanzierte die Baden-Württemberg Stiftung weitere vier Forschungsprojekte zu dieser Fragestellung. Die Projekte beleuchten mit einer repräsentativen Bevölkerungsumfrage das Demokratieverständnis der baden-württembergischen Bevölkerung, geben mit einer lebensweltlichen Analyse Einblick in die Gruppe der AfD-Wählerinnen und -Wähler, untersuchen das Partizipationsrecht in Baden-Württemberg und unterbreiten Vorschläge zu dessen Stärkung und analysieren die Einstellung kommunaler Entscheidungsträger zur Bürgerbeteiligung. Der vorliegende Band fasst die Ergebnisse dieser vier Forschungsprojekte aus dem Demokratie-Monitoring 2016/2017 zusammen.

---

4 Baden-Württemberg Stiftung, Hrsg. 2018. *Beteiligungshaushalt auf Landesebene. Eine Machbarkeitsstudie am Beispiel von Baden-Württemberg*. Wiesbaden: Springer VS.
5 Baden-Württemberg Stiftung, Hrsg. 2015. *Demokratie-Monitoring Baden-Württemberg 2013/2014. Studien zu Demokratie und Partizipation*. Wiesbaden: Springer VS.

Die AfD nach der rechtspopulistischen Wende 3
Wählerunterstützung am Beispiel Baden-Württembergs[6]

Rüdiger Schmitt-Beck, Jan W. van Deth und Alexander Staudt

3.1 Hintergrund und Fragestellung

Nach Jahrzehnten der Stabilität ist das deutsche Parteiensystem seit den 1980er Jahren zunehmend in Bewegung geraten – zunächst nur links, seit Kurzem aber auch rechts der Mitte. 1983 zogen die Grünen in den Bundestag ein. Seit der ersten gesamtdeutschen Bundestagswahl 1990 erweitert Die Linke (seinerzeit noch unter dem Namen PDS) das Spektrum der im Bundestag vertretenen Parteien. Durch den Überraschungserfolg der Alternative für Deutschland (AfD) bei der Bundestagswahl 2013, bei der es ihr gelang, innerhalb weniger Monate so viele Zweitstimmen zu erwerben, dass sie fast die Fünf-Prozent-Hürde erreichte, hat sich das Parteienspektrum auch im rechten Spektrum erweitert. Die AfD hat seither sowohl bei der Europawahl 2014, bei der sie sieben Mandate erlangte[7], als auch bei allen Landtagswahlen Parlamentsmandate gewonnen. Sie ist heute mit 163 Abgeordneten in Landtagen vertreten.[8]

Analysen der Parteiorganisation und ihrer öffentlichen Rhetorik legen nahe, dass die AfD des Jahres 2017 nicht mehr dieselbe ist wie die AfD des Jahres 2013. Die Partei ist im Vorfeld der letzten Bundestagswahl zunächst als *Single issue*-Partei angetreten, die sich vor allem mit der Schuldenkrise und der europäischen

---

6 Nachdruck aus *Zeitschrift für Politikwissenschaft* 27(3): 273-303 (DOI: 10.1007/s41358-017-0104-1). Der Nachdruck erfolgt mit freundlicher Genehmigung des Springer-Verlags.
7 Vgl. https://www.bundeswahlleiter.de/europawahlen/2014/ergebnisse.html (Zugriff am 01.08.2017); fünf dieser Abgeordneten verließen die Partei allerdings nach ihrer weiter unten beschriebenen Kurswende im Jahr 2015.
8 Vgl. https://de.wikipedia.org/wiki/Sitzverteilung_in_den_deutschen_Landesparlamenten (Zugriff am 01.08.2017).

© Springer Fachmedien Wiesbaden GmbH, ein Teil von Springer Nature 2019
Baden-Württemberg Stiftung (Hrsg.), *Demokratie-Monitoring Baden-Württemberg 2016/2017*, https://doi.org/10.1007/978-3-658-23331-0_3

Währungsunion beschäftigte.⁹ Dabei trat sie offensiv für die Verweigerung von Finanzhilfen für die überschuldeten Länder Südeuropas und die Aufkündigung der Währungsunion ein. Schon in dieser Phase war jedoch auch eine sehr konservative gesellschaftspolitische Grundierung dieser im Grundsatz wirtschaftsliberalen Programmatik erkennbar. Eine deutliche Kurswende brachte dann das Jahr 2015 mit zwei Ereignissen: der Abwahl der liberal-konservativen Führung, die daraufhin der Partei den Rücken kehrte (Franzmann 2016), und der Flüchtlingskrise, welche die AfD strategisch zu nutzen wusste, indem sie das Thema Zuwanderung zu ihrem Leitthema erhob, um kompromisslose Abschottung und geschlossene Grenzen zu fordern. Dass diese Thematik der Partei Wähler zuführen konnte, hatte sich schon bei der Bundestagswahl 2013 angedeutet. Bei den Urnengängen der folgenden beiden Jahre trat sie dann als Motiv für die Unterstützung der AfD immer stärker in den Vordergrund (Schmitt-Beck 2017).

Die Frage, ob die AfD als rechtspopulistische Partei zu kategorisieren sei, hat seit ihrer Entstehung sowohl die politische als auch die politikwissenschaftliche Diskussion beschäftigt. Frühe Studien kamen diesbezüglich nicht zu klaren Ergebnissen und sahen zumeist keine ausreichende Grundlage für eine solche Klassifikation.¹⁰ Spätestens mit der Kurswende 2015 hat sich die AfD jedoch als Partei erwiesen, die „im Vergleich zu den anderen Parteien eindeutig als rechtspopulistisch bezeichnet werden kann" (Lewandowsky et al. 2016, S. 247; siehe Decker 2015; Rosenfelder 2017; Lehmann und Matthieß 2017).

Der Aufstieg der AfD erweist sich dadurch als Teil breiter gesellschaftlicher und politischer Entwicklungen, welche keineswegs auf Deutschland beschränkt sind. Im internationalen Vergleich muss Deutschland sogar als Nachzügler betrachtet werden (Bebnowski 2015; Plehwe 2016). Während rechtspopulistische Parteien in Ländern wie Dänemark, Frankreich, Österreich und den Niederlanden bereits sehr viel länger und dauerhafter erfolgreich sind, haben in Deutschland erst die Euro-Krise und später die Flüchtlingskrise den nötigen Rückenwind für Entstehung und substanzielle Anfangserfolge einer neuen rechtspopulistischen Partei geboten (Schmitt-Beck 2014, 2017; Backes et al. 2016). Zu den gemeinsamen Kennzeichen dieser Parteienfamilie zählen unter anderem eine starke Betonung der eigenen nationalen Identität und eine damit zusammenhängende Ablehnung von Zuwanderung und europäischer Integration (Lewandowsky 2016; Judis 2016, S. 156) sowie

---

9 Niedermayer (2015); Grimm (2015); Schmitt-Beck (2014, 2017); Schoen und Rudnik (2016).
10 Berbuir et. al. (2015); Arzheimer (2015); Franzmann (2014, 2016).

3.1 Hintergrund und Fragestellung

der Anspruch, die Interessen eines als homogene Gemeinschaft gedachten Volkes gegen seine eigenen Eliten zu verteidigen.[11]

Frühere Analysen (Schmitt-Beck 2014, 2017) über die von der AfD 2015 vollzogene Wandlung hinaus fortschreibend, möchten wir in diesem Beitrag untersuchen, welche Hintergründe und Motivlagen im Vorfeld der Bundestagswahl 2017 Entscheidungen für die AfD begünstigen. Wir stützen uns dabei auf eine repräsentative Bevölkerungsumfrage, die wir im Rahmen des Projekts „Bürger und Demokratie in Baden-Württemberg" als Teil des Demokratie-Monitoring Baden-Württemberg im Programm „Bürgerbeteiligung" der Baden-Württemberg Stiftung in diesem Bundesland durchgeführt haben.

Der AfD-Landesverband Baden-Württemberg wurde am 22. April 2013 in Karlsruhe gegründet. Mit 5,2 % der Zweitstimmen bei der Bundestagswahl 2013 und 7,9 % der Stimmen bei der Europawahl 2014 lagen die ersten Wahlergebnisse der Partei im Land leicht über dem Bundesdurchschnitt. Diese zumal für eine neue Partei sehr beachtlichen Ergebnisse wurden bei der Landtagswahl am 13. März 2016 noch einmal klar übertroffen: mit 15,1 % der Stimmen erwarb die Partei 23 der 143 Mandate und bildete so nach Bündnis 90/Die Grünen und CDU die drittgrößte Fraktion – und stärkste Oppositionsfraktion – im Stuttgarter Landtag. Die Wahlergebnisse der ersten vier Jahre zeigen somit einen rapiden Anstieg der Unterstützung für die AfD in Baden-Württemberg (Hensel 2016), welche auch von vielen Umfragen bestätigt worden ist.[12]

Unsere Untersuchung verfolgt das Ziel, die Unterstützung von Wählern für die AfD durch simultane Prüfung einer Reihe von Hypothesen über Hintergründe und Motive der Wahl dieser Partei möglichst umfassend zu erklären. Dabei gehen wir von einer Vermittlungskette aus, die ihren Anfang bei strukturellen Gegebenheiten nimmt, und untersuchen daher zunächst die Bedeutung von sozioökonomischer Prekarität, sozialer Integration sowie politischer Involvierung. Wir nehmen an, dass die Bedeutung struktureller Faktoren für das Wählerverhalten zumindest teilweise durch politische Orientierungen vermittelt wird, die ihrerseits aber auch andere Ursachen haben können. Daher betrachten wir anschließend die Bedeutung von ideologischen Identifikationen und Werthaltungen als politischen Grundorientierungen und danach den Einfluss konkreter Einstellungen zu drei zentralen Aspekten der Selbstdarstellung der AfD: dem Nativismus, der politischen Eliten- und Systemkritik sowie dem illiberalen Demokratieverständnis. Im folgenden Abschnitt

---

11 Mudde (2007, 2004); Katsambekis (2016); Judis (2016, S. 14f.).
12 Siehe für die Wahlergebnisse http://www.statistik-bw.de/Wahlen/Landtag/02035000.tab?r=LA (Zugriff am 21.02.2017) und für die Umfrageergebnisse http://www.wahlrecht.de/umfragen/landtage/baden-wuerttemberg.htm (Zugriff am 21.02.2017).

werden hierzu Hypothesen entwickelt. Anschließend beschreiben wir Datenbasis, Operationalisierungen und Analysestrategie. Bei der Analyse gehen wir sequentiell vor. Zunächst prüfen wir die verschiedenen Erklärungsansätze für die Wahl der AfD in sieben Partialmodellen. Abschließend werden durch eine simultane Betrachtung aller Erklärungsfaktoren in einem integrierten Gesamtmodell die insgesamt bedeutsamsten Determinanten der Unterstützung der AfD bei Wahlen identifiziert. Dabei zeigt sich, dass eine breite, verschiedene Hypothesen berücksichtigende Perspektive notwendig ist, um die Unterstützung der AfD angemessen zu erklären.

3.2 Theoretischer Rahmen und Hypothesen

Die meisten bislang vorgelegten wahlsoziologischen Studien zur AfD konzentrieren sich auf einzelne Erklärungsfaktoren wie zum Beispiel den Sozialstatus (Bergmann et al. 2017; Lengfeld 2017), „Parteienverdrossenheit" und Einstellungen zu politischen Sachfragen (Schwarzbözl und Fatke 2016) oder rechtspopulistische Orientierungen (Vehrkamp und Wratil 2017). Unsere Perspektive ist breiter und hat – obgleich hypothesengeleitet – einen explorativen Grundton. Wir möchten ein umfassendes Panorama der Unterstützung der AfD zeichnen und testen deswegen in simultaner Analyse eine größere Zahl von Hypothesen. Dieser Ansatz erlaubt uns nicht nur, die empirische Bewährung einzelner Hypothesen zu beurteilen, sondern ermöglicht auch einen Vergleich ihrer Erklärungskraft.

In formaler Hinsicht orientieren wir uns dabei an der klassischen wahlsoziologischen Heuristik des „funnel of causality" (Campbell et al. 1960, S. 24 ff.), welcher das mikroanalytische Phänomen konkreter Wahlentscheidungen bei bestimmten Wahlen in einem schrittweisen Rekurs auf gesellschaftliche Makrostrukturen in Gestalt sozialer Problemkonstellationen und Konfliktlinien zurückführt. Dieser Perspektive zufolge ist das Verhalten eines Wählers bei einer bestimmten Wahl durch die politischen Einstellungen dieser Person zum Zeitpunkt ihrer Entscheidung zu erklären. Diese der Präferenzformierung unmittelbar vorgelagerten Einstellungen werden jedoch zumindest teilweise als Ausdruck politischer Grundorientierungen gedeutet, die „tiefer" im „Trichter der Kausalität" lokalisiert sind. Dabei handelt es sich um ideologische Identifikationen und soziopolitische Wertorientierungen, die aus mikroanalytischem Blickwinkel Kernmerkmale der politischen Identität der einzelnen Wähler konstituieren, gleichzeitig aber auch strukturelle Hintergründe auf der gesellschaftlichen Makroebene reflektieren und deren Einfluss auf die Mikroebene des einzelnen Wählers vermitteln. Diese Idee eines mehrstufigen Vermittlungsprozesses ist nicht deterministisch zu verstehen. Zwar wird davon

3.2 Theoretischer Rahmen und Hypothesen

ausgegangen, dass die den Strukturmerkmalen nachgelagerten politischen Orientierungen deren Einfluss vermitteln; es wird jedoch zugestanden, dass sie ihrerseits auch andere Ursachen haben können.

Um diesen formal-abstrakten Rahmen für das uns interessierende Phänomen – die Wahl einer rechtspopulistischen Partei – durch Hypothesen zu konkretisieren, orientieren wir uns an der Diskussion in der einschlägigen Literatur zur Unterstützung rechtspopulistischer (und rechtsextremer) Parteien bei Wahlen.[13] Entsprechend der „Trichter"-Heuristik gehen wir dabei von einer dreistufigen Vermittlungskette aus, die ihren Anfang bei strukturellen Faktoren nimmt und über politische Grundorientierungen zu spezifischen Einstellungen führt. Wir interessieren uns daher zunächst für die Bedeutung von (I.1) sozioökonomischer Prekarität, (I.2) fehlender sozialer Integration sowie (I.3) geringer politischer Involvierung. Als politische Grundüberzeugungen betrachten wir sodann (II.) ideologische Identifikationen und Werthaltungen. Bei der Analyse konkreter Einstellungen konzentrieren wir uns auf die Resonanz wesentlicher Elemente der von der AfD als rechtspopulistischer Partei vertretenen Weltsicht in der Wählerschaft: (III.1) des Nativismus, (III.2) der Eliten- und Systemkritik sowie (III.3) dem illiberalen Demokratieverständnis (vgl. Abb. 1)

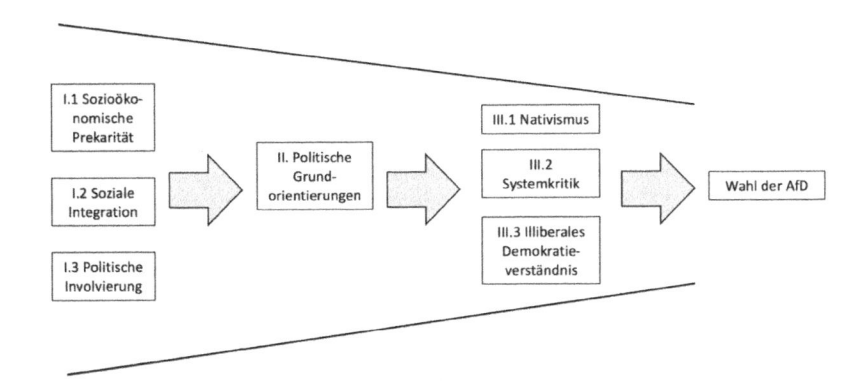

Abb. 1 Hypothesen zur AfD-Wahl im „Trichter der Kausalität"
Quelle: Eigene Darstellung

---

13 Für aktuelle Überblicke siehe Arzheimer (2014, 2017b); Golder (2016); Spier (2016). Das von den Urhebern der „Trichter"-Heuristik als inhaltliche Spezifikation vorgeschlagene Standardmodell des Wählerverhaltens – die bekannte „Michigan-Trias" aus Parteibindungen sowie Einstellungen zu Kandidaten und Sachfragen (Campbell et al. 1960) – ist für die Analyse der Unterstützung rechtspopulistischer Parteien kaum hilfreich.

I.1 Sozioökonomische Prekarität

Etliche Thesen zur Erklärung der Popularität rechtspopulistischer Parteien sehen in diesem Phänomen die Folge von Marginalisierung und Deprivationserfahrungen im Gefolge sozioökonomischer Modernisierungsprozesse (Spier 2017, S. 266). Dabei wird häufig auf eine besondere Empfänglichkeit sogenannter „Modernisierungs-" oder spezifischer „Globalisierungsverlierer"[14] für die politischen Angebote solcher Parteien abgehoben. Bezugspunkt dieses Erklärungsansatzes sind unterstellte Interessenpositionen von Personen, die sich aus ihrer sozialen Lage ableiten. Demzufolge seien bestimmte sozioökonomische Gruppen in besonders starkem Maße von Gefährdungen ihres Lebensstandards durch wachsenden Wettbewerbsdruck betroffen. Sie seien durch die zunehmende internationale Arbeitsteilung verwundbar, weil sie auf einem globalen Markt des Humankapitals in direkter Konkurrenz zu Anbietern von Arbeitskraft in anderen Ländern stehen, welche dieselben Kompetenzen zu weitaus günstigeren Kosten anbieten. Sie sind darüber hinaus aber auch mittelbar betroffen durch den Rückbau des Sozialstaates, der in etlichen entwickelten Ländern im Zuge „neoliberaler" Reformpolitiken begonnen wurde. Angehörige dieser Gruppen machen im Zuge dieser Entwicklungen zunehmend Erfahrungen ökonomischer Prekarität und neigen daher verstärkt zu Wahrnehmungen relativer Deprivation (Runciman 1966), das heißt subjektiven Empfindungen persönlicher Benachteiligung gegenüber anderen gesellschaftlichen Gruppen. Dies macht sie – so wird vermutet – empfänglich für die „exklusionistischen" Heilsversprechen populistischer Parteien, welche die Lösung der Probleme in einem Politikprogramm der Re-Nationalisierung mit wirtschaftlicher und sozialpolitischer Priorisierung der einheimischen Bevölkerung sehen (Kriesi et al. 2008).

Die Prekaritäts-These lässt erwarten, dass vor allem Personen am Sockel der Schichtungspyramide, mit deren sozialstrukturellen Merkmalen eine besondere ökonomische Verwundbarkeit einhergeht, zur Unterstützung der AfD neigen (Bergmann et al. 2017). Dazu zählen vor allem Personen mit geringer formaler Bildung, einfache Arbeiter sowie Arbeitslose. Die Vorstellung, dass diese sozialen Gruppen den Kern der AfD-Wählerschaft bilden, prägt nach unserem Eindruck derzeit den öffentlichen Diskurs von Medien und Politik über diese Partei. In verfügbarer empirischer Evidenz findet diese Sichtweise jedoch wenig Stützung (Bergmann et al. 2017; Lengfeld 2017; Brenke und Kritikos 2017). Um die Prekaritäts-These adäquat zu würdigen, sollte jedoch auch geprüft werden, ob subjektive Vorstellungen relativer Deprivation mit einer höheren Neigung zur AfD einhergehen.

---

14 Zum Beispiel Kriesi (2014a); Kriesi et al. (2008); Kiess et al. (2017).

I.2 Soziale Integration

Eine zweite Variante struktureller Erklärungen für die Wahl rechtspopulistischer Parteien bezieht sich ebenfalls auf Herausforderungen sich rapide modernisierender Gesellschaften, stellt dabei jedoch nicht in der Erwerbsstruktur verankerte sozioökonomische Interessenlagen, sondern die soziale Vernetzung der Bürger untereinander in den Vordergrund. Diesem Gedankengang zufolge werden normative Orientierungen und Lebensphilosophien im Modernisierungsprozess brüchig und gewohnte Strategien der Daseinsbewältigung verlieren ihre Wirksamkeit. Die daraus resultierende, tiefgreifende Verunsicherung mache – als „normale Pathologie der Industriegesellschaft" – Menschen empfänglich für die Weltdeutungen und Politikangebote rechtspopulistischer Parteien mit ihrer Verheißung, den komplexen und schwer durchschaubaren Herausforderungen des Lebens in der globalisierten Moderne mit einfachen Lösungen begegnen zu können (Scheuch und Klingemann 1967).

Schon klassische Theorien der Massengesellschaft (Kornhauser 1959) haben darauf aufmerksam gemacht, dass Personen mit geringer oder ganz fehlender sozialer Integration solchen Herausforderungen in besonderem Maße schutzlos ausgeliefert seien. In jüngerer Zeit hat insbesondere die Theorie des sozialen Kapitals (Putnam 1993; Castiglione et al. 2008) die besondere Verletzlichkeit sozial isolierter oder nur schwach eingebundener Personen betont. Ihnen fehlen wichtige Ressourcen, die helfen könnten Alltagsprobleme gut zu meistern. Sie können nicht auf soziale Netzwerke zurückgreifen um wertvolle Informationen und hilfreiche Unterstützungsleistungen zu erlangen. Gemäß dieser Argumentation sollten für die Werbung rechtspopulistischer Parteien also vor allem Personen empfänglich sein, die sozial wenig integriert sind.

Die Forschung zeigt zudem, dass Sozialkapital auch eine subjektive Seite hat. Neben objektiv unzureichender sozialer Integration kann auch das Gefühl des Misstrauens gegenüber Personen außerhalb des engen Zirkels der eigenen Primärgruppe („Fremden") eine wichtige Rolle für das politische Verhalten spielen. Auch mangelndes soziales Vertrauen könnte somit die Unterstützung rechtspopulistischer Parteien begünstigen (Berning und Ziller 2017).

I.3 Politische Involvierung

Dass viele Wähler dem republikanischen Ideal einer politisch hoch motivierten und permanent aufmerksamen Bürgerschaft nicht entsprechen, gehört zu den frühesten und seither immer wieder neu belegten Erkenntnissen der empirischen Politikforschung (Converse 2000). Zahlreiche Bürger interessieren sich nur wenig oder gar nicht für Politik (van Deth 1989), etliche verfolgen auch keine politischen

Nachrichten und haben infolgedessen nur wenig Verständnis für das politische Geschehen. Solche Personen könnten sich durch die Komplexität und Vielschichtigkeit des Handlungsfeldes Politik leicht überfordert fühlen. Die wachsende Komplexität der Politik zu negieren und einfache Lösungsrezepte anzubieten, gehört zu den wesentlichen Kennzeichen rechtspopulistischer Parteien. Vor diesem Hintergrund erwarten wir, dass gering involvierte Bürger mit schwach ausgeprägtem politischem Interesse und einer geringen Neigung, sich über die aktuelle Politik zu informieren, eher zur AfD tendieren.

Die wichtigste Brücke zur erfahrungsfernen Welt der Politik sind die Medien. Als organisierte Träger der Massenkommunikation sind Presse und Fernsehen die traditionell bedeutsamsten und in Deutschland auch heute noch dominanten Quellen politischer Information. In jüngster Zeit erfahren sie jedoch zunehmende Konkurrenz durch Online-Angebote vielfältiger Art (Hölig und Hasebrink 2016). Dies hat zu einer Fragmentierung der Angebote und Nutzungsmuster im Bereich mediatisierter politischer Information geführt. Die zentrale „Gatekeeper"-Rolle der traditionellen Medienorganisationen wird dadurch zunehmend infrage gestellt. An die Seite redaktionell verantworteter und an professionellen Kriterien journalistischer Informationsqualität orientierter Angebote treten verstärkt politisch einseitige Angebote, bei denen die Abgrenzungen zwischen herkömmlichen Kategorien politischer Information verschwimmen, so dass substanzielle, professionell validierte Nachrichten, politische Propaganda und schlichte Unwahrheiten – sogenannte „fake news" – für den Nutzer kaum mehr unterscheidbar sind (Schweiger 2017).

Politisch fundierte Motive selbstbestätigender Informationsselektion können unter den neuen Bedingungen der Angebotsfragmentierung in ungleich stärkerem Maße zum Tragen kommen, als das bei traditionellen Medien jemals der Fall war (Dylko 2016). Es ist unwahrscheinlich, dass die Möglichkeit der Rezeption einseitiger Internet-Angebote eine Präferenz für eine Partei wie die AfD erzeugen kann. Sehr wohl vorstellbar ist jedoch, dass die selektive Nutzung solcher Informationen einen Verstärkereffekt bewirkt, der bereits bestehende Sympathien intensiviert und stabilisiert (Knobloch-Westerwick et al. 2015). In jüngster Zeit wird vermutet, dass soziale Netzwerkmedien wie Facebook durch ihre an den Präferenzen der Nutzer ausgerichteten Filteralgorithmen Tendenzen von Wählern, sich in „Informations-Kokons einzuspinnen", die nur für politisch bestätigende Botschaften durchlässig sind und dadurch zum sogenannten „Echokammer"-Effekt führen, zusätzlichen Vorschub leisten (Bakshy et al. 2015). Neuere Befunde der internationalen Forschung deuten darauf hin, dass die Ausbreitung des Internet in der Tat nicht nur parteipolitische Polarisierung, sondern auch eine wachsende Unterstützung extremistischer Parteien begünstigt hat (Potter und Dunaway 2016; Lelkes et al. 2015). Analysen der Facebook-Kommunikation zeigen, dass sich um die AfD als Kristallisationskern

3.2 Theoretischer Rahmen und Hypothesen

ein solcher Kokon überwiegend selbstzentrierter Informationsflüsse gebildet hat, während die anderen Parteien deutlich stärker miteinander kommunikativ verflochten sind (Brunner und Ebitsch 2016). Es kann daher erwartet werden, dass insbesondere solche Bürger zur AfD neigen, die politische Informationen primär dem Internet entnehmen.

Neben politischem Interesse und Medienkonsum bilden feste Bindungen von Bürgern an bestimmte politische Parteien (Campbell et al. 1960) eine besonders wichtige Form der politischen Involvierung. Ebenso wie in anderen etablierten Demokratien haben sich derartige Parteibindungen während der vergangenen Jahrzehnte allerdings in Deutschland abgeschwächt (Arzheimer 2017a). Die Zahl derjenigen, die sich mit einer Partei identifizieren, ist gesunken und die verbliebenen Bindungen sind im Mittel schwächer als noch in den 1960er und 1970er Jahren. Sich mit einer Partei zu identifizieren bedeutet nicht, dass man diese unter allen Umständen wählt. Die Möglichkeit, auch einmal anders zu stimmen, ist vielmehr dem Konzept der Parteiidentifikation inhärent. Dennoch sind es die Parteiunabhängigen, die in erster Linie für Wandel im Parteiensystem sorgen. Sie konstituieren ein Reservoir „verfügbarer" Wähler (Bartolini 2002), für die wechselhaftes Stimmverhalten nicht nur beim Vorliegen äußerst gewichtiger Gründe und allenfalls punktuell in Frage kommt. Das impliziert die Erwartung, dass jegliche neue Parteien, also auch solche rechtspopulistischer Provenienz, ihre Unterstützer vor allem in den Reihen der parteipolitisch ungebundenen Wähler finden.

II   Politische Grundüberzeugungen

Beim Entschluss, für eine bestimmte Partei zu stimmen, können sowohl Grundüberzeugungen als auch Einstellungen zu spezifischeren Aspekten der Politik zum Tragen kommen. Das grundlegende Erklärungsschema für die Wirkung solcher politischen Orientierungen ist einfach: Es wird angenommen, dass Wähler für diejenige Partei votieren, deren politisches Angebot sich am besten mit den eigenen Orientierungen deckt (Downs 1957; Scarbrough 1984). Wir diskutieren zunächst, inwieweit die Unterstützung der AfD von Grundüberzeugungen im Sinne ideologischer Identifikationen und soziopolitischer Wertorientierungen geprägt sein könnte.

Ein traditionsreicher Strang der Wahlsoziologie sieht in dauerhaften Konfliktstrukturen von Gesellschaften, deren Sinngehalt in widerstreitenden ideologischen Überzeugungen und Wertorientierungen zum Ausdruck kommt, einen wesentlichen Hintergrund von Wahlentscheidungen (Schoen 2014; Klein 2014). Eine bedeutsame Variante dieser Perspektive versucht, die politische Konfliktstruktur moderner Demokratien als eindimensionale Oppositionsbeziehung zwischen ideologischen Grundüberzeugungen zu begreifen, die durch den bipolaren Gegensatz zwischen

„linken" und „rechten" Orientierungen gekennzeichnet ist (Mair 2007). Wähler entscheiden sich aus dieser Sicht für diejenige Partei, deren Position auf der Links-Rechts-Achse ihrer eigenen Idealposition am nächsten kommt (Downs 1957). Mehrere Studien haben belegt, dass die Parteiorganisation der AfD klar der ideologischen Rechten zuzuordnen ist.[15] Es kann daher erwartet werden, dass die Wahl dieser Partei grundsätzlich vor allem für solche Wähler attraktiv ist, die ideologisch auf der rechten Seite des politischen Spektrums verortet sind. Zu beachten ist dabei, dass sich ideologische Positionen von Wählern auf zweierlei Weise manifestieren können: „symbolisch" und „operativ" (Ellis und Stimson 2012). Auf der Ebene politischer Grundüberzeugungen lässt sich die hier formulierte Erwartung im Sinne symbolisch verstandener Ideologie präzisieren: Es wird vermutet, dass besonders solche Wähler zur AfD neigen, die sich mit der rechten Seite des politischen Spektrums identifizieren und daher den (nicht weiter konkretisierten) Richtungsbegriff „rechts" zur politischen Selbstbeschreibung verwenden.

Häufig wird allerdings auch geltend gemacht, dass die Konfliktstrukturen moderner Demokratien komplexer seien und durch zwei Grunddimensionen beschrieben werden müssten. Nicht selten werden diese ebenfalls in Kategorien von „links" und „rechts" gedeutet, jedoch ist ihre politische Substanz unterschiedlich. Die sozioökonomische Konfliktlinie bezieht sich auf die Verteilung gesellschaftlicher Ressourcen und ist definiert durch widerstreitende Auffassungen über die Rolle von Markt und Staat. Verfechtern rein marktwirtschaftlicher Politikansätze auf der Rechten stehen dabei auf der (sozioökonomischen) Linken Befürworter staatlicher Eingriffe in die Wirtschaft mit dem Ziel der Herstellung größerer materieller Gleichheit durch Umverteilung gegenüber (Lipset et al. 1954, S. 1135). Die zweite Konfliktlinie ist hingegen kulturell konnotiert und durch Auseinandersetzungen zwischen rechten „autoritären" und linken „libertären" Positionen zu Fragen der Gesellschaftspolitik geprägt. Dazu gehört beispielsweise die Inklusivität bzw. Exklusivität der Zuerkennung politischer Rechte, die Toleranz bzw. Intoleranz gegenüber vielfältigen und normabweichenden Lebensformen sowie der Modus (egalitär-partizipatorisch oder hierarchisch), nach dem in Gesellschaft und Politik Entscheidungen getroffen werden (Kitschelt 1995). Die Entstehung dieser Konfliktlinie wird als Resultat des postmaterialistischen Wertewandels gedeutet (Inglehart 1977).

Etliche Autoren vermuten, dass der Aufstieg rechtspopulistischer Parteien als Produkt einer „stillen Gegenrevolution" (Ignazi 1992) in Reaktion auf den postmaterialistischen Kulturwandel der letzten Jahrzehnte zu verstehen sei.[16] Die

---

15 Berbuir et al. (2014); Franzmann (2014); Arzheimer (2015); Lewandowsky et al. (2016); Linhart (2017); Lehmann und Matthieß (2017)
16 Beispielhaft Minkenberg (1998); Bornschier (2010); Inglehart und Norris (2016, 2017).

These besagt, „that the surge in votes for populist parties can be explained not as a purely economic phenomenon but in large part as a reaction against progressive cultural change" (Inglehart und Norris 2016, S. 2–3). Dass die AfD als Partei hierin eine Mission sieht, wird aus ihrer Programmatik ebenso erkennbar (Lehmann und Matthieß 2017) wie aus Stellungnahmen ihres Führungspersonals.[17] Wenn solche Motive auch die Wähler der AfD bewegen, dann sollten Materialisten stärker als Postmaterialisten dazu tendieren, diese Partei an der Urne zu unterstützen. Die Theorie des Kulturwandels postuliert keine völlige Unabhängigkeit von strukturellen Hintergründen. Da sich der postmaterialistische Wertewandel insbesondere über die Generationenfolge vollzieht, sollten sich ältere – und damit postmaterialistischem Denken eher abholde – Wähler eher von der Programmatik der AfD angezogen fühlen als jüngere Wähler. Auch ein Geschlechtseffekt kann vermutet werden. Der postmaterialistische Wertewandel hat zu einem Erstarken der feministischen Bewegung geführt und Politiken zur allseitigen Gleichstellung der Geschlechter motiviert; so stellt er nicht zuletzt traditionelle Rollenbilder starker Männlichkeit infrage. Das könnte dazu führen, dass sich vor allem auf Erhaltung ihrer hergebrachten Privilegien bedachte Männer zur AfD hingezogen fühlen (Inglehart und Norris 2016; Sauer 2017).

Neuere Studien belegen, dass sich die AfD nach mehrdeutigen Anfängen zu einer klar rechtspopulistischen Partei entwickelt hat (z. B. Decker 2015; Rosenfelder 2017). Man kann daher erwarten, dass die Befürwortung von Ideenelementen aus dem rechtspopulistischen Muster der Weltdeutung eine Präferenz für die AfD begünstigt. Wir prüfen diese Vermutung anhand von drei zentralen Facetten rechtspopulistischen Denkens: des Nativimus, der im Sinne operativer Ideologie (Ellis und Stimson 2012) für die rechte Komponente steht, und der Fundamentalkritik an den Eliten und am politischen System sowie des illiberalen, majoritär-plebiszitären Demokratieverständnisses, welche die populistische Komponente ausmachen.[18]

III.1   Nativismus

Die Essenz rechtspopulistischen Denkens bildet ein manichäisch-antagonistisches Weltbild, in dessen Zentrum ein besonderes Vorstellungsbild von „Volk" steht: als homogene Einheit mit einheitlichem und authentischem Willen. In antipluralistischer Weise wird die Gesellschaft gedeutet als in sich geschlossene Gemeinschaft

---

17 „Wir wollen weg vom links-rot-grün-versifften 68er-Deutschland", verkündete AfD-Bundessprecher Jörg Meuthen unter großem Beifall beim Bundesparteitag 2016; vgl. http://www.haz.de/Nachrichten/Politik/Deutschland-Welt/AfD-Parteitag-in-Stuttgart (Zugriff am 13.04.17).
18 Vgl. zum Beispiel Mudde 2007; Kriesi 2014b; Müller 2016; Lewandowsky 2017.

ohne politisch bedeutsame soziale, ökonomische oder weltanschauliche Binnendifferenzierungen oder gar -konflikte, aber mit scharfer Abgrenzung nach außen gegenüber jeglichem „Anderen". Auf zweierlei Weise sieht dieses Denken das so verstandene Volk mit ihm wesensfremden „*out groups*" in konflikthafter Interaktion verstrickt: einerseits mit fremden Völkern, andererseits mit den eigenen Eliten (s. III.2). Letzteres kennzeichnet alle Varianten des Populismus, ersteres nur seine rechte Variante (Mudde 2007).

Kennzeichnend für das rechtspopulistische Denken ist somit eine nativistische Sichtweise (Mudde 2004, 2007), welche das eigene Volk als ethnisch-kulturelle Schicksalsgemeinschaft begreift, die in ihrer Identität oder gar materiellen Existenz bedroht sei durch fremde, ihrerseits ebenfalls als geschlossene Gemeinschaften gedachte Völker. Politisch virulent wird diese Perspektive vor allem durch Zuwanderung, insbesondere aus anderen Kulturkreisen, aber auch durch die Integration von Nationalstaaten in supranationale politische Verbünde. Entsprechend werden in vielen Studien Xenophobie, Ethnozentrismus, Ablehnung von Zuwanderung sowie neuerdings auch speziell Islamfeindlichkeit als zentrale Hintergründe der Unterstützung rechtspopulistischer Strömungen beschrieben (Norris 2005, S. 166 ff.). Einstellungen in diesem Sinne lassen sich als rechte politische Selbstverortung im oben erwähnten Sinne einer „operativen" Ideologie (Ellis und Stimson 2012) interpretieren, die nicht über die Identifikation mit einem abstrakten ideologischen Richtungsbegriff, sondern über die Zustimmung zu konkreten Politikzielen erfolgt. Wir erwarten daher, dass ablehnende Haltungen zur Zuwanderung sowie allgemein ethnozentrische Einstellungen die Unterstützung der AfD begünstigen. Einen ähnlichen Zusammenhang vermuten wir zudem für negative Einstellungen zur Integration Deutschlands in supranationale Institutionen, konkret die Europäische Union. Kritik an der EU, zunächst konzentriert auf die Währungsunion, später aber auch erweitert auf andere Aspekte des europäischen Integrationsprozesses, war für die Selbstdarstellung der AfD stets ein zentrales Moment (Schmitt-Beck 2014; Arzheimer 2015).

III.2   Eliten- und Systemkritik

Pauschalisierende Fundamentalkritik an den Inhabern politischer Führungspositionen und ihren Leistungen sowie darüber hinaus auch an anderen Aspekten des Funktionierens der demokratischen Institutionenordnung ist ein weiteres wesentliches Element des rechtspopulistischen Weltbildes und hat daher auch in der Rhetorik solcher Parteien einen festen Platz. Die Eliten werden in antagonisierender Weise als feindliche Gegenspieler des Volkes gedeutet, oft verbunden mit der Unterstellung, dass sie mit bedrohlichen fremden Interessen konspirieren, um dem eigenen Volk zu schaden. Massive Kritik am politischen „Establishment" und den „System-" oder „Altparteien" gehört auch zum alltäglichen öffentlichen Erscheinungsbild der AfD (Vehrkamp und Wratil 2017). Es ist daher zu erwarten, dass negative Einstellungen gegenüber den Inhabern politischer Ämter mit einer stärkeren Neigung zur AfD einhergehen. Einschätzungen der Eliten als nicht responsiv gegenüber den Bedürfnissen der Bürger dürften der AfD Stimmen bringen.

Kritische Haltungen können freilich nicht nur in negativen Urteilen über die Offenheit der Inhaber politischer Ämter für die Interessen der Bürger zum Ausdruck kommen, sondern auch auf die Institutionen dieses Systems oder sogar das politische System insgesamt generalisiert werden. Einer Typologie von Easton (1975; Norris 2011) folgend kann diesbezüglich zwischen spezifischen, an den Leistungen des politischen Systems bzw. seiner Institutionen orientierten, und diffusen, in grundsätzlicher Weise Vertrauens- und Legitimitätszuschreibungen gegenüber diesen Objekten betreffenden, Einstellungen unterschieden werden. Bezüglich der demokratischen politischen Ordnung in ihrer Gesamtheit übersetzt sich diese Differenzierung in die Unterscheidung zwischen der Zufriedenheit mit dem Funktionieren der existierenden Demokratie und der Unterstützung der Demokratie als abstrakter Idee einer erstrebenswerten politischen Ordnung. Möglicherweise speist sich die AfD auch aus tiefergehender Unzufriedenheit mit dem demokratischen politischen System, welche nicht nur die Inhaber von Herrschaftspositionen betrifft, sondern auch die Leistungen der demokratischen Institutionen oder sogar der politischen Ordnung der Demokratie in ihrer Gesamtheit. Und vielleicht drückt sich in ihrer Unterstützung sogar eine noch tiefergehende Vertrauens- und Legitimitätskrise dieses politischen Ordnungsmodells und seiner Institutionen aus.[19]

III.3 Illiberales Demokratieverständnis

Das eben beschriebene eliten- und systemkritische Motiv verbindet sich im populistischen Weltbild sowohl rechter als auch linker Provenienz typischerweise mit einem rein plebiszitären Demokratieverständnis, das jegliche Vermittlung der Willensbildung durch Prozesse und Institutionen der Repräsentation ablehnt und Vorrang für direktdemokratische Entscheidungsfindung als unmittelbarsten Ausdruck des Volkswillens verlangt. Das Volk erscheint in dieser Sichtweise als Hort absoluter Souveränität mit umfassender politischer Gestaltungskompetenz. Dass Politik in der öffentlichen Diskussion oftmals als kompliziertes, daher langwieriges und schwieriges „Bohren von harten Brettern" (Weber 1988) erscheint, lässt sich vor diesem Hintergrund leicht als Komplott der Eliten denunzieren, das nur dem Interesse am Machterhalt geschuldet ist und allein dem Zweck dient, die

---

19 Vergleiche Norris (2005, S. 149 ff.); Roodujin et al. (2016); Spruyt et al. (2016); Schwarzbözl und Fatke (2016).

Bürger „draußen" oder gar „unten" zu halten. Aufgabe der Politik sollte es aus rechtspopulistischer Sicht stattdessen sein, jederzeit direkt und unverfälscht den Willen des (homogen gedachten) Volkes zu vollziehen. Liberale Komponenten der demokratischen Architektur, welche den Mehrheitswillen durch Institutionen des Minderheitenschutzes einhegen und der Staatsgewalt durch Grundrechtsgarantien und Machtteilung Beschränkungen auferlegen, werden aufgrund ihrer Bremswirkung für den ungefiltert authentischen Willen des Volkes abgelehnt.

Hieraus ergibt sich die Erwartung, dass Prozesspräferenzen im Sinne einer ihrer liberalen Komponenten entkleideten Demokratie eine Unterstützung der AfD an der Wahlurne begünstigen. Konkret vermuten wir, dass Personen, die direktdemokratischer vor repräsentativdemokratischer Willensbildung den Vorzug geben, und Personen, die möglichst weitgehend mehrheitsbasierte Entscheidungen wünschen und den Minderheitenschutz gering schätzen, eher zur AfD neigen. Wir erwarten zudem auch einen Zusammenhang zwischen „*stealth*-demokratischen" Prozesspräferenzen (Hibbing und Theiss-Morse 2002) und der Wahl der AfD. Dieser Terminus bezeichnet ein im Kern antipluralistisches und dadurch eng mit populistischen Orientierungen verwandtes Einstellungssyndrom (Hawkins et al. 2012). Meinungsstreit und Debatte als Mittel, um widerstreitende Interessen auszutarieren und optimale Politiklösungen zu erarbeiten, werden hier gering geschätzt; sie gelten als überflüssig und daher kritikwürdig. Auch auf aktive Beteiligung engagierter Bürger am politischen Entscheidungsprozess wird kein Wert gelegt. Stattdessen wird von den Herrschaftsträgern rasches, umstandsloses und effektives Lösen von Problemen durch entschlossenes Handeln mit starker Hand erwartet (Hibbing und Theiss-Morse 2002). Es ist zu vermuten, dass solche Prozesspräferenzen ebenfalls zu einer erhöhten Wahrscheinlichkeit führen, für die AfD zu stimmen.

3.3 Daten, Instrumentierung und Analysestrategie

3.3.1 Datenbasis

Unsere Analyse stützt sich auf Daten aus einer repräsentativen Bevölkerungsumfrage, die im Rahmen des Projektes „Bürger und Demokratie in Baden-Württemberg 2016/17 – Zweite Welle des Demokratie-Monitorings Baden-Württemberg" durchgeführt wurde.[20] Befragt wurde eine zufällig ausgewählte Stichprobe von

---

20 Das Projekt „Bürger und Demokratie in Baden-Württemberg" ist Teil des Demokratie-Monitoring Baden-Württembergs im Programm „Bürgerbeteiligung" der Baden-

3.3 Daten, Instrumentierung und Analysestrategie

2001 deutschsprachigen Einwohnern des Bundeslandes Baden-Württemberg ab einem Alter von 15 Jahren sowie eine zusätzliche Stichprobe von 500 Personen mit formal geringer Bildung (höchstens mittlerer Bildungsabschluss/mittlere Reife). Die Befragung wurde per Telefon (Festnetz) zwischen dem 1. November 2016 und dem 14. Januar 2017 durchgeführt.

3.3.2 Abhängige Variable

Die in der Wahlforschung zumeist benutzten einfachen Fragen nach Wahlabsichten oder -entscheidungen können Parteipräferenzen nur in dichotomer und damit sehr grober sowie zudem zwangsläufig situationsgebundener Weise abbilden. Sie zeigen lediglich, ob ein Wähler eine Partei bei einer bestimmten Wahl unterstützt oder nicht. Falls die Partei nicht gewählt wird, ist jedoch nicht erkennbar, ob diese für die betreffende Person zwar grundsätzlich wählbar gewesen wäre, obwohl die Entscheidung in der gegebenen Situation letztlich doch nicht zu ihren Gunsten ausfiel, oder ob die Partei unter keinen Umständen infrage kommen würde. Feinere Instrumente, welche Abstufungen der Intensität von Parteipräferenzen abbilden, erlauben tiefere Einblicke und sind deswegen den einfachen Wahlfragen vorzuziehen, wenn es um Fragestellungen geht, die über das Stimmverhalten bei einer konkreten Wahl hinausgehen (van der Eijk et al. 2006). Um uns einer solchen generischen Messung des Wählerverhaltens anzunähern, verwenden wir als abhängige Variable unserer Analysen einen Index, welcher die Angaben der Befragungspersonen zu mehreren Wahlfragen additiv kombiniert.[21] Dabei handelt es sich um eine sogenannte *Recall*-Frage nach dem Wahlverhalten bei der Landtagswahl in Baden-Württemberg im März 2016 sowie zwei Fragen nach der Wahlabsicht

---

Württemberg Stiftung gGmbH. Die hier ausgewertete Umfrage für die zweite Welle dieses Erhebungsprogramms (2016/17) wurde von Prof. Dr. Jan W. van Deth, Prof. Dr. Rüdiger Schmitt-Beck und Sarah Perry, M.A. (Mannheimer Zentrum für Europäische Sozialforschung — MZES) konzipiert und mit Unterstützung der Baden-Württemberg Stiftung durchgeführt (siehe für die erste Welle: Perry et al. 2015). Dr. Andreas Weber von der Baden-Württemberg Stiftung war in die Planung der Studie eingebunden. Die Datenerhebung oblag Ipsos GmbH, Hamburg. Dr. Robert Grimm, Alexandra Schoen und Liane Stavenhagen (Ipsos Public Affairs, Berlin) trugen die Verantwortung für die Vorbereitung und Durchführung der Interviews. Um das „Oversampling" gering gebildeter Befragungspersonen auszugleichen, stützen sich alle in diesem Papier präsentierten Auswertungen auf gewichtete Daten. Nicht wahlberechtigte Personen (bis 17 Jahren bzw. ohne deutsche Staatsbürgerschaft) wurden bei den Analysen nicht berücksichtigt.

21 Instrumente wie die „propensity to vote"-Frage (van der Eijk et al. 2006) oder Sympathieskalometer (Roth 1998, S. 120 ff.) sind in unserem Datensatz nicht enthalten.

bei einer anstehenden Landtags- bzw. Bundestagswahl („Sonntagsfragen"). Der Index gibt an, wie oft eine Befragungsperson in Reaktion auf diese Fragen die AfD genannt hat.[22] Den maximalen Indexwert von 3 erreichen Personen, die schon bei der vergangenen Landtagswahl für die AfD gestimmt haben und diese sowohl bei einer anstehenden Landtagswahl als auch bei einer Bundestagswahl erneut wählen würden. 0 steht hingegen für Personen, die bei jeder der drei Wahlen entweder eine andere Partei oder gar nicht gewählt haben bzw. wählen würden. Der „harte Kern" stabiler AfD-Wähler umfasst knapp vier Prozent der Befragten. Weitere fünf Prozent sind dem Kreis der gelegentlichen AfD-Unterstützer zuzurechnen (Indexwerte 1 oder 2; der Anhang dokumentiert deskriptive Informationen zu allen Variablen).

3.3.3 Unabhängige Variablen

Um die Prekaritäts-These zu prüfen, berücksichtigen wir zunächst objektive Indikatoren sozioökonomischer Deprivation. Diese beziehen sich auf das Bildungsniveau sowie die Erwerbssituation der Befragten. Letztere organisieren wir für die Analyse in Form eines Blocks von zehn *Dummy*-Variablen, die sowohl Berufsgruppen als auch verschiedene Formen der Nichterwerbstätigkeit spezifizieren. Die Arbeiter differenzieren wir in zwei Unterkategorien: einerseits an- und ungelernte Arbeiter, andererseits Facharbeiter. Bei den Angestellten unterscheiden wir nach dem Anspruchsniveau der Tätigkeit zwischen solchen mit einfachen ausführenden Tätigkeiten und solchen mit gehobenen oder leitenden Funktionen. Analog differenzieren wir zwischen Beamten im einfachen und mittleren Dienst sowie Beamten im gehobenen und höheren Dienst. Ferner berücksichtigt unsere Analyse die kombinierte Berufsgruppe der Selbständigen und Landwirte. Um Effekte der Arbeitslosigkeit zu erkennen ist es notwendig, Arbeitslose nicht nur von Erwerbstätigen, sondern auch von aus anderen Gründen nicht Erwerbstätigen abzugrenzen. Aufgrund ihrer großen Zahl weisen wir die Rentner gesondert aus und fassen alle anderen – sehr viel kleineren – Kategorien nicht Erwerbstätiger (v. a. Hausfrauen, Schüler und Studierende) in einer Sammelkategorie zusammen. Da für die un- und angelernten Arbeiter die deutlichste Neigung zur AfD erwartet wird, ist es sinnvoll, diese als implizite Referenzkategorie zu verwenden; die Modellschätzungen zeigen dementsprechend, wie sich die jeweiligen Erwerbs- und Berufsgruppen diesbezüglich von den einfachen Arbeitern unterscheiden.

---

22 Der Index berücksichtigt Partei- und Nichtwähler, fehlende Werte (Verweigerung, „Weiß nicht") wurden bei der Indexkonstruktion ausgeschlossen.

3.3 Daten, Instrumentierung und Analysestrategie

Auf Basis ihrer Bildung werden die Befragten mittels zweier *Dummy*-Variablen in drei Gruppen eingeteilt: niedrig (weniger als Realschule = implizite Referenzkategorie), mittel (Realschule) und hoch gebildet (FH-Reife oder höherer Abschluss). Als ergänzenden subjektiven Indikator benutzen wir eine Standardfrage der Sozialforschung zur Messung relativer Deprivation: „Im Vergleich dazu, wie andere hier in Deutschland leben: Glauben Sie, dass Sie Ihren gerechten Anteil erhalten, mehr als Ihren gerechten Anteil, etwas weniger, oder sehr viel weniger als Ihren gerechten Anteil erhalten?" Um der bei bivariater Betrachtung erkennbaren Möglichkeit eines nichtlinearen Wirkungszusammenhangs Rechnung zu tragen, modellieren wir den Zusammenhang dieses Konstrukts mit der AfD-Wahl durch zwei *Dummy*-Variablen – eine für Personen, die glauben, etwas oder sehr viel weniger als ihren gerechten Anteil zu erhalten, und eine für Personen, die glauben, mehr als ihren gerechten Anteil zu erhalten. Gemeinsame Referenzkategorie sind somit Befragungspersonen, die ihre Situation als gerecht einschätzen.

Zur Messung der sozialen Integration greifen wir auf Indikatoren zurück, die sich in der Sozialkapitalforschung bewährt haben (van Deth 2003). Als Maße für die faktische soziale Integration von Personen dienen die Kirchgangshäufigkeit (Skala von 0 = kein Kirchgang, bis 4 = mindestens einmal pro Woche) und die Zahl der Vereine, in denen eine Befragungsperson Mitglied ist (0 = keinerlei Vereinsmitgliedschaft, bis 5 = Mitglied in fünf oder mehr Vereinen). Da die soziale Integration in kleinen Gemeinden größer ist als in Großstädten, berücksichtigen wir außerdem die Ortsgröße (BIK-Gemeindegrößenklassen: 1 = unter 2000 Einwohner, bis 7 = über 500.000 Einwohner). Das soziale Vertrauen als subjektive Dimension des sozialen Kapitals messen wir anhand der Frage: „Glauben Sie, dass man den meisten Menschen vertrauen kann, oder dass man im Umgang mit anderen Menschen nicht vorsichtig genug sein kann?" (Antwortskala von 0 = man kann nicht vorsichtig genug sein, bis 10 = den meisten Menschen kann man vertrauen).

Als Indikator der motivationalen Dimension der politischen Involvierung steht eine Selbsteinschätzungsfrage zum politischen Interesse zur Verfügung (Skala von 0 = überhaupt nicht interessiert, bis 3 = sehr interessiert). Die Häufigkeit der Nutzung politischer Informationsangebote bilden wir anhand einer direkten Frage ab („An wie vielen Tagen in der Woche verfolgen Sie im Allgemeinen Nachrichten über das politische Geschehen in Deutschland und der Welt?" – Antwortskala von 0 bis 7). Um zu beurteilen, ob es einen Unterschied macht, aus welchen Medien politische Informationen bezogen werden, verwenden wir eine offene Frage nach den beiden für eine Befragungsperson nach eigener Einschätzung wichtigsten politischen Informationsquellen. Wir bilden getrennte additive Indizes für Angebote der (Tages- und Wochen-)Presse, für Informationsprogramme des Fernsehens und für Online-Angebote (Skala jeweils: 0 = kein Angebot der betreffenden Gattung genannt, 1 = wichtigstes oder zweitwichtigstes Angebot gehört zur entsprechenden Gattung, 2 = sowohl wichtigstes als auch zweitwichtigstes Angebot gehört zu der betreffenden Gattung).

Die Parteiidentifikation messen wir anhand des Standardindikators: „Viele Leute neigen längere Zeit einer bestimmten Partei zu, obwohl sie ab und zu auch eine andere Partei wählen. Wie ist das bei Ihnen? Neigen Sie einer bestimmten Partei zu?" Als parteipolitisch verfügbar erachten wir diejenigen Befragungspersonen, die nicht angaben, in diesem Sinne einer Partei zuzuneigen. Wir müssen bei der Modellierung allerdings berücksichtigen, dass einige Befragte bei dieser Frage die AfD nannten (knapp drei Prozent, die ausnahmslos auch zu den Wählern der AfD zählten). Um die Bedeutung der parteipolitischen Verfügbarkeit präzise zu schätzen, schließt unsere Modellierung daher zwei *Dummy*-Variablen ein – eine für parteipolitisch Ungebundene und eine für Personen, welche die AfD nannten.[23] Die implizite Referenzkategorie bilden diejenigen Wähler, die sich mit einer anderen Partei als der AfD identifizieren und somit mutmaßlich für diese nicht verfügbar sind.

Die ideologische Identifikation messen wir anhand der Selbstplatzierung der Befragungspersonen auf einer Links-Rechts-Skala (0 = Links, bis 10 = Rechts). Zur Messung von Wertorientierungen verwenden wir Ingleharts (1977) auf vier Items basierenden Postmaterialismus-Index (1 = Materialist, 2 = Mischtyp mit Tendenz Materialismus, 3 = Mischtyp mit Tendenz Postmaterialismus, 4 = Postmaterialist). Das Modell schließt zudem das Geschlecht der Befragten (1 = Mann, 0 = Frau) sowie das Lebensalter (in Jahren) ein.

Unser Instrument zur Messung der Einstellungen zur Zuwanderung basiert auf den folgenden beiden Fragen: „Wie sollte die Zuwanderung nach Deutschland geregelt sein? Bitte geben Sie Ihre Ansicht auf einer Skala von 0 bis 10 an. 0 bedeutet, dass so viele Zuwanderer wie möglich wieder in ihre Herkunftsländer zurückgeschickt werden sollten. 10 bedeutet, dass die Grenzen für alle Zuwanderer so weitgehend wie möglich offengehalten werden sollten." „Wie viel Angst bereitet Ihnen die Flüchtlingszuwanderung nach Deutschland? Bitte geben Sie Ihre Ansicht auf einer Skala von 0 bis 10 an. 0 bedeutet ‚überhaupt keine Angst' und 10 ‚sehr große Angst'." Die Antworten auf diese beiden Fragen hängen eng miteinander zusammen (r = -0,52, p < 0,001). Zwischen der Zuwanderung von Flüchtlingen und anderen Formen der Immigration scheint im Denken der Befragten kein bedeutsamer Unterschied zu

---

23 Bei den von diesen Personen angegebenen Bindungen an die AfD kann es sich nicht um Parteiidentifikationen im theoretischen Sinne handeln (Campbell et al. 1960), da die Partei hierfür noch zu jung ist.

3.3 Daten, Instrumentierung und Analysestrategie

bestehen. Nach entsprechender Umpolung verknüpfen wir diese beiden Maße daher zu einem additiven Index der Befürwortung von Zuwanderung.

Für ethnozentrische Einstellungen haben wir ein Instrument entwickelt, das auf Zustimmung bzw. Ablehnung bezüglich folgender Aussagen basiert (jeweils Skala: 0 = stimme überhaupt nicht zu, bis 10 = stimme voll und ganz zu): „Die Bundesrepublik ist durch die vielen Ausländer in einem gefährlichen Maße überfremdet." „Die Ausländer kommen nur hierher, um unseren Sozialstaat auszunutzen." „Ausländer sollten grundsätzlich ihre Ehepartner unter den eigenen Landsleuten auswählen." „Andere Völker mögen Wichtiges vollbracht haben, an deutsche Leistungen reicht das aber nicht heran." „Wir sollten endlich wieder Mut zu einem starken Nationalgefühl haben." „Anschläge auf Asylbewerberheime kann ich gut verstehen." „Menschen aus fremden Kulturen können niemals richtige Deutsche sein, selbst wenn sie einen deutschen Pass haben." Eine Hauptkomponentenanalyse dieser Items resultiert in einer eindimensionalen Lösung (erklärte Varianz 51,1 %). Daher wird auch aus diesen Items ein additiver Index gebildet.

Auch die Haltung zur supranationalen Integration in Europa messen wir anhand eines additiven Index. Er basiert auf den folgenden beiden, ebenfalls eng korrelierten ($r = 0,44$, $p < 0,001$) Fragen: „Und wie stark fühlen Sie sich mit Europa verbunden? 0 bedeutet ‚überhaupt nicht verbunden' bis 10 ‚sehr stark verbunden'." „Einige sagen, dass die europäische Einigung weiter vorangetrieben werden sollte. Andere sagen, dass sie schon zu weit gegangen ist. Was ist Ihre Meinung? Bitte geben Sie Ihre Ansicht auf einer Skala von 0 bis 10 an. 0 bedeutet dabei, die ‚europäische Einigung ist schon zu weit gegangen', und 10, ‚die europäische Einigung sollte weiter vorangetrieben werden'."

Unser Indikator für kritische Haltungen bezüglich der Responsivität politischer Eliten basiert auf Zustimmung bzw. Ablehnung folgender Aussagen: „Die meisten Politiker sind nur an Wählerstimmen interessiert und nicht an den Meinungen der Menschen." „Politiker kümmern sich nicht darum, was Leute wie ich denken." Da die Reaktionen auf diese beiden Items (jeweils Skala von 0 = stimme überhaupt nicht zu, bis 10 = stimme voll zu) eng miteinander korrelieren ($r = 0,65$, $p < 0,001$), wurde auf Basis der umgepolten Items ein additiver Index gebildet, bei dem hohe Werte attestieren, dass den Entscheidungsträgern eine hohe Responsivität zugeschrieben wird.

Um abzuschätzen, wie zufrieden die Bürger im Sinne der spezifischen Unterstützung (Easton 1975; Norris 2011) mit den Leistungen des politischen Systems und seiner Institutionen sind, verwenden wie zwei Instrumente. Das erste basiert auf Fragen zur Zufriedenheit mit der Arbeit verschiedener landes- und bundespolitischer Institutionen. Die Befragungspersonen wurden gebeten, auf einer Skala von 0 für „überhaupt nicht zufrieden" bis 10 für „sehr zufrieden" einzustufen, wie sie die Arbeit der Landesregierung und des Ministerpräsidenten von Baden-Württemberg, der Bundesregierung, der Bundeskanzlerin, der Polizei und der Gerichte in Deutschland beurteilten. Die Antworten lassen sich (basierend auf einer varimax-rotierten Hauptkomponentenanalyse mit Anteilen erklärter Varianz von 56,7 und 15,0 %) auf zwei Dimensionen reduzieren, welche die auch in anderen Studien beobachtete Trennung der Bewertungen von Institutionen des Parteienwettbewerbs und Institutionen des Rechtsstaats reproduzieren (z. B. Rohrschneider und Schmitt-Beck 2002), wobei die Differenzierung zwischen den Systemebenen keine strukturierende Wirkung entfaltet. Auf dieser Basis bilden wir zwei additive Indizes – einen für Urteile über die Performanz der Exekutiven als prominenten Institutionen des Parteienwettbewerbs und einen für Performanzurteile bezüglich der Polizei und der Gerichtsbarkeit.

Unser zweiter Performanz-Indikator bezieht sich auf die faktischen Erfahrungen mit der demokratischen politischen Ordnung insgesamt. Die Fragen lauten: „Wie zufrieden sind Sie alles in allem mit der Art und Weise, wie die Demokratie in Baden-Württemberg funktioniert?" und „Wie zufrieden sind Sie alles in allem mit der Art und Weise, wie die Demokratie in Deutschland funktioniert?" (jeweils 10-Punkte-Skalen von 0 = überhaupt nicht zufrieden, bis 10 = sehr zufrieden). Die beiden Variablen sind sehr hoch korreliert ($r = 0{,}79$, $p < 0{,}001$), die Befragten trennen also auch bei diesen Urteilen nicht zwischen den Systemebenen. Daher haben wir für die Demokratiezufriedenheit ebenfalls einen additiven Index gebildet.

Ebenfalls zwei Instrumente versetzen uns in die Lage, auch Vertrauens- und Legitimitätsüberzeugungen als Aspekte diffuser Unterstützung zu messen. Die Befragungspersonen wurden gebeten, das Ausmaß ihres Vertrauens in eine Reihe bundes- und landespolitischer Institutionen („die Parteien in Deutschland", „der Deutsche Bundestag", „die überregionalen Nachrichtenmedien in Deutschland", „die Parteien in Baden-Württemberg", „der Landtag von Baden-Württemberg", „die lokalen und regionalen Nachrichtenmedien in Baden-Württemberg") anzugeben (wiederum auf 10-Punkte-Skalen, wobei 0 = überhaupt kein Vertrauen, 10 = sehr großes Vertrauen in diese Einrichtung bedeutet). Eine Hauptkomponentenanalyse belegt die Eindimensionalität dieser Einschätzungen (erklärter Varianzanteil 74,2 %), so dass wir auf ihrer Basis einen additiven Index des Vertrauens in politische Institutionen bilden können (Wertebereich 0 bis 60). Als Maß für die grundsätzliche Legitimität der demokratischen Ordnung insgesamt steht das folgende Item zur Verfügung: „Im nationalen Interesse ist unter bestimmten Umständen eine Diktatur die bessere Staatsform." (0 = stimme überhaupt nicht zu, bis 10 = stimme voll und ganz zu).

Um zu prüfen, ob Prozesspräferenzen im Sinne illiberaler Demokratie zur Unterstützung der AfD beitragen, verwenden wir drei Instrumente. Der erste

3.3 Daten, Instrumentierung und Analysestrategie

Indikator ist eine direkte Frage nach dem präferierten Verhältnis von direkt- und repräsentativdemokratischen Elementen in der politischen Willensbildung: „Man kann unterschiedlicher Auffassung darüber sein, welche Form der Demokratie die beste ist. Was meinen Sie, welche Form der Demokratie ist Ihrer Meinung nach die beste? Auf einer Skala von 0 bis 10: 0 bedeutet ‚Eine repräsentative Demokratie, in der alle Entscheidungen von gewählten Abgeordneten getroffen werden'. 10 bedeutet ‚Eine direkte Demokratie, in der das Volk möglichst viele politische Entscheidungen trifft'." Der zweite Indikator misst in analoger Weise das präferierte Verhältnis zwischen Mehrheitsherrschaft und Minderheitenschutz: „Man kann unterschiedlicher Meinung sein über das Verhältnis von Mehrheit und Minderheit in der Demokratie. Was meinen Sie, inwieweit sind Minderheitsrechte zu schützen? Auf einer Skala von 0 bis 10: 0 bedeutet ‚In einer Demokratie müssen sich Minderheiten in jeder Hinsicht der Mehrheit unterordnen'. 10 bedeutet ‚In einer Demokratie müssen Minderheitsrechte geschützt werden, auch wenn die Mehrheit das anders möchte'." Diese Variable wurde für die Analyse umgepolt.

Unser Index „*stealth*-demokratischer" Prozesspräferenzen basiert auf Items, die auch in der US-Forschung gebräuchlich sind, um dieses Konstrukt abzubilden (Hibbing und Theiss-Morse 2002): „Die Auseinandersetzungen zwischen den verschiedenen Interessengruppen in unserer Gesellschaft schaden dem Allgemeinwohl." „Aufgabe der politischen Opposition ist es nicht, die Regierung zu kritisieren, sondern sie in ihrer Arbeit zu unterstützen." „Die Führung der Regierung sollte jemandem anvertraut werden, der über dem Parteiengezänk steht." „Es wäre besser für das Land, wenn die Politiker aufhören würden zu reden und stattdessen einfach handeln und die Probleme lösen würden." „Unsere Regierung würde besser funktionieren, wenn Experten die Entscheidungen treffen." (Skala jeweils: 0 = stimme überhaupt nicht zu, bis 10 = stimme voll und ganz zu). Eine Hauptkomponentenanalyse zeigt, dass die Reaktionen auf diese Items eng miteinander verknüpft sind (erklärte Varianz: 44,3 %). Wir verbinden sie daher zu einem additiven Index, der die Befürwortung „*stealth*-demokratischen" Regierens ausdrückt.

3.3.4 Analysestrategie

Wir prüfen die oben dargelegten Erwartungen in zwei Schritten. Wir beginnen die Analyse mit einem Partialmodell für jeden der diskutierten Blöcke von Prädiktoren und schätzen dann ein Gesamtmodell, das die Effekte der einzelnen Prädiktoren unter Kontrolle aller anderen Prädiktoren betrachtet und somit alle Hypothesen gleichzeitig im direkten Wettbewerb miteinander testet.[24] Alle Befunde sind in Tab. 1 zusammengefasst. Da es sich bei unserer abhängigen Variable um eine Zählvariable handelt, verwenden wir für die Schätzungen negativ-binomiale Regressionsmodelle (Cameron und Trivedi 2013). Als Kenngrößen für die Effektstärken verwenden wir die durchschnittlichen marginalen Effekte (AMEs) der Prädiktoren auf die AfD-Wahlhäufigkeit. Bei der Modellierung wurden alle unabhängigen Variablen zur einfacheren Interpretation auf das Intervall 0 bis 1 normiert, wobei 0 jeweils der niedrigsten und 1 der höchsten Ausprägung der Variablen entspricht. Die Bedeutung der Koeffizienten sei an zwei Beispielen veranschaulicht: Das Gesamtmodell zeigt unter anderem statistisch signifikante AMEs von -0,114 für Beamte im gehobenen und höheren Dienst und von 0,212 für das politische Interesse. Das bedeutet, dass Beamte des gehobenen und höheren Dienstes (ceteris paribus) um 0,114 Zähleinheiten seltener die AfD wählen als die Referenzkategorie der einfachen Arbeiter. Und Personen, die ein sehr starkes politisches Interesse aufweisen, wählen um 0,212 Zähleinheiten häufiger die AfD als Personen ohne Interesse an Politik.

---

24 Unsere Analyse verfolgt nicht das Ziel zu testen, inwieweit die mit der „Trichter"-Metapher verbundene Vermittlungsannahme angemessen ist; diese dient uns primär als heuristisches Instrument, um die von uns betrachteten Hypothesen sinnvoll zur organisieren. Eine angemessene Prüfung dieser Meta-Hypothese würde den Einsatz von Strukturgleichungsmodellen oder verwandten Verfahren erfordern.

3.3 Daten, Instrumentierung und Analysestrategie

Tab. 1 Determinanten der AfD-Wahl (AMEs; in Klammern z-Werte auf Basis von Jackknife-Standardfehlern)

	Partialmodelle						Gesamt-modell
	I.1	I.2	I.3	II	III.1	III.2	III.3	
Erwerbstätigkeit/Berufsgruppe (Ref.kat.: einf. Arbeiter)								
Facharbeiter	-0,061 (-0,88)							-0,062 (-1,00)
Einfache Angestellte	-0,076 (-1,19)							-0,077 (-1,12)
Gehobene Angestellte	-0,059 (-0,91)							-0,027 (-0,37)
Beamte einf./mittlerer Dienst	0,080 (0,49)							0,032 (0,26)
Beamte gehobener/höherer Dienst	-0,085 (-1,42)							-0,114* (-2,37)
Selbständige	-0,001 (-0,01)							-0,045 (-0,64)
Arbeitslose	0,198 (0,74)							-0,005 (-0,05)
Rentner	0,020 (0,45)							-0,106 (-1,63)
Sonstige nicht Erwerbstätige	-0,154 (-1,19)							-0,121 (-0,29)
Bildung (Ref.kat.: gering)								
Bildung mittel	0,069 (1,06)							0,071 (1,20)
Bildung hoch	-0,026 (-0,46)							0,069 (0,98)
Relative Deprivation (Ref.kat.: gerechter Anteil)								
Weniger als gerechten Anteil	0,123* (2,04)							-0,003 (-0,06)
Mehr als gerechten Anteil	-0,012 (-0,20)							-0,090 (-1,61)

	Partialmodelle							Gesamt-modell
	I.1	I.2	I.3	II	III.1	III.2	III.3	
Vereinsmitgliedschaft		-0,097 (-1,22)						0,051 (0,64)
Kirchgang		-0,010 (-0,14)						0,028 (0,39)
Ortsgröße		-0,188* (-1,98)						-0,160⁺ (-1,88)
Soziales Vertrauen		-0,621*** (-4,40)						-0,154 (-1,45)
Politisches Interesse			0,199⁺ (1,89)					0,212* (2,34)
Politische Mediennutzung			-0,087 (-0,87)					-0,104 (-0,96)
Pol. Informationsquelle: Presse			0,032 (0,42)					0,057 (0,64)
Pol. Informationsquelle: Fernsehen			0,150 (1,23)					0,020 (0,23)
Pol. Informationsquelle: Internet			0,137 (1,12)					0,072 (0,63)
Parteiidentifikation (Ref.kat.: PId vorhanden)								
PId: keine			0,578** (2,68)					0,213⁺ (1,90)
PId: AfD			6,139** (3,19)					0,838* (2,01)
Links-Rechts-Identifikation				0,750*** (4,11)				0,284* (2,40)
Mat.-Postmat. Wertorientierung				-0,107 (-1,33)				-0,113 (-1,27)
Geschlecht: Mann				0,109** (2,82)				0,082⁺ (1,95)
Alter				-0,051 (-0,52)				0,339⁺ (1,79)

3.3 Daten, Instrumentierung und Analysestrategie

	\multicolumn{7}{c	}{Partialmodelle}	Gesamt-modell
	I.1	I.2	I.3	II	III.1	III.2	III.3	
Einstellung Zuwanderung					-0,396**			-0,103
					(-2,96)			(-0,93)
Ethnozentrismus					0,576**			0,257+
					(3,05)			(1,74)
Einstellung Europäische Integration					-0,304**			-0,017
					(-3,41)			(-0,22)
Responsivität der Eliten						-0,268*		-0,172*
						(-2,08)		(-1,99)
Performanz der Exekutive						-0,572**		-0,421**
						(-2,94)		(-3,11)
Performanz des Rechtsstaates						0,039		0,119
						(0,26)		(0,94)
Vertrauen in Institutionen						-0,289		0,081
						(-1,36)		(0,59)
Performanz der Demokratie						-0,311+		0,040
						(-1,91)		(0,32)
Legitimität der Demokratie						0,235*		0,029
						(2,31)		(0,41)
Repräsentative vs. direkte Demokratie							0,395***	0,133
							(3,64)	(1,56)
Minderheitenschutz vs. Mehrheitsherrschaft							0,272**	-0,034
							(3,00)	(-0,50)
„Stealth"-Demokratie"							0,339**	-0,011
							(2,45)	(-0,09)
N	1113	1113	1113	1113	1113	1113	1113	1113
McFadden R^2	0,031	0,056	0,206	0,087	0,173	0,161	0,057	0,420
McFadden R^2 (adj.)	-0,004	0,042	0,185	0,073	0,161	0,143	0,045	0,323
AIC	865,428	826,039	702,268	798,888	722,783	738,881	823,041	583,530
BIC	940,650	856,128	747,401	828,977	747,857	779,000	848,115	794,152

Signifikanzniveaus: +p<0,10; *p<0,05; **p<0,01; ***p<0,001.

3.4 Ergebnisse: Determinanten der AfD-Wahl

3.4.1 Partialmodelle

Für objektive Strukturmerkmale finden sich in Partialmodell I.1 keine statistisch bedeutsamen Zusammenhänge im Sinne der Prekaritäts-These. Wenn einfache Arbeiter und Arbeitslose eine besonders starke Neigung zur AfD aufwiesen, würde das Modell signifikante negative Effekte für alle in der Tabelle ausgewiesenen Erwerbskategorien zeigen. Das ist jedoch nicht der Fall. Bildungsunterschiede spielen ebenfalls keine Rolle. Allerdings identifiziert das Modell einen hypothesenkonformen signifikanten Effekt subjektiven Mangelempfindens. Personen, die glauben, bei der gesellschaftlichen Ressourcenverteilung benachteiligt zu werden, neigen demnach eher zur AfD. Gefühlte relative Deprivation erhöht in der Tat die Wahrscheinlichkeit, die AfD zu unterstützen. Die Erklärungskraft dieses Modells ist jedoch insgesamt sehr schwach. Sozioökonomische Prekarität strukturiert demnach die Neigung zur AfD nicht in bedeutendem Maße.

Partialmodell I.2 prüft die Integrationshypothese. Es zeigt einen deutlichen Zusammenhang in der erwarteten Richtung, der ebenfalls ein subjektives Merkmal betrifft. Zur AfD neigen demnach eher Personen, die ihren Mitmenschen misstrauen. Die über die Kirchgangshäufigkeit und die Zahl der Vereinsmitgliedschaften gemessene Einbindung in soziale Netzwerke hat hingegen keine Bedeutung für die AfD-Wahl. Für die Ortsgröße sehen wir zwar einen statistisch bedeutsamen Effekt, jedoch nicht in der von uns erwarteten Richtung. Demzufolge findet die AfD bei Personen, die auf dem Land und in kleinen Städten wohnen, eher Zuspruch als in größeren Städten. Aufgrund der Überlegung, dass die soziale Integration mit steigender Urbanisierung sinkt, hatten wir den gegenteiligen Zusammenhang vermutet. Partialmodell I.2 hat insgesamt eine etwas größere Erklärungskraft als Partialmodell I.1.

Es wird diesbezüglich jedoch noch einmal weit übertroffen von Partialmodell I.3 (politische Involvierung), das auch insgesamt das erklärungsmächtigste Partialmodell ist. Wir sehen in diesem Modell mehrere starke Zusammenhänge, die jedoch ebenfalls nur teilweise unseren Erwartungen entsprechen. Wir haben angenommen, dass die AfD eher politikferne Wähler anzieht. Das Gegenteil scheint jedoch der Fall zu sein – je stärker das politische Interesse, desto ausgeprägter die Neigung zur AfD. Bemerkenswert erscheint, dass gleichzeitig die Häufigkeit, mit der politische Nachrichten verfolgt werden, negativ mit der Neigung zur AfD verknüpft ist. Die Richtung dieses Zusammenhangs entspricht also unserer Erwartung, doch der Effekt ist nicht statistisch signifikant. Das Gleiche gilt für die Bedeutung des Internet als Nachrichtenquelle. Von größter Bedeutung ist hingegen das Fehlen von

3.4 Ergebnisse: Determinanten der AfD-Wahl

Parteibindungen. Wie erwartet erweist sich die parteipolitische Verfügbarkeit von Wählern als wesentliche Voraussetzung der Unterstützung der AfD. Geringer, aber keinesfalls vernachlässigbar ist demgegenüber die Bedeutung politischer Grundorientierungen (Partialmodell II). Für die Links-Rechts-Identifikation finden wir einen starken Zusammenhang gemäß unseren Erwartungen (ähnlich auch Vehrkamp und Wratil 2017). Je weiter rechts sich eine Person im ideologischen Spektrum einordnet, desto stärker tendiert sie zur AfD. Wertorientierungen sind nicht bedeutsam, aber die Richtung des Zusammenhangs entspricht der Erwartung und der Effekt verfehlt nur knapp die kritische Schwelle statistischer Signifikanz. Der erwartete Zusammenhang mit dem Lebensalter stellt sich ebenfalls nicht ein, sehr klar und hypothesenkonform ist aber der Effekt des Geschlechts. Männer votieren deutlich eher für die AfD als Frauen.

Partialmodell III.1 zeigt, dass nativistische Einstellungen für die Unterstützung der AfD höchst bedeutsam sind. Ethnozentrische Einstellungen motivieren sehr stark zur Wahl dieser Partei. Selbst unter Kontrolle des Ethnozentrismus findet sich aber auch ein deutlicher Effekt spezifisch zuwanderungskritischer Einstellungen. Noch ausgeprägter als die symbolische Ideologie, die sich in einer abstrakten Identifikation mit der rechten Seite des ideologischen Spektrums ausdrückt, trägt also eine operative rechte Ideologie in Gestalt xenophober Orientierungen zur Stärkung der AfD bei. Als ebenfalls sehr bedeutsam erweisen sich selbst in der multivariaten Betrachtung aber auch negative Einstellungen zur europäischen Integration. Partialmodell III.1 zeigt eine weitaus höhere Erklärungskraft für die AfD-Wahl als die bisher betrachteten Partialmodelle mit Ausnahme von Modell I.3.

Kritische Einstellungen zu den Eliten, aber auch zum politischen System insgesamt sind für die AfD fast ebenso wichtig. Das zeigt die ebenfalls sehr beachtliche Erklärungskraft des Partialmodells III.2. Die meisten Systemorientierungen hängen signifikant und in der erwarteten Richtung mit der Unterstützung der AfD zusammen. Im Einklang mit ihrer Rhetorik neigen der Partei deutlich eher elitenkritische Wähler zu, welche das politische Führungspersonal für wenig oder gar nicht responsiv halten. Allerdings speist sich die AfD auch aus darüber hinausgehender, die Institutionen und die politische Ordnung der Demokratie selbst betreffender Unzufriedenheit. Diese Zusammenhänge sind teilweise stärker als jener zwischen Responsivitätsurteilen und AfD-Wahl. Den insgesamt stärksten Effekt haben negative Performanzbewertungen der Exekutiven auf Landes- und Bundesebene (während die Performanz der Institutionen des Rechtsstaats nicht von Bedeutung ist). Selbst unter Kontrolle der konkret auf Institutionen bezogenen Leistungsbeurteilungen zeigt sich darüber hinaus zudem auch ein Effekt der spezifischen Unterstützung der Demokratie insgesamt: Wer mit ihren Leistungen auf Bundes- und Landesebene eher unzufrieden ist, neigt ebenfalls eher zur AfD.

Erodierende diffuse Unterstützung in Form mangelnden Institutionenvertrauens erscheint hingegen nicht als eigenständiger Hintergrund der AfD-Wahl. Umso bemerkenswerter ist jedoch, dass die AfD auch von der äußersten Form des Entzugs politischer Unterstützung profitiert: Unabhängig von den anderen hier betrachteten Dimensionen politischer Unterstützung tendieren auch solche Personen eher zur AfD, welche die Legitimität der Demokratie selbst infrage stellen, indem sie dieser nicht unter allen Umständen den Vorzug vor einem diktatorischen Regime geben.

Das letzte Partialmodell (III.3) zeigt die Effekte von Prozesspräferenzen im Sinne illiberaler Demokratie auf die Wahl der AfD. Sämtliche Ergebnisse bestätigen unsere Erwartungen. Das Modell zeigt, dass Personen, die direktdemokratische Entscheidungen gegenüber solchen durch Repräsentanten präferieren, sowie (in etwas geringerem Maße) Personen, die einer reinen, von Vorkehrungen des Minderheitenschutzes ungebremsten Mehrheitsherrschaft den Vorzug geben, eher zur AfD neigen. Auch „*stealth*-demokratische" Einstellungen hängen mit der AfD-Wahl zusammen. Ausweislich der Erklärungskraft des Modells ist die Gesamtbedeutung dieser Einstellungen jedoch nicht so stark.

3.4.2 Integriertes Gesamtmodell

Im letzten Schritt betrachten wir ein umfassendes Gesamtmodell, das sämtliche Prädiktoren in einer integrierten Analyse simultan berücksichtigt. Dieses Modell ist außerordentlich erklärungsstark. Das signalisiert, dass keines der Partialmodelle alleine zur Erklärung der Unterstützung der AfD bei Wahlen ausreicht, und rechtfertigt die breite Betrachtungsperspektive, die wir unserer Analyse zugrunde gelegt haben. Gleichzeitig reduziert die simultane Betrachtung jedoch die Zahl der statistisch bedeutsamen Prädiktoren beträchtlich. Das signalisiert erhebliche Korrelationen zwischen den Faktoren, die in den verschiedenen Partialmodellen enthalten sind.

Der insgesamt bei weitem stärkste Prädiktor der AfD-Wahl sind negative Urteile über die Leistungen der Exekutiven auf Bundes- und Landesebene. Wie kein anderer Faktor speist der Entzug spezifischer Unterstützung gegenüber diesen – von unterschiedlichen Parteien getragenen! – Regierungen die Unterstützung der AfD. Unabhängig davon erweisen sich aber auch negative Einschätzungen der Responsivität der Eliten als wichtiger Hintergrund der Wahl der AfD. Alle anderen Systemorientierungen werden im Gesamtmodell bedeutungslos.

Unabhängig davon zeigt sich auch in der Gesamtbetrachtung, dass die AfD von Personen deutlich eher gewählt wird, die ideologisch der rechten Seite des politischen Spektrums zuzuordnen sind. Bemerkenswerterweise gilt das gleichermaßen für Ideologie im symbolischen wie im operativen Sinn; die beiden Dimensionen rechter Ideologie sind demnach nicht vollständig deckungsgleich (vgl. Ellis und Stimson 2012). Sowohl die Identifikation mit dem abstrakten Konzept „Rechts" als auch ausgeprägt ethnozentrische Einstellungen (nicht länger jedoch Gegnerschaft zur Zuwanderung und zur supranationalen Integration Europas) bringen der AfD unabhängig voneinander Stimmen. Der Gegensatz zwischen materialistischen und postmaterialistischen Wertorientierungen zeigt auch im Gesamtmodell keinen bedeutsamen Effekt auf die AfD-Wahl. Die Richtung des Zusammenhangs ist zwar hypothesenkonform, doch wird die Schwelle statistischer Signifikanz verfehlt. Auch im Gesamtmodell erweisen sich zudem weiterhin Männer im Vergleich zu Frauen als offener für die AfD. Im umfassenden Gesamtmodell zeigt sich überdies nun auch ein Alterseffekt in der erwarteten Richtung. Demzufolge neigen Ältere dieser Partei etwas eher zu als Jüngere. Da der Rentnerstatus in unserem Modell kontrolliert ist (und negativ mit der AfD-Wahl zusammenhängt), bezieht sich dieser Zusammenhang allerdings im Wesentlichen auf die Altersstruktur der Erwerbsbevölkerung und drückt insoweit nicht den vermuteten Generationenzusammenhang aus.

Auch politisches Interesse erweist sich selbst bei umfassender Betrachtung, die nach zahlreichen anderen Prädiktoren kontrolliert, als Faktor, der die Wahl der AfD begünstigt. Ein negativer Effekt praktisch identischer Größe zeigt sich zudem weiterhin für die Bindung an eine politische Partei. Das bestätigt die vermutete große Bedeutung der elektoralen Verfügbarkeit von Wählern (Bartolini 2002) als Voraussetzung für den Erfolg der AfD – diese findet ihre Unterstützer vor allem bei den Wählern, die sich nicht mit einer Partei identifizieren – und stellt sich insoweit als Produkt der langfristigen Erosion von Parteibindungen in Deutschland dar. Auch im Gesamtmodell bedeutsam ist zudem der so nicht erwartete Zusammenhang der AfD-Wahl mit der Ortsgröße. Anders als im Partialmodell I.1 wird im Gesamtmodell zudem eine bezüglich der AfD-Wahl profilierte Berufsgruppe erkennbar. Die Beamten in gehobener Stellung neigen der AfD in signifikant geringerem Maße zu als die einfachen Arbeiter, die sich diesbezüglich aber weiterhin von allen anderen Berufsgruppen nicht in bedeutsamer Weise unterscheiden. Dass die Berufsgruppe der gehobenen Beamten eine besonders geringe Neigung zur AfD zeigt, ist im Sinne der Prekaritäts-These nicht unplausibel.

3.5 Fazit

Am Beispiel des Bundeslandes Baden-Württemberg untersuchte der vorliegende Beitrag die Unterstützung der AfD im Vorfeld der Bundestagswahl 2017. Zwei Gesichtspunkte verleihen den Befunden besondere Relevanz: Erstens zeigen sie, aus welchen Gründen Wähler der AfD in einer Phase ihrer Entwicklung zuneigen, in der sie sich eindeutig in die Riege der westeuropäischen rechtspopulistischen Parteien eingereiht hat. Zweitens werfen unsere Analysen ein Schlaglicht auf Präferenzen für die AfD zu einer Zeit, in der ihr Einzug in den Bundestag – den sie 2013 noch knapp verfehlte und der in der Geschichte der Bundesrepublik noch keiner anderen rechtspopulistischen oder rechtsradikalen Partei gelungen ist – wahrscheinlich erscheint.

Da es uns um eine möglichst umfassende Erklärung der elektoralen Unterstützung der AfD geht, haben wir mehrere Hypothesen in unsere Analyse einbezogen. Im Einklang mit der aktuellen Forschungsdiskussion bezogen sich diese sowohl auf strukturelle als auch auf einstellungsbezogene Faktoren. Diese Ansätze haben sich in der Analyse unterschiedlich gut bewährt. Keiner davon ist ganz bedeutungslos, doch unterscheidet sich ihre Erklärungskraft beträchtlich. Ähnlich anderen neueren Studien (Bergmann et al. 2017; Lengfeld 2017) signalisieren unsere Befunde, dass die in der öffentlichen Diskussion oft zitierte sozioökonomische Prekaritäts-These zu kurz greift. Hinter Wahlentscheidungen für die AfD stehen vielmehr in erheblichem Maße negative Orientierungen zum politischen System. Diese beziehen sich vor allem, aber nicht nur auf die spezifische Unterstützung (Easton 1975; Norris 2011), das heißt die leistungsbezogene Dimension der Systembewertungen. Generelle Unzufriedenheit mit der Performanz der Regierungen in Bund und Land erweist sich in unserer Analyse als insgesamt stärkster Erklärungsfaktor für die Wahl der AfD. Zudem motivieren Wahrnehmungen mangelnder Responsivität des politischen Führungspersonals zur Wahl der Partei. Unsere Daten enthalten aber auch Anhaltspunkte, dass die AfD Stimmen von Personen anzieht, welche die Legitimität der Demokratie insgesamt in Zweifel ziehen.

Davon unabhängig belegen unsere Befunde auch eine erhebliche Bedeutung einer rechten ideologischen Identifikation sowie eine starke Resonanz zwischen nativistischen Einstellungen und der entsprechenden Rhetorik der Partei. In der Gesamtschau erweist sich insbesondere eine ethnozentrische Weltsicht als Quelle der Unterstützung der AfD. Von geringerem Gewicht, jedoch keineswegs vernachlässigbar sind demgegenüber (rechts)populistische Prozesspräferenzen, welche die liberalen Komponenten der Demokratie gering schätzen. Überdies ist die politische Involvierung bedeutsam, wenngleich in paradoxer Weise. Wie erwartet begünstigen fehlende Parteibindungen die Wahl der AfD. Die langfristige Abnahme der Parteibindungen im deutschen Elektorat (Arzheimer 2017a) hat Wähler für neue Parteien verfügbar gemacht (Bartolini 2002), und hiervon profitiert die AfD in erheblichem Maße. Entgegen unserer Erwartung findet sie jedoch gleichzeitig ein wichtiges Wählerreservoir nicht etwa in politikfernen, sondern im Gegenteil in politisch stark interessierten Wählern. Dass mangelndes soziales Vertrauen ebenfalls zu den Hintergründen der AfD-Wahl gehört, bestätigt zumindest die Partialbetrachtung.

3.5 Fazit

Unsere Studie hat interessante Einblicke erbracht, wirft aber auch Fragen auf. Neben einigen klaren Befunden liefern unsere Daten auch Anregungen für weiterführende Forschung. Zwar hat die These, dass die Unterstützung der AfD als Gegenreaktion zum postmaterialistischen Wertewandel zu verstehen sei, durch unsere Modelle keine Bestätigung gefunden. Doch erscheint es uns dennoch lohnend, dieser Vermutung weiter nachzugehen, wofür jedoch Alternativen zum herkömmlichen Postmaterialismus-Index herangezogen werden sollten (siehe auch Schwarzbözl und Fatke 2016). Dasselbe gilt, wenngleich aus anderem Grund, für den Zusammenhang zwischen AfD-Wahl und Geschlecht. Dieser ist selbst im umfassenden multivariaten Modell robust. Das bedeutet, dass er allenfalls teilweise durch die von uns betrachteten politischen Grundorientierungen und Einstellungen vermittelt ist. Warum Männer eher zur AfD neigen als Frauen, bedarf daher weiterer Untersuchung. Ebenfalls weitere Beachtung verdient der Befund, dass die AfD im ländlichen Raum eher unterstützt wird als in den großen Städten. Aufgrund unserer Überlegungen zur Bedeutung sozialer Integration hatten wir das Gegenteil erwartet.

Sind unsere Befunde über das untersuchte Bundesland hinaus verallgemeinerbar? Dafür spricht zunächst auf ganz grundsätzliche Weise, dass vergleichende Analysen häufig eine weitgehende Invarianz der Bedingungsgründe politischen Verhaltens gegenüber Variationen des Kontextes belegen (z. B. Klingemann 2009). Gleichwohl sollte nicht unreflektiert generalisiert werden. Die AfD genießt in den neuen Bundesländern deutlich mehr Unterstützung als in den alten Bundesländern. Solange nicht belegt ist, dass dieser Ost-West-Unterschied lediglich auf Kompositionseffekte zurückzuführen ist, das heißt das bloße quantitative Überwiegen wichtiger Hintergründe der AfD-Wahl in den neuen im Vergleich zu den alten Bundesländern, ist bei Generalisierungen Zurückhaltung angezeigt. Beim momentanen Forschungsstand kann nicht ausgeschlossen werden, dass auch der historisch, sozial und ökonomisch spezifische Kontext der neuen Bundesländer zum unterschiedlichen Abschneiden der AfD in Ost und West beiträgt. Weniger bedenklich erscheint eine Verallgemeinerung auf das Wählerverhalten in anderen alten Bundesländern, insbesondere den Flächenländern.

Sollte die AfD im zweiten Anlauf den Einzug in den Bundestag schaffen, würde Deutschland mit einigen Jahrzehnten Verzögerung in die Riege westlicher Demokratien einschwenken, in deren Parlamenten rechtspopulistische Parteien mit Sitz und Stimme vertreten sind. Es würde damit eine Partei auf die öffentliche Bühne der nationalen Gesetzgebungskörperschaft treten, die sich vor allem aus allgemeiner Unzufriedenheit mit den Leistungen des politischen Systems sowie aus rechten ideologischen Positionen speist, und zwar im doppelten, symbolischen wie operativen Sinne (Ellis und Stimson 2012): einerseits Identifikationen mit der rechten Seite des ideologischen Spektrums, andererseits mit ethnozentrischen Einstellungen.

Tab. 2 Beschreibung der Variablen*

	Minimum	Maximum	Mittelwert	Standard-abweichung	Fallzahl
Wahl der AfD	0	3	0,17	0,63	1532
Facharbeiter	0	1	0,08	0,27	2482
Einfache Angestellte	0	1	0,15	0,36	2482
Gehobene Angestellte	0	1	0,37	0,48	2482
Beamte einf./mittl. Dienst	0	1	0,03	0,16	2482
Beamte geh./höh. Dienst	0	1	0,06	0,23	2482
Selbständige	0	1	0,11	0,31	2482
Arbeitslose	0	1	0,02	0,16	2482
Rentner	0	1	0,34	0,47	2482
Sonstige nicht Erwerbstätige	0	1	0,09	0,29	2482
Bildung mittel	0	1	0,27	0,44	2417
Bildung hoch	0	1	0,31	0,46	2417
Weniger als gerechten Anteil	0	1	0,32	0,47	2398
Mehr als gerechten Anteil	0	1	0,09	0,29	2398
Vereinsmitgliedschaft	0	5	1,82	1,38	2501
Kirchgangshäufigkeit	0	4	1,48	1,32	2470
Ortsgröße	1	7	5,51	1,48	2501
Soziales Vertrauen	0	10	5,79	2,37	2487
Politisches Interesse	0	3	1,99	0,87	2497
Politische Mediennutzung	0	7	6,01	1,86	2486
Pol. Info-Quelle: Presse	0	2	0,56	0,54	2492
Pol. Info-Quelle: TV	0	2	0,78	0,47	2492
Pol. Info-Quelle: Internet	0	2	0,32	0,50	2492
Parteiidentifikation: keine	0	1	0,44	0,50	2286
Parteiidentifikation: AfD	0	1	0,03	0,16	2286
Links-Rechts-Identifikation	0	10	4,90	1,88	2347
Mat.-postmat. Wertorientierung	1	4	2,89	0,90	2473
Geschlecht: Mann	0	1	0,47	0,50	2501
Alter	15	94	54,99	16,63	2481
Einstellung Zuwanderung	0	20	10,52	5,03	2411
Ethnozentrismus	0	70	22,87	14,89	2309
Einstellung Europ. Integration	0	20	13,01	4,84	2451
Responsivität der Eliten	0	20	7,42	4,72	2465
Performanz der Exekutive	0	40	24,56	8,20	2380
Performanz des Rechtsstaates	0	20	13,74	3,71	2314
Vertrauen in Institutionen	0	60	32,47	12,39	2359
Performanz der Demokratie	0	20	13,78	3,97	2473
Legitimität der Demokratie	0	10	1,25	2,39	2468
Repr. vs. direkte Demokratie	0	10	6,43	2,85	2452
Minderh. vs. Mehrheitsherrsch.	0	10	3,27	2,47	2442
„Stealth-Demokratie"	0	50	30,03	9,87	2304

* Anmerkung: Für die Analysen wurden alle unabhängigen Variablen auf den Wertebereich 0 bis 1 recodiert.

Literatur

Arzheimer, Kai. 2014. Die Wahl extremistischer Parteien. In *Handbuch Wahlforschung*, Hrsg. Jürgen W. Falter und Harald Schoen, 523–562. Wiesbaden: VS Verlag für Sozialwissenschaften.

Arzheimer, Kai. 2015. The AfD. Finally a Successful Right-Wing Populist Eurosceptic Party for Germany? *West European Politics* 38(3): 535–556.

Arzheimer, Kai. 2017a. Another Dog that didn't Bark? Less Dealignment and more Partisanship in the 2013 Bundestag Election. *German Politics* 26(1): 49–64.

Arzheimer, Kai. 2017b. Electoral sociology. Who votes for the Extreme Right and why – and when? In *The Populist Radical Right*, Hrsg. Cas Mudde, 277–289. London, New York: Cambridge University Press.

Backes, Uwe, Alexander Gallus und Eckhard Jesse. 2016. Forum. Die „Alternative für Deutschland" (AfD). In *Jahrbuch Extremismus & Demokratie*, Hrsg. Uwe Backes, Alexander Gallus und Eckhard Jesse, 113–136. Baden-Baden: Nomos.

Bakshy, Eytan, Solomon Messing und Lada A. Adamic. 2015. Exposure to ideologically diverse news and opinion on Facebook. *Science* 348(6239): 1130–1132.

Bartolini, Stefano. 2002. Electoral and party competition. Analytical dimensions and empirical problems. In *Political Parties. Old Concepts and New Challenges*, Hrsg. Richard Gunther, José Ramón Montero und Juan J. Linz, 84–110. Oxford: Oxford University Press.

Bebnowski, David. 2015. Die AfD als Resultat eines populistischen Zeitgeists. In *Die Alternative für Deutschland. Aufstieg und gesellschaftliche Repräsentanz einer rechten populistischen Partei*, Hrsg. David Bebnowski, 33–37. Wiesbaden: VS Verlag für Sozialwissenschaften.

Berbuir, Nicole, Marcel Lewandowsky und Jasmin Siri. 2015. The AfD and Its Sympathisers. Finally a Right-Wing Populist Movement in Germany?. *German Politics* 24(2): 154–178.

Bergmann, Knut, Matthias Diermeier und Judith Niehues. 2017. Die AfD. Eine Partei der sich ausgeliefert fühlenden Durchschnittsverdiener? *Zeitschrift für Parlamentsfragen* 48(1): 57–75.

Berning, Carl C. und Conrad Ziller. 2017. Social trust and radical right-wing populist party preferences. *Acta Politica* 52(2): 198–217.

Bornschier, Simon. 2010. *Cleavage politics and the populist right. The new cultural conflict in Western Europe*. Philadelphia: Temple University Press.

Brenke, Karl und Alexander S. Kritikos. 2017. Wählerstruktur im Wandel. *DIW Wochenbericht* 84(29): 595–606.

Brunner, Katharina und Sabrina Ebitsch. 2016. In der rechten Echokammer. *Süddeutsche Zeitung*, 02.05.2016.

Cameron, A. Colin und Pravin K. Trivedi. 2013. *Regression Analysis of Count Data*. New York: Cambridge University Press.

Campbell, Angus, Philip E. Converse, Warren E. Miller, Donald E. Stokes. 1960. *The American Voter*. New York: Wiley.

Castiglione, Dario, Jan W.van Deth und Guglielmo Wolleb (Hrsg.). 2008. *The Handbook of Social Capital*. Oxford: Oxford University Press.

Converse, Philip E. 2000. Assessing the Capacity of Mass Electorates. *Annual Review of Political Science* 3(1): 331–353.

Decker, Frank. 2015. Alternative für Deutschland und Pegida. Die Ankunft des neuen Rechtspopulismus in der Bundesrepublik. In *Rechtspopulismus und Rechtsextremismus in*

Europa. Die Herausforderung der Zivilgesellschaft durch alte Ideologien und neue Medien, Hrsg. Frank Decker, Bernd Henningsen und Kjetil Jakobsen, 75–90. Baden-Baden: Nomos.
Downs, Anthony. 1957. *An Economic Theory of Democracy*. New York: Harper.
Dylko, Ivan B. 2016. How Technology Encourages Political Selective Exposure. *Communication Theory* 26(4): 389–409.
Easton, David. 1975. A Re-Assessment of the Concept of Political Support. *British Journal of Political Science* 5(4): 435–457.
Ellis, Christopher und James A. Stimson. 2012. *Ideology in America*. Cambridge: Cambridge University Press.
Franzmann, Simon Tobias. 2014. Die Wahlprogrammatik der AfD in vergleichender Perspektive. *MIP* 20(1): 115–124.
Franzmann, Simon Tobias. 2016. Von AfD zu ALFA. Die Entwicklung zur Spaltung. *Mitteilung des Institutes für Deutsches und Internationales Parteienrecht und Parteienforschung* 22: 23–37.
Golder, Matt. 2016. Far Right Parties in Europe. *Annual Review of Political Science* 19(1): 477–497.
Grimm, Robert. 2015. The rise of the German Eurosceptic party Alternative für Deutschland, between ordoliberal critique and popular anxiety. *International Political Science Review* 36(3): 264–278.
Hawkins, Kirk, Scott Riding und Cas Mudde. 2012. Measuring Populist Attitudes. *Committee on Concepts and Methods Working Paper Series* 55 (https://works.bepress.com/cas_mudde/72/download/). Zugegriffen: 01.08.2017.
Hensel, Alex. 2017. Rechtspopulisten im Ländle. Die Entwicklung der AfD in Baden-Württemberg. *Der Bürger im Staat* 67(1): 48–54.
Hibbing, John R. und Elizabeth Theiss-Morse. 2002. *Stealth Democracy. Americans' Beliefs about How Government Should Work*. Cambridge/Mass: Cambridge University Press.
Hölig, Sascha und Uwe Hasebrink. 2016. Nachrichtennutzung über soziale Medien im internationalen Vergleich. *Media Perspektiven* 11: 534–548.
Ignazi, Piero. 1992. The silent counter-revolution. *European Journal of Political Research* 22(1): 3–34.
Inglehart, Ronald. 1977. *The Silent Revolution. Changing Values and Political Styles Among Western Publics*. Princeton: Princeton University Press.
Inglehart, Ronald und Pippa Norris. 2016. Trump, Brexit, and the Rise of Populism: Economic Have-Nots and Cultural Backlash. *HKS Working Paper* No. RWP16-026 (https://papers.ssrn.com/sol3/Delivery.cfm/SSRN_ID2818659_code385205.pdf?abstractid=2818659&mirid=1). Zugegriffen: 01.08.2017.
Inglehart, Ronald und Pippa Norris. 2017. Trump and the Populist Authoritarian Parties: The Silent Revolution in Reverse. *Perspectives on Politics* 15(2): 443–454.
Judis, John B. 2016. *The Populist Explosion*. New York: Columbia Global Reports.
Katsambekis, Giorgos. 2017. The Populist Surge in Post-Democratic Times. Theoretical and Political Challenges. *Political Quarterly* 88(2): 202–210.
Kiess, Johannes, Elmar Brähler, Gabriele Schmutzer und Oliver Decker. 2017. Euroscepticism and Right-Wing Extremist Attitudes in Germany: A Result of the 'Dialectic Nature of Progress'? *German Politics* 26(2): 235–254.
Kitschelt, Herbert. 1995. *The Radical Right in Western Europe*. Ann Arbor: University of Michigan Press.

Klein, Markus. 2014. Gesellschaftliche Wertorientierungen, Wertewandel und Wählerverhalten. In *Handbuch Wahlforschung*, Hrsg. Jürgen W. Falter und Harald Schoen, 563–590. Wiesbaden: VS Verlag für Sozialwissenschaften.

Klingemann, Hans-Dieter (Hrsg.). 2009. *The Comparative Study of Electoral Systems*. Oxford: Oxford University Press.

Knobloch-Westerwick, Silvia, Cornelia Mothes, Benjamin K.Johnson, Axel Westerwick und Wolfgang Donsbach. 2015. Political Online Information Searching in Germany and the United States. Confirmation Bias, Source Credibility, and Attitude Impacts. *Journal of Communication* 65(3): 489–511.

Kornhauser, William. 1959. *The Politics of Mass Society*. New York: The Free Press of Glencoe.

Kriesi, Hanspeter. 2014a. Die Auswirkungen der Großen Rezession auf die europäischen Parteiensysteme. *WSI Mitteilungen* 67: 580.

Kriesi, Hanspeter. 2014b. The Populist Challenge. *West European Politics* 37(2): 361–378.

Kriesi, Hanspeter, Edgar Grande, Romain Lachat, Martin Dolezal, Simon Bornschier und Timoteos Frey. 2008. *West European Politics in the Age of Globalization*. Cambridge: Cambridge University Press.

Lehmann, Pola und Theres Matthieß. 2017. Nation und Tradition. Wie die Alternative für Deutschland nach rechts rückt. *WZB Mitteilungen* 156: 21–24.

Lelkes, Yphtach, Gaurav Sood und Shanto Iyengar. 2017. The Hostile Audience. The Effect of Access to Broadband Internet on Partisan Affect. *American Journal of Political Science* 61(1): 5–20.

Lengfeld, Holger. 2017. Die „Alternative für Deutschland": eine Partei für Modernisierungsverlierer? *Kölner Zeitschrift für Soziologie und Sozialpsychologie* 69(2): 209–232.

Lewandowsky, Marcel. 2016. Die Verteidigung der Nation. Außen- und europapolitische Positionen der AfD im Spiegel des Rechtspopulismus. In *Die Alternative für Deutschland*, Hrsg. Alexander Häusler, 39–51. Wiesbaden: Springer VS.

Lewandowsky, Marcel. 2017. Was ist und wie wirkt Rechtspopulismus? *Der Bürger im Staat* 67(1): 4–11.

Lewandowsky, Marcel, Heiko Giebler und Aiko Wagner. 2016. Rechtspopulismus in Deutschland. Eine empirische Einordnung der Parteien zur Bundestagswahl 2013 unter besonderer Berücksichtigung der AfD. *Politische Vierteljahresschrift* 57(2): 247–275.

Linhart, Eric. 2017. Politische Positionen der AfD auf Landesebene. Eine Analyse auf Basis von Wahl-O-Mat-Daten. *Zeitschrift für Parlamentsfragen* 48(1): 102–123.

Lipset, Seymour M., Paul F. Lazarsfeld, Allen H. Barton und Juan Linz. 1954. The Psychology of Voting: An Analysis of Political Behaviour. In *Handbook of Social Psychology*, Hrsg. Gardner Lindzey, 1124–1176. Cambridge: Cambridge University Press.

Mair, Peter. 2007. Left-Right Orientations. In *The Oxford handbook of political behavior*, Hrsg. Russell J. Dalton und Hans-Dieter Klingemann, 206–222. Oxford: Oxford University Press.

Minkenberg, Michael. 1998. *Die neue radikale Rechte im Vergleich*. Wiesbaden: VS Verlag für Sozialwissenschaften.

Mudde, Cas. 2004. The Populist Zeitgeist. *Government and Opposition* 39(4): 541–563.

Mudde, Cas. 2007. *Populist Radical Right Parties in Europe*. Cambridge: Cambridge University Press.

Müller, Jan-Werner. 2016. *Was ist Populismus?* Berlin: Suhrkamp.

Niedermayer, Oskar. 2015. Eine neue Konkurrentin im Parteiensystem? Die Alternative für Deutschland. In *Die Parteien nach der Bundestagswahl 2013*, Hrsg. Oskar Niedermayer, 175–207. Wiesbaden: VS Verlag für Sozialwissenschaften.

Norris, Pippa. 2005. *Radical Right. Voters and Parties in the Electoral Market.* Cambridge: Cambridge University Press.

Norris, Pippa. 2011. *Democratic deficit. Critical citizens revisited.* Cambridge: Cambridge University Press.

Plehwe, Dieter. 2016. Alternative für Deutschland? Europäische und transatlantische Dimensionen des neuen Rechtsliberalismus. In *Die Alternative für Deutschland. Programmatik, Entwicklung und politische Verortung*, Hrsg. Alexander Häusler, 53–66. Wiesbaden: VS Verlag für Sozialwissenschaften.

Potter, Joshua D. und Johanna L. Dunaway. 2016. Reinforcing or Breaking Party Systems? Internet Communication Technologies and Party Competition in Comparative Context. *Political Communication* 33(3): 392–413.

Putnam, Robert D. 1993. *Making Democracy Work. Civic Traditions in Modern Italy.* Princeton: Princeton University Press.

Rohrschneider, Robert und Rüdiger Schmitt-Beck. 2002. Trust in Democratic Institutions in Germany, Theory and Evidence Ten Years after Unification. *German Politics* 11(1): 35–58.

Roth, Dieter. 1998. *Empirische Wahlforschung.* Opladen: Leske + Budrich.

Rooduijn, Matthijs, Wouter van der Brug und Sarah L. de Lange. 2016. Expressing or fuelling discontent? The relationship between populist voting and political discontent. *Electoral Studies* 43(1): 32–40.

Rosenfelder, Joel. 2017. Die Programmatik der AfD. Inwiefern hat sie sich von einer primär euroskeptischen zu einer rechtspopulistischen Partei entwickelt? *Zeitschrift für Parlamentsfragen* 48(1): 123–140.

Runciman, Walter G. 1966. *Relative Deprivation and Social Justice. A Study of Attitudes to Social Inequality in Twentieth-Century England.* Berkeley.

Sauer, Birgit. 2017. Gesellschaftstheoretische Überlegungen zum europäischen Rechtspopulismus. Zum Erklärungspotenzial der Kategorie Geschlecht. *Politische Vierteljahresschrift* 58(1): 3–22.

Scarbrough, Elinor. 1984. *Political Ideology and Voting. An Exploratory Study.* Oxford: Oxford University Press.

Scheuch, Erwin K. und Hans-Dieter Klingemann. 1967. Theorie des Rechtsradikalismus in westlichen Industriegesellschaften. *Hamburger Jahrbuch für Wirtschafts- und Sozialpolitik* 12(1): 11–19.

Schoen, Harald. 2014. Soziologische Ansätze in der empirischen Wahlforschung. In *Handbuch Wahlforschung*, Hrsg. Jürgen W. Falter und Harald Schoen, 169–240. Wiesbaden: VS Verlag für Sozialwissenschaften.

Schoen, Harald und Agatha Rudnik. 2016. Wirkungen von Einstellungen zur europäischen Schulden- und Währungskrise auf das Wahlverhalten bei der Bundestagswahl 2013. In *Wahlen und Wähler. Analysen aus Anlass der Bundestagswahl 2013*, Hrsg. Harald Schoen und Bernhard Weßels, 135–160. Wiesbaden: VS Verlag für Sozialwissenschaften.

Schmitt-Beck, Rüdiger. 2014. Euro-Kritik, Wirtschaftspessimismus und Einwanderungsskepsis. Hintergründe des Beinah-Wahlerfolges der Alternative für Deutschland (AfD) bei der Bundestagswahl 2013. *Zeitschrift für Parlamentsfragen* 45(1): 94–112.

Schmitt-Beck, Rüdiger. 2017. The 'Alternative für Deutschland in the Electorate': Between Single-Issue and Right-Wing Populist Party. *German Politics* 26(1): 124–148.

Schwarzbözl, Tobias und Matthias Fatke. 2016. Außer Protesten nichts gewesen? Das politische Potenzial der AfD. *Politische Vierteljahresschrift* 57(2): 276–299.

Schweiger, Wolfgang. 2017. *Der (des)informierte Bürger im Netz. Wie soziale Medien die Meinungsbildung verändern.* Wiesbaden: Springer.

Spier, Tim. 2017. Die Wahl von Rechtsaußenparteien in Deutschland. In *Handbuch Rechtsextremismus*, Hrsg. Fabian Virchow, Martin Langebach und Alexander Häusler, 257–284. Wiesbaden: VS Verlag für Sozialwissenschaften.

Spruyt, Bram, Gil Keppens und Filip Van Droogenbroeck. 2016. Who supports populism and what attracts people to it? *Political Research Quarterly* 69(2): 335–346.

van der Eijk, Cees, Wouter van der Brug, Martin Kroh und Mark Franklin. 2006. Rethinking the dependent variable in voting behaviour: on the measures and analysis of electoral utilities. *Electoral Studies* 25(3): 424–447.

van Deth, Jan W. 1989. Interest in Politics. In *Continuities in Political Action*, Hrsg. M. Kent Jennings, Jan W. van Deth et al., 275–312. Berlin/New York:

van Deth, Jan W, 2003. Measuring social capital. Orthodoxies and continuing controversies. *International Journal of Social Research Methodology* 6(1): 79–92.

Vehrkamp, Robert und Christopher Wratil. 2017. *Die Stunde der Populisten?* Gütersloh. Bertelsmann Stiftung. (http://www.bertelsmann-stiftung.de/de/publikationen/publikation/did/die-stunde-der-populisten/). Zugegriffen: 01.08.2017.

Weber, Max. 1988. Politik als Beruf. In *Gesammelte politische Schriften*, Hrsg. Max Weber, 505–560. Tübingen: Mohr Siebeck.

Politische Unterstützung in Baden-Württemberg

4

Sarah Perry

4.1 Armut und politische Unterstützung in Baden-Württemberg

Baden-Württemberg gehört zu den wohlhabendsten Regionen der Bundesrepublik. Wie in den anderen Teilen Deutschlands sind aber auch in Baden-Württemberg immer mehr Menschen von Armut betroffen. So bewegt sich etwa der Anteil der Personen, die von Armut gefährdet sind, auf einem recht hohen Niveau und ist zwischen 2007 und 2012 von 13 auf fast 15 Prozent angestiegen (Ministerium für Arbeit und Sozialordnung, Familie, Frauen und Senioren Baden-Württemberg 2015, S. 156). Soziale Ungleichheit hat sich in den letzten Jahren zu einem zentralen politischen Thema in der Gesellschaft entwickelt. Weil soziale Ungleichheit von der Politik aber nicht unbedingt im gleichen Maße aufgegriffen wird, steigt mit der Armut auch der politische Unmut in der Gesellschaft.

Die wirtschaftliche Situation ist ein wichtiger Erklärungsfaktor für politische Unterstützung (siehe z. B. Lipset 1959; Easton 1965, 1975; Weatherford 1991; Clarke et al. 1993; Anderson und Mendes 2005). Armut drückt sich aber nicht nur in einem Mangel an finanziellen Mitteln aus, sondern z. B. auch durch fehlende Zeit und soziale Kontakte.

In diesem Beitrag soll der Zusammenhang zwischen dem Geld, der Zeit und den sozialen Kontakten der Bürgerinnen und Bürger und ihrer Unterstützung der Politik in Baden-Württemberg untersucht werden, um der Frage nachzugehen, welchen Einfluss die Ressourcenausstattung der Bürgerinnen und Bürger auf das Niveau ihrer politischen Unterstützung hat. Hierfür wird zunächst ein Überblick über den Forschungsstand präsentiert, in dem deutlich wird, dass es sowohl Hinweise auf einen negativen als auch einen positiven Zusammenhang zwischen der Ressourcenausstattung der Bürgerinnen und Bürger und dem Niveau ihrer politischen Unterstützung gibt. Dem Forschungsstand schließen sich die theoretischen Überlegungen an. Nach der Konzeptualisierung von politischer Unterstützung

© Springer Fachmedien Wiesbaden GmbH, ein Teil von Springer Nature 2019
Baden-Württemberg Stiftung (Hrsg.), *Demokratie-Monitoring Baden-Württemberg 2016/2017*, https://doi.org/10.1007/978-3-658-23331-0_4

werden auf Basis der repräsentativen Daten des Teilprojekts „Bürger und Demokratie in Baden-Württemberg" deskriptive und analytische Statistiken präsentiert, wobei sowohl die Daten der ersten als auch der zweiten Welle der Studie berücksichtigt werden. Die Ergebnisse zeigen, dass Männer, Deutsche sowie Personen mit einem höheren Bildungsstand und einem anspruchsvollen Beruf über mehr Ressourcen verfügen als ihre Gegenstücke und dass Menschen mit vielen Ressourcen die Politik in Baden-Württemberg stärker unterstützen als Personen mit weniger Ressourcen. Insbesondere soziale Kontakte sind in diesem Zusammenhang eine wichtige Ressource. Die Ergebnisse zeigen aber auch, dass es eine Einschränkung gibt: Menschen mit vielen sozialen Kontakten und einem hohen Bildungsniveau unterstützen die Landespolitik in Baden-Württemberg etwas weniger als Personen mit vielen sozialen Kontakten und einem niedrigen Bildungsniveau. Da diese Einschränkung klein ausfällt, verdeutlichen die Ergebnisse insgesamt, dass es im Interesse der Politik sein sollte, Maßnahmen zu entwickeln, welche die soziale Gerechtigkeit jenseits der finanziellen Ausstattung der Bürgerinnen und Bürger im Land verbessert, weil sie eher mit einer gezielten Stärkung der Zivilgesellschaft die Unterstützung in der Gesellschaft verstärken kann.

4.2 Politische Unterstützung und Ressourcen

Ein Mangel an politischer Unterstützung wird schon lange auf die politische Unzufriedenheit von denjenigen Menschen zurückgeführt, die von Norris (1999) „kritische Bürger" genannt werden. „Kritische Bürger" kommen insbesondere aus den gebildeten Bevölkerungsgruppen (vgl. auch Klingemann 1999; Dahl 2000; Dalton 2004, S. 195; Geißel 2011). Sie sind unzufrieden, weil sie hohe Erwartungen an die Demokratie stellen und es der Politik schwer fällt, sie zu erfüllen.

Mittlerweile häufen sich die Anzeichen dafür, dass bei immer mehr Menschen – auch aus den mittleren und unteren sozioökonomischen Bevölkerungsgruppen – politische Unterstützung von Defiziten geprägt ist (z. B. Foa und Mounk 2016; Müller-Hilmer und Gagné 2018). Der Mangel an politischer Unterstützung unter den weniger privilegierten Bevölkerungsgruppen ist demnach vorrangig darauf zurückzuführen, dass viele Bürgerinnen und Bürger trotz wechselnden politischen Amtsinhaberinnen und Amtsinhabern nicht feststellen können, dass sich ihre Situation verbessert (Geißel 2011, S. 31).

Dass ein niedriges Niveau an politischer Unterstützung mit einer niedrigen Ressourcenausstattung zusammenhängt, konnten bereits frühere Arbeiten zeigen. Das ist insbesondere für ökonomische Ressourcen zutreffend. So assoziiert Lipset

4.2 Politische Unterstützung und Ressourcen

(1959) das Zusammenbrechen der Weimarer Republik mit der hohen Arbeitslosigkeit und einer generell schwierigen wirtschaftlichen Situation. Auch Easton (1965, 1975) bringt niedrige politische Unterstützung mit wirtschaftlichen Problemen in Verbindung. Weitere Arbeiten zeigen, dass schlechte ökonomische Umstände mit einer negativen Wahrnehmung des politischen Systems zusammenhängen (Weatherford 1991; Clarke et al. 1993; Anderson und Mendes 2005).

Vor diesem Hintergrund liegt die Vermutung nahe, dass der Zusammenhang zwischen einer hohen Ressourcenausstattung und einem niedrigen Niveau an politischer Unterstützung, der dem „kritischen Bürger" zugrunde liegt, auf eine spezifische Konstellation verschiedener Umstände zurückzuführen sein könnte. Schließlich haben sich die Zeiten nicht zuletzt mit der Finanz- und Wirtschaftskrise ab 2007 und der steigenden sozialen Ungleichheit verändert. Der umgekehrte Fall, der von einer Verknüpfung zwischen einer niedrigen Ressourcenausstattung und einem niedrigen Niveau an politischer Unterstützung ausgeht, erscheint hingegen vor dem Hintergrund sozialer Ungleichheit plausibel.

Politische Unterstützung wird generiert, wenn die Politik die Erwartungen, Wünsche und Bedürfnisse der Bürgerinnen und Bürger erfüllt (Lipset 1959, S. 86). Es kann demnach davon ausgegangen werden, dass politische Unterstützung mit der Zufriedenheit der Bürgerinnen und Bürger zusammenhängt (Heyne 2017, S. 9 f.). Obwohl die Erwartungen, Wünsche und Bedürfnisse der Bürgerinnen und Bürger subjektiv sind, lässt sich anhand der persönlichen Ressourcenausstattung recht gut einschätzen, ob die Bürgerinnen und Bürger zufrieden sind. Die Ressourcenausstattung der Bürgerinnen und Bürger spielt auch im „Civic-Voluntarism-Model" von Verba et al. (1995) eine zentrale Rolle. Zwar werden Geld, Zeit und soziale Kontakte zur Erklärung politischer Partizipation herangezogen. Jedoch können diese Ressourcenformen auch für politische Unterstützung relevant sein.

Geld ist die erste von Verba et al. (1995) behandelte Ressourcenform. Menschen mit viel Geld können zu Kampagnen oder anderen politischen Angelegenheit beitragen (Verba et al. 1995, S. 289) und damit ihre Themen politisch vorantreiben. Daher haben Menschen mit mehr Geld mehr politischen Einfluss und sind politisch besser repräsentiert (Bundesministerium für Arbeit und Soziales 2016; Donovan und Karp 2017, S. 472). Deshalb sollten Menschen mit viel Geld ein höheres Niveau an politischer Unterstützung aufweisen als Personen mit weniger Geld. Personen mit weniger Geld sind eher Personen, die einer nicht sehr anspruchsvollen Berufstätigkeit nachgehen. So verfügen im Dezember 2016 Menschen, die einer Helfertätigkeit nachgehen über 2133 Euro brutto im Monat (Median), während Fachkräfte Bruttomonatsentgelte von 2891 Euro, Spezialisten von 4107 Euro und Experten von 5187 Euro vorweisen können (Statistik der Bundesagentur für Arbeit 2018). Zu Personen mit einem weniger anspruchsvollen Beruf gehören in der Regel eher Personen mit einem niedrigen Bildungsniveau (Verba et al. 1995, S. 292). Auch Frauen verfügen eher über weniger Geld als Männer. Zwar sind Frauen tendenziell besser gebildet als Männer. Dieser Umstand überträgt sich jedoch häufig nicht auf ihre Position in der Arbeitswelt, wo in der Regel ihre männlichen Kollegen über die besser bezahlten Arbeitsstellen verfügen (vgl. OECD 2013). Selbst wenn Frau und Mann in ihrem Beruf den gleichen Aufgaben nachgehen, ist die Wahrscheinlichkeit groß, dass der Mann ein höheres Gehalt bezieht als die Frau. So liegt der Verdienstunterschied zwischen den Geschlechtern 2017 in Deutschland bei 21 Prozent (Statistisches Bundesamt (Destatis) 2018). Ausländerinnen und Ausländern sowie Personen mit Migrationshintergrund befinden sich ebenfalls seltener in besser bezahlten Positionen als Deutsche ohne Migrationshintergrund. Im Jahr 2016 war das Medianeinkommen von Ausländerinnen und Ausländer um 30,1 Prozent niedriger als das von Deutschen (Statistik der Bundesagentur für Arbeit 2016).

Die zweite von Verba et al. (1995) diskutierte Ressourcenform ist Zeit. Es benötigt Zeit, sich mit der Politik auseinanderzusetzen, um die eigenen Interessen durchzusetzen und die Möglichkeiten, die das politische System bietet, auszuschöpfen. Dies wird durch den Umstand verstärkt, dass der bürokratische Aufwand zur Wahrnehmung politischer Förderprogramme in Deutschland hoch ist (siehe z. B. Schubmann-Wagner und Koop 2008). Die benötigten Formulare und Anträge auszufüllen sowie die notwendigen Unterlagen zusammenzutragen kann mit viel Aufwand verbunden sein. Auch die persönliche Kommunikation mit Behörden zu den angebotenen Öffnungszeiten gestaltet sich schwierig, wenn Zeit knapp ist. Personen mit einem weniger anspruchsvollen Beruf und einem niedrigen Einkommen haben oft weniger Zeit als Menschen mit einem anspruchsvollen Beruf und hohen Einkommen. Denn sie nehmen vermehrt Zweitjobs an, um ihren Lebensunterhalt zu bestreiten. 2017 hatten mit über 3 Millionen Erwerbstätigen in Deutschland drei Mal so viele Menschen einen Zweitjob wie noch vor 20 Jahren. Diese Nebenjobber verdienen in ihrer Hauptbeschäftigung im Mittel ca. 570 Euro weniger im Monat als Menschen mit nur einer Arbeitsstelle (Klinger und Weber 2017). Wird mehreren Jobs nachgegangen, bleibt meistens weniger Zeit übrig, um sich mit anderen Dingen zu beschäftigen, wie z. B. der Politik. In der Konsequenz können Menschen mit wenig Zeit bestehende Fördermöglichkeiten weniger wahrnehmen und ihre Interessen erfahren weniger starke Berücksichtigung als die Interessen von Personen, die viel Zeit zur Verfügung haben. Deshalb sollten Personen mit weniger Zeit über ein niedrigeres Niveau an politischer Unterstützung verfügen als Personen mit mehr Zeit. Personen mit weniger Zeit auf Grund mehrerer Arbeitsstellen sind häufig Personen, die in einem Beruf mit niedrigen Anforderungen arbeiten. Dazu gehören tendenziell eher Personen mit einem niedrigen Bildungsstand. Aber auch Ausländerinnen und Ausländer sowie Personen mit Migrationshintergrund finden sich wahrscheinlich häufiger in weniger anspruchsvollen Berufen wieder. Da Frauen meistens weniger verdienen als Männer, haben auch sie eine höhere Wahrscheinlichkeit zu den Personen mit Nebenjobs zu gehören. Deshalb sollten Frauen ebenfalls weniger Zeit zur Verfügung haben, um sich mit der Politik und ihren Möglichkeiten auseinanderzusetzen als Männer.

Soziale Kontakte stellen die dritte von Verba et al. (1995) berücksichtigte Ressourcenform dar. Sozial integrierte Gesellschaftsmitglieder können unter Rückgriff auf einen breiten Personenkreis mangelnde politische Leistungsfähigkeit gemeinsam ausgleichen (Putnam 2000, S. 346 ff.). Insbesondere formelle Kontakte, wie sie etwa in Vereinen und anderen Organisationen geknüpft werden, gelten dabei in der Sozialkapitalforschung als besonders relevant für die Politik. Denn als „Schulen der Demokratie" (de Tocqueville 2010) gehören Vereine und Organisationen zu den wichtigsten Orten, an denen Menschen staatsbürgerliche Kompetenzen erwerben (Verba et al. 1995, S. 288 ff.). Typische staatsbürgerliche Kompetenzen sind etwa das Schreiben von Briefen, das Sprechen vor einem größeren Publikum oder die Organisation von Veranstaltungen (Verba et al. 1995, S. 305). Ohne soziale Kontakte und staatsbürgerliche Kompetenzen fällt es Menschen schwerer, ihre Interessen politisch durchzusetzen. Aber auch die bereits bestehenden staatlichen Förderprogramme zu nutzen, stellt eine größere Herausforderung dar. Personen mit weniger sozialen Kontakten und wenigen staatsbürgerlichen Kompetenzen wissen weniger über Fördermöglichkeiten Bescheid und haben häufiger Probleme bei der Beantragung von Fördermitteln. Sich durch die Anträge, Formulare und sonstigen benötigten Unterlagen zu arbeiten und mit den entsprechenden Behörden zu kommunizieren, fällt ihnen schwerer als Personen, die über ausgeprägte staatsbürgerliche Kompetenzen verfügen. In der Konsequenz werden Mittel in etlichen Förderprogrammen gerade von besonders Bedürftigen nicht abgerufen. So lag z. B. die Antragsquote für Bildungspakete in Deutschland 2011/2012 bei nur fast 40 Prozent, 2013 bei 11,5 Prozent und 2014 bei 5,7 Prozent (eigene Berechnung auf der Basis von Bartelheimer et al. 2016, S. 59). Weil soziale Kontakte die Leistungsfähigkeit der Regierung verbessern und staatsbürgerliche Kompetenzen insbesondere in Vereinen und Organisationen vermittelt werden, sollten Personen mit sozialen Kontakten über ein höheres Niveau an politischer Unterstützung verfügen als Personen ohne soziale Kontakte. In vielen Vereinen und Organisationen sind eher Männer als Frauen, eher höher gebildete als niedriger gebildete Personen sowie eher Deutsche ohne als mit Migrationshintergrund sowie Ausländerinnen und Ausländer aktiv (Gensicke und Geiss 2010), was sich in unterschiedlichen Niveaus von politischer Unterstützung abzeichnen sollte.

Alles zusammengenommen sollten also Frauen, niedrig gebildete Personen und Personen mit einem wenig anspruchsvollen Beruf auf Grund ihrer niedrigen monetären und temporären Ressourcenausstattung über ein niedrigeres Niveau an politischer Unterstützung verfügen als Männer, hoch gebildete Personen sowie Personen mit einem anspruchsvollen Beruf. Darüber hinaus verfügen Frauen, niedrig gebildete Personen, Menschen mit einem weniger anspruchsvollen Beruf, Ausländerinnen und Ausländer sowie Personen mit Migrationshintergrund tendenziell über weniger soziale Kontakte als Männer, hoch gebildete Personen, Menschen mit einem anspruchsvollen Beruf und Deutsche ohne Migrationshintergrund. Diese Personengruppen sollten folglich auch wegen eines Mangels an sozialen Kontakten über ein niedrigeres Niveau an politischer Unterstützung verfügen als ihre Gegenstücke.

4.3 Das Konzept der landespolitischen Unterstützung

Unter Unterstützung versteht man im Allgemeinen Orientierungen und Aktivitäten „[…] to uphold (a person, cause, policy, etc.) by aid, countenance, one's vote, etc." (Dictionary.com). Politische Unterstützung bezieht sich damit auf die Förderung, Mitwirkung oder das Aufrechterhalten staatlicher Akteure, Institutionen oder sogar des Staates oder Regimes insgesamt durch die Bürgerinnen und Bürger. Insbesondere für Demokratien ist politische Unterstützung unentbehrlich, da Demokratien letztendlich auf der Zustimmung der Bürgerinnen und Bürger basieren und nicht auf Zwang oder Gewalt.

Nahezu alle Arbeiten im Bereich der politischen Unterstützung beziehen sich auf das Konzept von Easton (1965), der einerseits die verschiedenen Formen von Unterstützung weiter spezifizierte und sich andererseits mit der Bestimmung der politischen Objekte beschäftigte. Dabei unterscheidet er auf der einen Seite zwischen spezifischen und diffusen Orientierungen. Spezifische Unterstützung ist leistungsgebunden, während diffuse Unterstützung auf Werten basiert. Auf der anderen Seite stehen drei verschiedene politische Objekte, die konkreter und abstrakter sein können. Politische Autoritäten sind recht konkret. Das Abstraktionsniveau steigt über das politische Regime bis hin zur politischen Gemeinschaft an. Prinzipiell können sich die Bürgerinnen und Bürger jedem politischen Objekt gegenüber sowohl mit spezifischer als auch diffuser Unterstützung orientieren. Allerdings kommt konkreten politischen Objekten in erster Linie eher spezifische Unterstützung zu (Easton 1975, S. 437). Abstrakte politische Objekte werden hingegen vorrangig mit diffuser Unterstützung bedacht (Easton 1975, S. 444). Auch wenn Eastons (1965, 1975) Konzept der politischen Unterstützung breite Anwendung findet, wurde es

4.3 Das Konzept der landespolitischen Unterstützung

auf der Basis von viel Kritik mehrmals auf verschiedenste Weise weiterentwickelt (z. B. Westle 1989; Schmidt 2013).

In einer der wichtigsten Überarbeitungen unterscheidet Norris (1999) mit Hinblick auf die politischen Objekte u. a. außerdem zwischen politischen Autoritäten und politischen Institutionen. Die politische Unterstützung, die politischen Autoritäten zukommt, ist leistungsbasiert und äußert sich in der Zufriedenheit der Bürgerinnen und Bürger. Den politischen Institutionen gegenüber orientieren sich die Bürgerinnen und Bürger hingegen mit einer etwas diffuseren Unterstützungsform: dem Vertrauen (Norris 1999, S. 11 f.). Denn bei den politischen Institutionen geht es nicht mehr um einzelne Personen, sondern eher um die Strukturen, die dahinter stehen und relativ stabil sind.

In einem weiteren Verständnis von politischer Unterstützung gibt es Lipset (1959, S. 86, 1960, S. 79) zufolge zwei Varianten von politischer Unterstützung: die politische Unterstützung auf der Basis der Effektivität von Politik und die politischen Unterstützung auf der Basis der Legitimität von Politik. Politische Effektivität ist in erster Linie von instrumenteller Natur und basiert auf der Performanz der Regierung (Lipset 1959, S. 86, 1960, S. 79). Die Bürgerinnen und Bürger unterstützen die Regierung, wenn sie ihre instrumentellen Erwartungen erfüllt. Die Legitimität von politischen Systemen basiert hingegen auf der Kapazität die Überzeugung zu generieren, dass die vorherrschenden politischen Institutionen die angemessensten für die Gesellschaft sind. Diese Fähigkeit sei wiederum von der Übereinstimmung von den in der Bevölkerung vertretenen Werteorientierungen mit den allgemeinen Normen, Werten und Prinzipien abhängig, nach denen sich die Funktionsweise des politischen Systems richtet. Die Unterstützung des politischen Regimes ist dabei evaluativ und kommt in Bewertungen zum Ausdruck (Lipset 1960, S. 64).

Gemeinsam betrachtet bezieht sich landespolitische Unterstützung dann also auf die Förderung, Mitwirkung oder das Aufrechterhalten von bestimmten landespolitischen Objekten. Wie in Tab. 3 zu sehen, werden im Folgenden unter Rückgriff auf Easton (1965, 1975) die Objekte zunächst entlang eines Kontinuums auf der Basis ihrer Abstraktheit unterschieden. Den Weiterentwicklungen von Norris (1999) folgend beziehen sich die politischen Objekte dabei im Einzelnen auf politische Autoritäten, Institutionen und das Regime. Diese drei politischen Objekte werden mit eher spezifischeren oder diffuseren politischen Orientierungen bedacht (Easton 1975). Zu diesen Orientierungen gehört auf der einen Seite Zufriedenheit und auf der anderen Seite Vertrauen (Norris 1999, S. 11). Zufriedenheit ist zwar eher leistungsbasiert und Vertrauen eher wertebasiert, was Zufriedenheit spezifischer als Vertrauen macht. Wie diffus oder spezifisch Zufriedenheit und Vertrauen sind, hängt aber auch vom Abstraktionsniveau des dazugehörigen politischen Objekts ab (vgl. Norris 1999, S. 11). Die Identifikation der einzelnen landespolitischen Objekte sowie die Zuordnung von Zufriedenheit und Vertrauen zu den einzelnen politischen Objekten geschieht im Folgenden unter Rückgriff auf die beschriebenen Verständnisse, die den Konzepten von Norris (1999) und Lipset (1960) zugrunde liegen. Politische Autoritäten sind die konkretesten politischen Objekte. Dazu können zwar alle politischen Autoritäten gehören, die mit dem politischen Tagesgeschäft beschäftigt sind (Easton 1975, S. 437). Der Fokus liegt jedoch auf der Regierungschefin bzw. dem Regierungschef (Easton 1957, S. 392) sowie dem Rest der Regierung (Lipset 1960, S. 64). In der Landespolitik ist der Ministerpräsident der Regierungschef. Da der Ministerpräsident eine direkt erkennbare Person darstellt, können die Bürgerinnen und Bürger seine Performanz im Prinzip gut beurteilen. Auch die Landesregierung setzt sich aus einer kleinen Anzahl erkennbarer Personen zusammen, weshalb es für die Bürgerinnen und Bürger möglich ist, sich über ihre Leistungsfähigkeit eine Meinung zu bilden. Entspricht die Performanz des Ministerpräsidenten und der Landesregierung den Erwartungen der Bürgerinnen und Bürger, sind sie zufrieden.

Institutionen sind hingegen ein abstrakteres Objekt. Der Fokus entfernt sich vom Menschen und richtet sich auf Funktionen und Regeln. Aufgrund des höheren Abstraktionsniveaus lässt sich die Performanz von Institutionen schwieriger beurteilen. In der Konsequenz orientieren sich die Bürgerinnen und Bürger den politischen Institutionen gegenüber mit dem diffuseren Vertrauen (Norris 1999, S. 11 f.). In der Landespolitik sind der Landtag und die landespolitischen Parteien wichtige politische Institutionen. Entsprechen die landespolitischen Parteien und Institutionen den Erwartungen der Bürgerinnen und Bürger, treten sie ihnen mit Vertrauen entgegen.

Das politische Regime ist das abstrakteste Unterstützungsobjekt. Als komplexes Regelwerk repräsentiert es die Normen und Werte, auf denen das Regime beruht (Easton 1965, S. 192). Eine Demokratie begründet sich etwa auf Grundsätzen, wie Fairness, Gewaltenteilung, Meinungs- und Redefreiheit, Toleranz und die Einhaltung der Grundrechte (Easton 1965, S. 193; Norris 2011, S. 21). Die Normen und Werte, auf denen eine Demokratie basiert, kommen in den politischen Prozessen zum Tragen, mit denen politische Entscheidungen getroffen werden. Es geht hierbei also nicht um die Unterstützung demokratischer Werte an sich[25], sondern darum, ob das Regime den ideellen Erwartungen der Bürgerinnen und Bürger tatsächlich gerecht wird. Entsprechen die politischen Vorgänge den ideellen Erwartungen der Bürgerinnen und Bürger, dann sind sie mit dem Regime zufrieden (Lipset 1960, S. 64). Demnach orientieren sich die Bürgerinnen und Bürger der

---

25 Die Unterstützung der Prinzipien, auf denen ein Regime basiert, wäre eine noch diffusere Orientierung als die Unterstützung der Funktionsweise des Regimes (vgl. Norris 1999, S. 11).

Demokratie gegenüber mit Zufriedenheit (Norris 1999, S. 11). Die Zufriedenheit mit der Demokratie ist dabei auf Grund ihrer Zuordnung zum abstraktesten hier berücksichtigten politischen Objekt eine diffusere Einstellung als das Vertrauen in politische Institutionen.

Folglich bezieht sich landespolitische Unterstützung im Kontext dieser Arbeit auf die Zufriedenheit mit dem Ministerpräsidenten und der Landesregierung, dem Vertrauen in den Landtag und die Parteien sowie die Zufriedenheit mit der Demokratie. Wie Tab. 3 zu entnehmen ist, werden die Orientierungen gegenüber den verschiedenen politischen Objekten in Anlehnung an die Ausarbeitungen von Norris (1999, S. 1 ff.) dabei als ein Kontinuum verstanden, das von spezifischer zu diffuser politischer Unterstützung reicht.

Tab. 3 Landespolitische Objekte und ihre Unterstützungsformen

	Objekt	Orientierung	
abstrakt ▲	Regime: Demokratie	Zufriedenheit ▲	diffus
	Politische Institutionen: • Landtag • landespolitische Parteien	Vertrauen	
konkret ▼	Politische Autoritäten: • Ministerpräsident • Landesregierung	Zufriedenheit ▼	spezifisch

Quelle: eigene Darstellung

4.4 „Bürger und Demokratie in Baden-Württemberg"

Zur Überprüfung der formulierten Erwartungen werden im Folgenden neben den Daten der zweiten Welle des Teilprojekts „Bürger und Demokratie in Baden-Württemberg" auch die Daten der ersten Welle der Studie herangezogen. Damit sind zwei Vorteile verknüpft: Zum einen können Vergleiche vorgenommen werden, die eine Beschreibung und Analyse von Veränderungen und Kontinuitäten ermöglichen. Zum anderen steht mit mehr Daten eine breitere Informationsbasis zur Untersuchung der theoretischen Erwartungen zur Verfügung.

4.4.1 Die erste und die zweite Welle von „Bürger und Demokratie in Baden-Württemberg"

Wie die erste Welle basiert auch die zweite Welle der Studie „Bürger und Demokratie in Baden-Württemberg" auf einer repräsentativen Bevölkerungsumfrage, die mithilfe von computergestützten Telefoninterviews und unter Anwendung eines standardisierten Fragebogens durchgeführt wurde. Außerdem wurde in beiden Wellen die deutschsprachige Bevölkerung in Baden-Württemberg ab einem Alter von 15 Jahren als Grundgesamtheit festgelegt. Die beiden Studien sind sich sehr ähnlich. Es bestehen neben dem unterschiedlichen Zeitraum der Durchführung lediglich einige kleine Unterschiede bezüglich der Stichprobe und des Fragebogens.

In den in diesem Beitrag primär zu analysierenden Daten der zweiten Welle wurden insgesamt 2502 deutschsprachige Bürgerinnen und Bürger Baden-Württembergs zwischen dem 1. November 2016 und dem 14. Januar 2017 interviewt. Die gesamte Stichprobe besteht aus einer Haupt- und einer zusätzlichen Stichprobe. Im Rahmen der Hauptstichprobe wurden 2002 Befragte zufällig ausgewählt. Mit formal niedrig gebildeten Personen wurden 500 Interviews zusätzlich geführt. Die folgenden Analysen werden unter Rückgriff auf die Gesamtstichprobe von 2502 befragten Bürgerinnen und Bürgern durchgeführt, wobei bei den deskriptiven Ergebnissen mit einem Gesamtgewicht neben dem Ausgleich von Stichprobenverzerrungen und Non-Response-Effekten auch ein Ausgleich des „Oversamplings" gering gebildeter Personen vorgenommen wurde.

Im Rahmen der ersten Welle des Demokratie-Monitorings wurden im Jahr 2013/14 3019 zufällig ausgewählte Bürgerinnen und Bürger befragt. Auch die Daten, die auf dieser Umfrage basieren, werden bei deskriptiven Analysen im Folgenden gewichtet, um die Stichprobe an die Gegebenheiten der Grundgesamtheit anzupassen[26].

4.4.2 Die Messung und Verteilung von politischer Unterstützung in Baden-Württemberg

Zur Erfassung der landespolitischen Unterstützung in Baden-Württemberg stehen in beiden Wellen der Studie „Bürger und Demokratie in Baden-Württemberg" eine Vielzahl verschiedener Items zur Verfügung. In Übereinstimmung mit dem in Abschnitt 4 dargelegten Verständnis von landespolitischer Unterstützung finden sich darunter die Zufriedenheit mit der Arbeit des Ministerpräsidenten und der

---

26 Für weitere Informationen zur ersten Welle der Studie siehe Perry et al. (2015, S. 37 f.).

4.4 „Bürger und Demokratie in Baden-Württemberg"

Landesregierung, das Vertrauen in die landespolitischen Parteien und den Landtag sowie die Zufriedenheit mit dem Funktionieren der Demokratie.

Die Auswahl verfügbarer Items deckt sich mit der Logik, die dem in diesem Beitrag verwendeten Konzept der politischen Unterstützung nach Norris (1999) unterliegt. So sind der Ministerpräsident und die Landesregierung von Baden-Württemberg recht konkrete politische Objekte, die mit den Wahlen das Amt wechseln können. Dementsprechend orientieren sich die Bürgerinnen und Bürger ihnen gegenüber mit Zufriedenheit, was eine recht spezifische Orientierung ist. In der Umfrage wurden die Befragten gebeten jeweils auf einer Skala von 0 bis 10 anzugeben, wie zufrieden sie mit der Arbeit der Landesregierung und des Ministerpräsidenten in Baden-Württemberg sind. Gaben die Befragten den Wert 0 an, so bedeutet das, dass sie „überhaupt nicht zufrieden" sind. Der Wert 10 verweist darauf, dass sie „sehr zufrieden" sind.

Die Parteien und der Landtag sind als politische Institutionen abstrakter als konkrete politische Autoritäten. Deshalb wenden sich die Bürgerinnen und Bürger ihnen wahrscheinlich überwiegend mit Vertrauen zu, was eine etwas diffusere Orientierung darstellt als Zufriedenheit. In Übereinstimmung damit wurden die Bürgerinnen und Bürger, die an der Studie teilgenommen haben, gefragt, wie sehr sie persönlich den Parteien in und dem Landtag von Baden-Württemberg vertrauen. Ihr Vertrauen konnten sie wieder auf einer Skala von 0 bis 10 ausdrücken, wobei 0 bedeutet, dass sie der Einrichtung überhaupt nicht vertrauen und 10, dass sie der Einrichtung sehr vertrauen.

Das abstrakteste politische Objekt ist die Demokratie. Zur Erfassung der Orientierungen gegenüber der Demokratie liegt die Frage nach der Zufriedenheit mit der Performanz des Regimes vor. Konkret wurden die Teilnehmerinnen und Teilnehmer der Studie gefragt, wie zufrieden sie mit der Art und Weise sind, wie die Demokratie in Baden-Württemberg funktioniert. Ihre Zufriedenheit mit der Demokratie konnten die Befragten wiederum auf einer Skala von 0 bis 10 angeben. 0 bedeutet, dass sie überhaupt nicht zufrieden sind und 10, dass sie sehr zufrieden sind. Die Frage nach der Zufriedenheit mit dem Funktionieren der Demokratie ist in der Forschungsliteratur etabliert und gleichzeitig breiter Kritik unterworfen. So lasse die Frage nach dem Funktionieren der Demokratie verschiedene Interpretationen zu und es sei unklar, vor welchem Hintergrund die Bürgerinnen und Bürger ihre Bewertung abgeben (für einen Überblick vgl. Ferrín 2016). Es wäre zum einen möglich, dass diese Frage auf die Zustimmung zur Demokratie als Wert oder Prinzip abzielt (Linde und Ekman 2003). Zum anderen könnten die Bürgerinnen und Bürger bei dieser Frage auch die Performanz von politischen Autoritäten im Hinterkopf haben. In diesem Beitrag wird davon ausgegangen, dass diese Frage in Übereinstimmung mit der Art und Weise ihrer Formulierung die Praktiken und

Performanz des demokratischen Regimes in seiner Gesamtheit abdeckt (Fuchs et al. 1995; Norris 1999, S. 28). Hierbei bleibt zwar unklar, was Demokratie für die einzelne Bürgerin und den einzelnen Bürger bedeutet. Dies wird im Kontext dieser Arbeit jedoch als Vorteil gesehen. Da in Übereinstimmung mit der Konzeptionalisierung die Maßstäbe, an denen Demokratie gemessen wird, jeweils individuell unterschiedlich sind, kann diese Art der Messung die Evaluation der Demokratie tatsächlich vor dem Hintergrund der persönlichen Erwartungen abbilden.

Abb. 2 zeigt, wie stark die Bürgerinnen und Bürger die Parteien, den Landtag, den Ministerpräsidenten und die Demokratie in Baden-Württemberg unterstützen. Dabei ist jeweils der Anteil derjenigen Personen abgetragen, der das jeweilige politische Objekt unterstützt. Da der Wert 5 auf der Skala von 0 bis 10 auf eine mittlere Bewertung oder Indifferenz abzielt, zählen dazu all diejenigen Befragten, die einen Wert von 6 bis 10 angegeben haben. Die Ergebnisse zeigen, dass mit einem Anteil von fast 80 Prozent die Bürgerinnen und Bürger die Demokratie in Baden-Württemberg am stärksten unterstützen. Aber auch der Ministerpräsident und die Landesregierung können sich recht breiter politischer Unterstützung erfreuen. Am wenigsten politische Unterstützung wird dem Landtag und den Parteien zuteil. Die Rangfolge im Niveau politischer Unterstützung deckt sich dabei mit den einschlägigen Forschungsergebnissen (vgl. etwa Almond und Verba 1963; Norris 1999; van Deth und Tausendpfund 2013). Das Unterstützungsmuster unterscheidet sich nicht zwischen 2013/14 und 2016/17. Die politische Unterstützung aller verschiedenen politischen Objekte ist in Baden-Württemberg zwischen 2013/14 und 2016/17 aber leicht angestiegen[27]. Insbesondere vor dem Hintergrund weitreichender Veränderungen im Zeitraum zwischen 2013 und 2017, wie etwa den Zustrom von Flüchtlingen oder dem Einzug der AfD in den Landtag, präsentieren sich die Unterstützungswerte insgesamt jedoch recht stabil.

Zwar bezieht sich landespolitische Unterstützung auf die Zufriedenheit mit dem Ministerpräsidenten und der Landesregierung, das Vertrauen in den Landtag und die Parteien sowie die Zufriedenheit mit der Demokratie im Einzelnen. Allerdings wurde in Abschnitt 4 angenommen, dass diesen verschiedenen Orientierungen gegenüber den einzelnen landespolitischen Objekten eine Dimension unterliegt, die landespolitische Unterstützung als Gesamtkonzept darstellt. Ob sich diese Konzeptionalisierung mit der Wahrnehmung der Bürgerinnen und Bürgern deckt, wurde mithilfe einer Hauptkomponentenanalyse überprüft. Die Ergebnisse in Tab. 4 zeigen, dass den verschiedenen Orientierungen gegenüber den einzelnen politischen Objekten in beiden Wellen tatsächlich jeweils eine Dimension unterliegt. Die

---

27 Zum Vergleich: Die Unterstützung bundesstaatlicher politischer Objekte ist im gleichen Zeitraum etwas gesunken.

4.4 „Bürger und Demokratie in Baden-Württemberg"

```
                    ■ 2016/17   ■ 2013/14

   Demokratie                              79,9
                                           76,7

Ministerpräsident                       73,6
                                        69,2

 Landesregierung                       67,9
                                       64

        Landtag                   56,2
                                  54,9

       Parteien                  53,9
                                 53

              0    20    40    60    80    100
                           Prozent
```

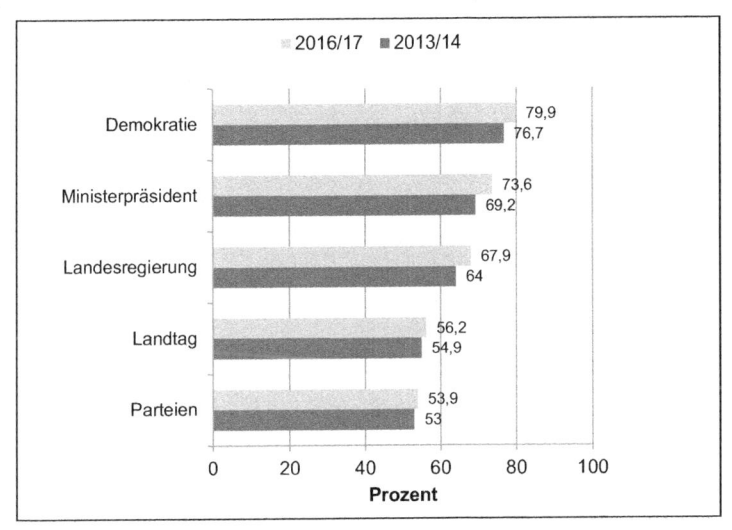

Abb. 2 Politische Unterstützung in Baden-Württemberg*
*Anteile in Prozent, $N_{gew}(2016/17) = 2501$; $N_{gew}(2013/14) = 3001$
Quelle: eigene Berechnungen

Bewertungsmuster der Bürgerinnen und Bürger folgen demnach der theoretisch angenommen eindimensionalen Skalierung von landespolitischer Unterstützung. Dementsprechend wurden die Zufriedenheits- und Vertrauensangaben der verschiedenen politischen Objekte in Baden-Württemberg in einem Index zusammengefasst, der die landespolitische Unterstützung in Baden-Württemberg insgesamt abbildet. Hierfür wurde für jede befragte Person aus der Summe der einzelnen Angaben ein Mittelwert gebildet und die resultierende Skala auf einen Bereich von 0 bis 10 normalisiert. Diese eindimensionale Messung von landespolitischer Unterstützung in Baden-Württemberg soll im weiteren Verlauf der Analyse als abhängige Variable dienen. Die mittlere politische Unterstützung in Baden-Württemberg liegt 2016/17 bei 6,1. 2013/14 liegt die mittlere politische Unterstützung in Baden-Württemberg bei 6.

Tab. 4 Dimensionalität der politischen Unterstützung in Baden-Württemberg 2016/17*

	Politische Unterstützung in Baden-Württemberg
Vertrauen in den Landtag in BW	0,867 (0,881)
Vertrauen in die Parteien in BW	0,846 (0,852)
Zufriedenheit mit der Arbeit der Landesregierung in BW	0,827 (0,840)
Zufriedenheit mit der Arbeit des Ministerpräsidenten in BW	0,809 (0,792)
Zufriedenheit mit der Demokratie in BW	0,743 (0,696)
Varianz = 67 % (66 %); KMO = 0,758 (0,753); N = 2425 (2917)	

*Hauptkomponentenanalyse; Faktorladungen; Komponentenmatrix; Werte von 2013/14 in Klammern
Quelle: eigene Berechnungen

4.4.3 Die Messung und Verteilung von Geld, Zeit und sozialen Kontakten

Die erste Ressource Geld kann mithilfe des Haushaltseinkommens erfasst werden. Das Haushaltseinkommen wurde in beiden Wellen der Studie „Bürger und Demokratie in Baden-Württemberg" als monatliches Nettoeinkommen abgefragt. In der zweiten Welle der Studie wurde das Haushaltseinkommen in zehn Kategorien erfasst. Die Skala beginnt mit 1, was bedeutet, dass die befragte Person unter 500 Euro im Monat zur Verfügung hat, und reicht in 500 Euro-Schritten bis zum Wert 10, der für ein Haushaltseinkommen von 4500 Euro und mehr steht. In der ersten Welle wurde das Haushaltseinkommen hingegen mit sieben Kategorien abgefragt, wobei die Skala ebenfalls mit 1 beginnt und ein Einkommen von 500 Euro und weniger im Monat abbildet. Die Skala reicht dann in 500 Euro-Schritten bis zum Wert 7, der ein Einkommen von 3000 Euro und mehr erfasst. Die Messungen von beiden Wellen wurden für die Analysen auf einen Wertebereich von 0 bis 1 normalisiert.

Geld ist in der Bevölkerung ungleich verteilt, wobei Unterschiede zwischen dem Geschlecht, der Staatsangehörigkeit und dem Migrationshintergrund, dem Bildungs- und beruflichen Anforderungsniveau vermutet wurden. Beim Geschlecht wurde in der Studie zwischen männlich und weiblich unterschieden. In der zweiten Welle stehen ausführliche Informationen zur Staatsangehörigkeit sowie zum Migrationshintergrund zur Verfügung, so dass auf der Basis der Informationen zur Staatsangehörigkeit sowie zum Geburtsland der befragten Person und ihren

4.4 "Bürger und Demokratie in Baden-Württemberg"

Eltern zwischen Deutschen ohne Migrationshintergrund, Deutschen mit Migrationshintergrund sowie Ausländerinnen und Ausländern unterschieden werden kann. In der ersten Welle ist jedoch lediglich eine Differenzierung zwischen Deutschen sowie Ausländerinnen und Ausländern möglich. Das Bildungsniveau wird mit dem allgemeinen Schulabschluss erfasst, wobei eine Unterscheidung zwischen dem Haupt- und Realschulabschluss sowie dem (Fach-)Abitur getroffen wird. Das berufliche Anforderungsniveau wird nach der Klassifizierung der Arbeitsagentur erfasst. Hierbei kann zwischen Helfertätigkeiten, fachlich ausgerichteten, komplexen und hochkomplexen Tätigkeiten unterschieden werden[28].

Abb. 3 zeigt, wie das Niveau des Haushaltseinkommens zwischen den verschiedenen Bevölkerungsgruppen variiert. Da sich die Messung des Haushaltseinkommens in der ersten und zweiten Welle unterscheidet, können die Ergebnisse in Abb. 3 lediglich hinsichtlich der Muster, nicht aber der konkreten Werte, verglichen werden. Die Ergebnisse zeigen, dass in Übereinstimmung mit den theoretischen Annahmen das Haushaltseinkommen mit dem Bildungsniveau und dem beruflichen Anforderungsniveau steigt. Auch Männer verfügen, wie angenommen, über ein höheres Haushaltseinkommen als Frauen. Dass Deutsche ein höheres Haushaltseinkommen angeben als Ausländerinnen und Ausländer deckt sich ebenfalls mit den Erwartungen. Mit der Ausnahme des Migrationshintergrunds sind dabei alle Unterschiede signifikant[29]. Für die Ergebnisse der beiden Wellen ergibt sich dabei das gleiche Muster.

Auch die Zeit, die den Menschen zur Auseinandersetzung mit der Politik zur Verfügung steht, ist in der Bevölkerung wahrscheinlich nicht gleich verteilt. Für die freie Zeit, die für Politik verwendet werden kann, ist in beiden Wellen kein direktes Messinstrument verfügbar. In der ersten Welle der Studie werden jedoch die Wochenarbeitsstunden abgefragt, so dass eine Annäherung an die verfügbare Zeit geschehen kann. Gleichwohl kann unbezahlte Arbeit, wie z. B. die Pflege von Angehörigen oder die Kindererziehung, damit nicht berücksichtigt werden. In der ersten Welle wurden die Befragten gebeten anzugeben, wie viele Stunden sie insgesamt pro Woche berufstätig sind. Dabei sollten sie die regelmäßig bzw. durchschnittlich geleisteten Arbeitsstunden pro Woche angeben. Für die Analyse wurden die Wochenarbeitsstunden von den Gesamtwochenstunden subtrahiert und

---

28 Für weitere Informationen zum Hintergrund der Unterscheidung vgl. Bundesagentur für Arbeit (2011).
29 Geschlecht: erste und zweite Welle: $p = 0{,}000$.
Staatsangehörigkeit: erste Welle: $p = 0{,}021$;
Migrationshintergrund: zweite Welle: $p = 0{,}076$.
Bildung: erste Welle: $p = 0{,}000$; zweite Welle: $p = 0{,}000$.
Berufliches Anforderungsniveau: erste und zweite Welle: $p = 0{,}000$.

der daraus resultierende Wertebereich auf einen Bereich von 0 bis 1 transformiert. In der zweiten Welle steht kein vergleichbares Messinstrument zur Verfügung. Da die Muster in der Verteilung der Ressourcen einander im Allgemeinen in der ersten und zweiten Welle entsprechen, ist eine ausschließliche Untersuchung der ersten Welle in diesem Fall jedoch kein Problem.

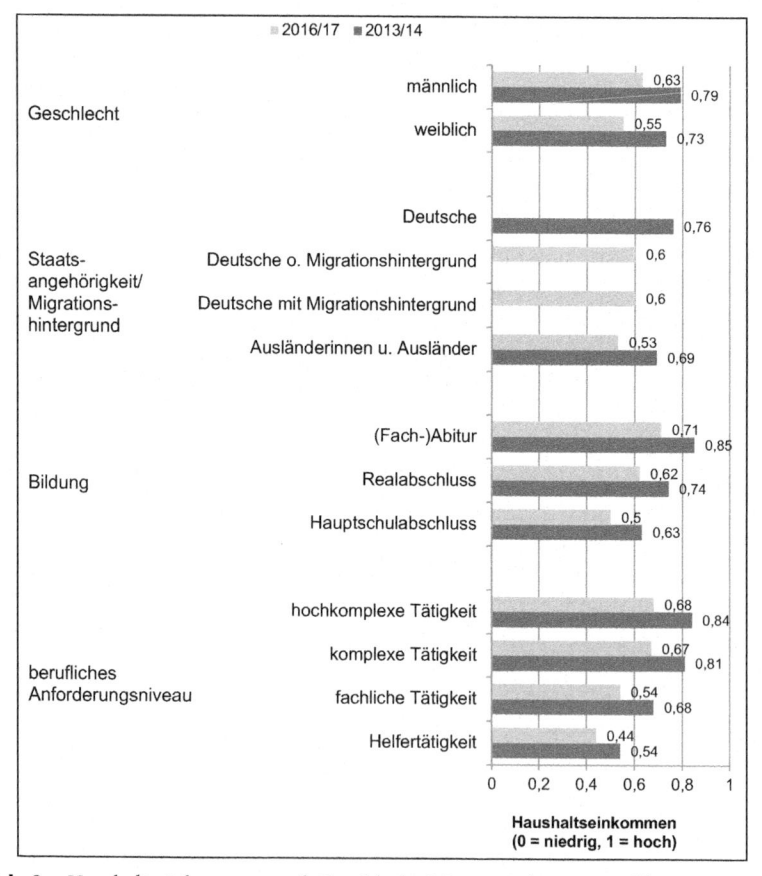

Abb. 3 Haushaltseinkommen nach Geschlecht, Migrationshintergrund bzw. Staatsangehörigkeit, Bildung und beruflichem Anforderungsniveau*
*Mittelwerte, $N_{gew(2016/17)}$ = mind. 1515; $N_{gew(2013/14)}$ = mind. 2429
Quelle: eigene Berechnungen

4.4 „Bürger und Demokratie in Baden-Württemberg"

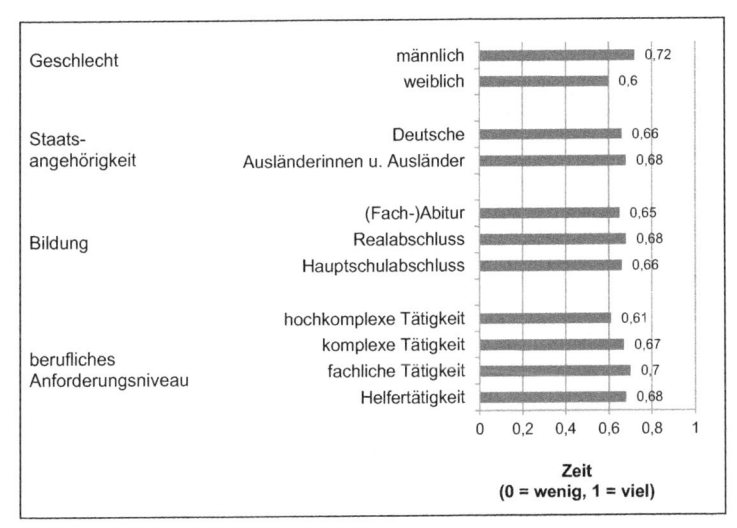

Geschlecht	männlich	0,72
	weiblich	0,6
Staatsangehörigkeit	Deutsche	0,66
	Ausländerinnen u. Ausländer	0,68
Bildung	(Fach-)Abitur	0,65
	Realabschluss	0,68
	Hauptschulabschluss	0,66
berufliches Anforderungsniveau	hochkomplexe Tätigkeit	0,61
	komplexe Tätigkeit	0,67
	fachliche Tätigkeit	0,7
	Helfertätigkeit	0,68

Zeit (0 = wenig, 1 = viel)

Abb. 4 Zeit nach Geschlecht, Staatsangehörigkeit, Bildung und beruflichem Anforderungsniveau*
*Mittelwerte, $N_{gew(2013/14)}$ = 1735
Quelle: eigene Berechnungen

Wie Zeit zwischen den verschiedenen Bevölkerungsgruppen verteilt ist, kann Abb. 4 entnommen werden. Die Ergebnisse zeigen, dass Männer mehr Zeit zur Verfügung haben als Frauen. Ausländerinnen und Ausländer haben zwar entgegen der Erwartungen etwas mehr Zeit als Deutsche, der Unterschied ist aber nicht statistisch signifikant. Mit Hinblick auf den Bildungsabschluss und das berufliche Anforderungsniveau scheinen Personen in mittleren Kategorien am meisten Zeit zur Verfügung zu haben. Die Staatsangehörigkeit ausgenommen sind dabei alle Unterschiede signifikant[30].

Die letzte Ressource betrifft soziale Kontakte. Zur Erfassung der sozialen Kontakte liegen Informationen zu den Vereins- und Organisationsaktivitäten der Bürgerinnen und Bürger vor. Die Befragten beider Wellen der Studie wurden gebeten, jeweils mit „ja" zu antworten, wenn sie in den vergangen zwölf Monaten

---

30 Geschlecht: p = 0,000.
Staatsangehörigkeit: p = 0,139.
Bildung: p = 0,003.
Berufliches Anforderungsniveau: p = 0,000.

an einer Veranstaltung oder Aktivität von einer der folgenden Vereine oder Organisationen teilgenommen haben:

- Freizeitverein, Sportverein/Sportgruppe und kulturell/künstlerischer Verein
- Wohltätigkeitsverein/karitative Organisation
- religiöse Organisation oder eine Gruppe einer Kirchengemeinde
- Hilfsorganisation wie z. B. Feuerwehr, Rettungsdienste – Johanniter, DRK, Malteser – und Technisches Hilfswerk
- Hobbyzüchterverein/Kleingärtnerverein
- sonstiger Verein und/oder Organisationen

Auf der Grundlage dieser Informationen zeigt Abb. 5 den Anteil derjenigen Personen, der in den vergangenen zwölf Monaten an mindestens einer Aktivität in einem Verein oder einer Organisationen teilgenommen hat. Die Ergebnisse zeigen, dass zwischen Männern und Frauen entgegen der Erwartungen keine signifikanten Unterschiede bestehen. In Übereinstimmung mit den Erwartungen sind Deutsche stärker in Vereinen und Organisationen aktiv als Ausländerinnen und Ausländer. Ein deutliches Muster ergibt sich auch mit Hinblick auf den Bildungsstand und das berufliche Anforderungsniveau. So steigt der Anteil von in Vereinen und Organisationen Aktiven konsistent mit dem Bildungsniveau und dem Anspruch des Berufs. Dabei zeigen mit der Ausnahme des Geschlechts alle Unterschiede statistische Signifikanz[31].

Alles zusammengenommen konnten die bisherigen Ergebnisse zeigen, dass nicht jede Person gleichermaßen über die Ressourcen Geld, Zeit und soziale Kontakte verfügt. Männer, Deutsche, Personen mit einem hohen Bildungsniveau und Menschen mit einem anspruchsvollen Beruf haben mehr Geld. Männer und Personen mit einem mittlerem Bildungsniveau und mittlerem beruflichen Anforderungsniveau haben die meiste Zeit. Über soziale Kontakte verfügen Deutsche sowie Personen mit einem hohen Bildungsniveau und einem anspruchsvollen Beruf am meisten. Allerdings offenbarten die Ergebnisse kaum Unterschiede nach dem Migrationshintergrund der Befragten, sondern lediglich zwischen Deutschen und Ausländerinnen und Ausländern. Vor diesem Hintergrund wird im weiteren Verlauf der Untersuchungen lediglich die Unterscheidung zwischen Deutschen und Ausländerinnen und Ausländern verwendet.

---

31 Geschlecht: erste Welle: p = 0,564; zweite Welle: p = 0,448.
Staatsangehörigkeit: erste Welle: p = 0,038;
Migrationshintergrund: zweite Welle: p = 0,003.
Bildung: erste Welle: p = 0,000; zweite Welle: p = 0,001.
Berufliches Anforderungsniveau: erste und zweite Welle: p = 0,000.

4.4 „Bürger und Demokratie in Baden-Württemberg"

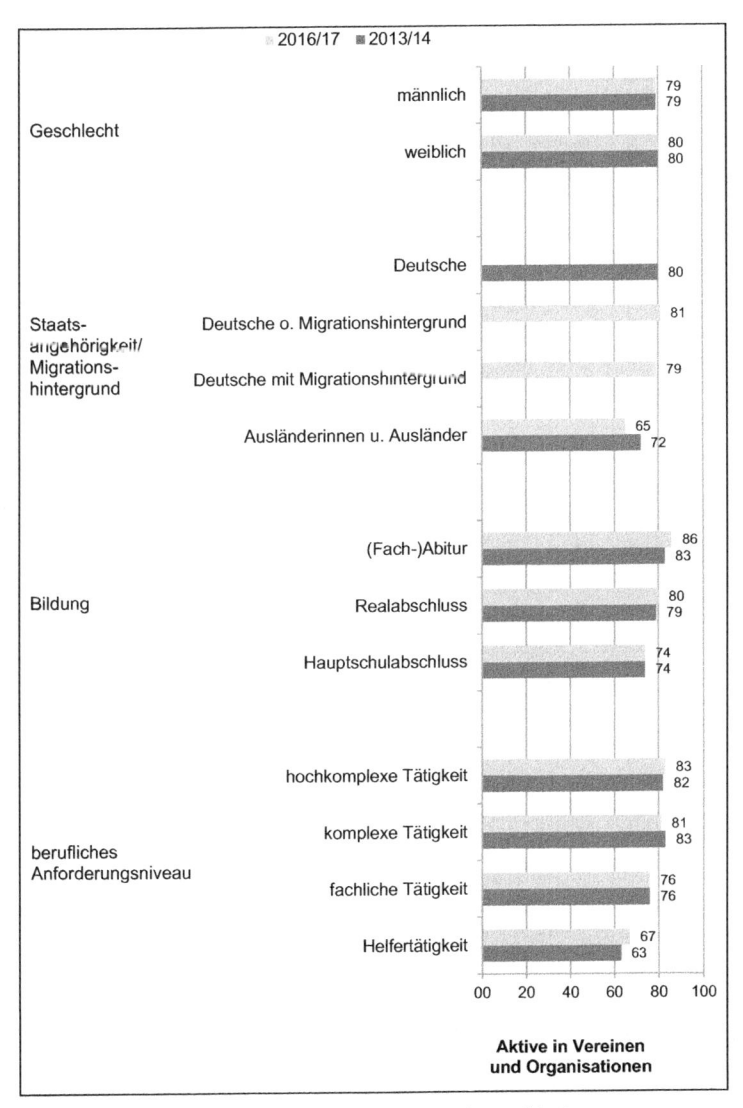

Abb. 5 Vereins- und Organisationsaktivitäten nach Geschlecht, Migrationshintergrund bzw. Staatsangehörigkeit, Bildung und beruflichem Anforderungsniveau*

*Anteile Aktiver in Prozent, $N_{gew(2016/17)}$ = mind. 1515; $N_{gew(2013/14)}$ = mind. 2429
Quelle: eigene Berechnungen

Kategorie	Ausprägung	2016/17	2013/14
Geschlecht	männlich	79	79
	weiblich	80	80
Staatsangehörigkeit/ Migrationshintergrund	Deutsche		80
	Deutsche o. Migrationshintergrund		81
	Deutsche mit Migrationshintergrund		79
	Ausländerinnen u. Ausländer	65	72
Bildung	(Fach-)Abitur	86	83
	Realabschluss	80	79
	Hauptschulabschluss	74	74
berufliches Anforderungsniveau	hochkomplexe Tätigkeit	83	82
	komplexe Tätigkeit	81	83
	fachliche Tätigkeit	76	76
	Helfertätigkeit	67	63

Aktive in Vereinen und Organisationen

4.5 Die Determinanten von politischer Unterstützung in Baden-Württemberg

Nachdem nun die Ressourcen Geld, Zeit und soziale Kontakte sowie ihre Verteilung in der Bevölkerung näher betrachtet wurden, geht es im nächsten Schritt darum, inwiefern diese Ressourcen mit dem Niveau politischer Unterstützung zusammenhängen. Hierzu werden in einem ersten Schritt einige deskriptive Ergebnisse zum Zusammenhang zwischen politischer Unterstützung und den drei Ressourcen Geld, Zeit und soziale Kontakte auf der einen Seite und zum Zusammenhang zwischen politischer Unterstützung und den Merkmalen Geschlecht, Staatsangehörigkeit, Bildung und Berufsanforderungsniveau auf der anderen Seite präsentiert. In einem zweiten Schritt werden die Ergebnisse mehrerer multivariater Regressionsanalysen vorgestellt.

Abb. 6 zeigt zunächst, wie stark Menschen mit einer hohen und mit einer niedrigen Ressourcenausstattung die Landespolitik im Mittel unterstützen. Dabei wurden die Ressourcen von ihrer ursprünglichen Skala von 0 bis 1 in eine dichotome Variable umkodiert. Als Maßstab für die Einteilung der Gruppen wurde der Median herangezogen, da er die Befragten in zwei etwa gleich große Gruppen teilt. Für die Ressource Geld wurde der Trennpunkt demnach in der ersten Welle bei 0,83 und in der zweiten Welle bei 0,56 gesetzt. Mit Hinblick auf die Ressource Zeit gelten in der ersten Welle der Studie diejenigen Befragten als Personen mit viel Zeit, die auf der Skala von 0 bis 1 einen höheren Wert als 0,63 haben. Personen mit einem niedrigeren Wert als 0,63 gelten als Personen mit wenig Zeit. Mit Hinblick auf die sozialen Kontakte wurde eine andere Einteilung gewählt. So gelten als Personen mit vielen sozialen Kontakten diejenigen Befragten, die in den letzten zwölf Monaten an mindestens einer Aktivität in Vereinen oder Organisationen teilgenommen haben. Menschen, die im letzten Jahr keinerlei Aktivitäten in Vereinen und Organisationen wahrgenommen haben, gelten als Personen mit wenigen sozialen Kontakten.

Die Ergebnisse in Abb. 6 zeigen, dass in Übereinstimmung mit den Erwartungen Menschen mit vielen Ressourcen ein höheres Niveau an politischer Unterstützung aufweisen als Personen mit wenigen Ressourcen. So ist das Niveau politischer Unterstützung von Personen mit wenig Geld niedriger als von Personen mit viel Geld. Menschen mit wenig Zeit unterstützen die Politik in Baden-Württemberg weniger als Personen mit viel Zeit und Menschen mit vielen sozialen Kontakten zeigen ein höheres Niveau an landespolitischer Unterstützung als Personen mit wenigen sozialen Kontakten. Die Unterschiede zwischen den Personengruppen sind zwar gering, aber mit der Ausnahme der Ressource Geld in der ersten Welle in allen

4.5 Die Determinanten von politischer Unterstützung

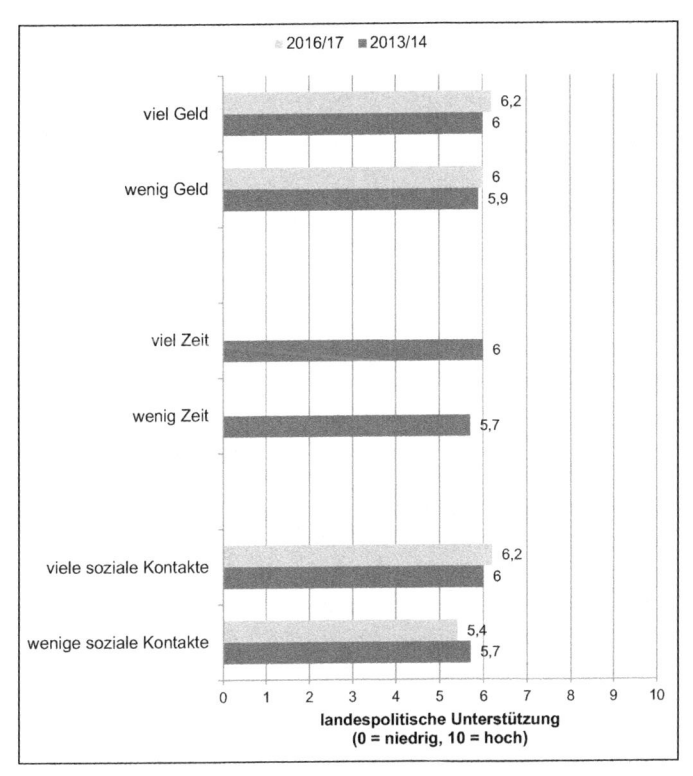

Abb. 6 Politische Unterstützung in Baden-Württemberg nach Geld, Zeit und sozialen Kontakten*

*Mittelwerte, $N_{gew(2016/17)} = 1722$; $N_{gew(2013/14)} =$ mind. 1669
Quelle: eigene Berechnungen

Fällen statistisch signifikant[32]. Zusätzliche Korrelationsanalysen zeigen darüber hinaus, dass alle Ressourcen in signifikanter Weise positiv mit landespolitischer

---

32 Geld: erste Welle: n. s.; zweite Welle: p = 0,033.
   Zeit: erste Welle: p = 0,002; zweite Welle: n. v.
   Soziale Kontakte: erste und zweite Welle: p = 0,000.

Unterstützung zusammenhängen. Allerdings sind die Korrelationskoeffizienten recht schwach[33].

In einem nächsten Schritt soll das Niveau landespolitischer Unterstützung in Abhängigkeit von denjenigen Merkmalen betrachtet werden, nach denen die Ressourcen Geld, Zeit und soziale Kontakte in der Bevölkerung variieren. Abb. 7 zeigt daher die mittlere politische Unterstützung nach Geschlecht, Staatsangehörigkeit, Bildung und beruflichem Anforderungsniveau. Die Ergebnisse zeigen, dass die erwarteten Zusammenhänge mit Ausnahme des Geschlechts zutreffen. So unterstützen Deutsche die Politik in Baden-Württemberg stärker als Ausländerinnen und Ausländer. Das Niveau politischer Unterstützung ist zudem bei Personen mit einem hohen Bildungsstand höher als bei Personen mit einem niedrigeren Bildungsstand. Außerdem unterstützen Personen mit einem anspruchsvollen Beruf die Politik in Baden-Württemberg stärker als Personen mit einem weniger anspruchsvollen Beruf. Diese Muster sind in den Ergebnissen beider Wellen zu beobachten. Die deskriptiven Ergebnisse konnten damit die theoretischen Erwartungen weitgehend bestätigen. Lediglich dem Geld der Bürgerinnen und Bürger scheint eine weniger wichtige Rolle zuzukommen als angenommen.

In einem letzten Schritt der Analyse sollen die theoretischen Vermutungen zum Zusammenhang zwischen der persönlichen Ressourcenausstattung und der politischen Unterstützung anhand von vier multivariaten Regressionsmodellen untersucht werden, um zu testen, wie sich die einzelnen Zusammenhänge verhalten, wenn sie gleichzeitig betrachtet werden sowie mögliche Interaktionen zwischen den Ressourcen und den persönlichen Merkmalen zu untersuchen. Wie in Tab. 5 zu sehen, schätzen die ersten drei Modelle den Einfluss der einzelnen drei Ressourcenformen, wobei jeweils auch die persönlichen Merkmale als Kontrollvariablen berücksichtigt werden. Darüber hinaus beinhalten die ersten drei Modelle Interaktionseffekte.

Zur Bestimmung, welche Interaktionseffekte in den Modellen berücksichtigt werden sollen, wurde im Vorfeld für jede Ressourcenform jeweils ein Modell unter der Berücksichtigung der Kontrollvariablen berechnet[34]. Für alle signifikanten Ressourcenformen und Kontrollvariablen wurden dann schließlich die Interaktionen berechnet, die in Tab. 5 abgebildet sind. Mit Hinblick auf das erste Modell zeigten in den vorgelagerten Analysen folglich das Geld sowie die Staatsbürgerschaft und das berufliche Anforderungsniveau signifikante Effekte. Mit Hinblick auf das

---

33 Geld: erste Welle: Pearsons r = 0,045, p = 0,028; zweite Welle, Pearsons r = 0,078, p = 0,001.
Zeit: erste Welle: Pearsons r = 0,124, p = 0,000; zweite Welle: n. v.
Soziale Kontakte: erste Welle: Pearsons r = 0,117, p = 0,000; zweite Welle: Pearsons r = 0,181, p = 0,000.

34 Ergebnisse nicht abgebildet und auf Nachfrage bei der Autorin erhältlich.

4.5 Die Determinanten von politischer Unterstützung

Geschlecht
- männlich: 6,1 / 5,9
- weiblich: 6,2 / 6,1

Staatsangehörigkeit
- Deutsche: 6,4 / 6
- Ausländerinnen u. Ausländer: 5,8 / 5,6

Bildung
- (Fach-)Abitur: 6,3 / 6
- Realabschluss: 6,1 / 5,9
- Hauptschulabschluss: 5,9 / 5,9

berufliches Anforderungsniveau
- hochkomplexe Tätigkeit: 6,3 / 6
- komplexe Tätigkeit: 6,2 / 6
- fachliche Tätigkeit: 6 / 6
- Helfertätigkeit: 5,7 / 5,6

Legende: ▪ 2016/17 ▪ 2013/14

landespolitische Unterstützung (0 = niedrig, 10 = hoch)

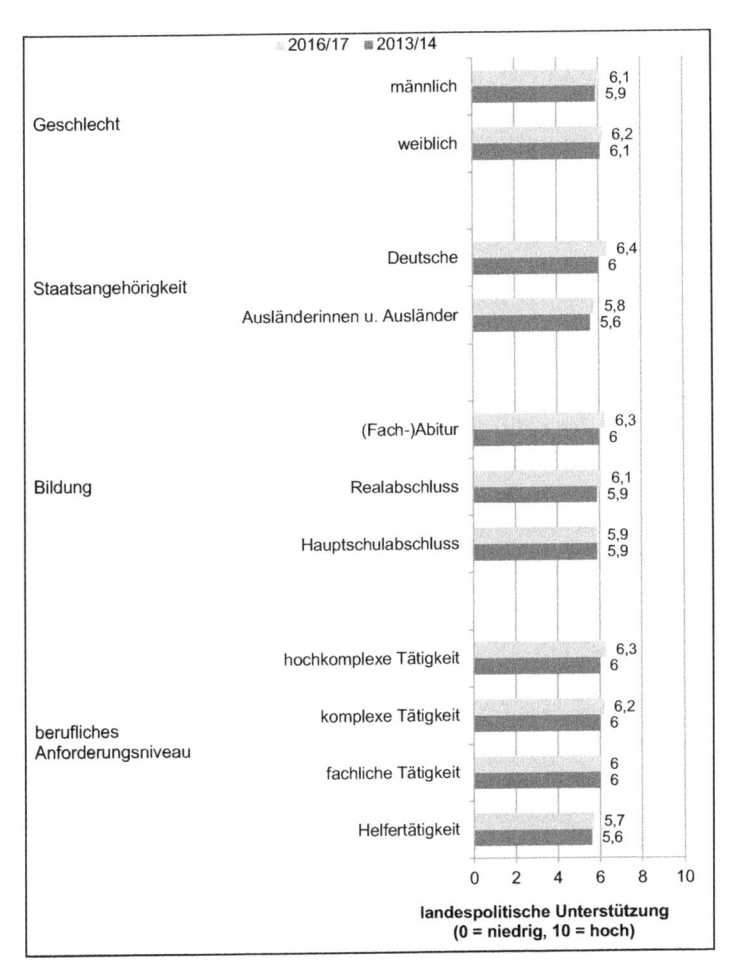

Abb. 7 Politische Unterstützung in Baden-Württemberg nach Geschlecht, Staatsangehörigkeit, Bildung und beruflichem Anforderungsniveau*

*$N_{gew(2016/17)}$ = mind. 2263, $N_{gew(2013/14)}$ = mind. 2477
Quelle: eigene Berechnungen

zweite Modell waren in den vorgelagerten Analysen lediglich die Zeit und das Bildungsniveau signifikant. Im dritten Modell gab es im Vorfeld signifikante Ergebnisse für soziale Kontakte sowie das Bildungs- und berufliche Anforderungsniveau. Das letzte Modell berücksichtigt schließlich alle in den Modellen eins bis drei signifikanten Variablen. Dabei behalten alle unabhängigen Variablen ihren Wertebereich von 0 bis 1 und die abhängige Variable ihren Wertebereich von 0 bis 10 bei. Zudem werden bei den Modellschätzungen die Fallzahlen konstant gehalten, um eine Vergleichbarkeit über die verschiedenen Modelle hinweg zu ermöglichen.

Das erste Modell in Tab. 5 zeigt, welchen Effekt das Geld der Bürgerinnen und Bürger unter der Kontrolle ihrer persönlichen Merkmale auf das Niveau politischer Unterstützung in Baden-Württemberg hat. Darüber hinaus nimmt das Modell Interaktionseffekte zwischen dem Haushaltseinkommen und der Staatsbürgerschaft sowie dem Haushaltseinkommen und dem beruflichen Anforderungsniveau auf. Den Ergebnissen im ersten Modell zufolge sind weder Geld noch die berücksichtigten Interaktionseffekte signifikant mit landespolitischer Unterstützung verknüpft. Entgegen den theoretischen Erwartungen wirkt sich zudem das berufliche Anforderungsniveau der Bürgerinnen und Bürger nicht nur indirekt über das Geld einer Person auf ihr Niveau politischer Unterstützung aus. Es besteht außerdem ein direkter Zusammenhang zwischen dem beruflichen Anforderungsniveau einer Person und ihrem Niveau landespolitischer Unterstützung, wie der signifikante Regressionskoeffizient zeigt. Offenbar kann das Geld einer Person ihr berufliches Anforderungsniveau nicht vollständig abdecken, wenn es um landespolitische Unterstützung geht. In den Ergebnissen der ersten Welle ist hingegen Geld der einzige signifikante Prädiktor. Demnach unterstützt eine Person mit einem hohen Haushaltseinkommen die Politik in Baden-Württemberg 2013/14 um ca. 0,6 Skalenpunkte mehr als eine Person mit einem niedrigen Haushaltseinkommen. Dieser Effekt ist mit einer Irrtumswahrscheinlichkeit von weniger als einem Prozent signifikant. Wie es sich bereits in den deskriptiven Ergebnissen abgezeichnet hat, ist der Zusammenhang zwischen dem Geld einer Person und dem Niveau ihrer politischen Unterstützung nicht konsistent nachweisbar. Offenbar kommt dem Geld lediglich eine untergeordnete Rolle bei der Erklärung landespolitischer Unterstützung zu.

Im zweiten Modell sind die Ergebnisse der Schätzung des Zusammenhangs zwischen der Zeit der Befragten sowie der Interaktion zwischen Zeit und Bildung abgetragen, wobei wieder für die persönlichen Merkmale kontrolliert wurde. In Übereinstimmung mit den Erwartungen hängt die verfügbare Zeit positiv mit dem Niveau politischer Unterstützung zusammen. Demnach unterstützt eine Person mit viel Zeit die Politik in Baden-Württemberg um etwa 2,3 Skalenpunkte mehr als eine Person mit wenig Zeit. Dieser Effekt gilt mit einer Irrtumswahrscheinlichkeit von weniger als fünf Prozent als statistisch signifikant. Der Interaktionseffekt ist hingegen nicht signifikant.

4.5 Die Determinanten von politischer Unterstützung

Tab. 5 Determinanten von politischer Unterstützung in Baden-Württemberg 2016/17*

	Geld	Zeit	soziale Kontakte	vollständiges Model
Haushaltseinkommen	1,100 (0,621')			(0,723**)
Zeit		n. v. (2,341')		n. v. (1,773***)
aktiv in Vereinen und Organisationen (= 1)			1,113*** (0,655*)	1,260*** (0,186**)
männlich (= 1)	-0,118 (-0,155)	n. v. (0,077)	-0,096 (-0,139)	
deutsch (= 1)	0,918 (0,399)	n. v. (0,437)	0,804** (0,402)	0,799**
Bildung	0,040 (0,278)	n. v. (0,676)	0,981** (0,941**)	0,405**
berufliches Anforderungsniveau	0,967*** (-0,058)	n. v. (0,200)	0,253 (0,026)	0,365*
Haushaltseinkommen*deutsch	-0,173			
Haushaltseinkommen*berufl. Anforderungsniveau	-1,010			
Zeit*Bildung		(-0,486)		
aktiv in Vereinen u. Organisationen*Bildung			-0,989** (-0,730)	-0,432*
aktiv in Vereinen u. Organisationen*berufl. Anforderungsniveau			0,160	
Konstante	4,508*** (4,912***)	n. v. (3,471)	4,355*** (4,787***)	4,310*** (3,968***)
Korrigiertes R²	0,012 (0,011)	(0,020)	0,030 (0,008)	0,031 (0,024)
N	1591 (1399)	(1399)	1591 (1399)	1591 (1399)

Anmerkungen: *** p < 0,001, ** p < 0,01, * p < 0,05; alle unabhängigen Variablen wurden auf einen Wertebereich von 0 – 1 normalisiert. In der zweiten Welle liegt für Zeit kein Messinstrument vor, weshalb die Ergebnisse im zweiten Modell nicht verfügbar sind (n. v.). *OLS-Regressionen; B; Ergebnisse von 2013/14 in Klammern

Quelle: eigene Berechnungen

Das dritte Modell schätzt den Einfluss der sozialen Kontakte und zwei Interaktionen zwischen der Aktivität in Vereinen und Organisationen und dem Bildungsniveau sowie dem beruflichen Anforderungsniveau der Befragten. Die Ergebnisse der zweiten Welle zeigen, dass Menschen, die in Vereinen und Organisationen aktiv sind, ein um mehr als einen Skalenpunkt höheres Niveau an landespolitischer Unterstützung aufweisen. Dieser Effekt ist mit einer Irrtumswahrscheinlichkeit von weniger als 0,1 Prozent signifikant. Außerdem zeigt sich der Interaktionseffekt zwischen der Aktivität in Vereinen und Organisationen und dem Bildungsniveau der Befragten signifikant. Da der Effekt negativ ist, unterstützen Personen, die über ein hohes Bildungsniveau und über soziale Kontakte verfügen, die Landespolitik weniger als Personen mit einem hohen Bildungsniveau oder Personen, die über viele soziale Kontakte verfügen. Entgegen der Erwartungen wirken sich die Einflüsse von Bildung und der Staatsbürgerschaft nicht nur indirekt über die sozialen Kontakte einer Person auf ihr Niveau landespolitischer Unterstützung aus, sondern beeinflussen landespolitische Unterstützung auch in direkter Weise. Scheinbar gehen von der Bildung und der Staatsbürgerschaft zusätzliche Effekte auf das Niveau landespolitischer Unterstützung aus, die theoretische Berücksichtigung bedürfen. In den Ergebnissen der ersten Welle sind die Effekte etwas schwächer als in den Ergebnissen der zweiten Welle. Außerdem ist der Interaktionseffekt in den Ergebnissen der ersten Welle nicht signifikant.

Das letzte Regressionsmodell nimmt schließlich nur diejenigen Variablen mit auf, die in den ersten drei Modellen signifikante Effekte vorweisen konnten. Die Ergebnisse zeigen, dass soziale Kontakte die wichtigste Ressource mit Hinblick auf die politische Unterstützung in Baden-Württemberg sind. So ist der Effekt von Vereins- und Organisationsaktivitäten sowohl in den Ergebnissen auf der Basis der Daten von 2016/17 als auch 2013/14 stark und signifikant. Die Variable Zeit ist nur in der ersten Welle verfügbar und zeigt ebenfalls einen starken signifikanten Effekt. Eine Person mit viel Zeit unterstützt die Landespolitik demnach um fast 1,8 Skalenpunkte mehr als eine Person mit wenig Zeit. Im vollständigen Schätzmodell auf Basis der Daten von 2016/17 zeigen schließlich auch alle einbezogenen Kontrollvariablen signifikante Effekte auf das Niveau landespolitischer Unterstützung. Da sich die Effekte der Kontrollvariablen nicht nur, wie angenommen, über die Ressourcenausstattung der Menschen auf ihr Niveau der landespolitischen Unterstützung übersetzen, gehen zusätzliche Effekte von den persönlichen Merkmalen der Menschen aus. So sind die Staatsbürgerschaft, das Bildungs- und das berufliche Anforderungsniveau in direkter Weise positiv mit der politischen Unterstützung in Baden-Württemberg verknüpft. Außerdem berücksichtigt die Modellschätzung für die Daten aus 2016/17 noch die Interaktion zwischen der Aktivität in Vereinen und Organisationen und dem Bildungsniveau der Befragten. Wie im dritten Modell

4.5 Die Determinanten von politischer Unterstützung

ist der Interaktionseffekt negativ und signifikant, wenngleich er etwas schwächer ist als im dritten Modell.

Zur Veranschaulichung ist der mit einer Irrtumswahrscheinlichkeit von weniger als fünf Prozent signifikante Interaktionseffekt zwischen den Vereins- und Organisationsaktivitäten und dem Bildungsniveau der Befragten in Abb. 8 abgetragen. Die Abbildung zeigt, dass Menschen mit sozialen Kontakten und einem hohen Bildungsniveau über ein niedrigeres Niveau an landespolitischer Unterstützung verfügen als Personen, die wenige soziale Kontakte haben und ein niedriges Bildungsniveau aufweisen. Der Unterschied ist allerdings recht gering. In umgekehrter Weise ist bei den Personen, die nicht in Vereinen und Organisationen aktiv sind, landespolitische Unterstützung höher, wenn sie über ein hohes Bildungsniveau verfügen, als wenn sie über ein niedriges Bildungsniveau verfügen. Dieser Unterschied ist vergleichsweise deutlicher erkennbar. Offenbar trifft die Logik, die dem „kritischen Bürger" zugrunde liegt, bei hochgebildeten Personen mit sozialen Kontakten zu. Menschen mit einem hohen Bildungsstand stellen wahrscheinlich hohe Erwartungen an die Politik und der Politik fällt es schwer sie zu erfüllen. In der Konsequenz kann in diesem Fall eine hohe Ressourcenausstattung mit einem niedrigeren Niveau an landespolitischer Unterstützung einherkommen. Gleichwohl ist der gefundene Effekt ziemlich schwach. Außerdem ist das Niveau landespolitischer Unterstützung von sozial aktiven Personen insgesamt höher als von Personen, die nicht in Vereinen und Organisationen aktiv sind. Demnach widerspricht der gefundene Interaktionseffekt dem positiven Zusammenhang zwischen der Ressourcenausstattung der Bürgerinnen und Bürger und ihrem Niveau an landespolitischer Unterstützung nicht.

Alles zusammengenommen konnten die Ergebnisse der multivariaten Regressionsanalysen zeigen, dass in Übereinstimmung mit den theoretischen Erwartungen das Niveau landespolitischer Unterstützung umso höher ist, je mehr Ressourcen die Bürgerinnen und Bürger zur Verfügung haben. Dabei stellen sich soziale Kontakte als wichtigste Ressource heraus, gefolgt von Zeit. Geld ist im Vergleich die am wenigsten wichtige Ressource. In den meisten Fällen ist der Effekt der Ressourcen dabei weitgehend unabhängig davon, ob eine Person männlich oder weiblich ist, deutsch oder ausländisch, gebildet oder ungebildet, usw. Mit Hinblick auf die wichtigste Ressource der sozialen Kontakte hat sich jedoch herausgestellt, dass das Niveau politischer Unterstützung hier vom Bildungsniveau abhängt. Während aktive Menschen die Landespolitik stärker unterstützen als inaktive Menschen, schmälert ein hohes Bildungsniveau das Niveau von politischer Unterstützung ein bisschen.

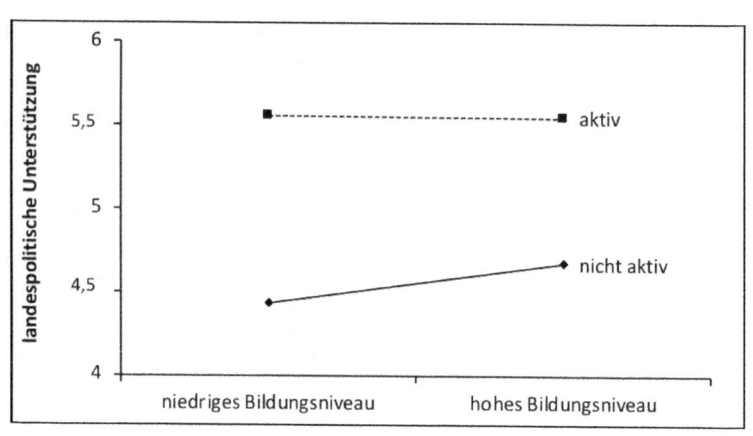

Abb. 8 Interaktionseffekt von Bildung und soziale Kontakte auf politische Unterstützung in Baden-Württemberg (vorhergesagte Werte)
Quelle: eigene Berechnungen

4.6 Mehr soziale Kontakte für das Land

In den letzten Jahren ist die Verteilungsgerechtigkeit von Ressourcen in Deutschland zu einem großen Thema avanciert. Obgleich in der öffentlichen Debatte Geld im Vordergrund steht, konnte die Untersuchung zeigen, dass Geld eine untergeordnete Rolle bei der Stärkung landespolitischer Unterstützung spielt. Stattdessen stellen insbesondere soziale Kontakte eine wichtige Ressource dar. Wer in Vereinen und Organisationen aktiv ist, hat mehr Kapazitäten zur politischen Durchsetzung persönlicher Interessen sowie Nutzung bestehender staatlicher Förderprogramme. Wenn eine Person in Vereinen und Organisationen soziale Kontakte pflegt, fällt ihre Unterstützung der Politik in Baden-Württemberg dementsprechend höher aus. Dabei gibt es allerdings eine Einschränkung: Hat eine Person viele soziale Kontakte und verfügt darüber hinaus über ein hohes Bildungsniveau, dann ist ihre landespolitische Unterstützung etwas niedriger. Dass ein hohes Bildungsniveau mit einem niedrigerem Niveau an politischer Unterstützung verknüpft ist, entspricht der Logik, die hinter dem „kritischen Bürger" steht (Norris 1999). Demnach sind es insbesondere die höher gebildeten Bürgerinnen und Bürger, die hohe Erwartungen an die Politik stellen. Dass die Politik diesen hohen Erwartungen nur schwer gerecht werden kann, resultiert in politischer Unzufriedenheit. Allerdings sind die hierbei gefundenen Effekte recht klein, so dass das Niveau landespolitischer

Unterstützung kaum geschmälert wird. Schließlich sind es die höher Gebildeten ebenso wie Männer, Deutsche und Menschen mit einem anspruchsvollen Beruf, die generell über eine hohe Ressourcenausstattung verfügen, was mit einer höheren landespolitischen Unterstützung einherkommt. Frauen, Ausländerinnen und Ausländer, niedrig Gebildete und Menschen mit einem weniger anspruchsvollen Beruf haben hingegen insgesamt weniger Ressourcen zur Verfügung.

Um die Unterstützung der Politik in Baden-Württemberg zu verbessern, bedarf es folglich nicht einer Verbesserung der finanziellen Lage dieser Bevölkerungsgruppen. Insbesondere die Förderung von Vereinen und anderen Organisationen, in denen vor allem Frauen, Ausländerinnen und Ausländer, niedrig Gebildete sowie Menschen mit einem weniger anspruchsvollen Beruf soziale Kontakte knüpfen und ganz nebenbei staatsbürgerliche Kompetenzen erwerben können, kann sich positiv auf die Unterstützung der Politik in Baden-Württemberg auswirken. Baden-Württemberg ist dabei auf einem guten Weg. Denn mit der Einrichtung einer Stabsstelle für Zivilgesellschaft und Bürgerbeteiligung wurde bereits eine Institution geschaffen, die es sich zur Aufgabe gemacht hat, soziale Aktivitäten gezielt zu stärken.

Literatur

Almond, Gabriel A., und Sidney Verba. 1963. *The Civic Culture: Political Attitudes and Democracy in Five Nations*. Princeton: Princeton University Press.

Anderson, Christopher J., und Silvia M. Mendes. 2005. *Personal Economic Hardship, Happiness, and Political Satisfaction: A Cross-National Analysis*. New York: Manuskript.

Bartelheimer, Peter et al. 2016. *Evaluation der bundesweiten Inanspruchnahme und Umsetzung der Leistungen für Bildung und Teilhabe * Schlussbericht*. Göttingen; Nürnberg: Soziologisches Forschungsinstitut Göttingen (SOFI) e. V.; Institut für Arbeitsmarkt- und Berufsforschung (IAB) der Bundesagentur für Arbeit.

Bundesagentur für Arbeit. 2011. Klassifikation der Berufe 2010. https://statistik.arbeitsagentur. de/Navigation/Statistik/Grundlagen/Klassifikation-der-Berufe/KldB2010/KldB2010-Nav. html. Zugegriffen: 18. April 2018.

Bundesministerium für Arbeit und Soziales. 2016. *Lebenslagen in Deutschland. Der Fünfte Armuts- und Reichtumsbericht der Bundesregierung*. Berlin.

Clarke, Harold, Nitish Dutt, und Allan Kornberg. 1993. The Political Economy of Attitudes toward Polity and Society in Western European Democracies. *The Journal of Politics* 55: 998–1021.

Dahl, Robert A. 2000. A Democratic Paradox? *Political Science Quarterly* 115: 35–40.

Dalton, Russell J. 2004. *Democratic Challenges, Democratic Choices: The Erosion of Political Support in Advanced Industrial Democracies*. Oxford: Oxford University Press.

van Deth, Jan, und Markus Tausendpfund, Hrsg. 2013. *Politik im Kontext: Ist alle Politik lokale Politik? Individuelle und kontextuelle Determinanten politischer Orientierungen.* Wiesbaden: Springer VS.
Dictionary.com. o. J. support. *Dictionary.com Unabriged.* http://www.dictionary.com/browse/support. Zugegriffen: 22. Mai 2018.
Donovan, Todd, und Jeffrey Karp. 2017. Electoral Rules, Corruption, Inequality and Evaluations of Democracy. *European Journal of Political Research* 56: 469–486.
Easton, David. 1957. An Approach to the Analysis of Political Systems. *World Politics* 9: 383–400.
Easton, David. 1965. *A Systems Analysis of Political Life.* New York: Wiley.
Easton, David. 1975. A Re-assessment of the Concept of Political Support. *British Journal of Political Science* 5: 435–457.
Ferrín, Monica. 2016. An Empirical Assessment of Satisfaction with Democracy. In *How Europeans View and Evaluate Democracy*, Hrsg. Monica Ferrín und Hanspeter Kriesi, 283–306. Oxford: Oxford University Press.
Foa, Roberto Stefan, und Yascha Mounk. 2016. The Democratic Disconnect. *Journal of Democracy* 27: 5–17.
Fuchs, Dieter, Giovanna Guidorossi, und Palle Svensson. 1995. Support for the Democratic System. In *Citizens and the State*, Hrsg. Hans-Dieter Klingemann und Dieter Fuchs, 323–353. Oxford: Oxford University Press.
Geißel, Brigitte. 2011. *Kritische Bürger: Gefahr oder Ressource für die Demokratie?* Frankfurt am Main: Campus-Verlag.
Gensicke, Thomas, und Sabine Geiss. 2010. *Zivilgesellschaft, soziales Kapital und freiwilliges Engagement in Deutschland 1999 - 2004 - 2009.* München: TNS Infratest Sozialforschung.
Heyne, Lea. 2017. *Support for which kind of democracy? What European citizens want from their democracies, and why they are (dis)satisfied.* Dissertation, Zürich: Universität Zürich.
Klingemann, Hans-Dieter. 1999. Mapping Political Support in the 1990s: A Global Analysis. In *Critical Citizens. Global Support for Democratic Government*, Hrsg. Pippa Norris, 31–56. Oxford: Oxford University Press.
Klinger, Sabine, und Enzo Weber. 2017. *Zweitbeschäftigungen in Deutschland. Immer mehr Menschen haben einen Nebenjob.* Nürnberg: Institut für Arbeitsmarktforschung (IAB) der Bundesagentur für Arbeit.
Linde, Jonas, und Joakim Ekman. 2003. Satisfaction with Democracy: A Note on a Frequently Used Indicator in Comparative Politics. *European Journal of Political Research* 42: 391–408.
Lipset, Seymour Martin. 1959. Some Social Requisites of Democracy: Economic Development and Political Legitimacy. *The American Political Science Review* 53: 69–105.
Lipset, Seymour Martin. 1960. *Political Man: The Social Bases of Politics.* Baltimore: Johns Hopkins University Press.
Ministerium für Arbeit und Sozialordnung, Familie, Frauen und Senioren Baden-Württemberg. 2015. *Erster Armuts- und Reichtumsbericht Baden-Württemberg.* Stuttgart: FamilienForschung Baden-Württemberg im Statistischen Landesamt.
Müller-Hilmer, Rita, und Jérémie Gagné. 2018. *Was verbindet, was trennt die Deutschen? Werte und Konfliktlinien in der deutschen Wählerschaft im Jahr 2017.* Düsseldorf: Hans-Böckler-Stiftung.
Norris, Pippa, Hrsg. 1999. *Critical Citizens. Global Support for Democratic Government.* Oxford: Oxford University Press.

Norris, Pippa. 2011. *Democratic Deficit: Critical Citizens Revisited*. New York: Cambridge University Press.

OECD. 2013. *Gleichstellung der Geschlechter*. Paris: OECD Publising.

Perry, Sarah, Jan W. van Deth, Rüdiger Schmitt-Beck, und Thorsten Faas. 2015. Bürger und Demokratie in Baden-Württemberg. In *Demokratie-Monitoring 2013/14. Studien zu Demokratie und Partizipation*, Hrsg. Baden-Württemberg Stiftung, 37–150. Wiesbaden: Springer VS.

Putnam, Robert D. 2000. *Bowling Alone: The Collapse and Revival of American Community*. New York: Simon & Schuster.

Schmidt, Vivien. 2013. Democracy and Legitimacy in the European Union Revisited: Output, Input and Throughput. *Political Studies* 61: 2–22.

Schubmann-Wagner, Dieter, und Alexander Koop. 2008. *Ermittlung von Bürokratie-Zeit-Kosten von Bürgern mit Hilfe des Standard-Kosten-Modells (SKM)*. Gütersloh.

Statistik der Bundesagentur für Arbeit, Hrsg. 2016. *Beschäftigungsstatistik, Sozialversicherungspflichtige Bruttoarbeitsentgelte*. Nürnberg.

Statistik der Bundesagentur für Arbeit, Hrsg. 2018. *Bruttomonatsentgelte (Median) für Vollzeitbeschäftigte nach Berufsgruppen (BG) und Anforderungsniveau Deutschland, Dezember 2016*. Nürnberg.

Statistisches Bundesamt (Destatis). 2018. *Verdienstunterschied zwischen Frauen und Männern in Deutschland 2017 bei 21 %*. Wiesbaden.

de Tocqueville, Alexis. 2010. *Democracy in America*. New York: Signet Classic.

Verba, Sidney, Kay Schlozman, und Henry Brady. 1995. *Voice and Equality*. Cambridge: Harvard University Press.

Weatherford, Stephen M. 1991. Mapping the Ties that Bind: Legitimacy, Representation and Alienation. *Western Political Quarterly* 44: 251–276.

Westle, Bettina. 1989. *Politische Legitimität – Theorien, Konzepte, empirische Befunde*. Baden-Baden: Nomos.

Mehr Demokratie ertragen? Eine lebensweltliche Studie der AfD-Wählerinnen und -Wähler

5

Daniel Buhr, Rolf Frankenberger und Tim Gensheimer

5.1 Die Lebenswelt-Studie im Überblick

„Wir werden Frau Merkel jagen" – Mit dieser Aussage und 12,6 % der Zweitstimmen feierte Alexander Gauland, Spitzenkandidat der Alternative für Deutschland (AfD) bei der Bundestagswahl 2017, den Einzug der Partei in den Bundestag (Spiegel Online 2017). Seit Gründung der Partei im Jahr 2013 konnte sie etliche Wahlerfolge bei Landtagswahlen erzielen und ist Stand März 2018 insgesamt in 14 Landtagen vertreten, so auch in Baden-Württemberg. Die AfD, wahlweise als rechtspopulistisch oder nationalkonservativ bezeichnet (Decker 2015; Niedermayer 2015), wirbelt das Parteiensystem in Deutschland durcheinander.

Über die AfD existieren inzwischen zahlreiche Studien, die sich mit der Programmatik und der politischen Ausrichtung sowie den Strategien (vgl. Arzheimer 2015; Berbuir et al. 2014; Hensel et al. 2016; Häusler 2016) oder den Funktionären der Partei (Häusler und Roesler 2015) beschäftigen. Mit den Wählerinnen und Wählern der AfD haben sich hingegen kaum wissenschaftliche Studien systematisch und über standardisierte Befragungen hinaus auseinandergesetzt. Diese bilden zumeist einen Teilaspekt der Studien zur AfD (vgl. Berbuir et al. 2014). Daneben sind es insbesondere die Nachwahlanalysen von Meinungsforschungsinstituten, die zusammen mit zahlreichen journalistischen Analysen Informationen über die Wahlentscheidung und die dahinter liegenden Motive sowie über die Soziodemographie der Wählerschaft liefern. Auch diese gehen selten über eine quantitativ-standardisierte Abfrage von Meinungen, Einstellungen und soziodemographischen Merkmalen hinaus (vgl. auch zu PEGIDA Vorländer et al. 2016).

Zudem zeigen sich bei genauerem Hinsehen vergleichsweise heterogene und zum Teil widersprüchliche Befunde zu der Wählerschaft der AfD, auch in Baden-Württemberg: Einerseits scheinen die „Wähler der Anderen" (Deckers 2016) vor allem unzufriedene Protestwähler und mobilisierte Nichtwähler zu sein, die

© Springer Fachmedien Wiesbaden GmbH, ein Teil von Springer Nature 2019
Baden-Württemberg Stiftung (Hrsg.), *Demokratie-Monitoring Baden-Württemberg 2016/2017*, https://doi.org/10.1007/978-3-658-23331-0_5

als Modernisierungsverlierer bzw. ‚kulturell Abgehängte' oder Kommunitaristen, die Gemeinschaftswerte hochhalten und offen gelebten Kosmopolitismus ablehnen (Hillje 2018, S. 5). Unter ihnen finden sich überdurchschnittlich häufig Männer, Jüngere und Mittelalte sowie Nichtwähler, dabei insbesondere Arbeitslose oder Arbeiter (Tomik 2016). Andererseits scheint die AfD auch die Partei der Besserverdienenden und Gebildeten zu sein, denn 33,9 % der Sympathisanten gehören einer Studie des Instituts der deutschen Wirtschaft (IW) zufolge zu den reichsten 20 % der Bevölkerung, die aus Sorge um die wirtschaftliche Situation AfD wählen (Institut der deutschen Wirtschaft 2016). Diesen ‚Wohlstandschauvinisten' stehen lediglich 15 % aus den untersten Einkommensschichten gegenüber. Zudem handelt es sich bei den Wählerinnen und Wählern der AfD vornehmlich um „Wutbürger" (Petersen 2016), die die eigenen Kompetenzen und Mitentscheidungswünsche über die Logik der repräsentativen Demokratie stellen.

Was bedeuten die Erfolge der AfD aber nun für die repräsentative Demokratie? Müssen wir in Zukunft „mehr Demokratie ertragen", wie dies Ex-Bundespräsident Joachim Gauck mit Blick auf die sich diversifizierenden Ansprüche an, Meinungen über und Positionen in der Politik äußerte (FAZ.net 2016)? Oder handelt es sich gar um einen Rechtsruck der Gesellschaft?

Das eine sind die Auswirkungen und Folgen dieser Entwicklung – noch spannender scheinen jedoch Fragen nach den Ursachen populistischer Orientierungen. In der Literatur wird Populismus als Ideologie, Diskursform oder politische Strategie verstanden und vorwiegend auf Parteienebene bzw. mit Fokus auf einzelne politische Autoritäten untersucht (Gidron und Bonikowski 2013, S. 17). Angesichts der Untersuchungseinheit ist Populismus als ‚schwache Ideologie' zu verstehen, die hauptsächlich auf dem Antagonismus ‚Wir Guten unten gegen die Bösen da oben' fußt (Mudde 2004, S. 543)[35]. Dabei widersetzt sich Populismus der Einordnung in das klassische Links-Rechts-Spektrum und bedient sich je nach soziopolitischer Gemengelage unterschiedlicher ideologischer Elemente. Mit Bezug auf die AfD werden hier vor allem Bezüge zum rechten Spektrum vermutet, vereinzelt werden aber auch linke Ideen ausgegriffen.

„Die populistische Ideologie ist das eine, die Lebenswirklichkeit der Anhänger populistischer Parteien und Politiker ist das andere" (Jörke und Selk 2017, S. 84). Letztere ist Forschungsgegenstand dieser Untersuchung. Sie erforscht dabei gerade die dahinter liegenden Wertorientierungen, biographischen und sozialisatorischen Erfahrungen sowie lebensweltlichen Bezüge von Bürgerinnen und Bürger und nicht nur die meist kurzfristig und je nach Wahrnehmung aktueller Probleme verän-

---

35 Hinsichtlich der Fragestellung nach den politischen Lebenswelten der AfD-Wähler könnte jedoch Populismus auch als Diskurs verstanden werden.

5.1 Die Lebenswelt-Studie im Überblick

derlichen Meinungen. Denn wenn es sich bei der aktuellen politischen Entwicklung um einen Ausdruck eines tiefergehenden Wandels politischer Lebenswelten handelt, dann stünde die Demokratie im Land vor größeren Herausforderungen. Hier setzt die Lebenswelt als zentrales Analysekonzept in dieser Untersuchung an. Demnach bestimmen persönliche Erfahrungen und Wahrnehmungen die Interessen, Orientierungen und Handlungen eines Individuums. Es sind nicht alleine soziodemographische oder -ökonomische Hintergründe, sondern insbesondere alltägliche Erfahrungen in Arbeit, Familie oder Freizeit, die das *mindset* der Menschen prägen und sich z. B. in politischen Einstellungen ausdrücken. Denn wie ein Individuum seine alltägliche Umwelt wahrnimmt und interpretiert, wirkt sich auf die Vorstellungen und Bewertungen von Politik und Demokratie sowie auf die eigene politische Partizipation aus. Um die Strukturen von politischen Lebenswelten in Baden-Württemberg systematisch zu analysieren, wurde ein *mixed methods*-Forschungsdesign angewendet, in dem 109 episodische Interviews mit baden-württembergischen Wählerinnen und Wählern geführt, anschließend mit einer standardisierten Befragung kombiniert und einer qualitativen Textanalyse unterzogen worden sind.

5.1.1 Fragestellung und Erkenntnisinteresse

Die Politischen Lebenswelten in Baden-Württemberg wurden erstmals in einer qualitativen Teilstudie des Demokratie-Monitoring Baden-Württemberg 2013/2014 untersucht (Frankenberger et al. 2015). Auf der Grundlage von 275 episodischen Interviews in vierzehn Kommunen Baden-Württembergs wurden stark heterogene Politik- bzw. Demokratieverständnisse als Alltags- bzw. (Gesellschafts-) Ordnungsdimension identifiziert. Es ließen sich sieben verschiedene politische Lebenswelt-*Idealtypen* konstruieren, die sich in die drei Kategorien politikfern, delegativ oder partizipatorisch einordnen lassen[36]. Diese Politischen Lebenswelten lassen sich weder durch soziodemographische oder sozioökonomische Variablen noch durch die Zugehörigkeit eines sozialen Milieus bestimmen (Frankenberger 2015, S. 200). Vor dem Hintergrund der letzten Wahlerfolge der AfD und an die Befunde aus dem Demokratie-Monitoring 2013/2014 anknüpfend – vor allem hinsichtlich der Heterogenität politischer Lebenswelten –, verfolgt diese Studie grundlegende Ziele:

---

36 Eine Beschreibung der Lebenswelten und des theoretischen Hintergrunds findet sich in Kapitel 3.

Es wird erstens die von Frankenberger et al. (2015) vorgeschlagene Klassifikation von politischen Lebenswelten überprüft und weiterentwickelt, denn gerade die Gruppen der Politikfernen, der Distanzierten und der Anti-Systemischen wurden in dieser Studie nicht ausreichend erfasst. Aufgrund der Ausrichtung der AfD und der bisher bekannten Einstellungen ihrer Wählerinnen und Wähler zu Demokratie und Regierung scheint hier ein Erkenntnispotential zur Erweiterung zu bestehen. Zweitens werden die Lebenswelten der AfD-Wählerinnen und -wähler erfasst und kartographiert. Denn angesichts der Widersprüchlichkeiten hinsichtlich ihrer Soziodemographie steht zu vermuten, dass sich auch hier ein gesellschaftlicher Querschnitt abbildet, wenngleich die Gruppen der Distanzierten und Antisystemischen dabei deutlich überrepräsentiert sein dürften. Konkret werden folgende Fragen aus deduktiver Perspektive bearbeitet:

1. Welche Lebenswelten lassen sich in der Gruppe der AfD-Wählerinnen und -Wähler identifizieren?
2. Welche Themen und Bezüge sind in diesen Alltagswelten relevant; welche Politikfelder und Dimensionen der Politik sind von Bedeutung?
3. Wie wirken sich die lebensweltlichen Bezüge auf Art und Umfang politischer Beteiligung aus?
4. Welchen Einfluss hat die jeweilige Lebenswelt auf die Beurteilung der Demokratie?

In diesem Kapitel wird zunächst in einem theoretisch-methodischen Teil ein Überblick zum Forschungsdesign und den theoretischen Grundlagen gegeben, gefolgt von einem kurzen Überblick zum Konzept der Lebenswelt, Erklärungen zum Untersuchungsdesign und Auswertungsverfahren sowie Informationen über die der Studie zugrundeliegende Stichprobe bzgl. Rekrutierung und Datenerhebung, Repräsentativität und soziodemographischer Zusammensetzung. Die zentralen Befunde der Studie werden in den folgenden drei Kapiteln Kap. 6 (Themen und Bewertungen), Kap. 7 (Argumente und Narrative für und gegen Direktdemokratie) und Kap. 8 (Politische Lebenswelten) dargestellt.

5.1.2 Theoretische Grundlagen: Politische Kultur und Lebenswelt

Die Untersuchung politischer und sozialer Einstellungen ist Gegenstand der politischen Kulturforschung. Als Politische Kultur werden traditionell spezifische Verteilungsmuster von politischen Orientierungen innerhalb eines Kollektivs bezeichnet (Westle 2009a, S. 22). Grundlage der Politischen Kultur-Forschung ist jedoch die

5.1 Die Lebenswelt-Studie im Überblick

Einstellung des Einzelnen, daher werden politische Orientierungen zunächst auf der Mikroebene gemessen. Somit liegt der Fokus auf dem Individuum als politischem Akteur sowie auf der subjektiven Dimension von Politik. Erst die Aggregation dieser Individualmerkmale und deren Verteilung im Kollektiv konstituiert die Politische Kultur auf der Makroebene (Westle 2009a, S. 13). Üblicherweise wird politische Kultur als historisch vergleichsweise stabil betrachtet und Veränderung eher langfristig erwartet. (vgl. Westle 2009a, S. 17). Obwohl die Einstellungen des Einzelnen der Ausgangspunkt der Politischen Kultur sind, werden deren Grundlagen selten hinterfragt (Westle 2009b, S. 31). Karl Rohe (1994) argumentiert entsprechend, dass Politische Kultur viel grundsätzlicher definiert sein müsste: Die Politische Kultur-Forschung sollte auf *Vorstellungen* der Individuen – statt *Einstellungen* – basieren (vgl. Greiffenhagen 2009, S. 17f). Für Rohe bedeutet Politische Kultur die „für ein gesellschaftliches Kollektiv maßgebenden grundlegenden Vorstellungen darüber, was Politik eigentlich ist, sein kann und sein soll" (Rohe 1994, S. 1). Diese Ordnungsvorstellungen fungieren als geistige „ungeschriebene Verfassung" (Ebd., S. 1) bzw. als Maßstab, wie Individuen Politik wahrnehmen, interpretieren und beurteilen, und sind somit die Grundlage jeglicher politischen Kultur (Greiffenhagen 2009, S. 18). Vom Individuum „kaum reflektierte Selbstverständlichkeiten" (Westle 2009a, S. 30) leiten die gesamten Vorstellungen über die politische Wirklichkeit und prägen letztendlich die Beziehungen der Regierten zu den Regierenden. Es geht also um mehr als nur eine analytische Trennung zwischen Einstellungsebene und der grundlegenderen Eben der Ordnungsvorstellungen (Rohe 1994, S. 3), sondern um eine fundiertere Konzeptualisierung der Politischen Kultur-Forschung.

Ein Konzept, das Rohes Kritik aufgreift und damit die vorhandenen Lücken verkleinern kann, ist das der ‚Lebenswelt' (Schütz und Luckmann 2003). Die Lebenswelt beruht auf zwei Prämissen: Zum einen wird die Lebenswelt eines Individuums durch seine Erfahrungen begrenzt. Es entsteht ein alltäglicher Erfahrungshorizont mit individuellem Realitäts- und Sinnbereich und spezifischem Wissensvorrat (Frankenberger et al. 2015, S. 154). Das bedeutet, dass der Alltag von jedem Einzelnen unterschiedlich wahrgenommen und interpretiert wird. Zum anderen wirkt sich diese ‚individuelle Realität' zunächst auf Interessen und später Alltagshandlungen aus (Müller-Rommel und Poguntke 1991, S. 184). Diese haben einen kulturalisierten Charakter, da „ein normaler Erwachsener seine Interessen und Vorlieben [...] nicht als ungeschichtlicher Einzelmensch, sondern als Mitglied einer historischen Gesellschaft erworben hat" (Schütz/ Luckmann 2003, S. 506). Somit geht der Lebenswelt-Ansatz davon aus, dass der alltägliche Lebensraum das Alltagswissen und das Alltagshandeln prägt und *nicht* vorrangig sozio-demographische, sozio-ökonomische oder sozialisatorische Variablen (Flaig et al. 1994, S. 9; Frankenberger et al. 2015, S. 215). Die in der politikwissenschaftlichen Forschung bislang wenig beachtete Lebensweltforschung ist „bestrebt, Annahmen über das Denken und Handeln sozialer Gruppen zu revidieren, indem in selektiver Form grundlegend neue, die politische Realität bestimmende, nicht vermutete Beziehungen und Strukturen aufgedeckt werden" (Müller-Rommel/ Poguntke 1991, S. 185). Die Zurückhaltung innerhalb der Politikwissenschaft gegenüber diesem Konzept verwundert, scheint doch die Lebenswelt als besonders geeignet, um nicht nur die Einstellungen, sondern auch die grundlegenden Politik-Vorstellungen der AfD-Wähler zu untersuchen. Diese Untersuchung hilft auch dabei eine wichtige Frage der Populismus-Forschung zu beantworten: Welche Faktoren, also hier welches Politik- und Demokratieverständnis, erhöhen die Wahrscheinlichkeit, dass populistische Politik bei Wählern fruchtet und diese mobilisiert? (Gidron und Bonikowski 2013, S. 33).

5.1.3 Untersuchungsdesign und Auswertungsverfahren

Quantitative Forschung stößt an Grenzen, wenn es um die Genese von individuellen Einstellungen, Wert- und Handlungsorientierungen, von sozialem und politischem Vertrauen, aber auch von intersubjektiv geteilten Einstellungsmustern der politischen Kultur geht. Daher erfordert die Analyse von Lebenswelten als Nukleus dieser politischen Kultur (vgl. Schütz und Luckmann 2003) ein *mixed methods*-Untersuchungsdesign, das die Erfassung von lebensweltlichen Bezügen und den darin wirksamen Mechanismen und Interaktionszusammenhängen auf der Basis von qualitativen und quantitativen Methoden ermöglicht.

Als Erhebungsmethode kommt zum einen mit dem episodischen Interview eine Form des qualitativen Interviews zum Einsatz, die bereits erfolgreich zur Erforschung politischer Lebenswelten eingesetzt worden ist (Frankenberger et al. 2015). Im Allgemeinen eignen sich qualitative Interviews als strukturentdeckendes Instrument für die vertiefte Untersuchung von Kausalmechanismen über die nur geringe Vorkenntnisse existieren. Im Besonderen nutzt das episodische Interview die Stärken von narrativen bzw. Leitfaden-Interviews, da zum einen der freien Erzählung des Gesprächsteilnehmers Vorrang eingeräumt wird, diese aber anhand eines Leitfadens teilstrukturiert wird. Dies bietet einerseits hinsichtlich der Exploration der Lebenswelt größtmögliche Offenheit bei niedriger bis mittlerer (theoretischer) Strukturierung. Andererseits ermöglicht sie die Beantwortung der konkreten Fragen auf bestimmte Bereiche – hier Demokratieverständnis und -bewertung sowie Orientierungs- und Erfolgswissen hinsichtlich politischer Partizipation – ebenso wie eine Vergleichbarkeit der Befunde zur vorangegangenen Studie. Weiterhin geben die Interviewpartner durch die offene Erzählweise ihre für sie in ihrer alltäglichen

5.1 Die Lebenswelt-Studie im Überblick

Lebenswelt bzw. im aktiven Wissens- und Erfahrungsschatz salienten Bereiche, Themen und Begriffe in deren eigenen Worten wieder.

Zur Beantwortung der aufgeworfenen Fragen wird auf den von Frankenberger et al. (2015) im Demokratie-Monitoring 2013/14 entwickelten Leitfaden zur Analyse von politischen Lebenswelten zurückgegriffen. Dieser wird an die Fragestellung und für die Zielgruppe der Befragung angepasst.

Der Leitfaden deckt folgende Themen ab:

- Politik, Demokratie, Beteiligung: Politikverständnis, Demokratieverständnis, Zufriedenheit mit politischem System, aktuelle politische Probleme/ Themen, Landespolitik, Wahlentscheidung bei der LTW 2016/ Wahlabsicht bei der BTW 2017, Beurteilung von Beteiligungsmöglichkeiten, Engagement des Befragten, Nachrichtenkonsum, Gespräche über Politik, Politisches Vertrauen
- Wertorientierungen: Politische Werte, Rolle von Politik im Leben des Befragten, Wünsche an das Zusammenleben in einer Gemeinschaft, Soziales Vertrauen
- Lebenswelt: Stellenwert der Arbeit, Stellenwert der Familie, Freizeit, Sozialverhalten, Perspektive

Die qualitativen Telefon-Interviews wurden mit einem Diktiergerät aufgezeichnet, worauf alle Teilnehmer vor Interviewbeginn hingewiesen sowie deren Einverständniserklärung eingeholt wurde. Die Audiodateien wurden auf der Internetseite eines Transkriptionsdienstleisters hochgeladen, um kostenpflichtige Transkripte der Interviews zu erhalten. Wie im Demokratie Monitoring 2013/2014 wurden die Transkripte mit der Software MaxQDA analysiert und codiert.

Zum anderen wurde zusätzlich ein Fragebogen zur standardisierten Befragung der Interviewpartner entwickelt, der über die qualitativen Befunde hinaus einen Vergleich mit bisherigen (quantitativen) Studien und damit eine externe Validierung der Befunde ermöglicht, und um Fragen zu Populismus und Rechtsextremismus erweitert. Der Fragebogen beinhaltet 65 Items mit thematischen Schwerpunkten zu Persönlichkeitsprofilen (Big 5), Einstellungen zu verschiedenen Demokratieformen, Einstellungen zu konservativen, rechtspopulistischen sowie rechtsextremen Aussagen sowie zur Soziodemographie (34 Items mit unterschiedlicher Filterführung). Bei der Auswahl der Items bzw. Skalen wurde auf Indikatordatenbanken sowie (multi-) nationale sozialwissenschaftliche Surveys zurückgegriffen und für die Forschungsfrage relevante Indikatoren ausgewählt. Der Vorteil dieser Vorgehensweise liegt in der Verwendung von etablierten und somit methodisch validen Items. Zudem wird durch den Vergleich qualitativer und quantitativer Befunde eine zusätzliche interne Validierung ermöglicht.

Das standardisierte Interview wurde nicht akustisch aufgezeichnet. Der Interviewer las Fragetext, Items und Antwortmöglichkeiten am Telefon vor und gab die Antwort des Teilnehmers in die iPad-App iSurvey ein. Von der Plattform des Anbieters iheartsurvey.com wurden die Rohdaten der Interviews heruntergeladen. Diese wurden anschließend so verarbeitet, dass die Survey-Ergebnisse in Statistiksoftware genutzt werden können.

Als Auswertungsmethode der Leitfaden-Interviews hat sich die qualitative Inhaltsanalyse bewährt (vgl. Kracauer 1952; Merten 1981; Mayring 2003). Die qualitative Inhaltsanalyse als kategorisierendes und typenbildendes Verfahren ermöglicht durch die Mischung aus Strukturierung und Offenheit die Bearbeitung des doppelten Erkenntnisinteresses an Lebenswelt und subjektiven Dimensionen von Demokratie. Einerseits können induktiv und textimmanent lebensweltliche Bezüge, Orientierungs- und Handlungsmuster identifiziert, typologisiert und kategorisiert werden. Gerade die Kombination textimmanenter Muster mit theorieinduzierten Aspekten ermöglicht die Beantwortung der aufgeworfenen Fragen. Hier können insbesondere die Befunde sowie die Klassifikation politischer Lebenswelten aus dem Demokratie-Monitoring 2013/14 (Frankenberger et al. 2015) als deduktive Elemente verwendet werden. Analog zu dieser Studie erfolgte die Auswertung der 109 Leifaden-Interviews in vier Schritten. Die Codierung wurde von einem Projektmitarbeiter übernommen, nicht eindeutige Textstellen wurden in regelmäßigen Treffen des Projektteams erörtert.

In einem ersten Schritt wurden nach einer gründlichen Durchsicht Oberkategorien theoriebasiert und entlang der im Fragebogen angelegten Dimensionen der politischen Lebensweltenfestgelegt und entsprechende Textstellen damit codiert. Als Oberkategorie kann ein einzelnes Wort bis hin zu einem sinnzusammenhängenden Abschnitt codiert werden, in dem inhaltlich oder sprachlich Bezug auf diese Oberkategorie genommen wird. Somit wird der Kontext bei der Kategorienbildung beachtet, was bei der Aufdeckung von lebensweltlichen Bezügen essentiell ist.

Während des Interviews diente der Fragebogen lediglich als Leitfaden, d. h. dem natürlichen Gesprächsfluss wurde Vorrang vor der ursprünglich geplanten Reihenfolge der Fragen im Fragebogen gegeben. So kann beispielsweise der Themenkomplex „Direkte Demokratie" an einer anderen Stelle bzw. öfter im Interview angesprochen werden als ursprünglich geplant, da der Befragte an eben dieser Stelle darauf zu sprechen kam. Mittels der Codierung in Oberkategorien werden so alle Textstellen im Transkript deutlich gemacht, an der die jeweilige Themenkomplex zur Sprache kam.

In einem zweiten Schritt wurden die Textstellen jeder Oberkategorie in Unterkategorien feincodiert und damit systematisch ausdifferenziert. So gehört bspw. zur Oberkategorie „Politisches System" Äußerungen über (Un-)Zufriedenheit mit dem Politischen System, solche bzgl. aktueller politischer Probleme, über die Landespolitik oder die Wahlentscheidung bei der Landtagswahl 2016 bzw. die Wahlabsicht bei der Bundestagswahl 2017.

In einem dritten Schritt ist eine erneute Feincodierung und Strukturierung der Unterkategorien notwendig. Erst in diesem Schritt ist die Ausdifferenzierung der Themenkomplexe ausreichend, um eine inhaltliche Strukturierung vorzunehmen. So gliedert sich bspw. die Unterkategorie „(Un-)Zufriedenheit mit dem politischen System" in die Ausprägungen „Zufrieden", „Mittig" und „Unzufrieden" sowie in die Begründungen dieser (Un-)Zufriedenheit.

An dieser Stelle wird die Besonderheit des qualitativen Interviews offensichtlich. Gerade die offene Gesprächssituation in einem qualitativen Interview ermöglicht es die Gliederung induktiv vorzunehmen. Sie ist also nicht vorgegeben, sondern erfolgt unmittelbar aus den Antworten der Befragten in deren eigenen Worten und ergibt sich erst während des Codierungsprozesses. Auf diese Weise legen Kategorien in einem qualitativen Interview Argumentationsstrukturen und Narrative offen. Dabei ist die Häufigkeit einer Kategorie in der gesamten Stichprobe zweitrangig – ein häufiges Auftreten einer Kategorie in der gesamten Stichprobe ist also nur bedingt als Indikator bzgl. der Wichtigkeit dieser Kategorie zu verstehen.

In einem vierten Schritt werden die Feincodierungen verwendet, um Lebenswelt-Konstruktionen zu identifizieren und in eine konsistente Typologie zu übersetzen. Hierfür wurden die Codierungen aus dem Programm MaxQDA in einen SPSS-Datensatz überführt und unter Verwendung statistischer Methoden weiter analysiert.

5.1.4 Die Stichprobe

In dieser Untersuchung geht es um eine exemplarische lebensweltliche Analyse von Wählern in Baden-Württemberg. Diese Personen bilden die Grundgesamtheit der Studie. Allerdings können nicht alle Wähler in Baden-Württemberg befragt werden (Vollerhebung), sondern nur ein Teil (Teilerhebung bzw. Stichprobe). In diesem Abschnitt wird die Auswahl und Rekrutierung dieser Befragten, die Erhebungsmethode sowie die Zusammensetzung der Stichprobe dargelegt. Außerdem wird kurz auf die Repräsentativität der Stichprobe und somit der Studienergebnisse eingegangen.

5.1.4.1 Rekrutierung und Datenerhebung

Die Rekrutierung der Gesprächspartner erfolgte ausschließlich über das soziale Netzwerk Facebook. Hierzu wurde eine Facebook-Seite für das Forschungsprojekt erstellt, um in dessen Namen kostenpflichtige Anzeigen schalten zu können, die an Facebook-Nutzer ausgespielt wurden. Diese Anzeige führte durch einen Klick entweder auf eine Homepage des Projektes, wo weitere Informationen und E-Mail-Kontaktdaten von Studienleitern bereitgestellt wurden, oder in Facebooks eigene Messenger-Plattform, wo Interessenten direkt mit Studienleitern in Kontakt treten konnten.

Bei der Ausspielung der Anzeigen wurden die von Facebook bereitgestellten Targeting-Optionen verwendet, um die richtigen Zielpersonen zu erreichen (Wohnort: Baden-Württemberg, Interesse: AfD o. ä.). Insgesamt wurden 22 Anzeigen geschaltet, die sich hinsichtlich der verwendeten Bild-Motive, der Einleitungstexte sowie der verwendeten Zielgruppen unterschieden. Auf diese Weise wurden zwischen 03.04.2017 und 24.08.2017 über 135.000 Facebook-User erreicht. Direkter Kontakt bestand mit über 560 Personen entweder über Facebook Messenger oder per E-Mail, woraus sich 114 telefonische Interviews ergaben.

Die Facebook-Anzeigen wurden teilweise mit kräftigen Kommentaren seitens der Facebook-User bedacht (vgl. Verrohung der Diskussionskultur in sozialen Medien). Auf diese Kommentare wurde seitens der Studienleitung nicht eingegangen, da durch die Kommentare weitere Personen der Zielgruppe auf die Studie aufmerksam gemacht wurden und inhaltliche Diskussionen nicht erfolgsversprechend und womöglich auch Auswirkungen auf die Teilnahme bzw. das Ergebnis der Studie haben. Lediglich auf methodische Fragen bzw. Zweifel wurde seitens der Studienleitung eingegangen.

5.1.4.2 Repräsentativität

Die Repräsentativität einer Stichprobe ist „umso höher, je größer die Zahl der zu ihrer Grundgesamtheit gehörenden Untersuchungsobjekte ist, und je näher die Ziehung der Stichprobe einer Zufallsstichprobe kommt." (Schmidt 2010, S. 614). Die Stichprobe der vorliegenden Studie (hier: die Teilnehmer an der Befragung) ist demnach *nicht* repräsentativ, das heißt weder die Zusammensetzung noch die Ergebnisse dieser Untersuchung können auf die Grundgesamtheit (hier: wahlberechtigte Bevölkerung in Baden-Württemberg) *übertragen* werden. *Alle Ergebnisse und Aussagen in diesem Kapitel und den Kapiteln 6, 7 und 8 beziehen sich nur auf die der Untersuchung zugrundeliegenden Stichprobe und nicht auf die Bevölkerung in Baden-Württemberg.*

Dies liegt vor allem an der Methode, wie die Stichprobe zusammengesetzt wurde. Sie wurde nicht zufällig ermittelt. Eine Zufallsauswahl bedeutet, dass alle Elemente der Stichprobe, also die Befragten, zufällig ausgewählt worden sein müssen. Jeder Befragte – und damit jedes Merkmal eines Befragten – hatte theoretisch die gleiche

5.1 Die Lebenswelt-Studie im Überblick

Chance in die Stichprobe zu gelangen worden zu sein. Die Stichprobenziehen dieser Untersuchung verletzt die Zufallsauswahl erheblich:
Allerdings besteht das Forschungsinteresse dieser Untersuchung grundlegend *nicht* darin, repräsentative Aussagen über die wahlberechtigte Bevölkerung in Baden-Württemberg zu treffen, sondern Narrative aus dem Leitfaden-Interview zu erhalten (siehe Kapitel Untersuchungsdesign). Hierfür ist bereits eine mittelgroße Stichprobe von etwa 30–40 Befragten ausreichend. Da dieser Untersuchung 109 Interviews zugrunde liegen, wird diese Richtzahl also deutlich überschritten.

Die Untersuchung hat einen starken explorativen Charakter: es geht darum, grundlegende Zusammenhänge zu entdecken, über die nur wenig Vorwissen besteht und der zu untersuchende Fall (hier: die politische Lebenswelt von (Nicht-)AfD-Wählern in Baden-Württemberg) muss zunächst konstruiert werden. Hierfür ist eine Zufallsauswahl der Stichprobe ohnehin ungeeignet. Es empfiehlt sich das *theoretical sampling* zur Stichprobenziehung, dem sich diese Untersuchung annähert. Hierbei werden zunächst Daten gesammelt, Codes erstellt und theoretische Memos erstellt (vgl. Merkens 2008, S. 296). „Sowohl auf der Basis des Codierens als auch des Formulierens von Memos kann sich die Notwendigkeit des erneuen Datensammelns ergeben", bspw. um Hypothesen erneut zu testen (Merkens 2008, S. 296). So entsteht ein iterativer Forschungsprozess basierend auf „Kontrastieren, Vergleichen, Wiederholen, Katalogisieren und Klassifizieren" (Merkens 2008, S. 297).

5.1.4.3 Zusammensetzung des Samples

In diesem Abschnitt werden die Verteilung von Geschlecht, Alter, Wohnort, Religionszugehörigkeit, Bildung, Berufstätigkeit, Haushaltsgröße, Einkommen und subjektive Schichtzugehörigkeit in der Stichprobe dargestellt und – sofern Daten dafür verfügbar sind – mit deren Verteilung in Baden-Württemberg verglichen.

Wie Abb. 9 zeigt, besteht die Stichprobe (n=108) zu 78,0 % aus Männern und zu 22,0 % aus Frauen. Damit ist der Anteil der Männer in der Stichprobe deutlich höher als in der wahlberechtigten Bevölkerung in Baden-Württemberg (Männer – 49,6 % bzw. Frauen – 50,4 %) (Statistisches Bundesamt 2018a). Der Altersschnitt der Befragten liegt bei 47,6 Jahren. Die jüngsten Befragten waren 18 Jahre alt und der älteste Befragte 80 Jahre alt. Abb. 9 zeigt, dass im Vergleich zum Landesdurchschnitt die Kohorten 18–24 (11,1 % vs. 10,2 % in Baden-Württemberg), 35–44 (16,7 % vs. 14,6 %), 55–64 (26,9 % vs. 16,1 %) und 65–74 (13,9 % vs. 11,2 %) überrepräsentiert sind, während die Alterskategorien 25–34 (13,0 % vs. 15,9 %), 45–54 (17,6 % vs. 19,2 %) und über 75 (0,9 % vs. 12,8 %) unterrepräsentiert sind (Statistisches Bundesamt 2018).

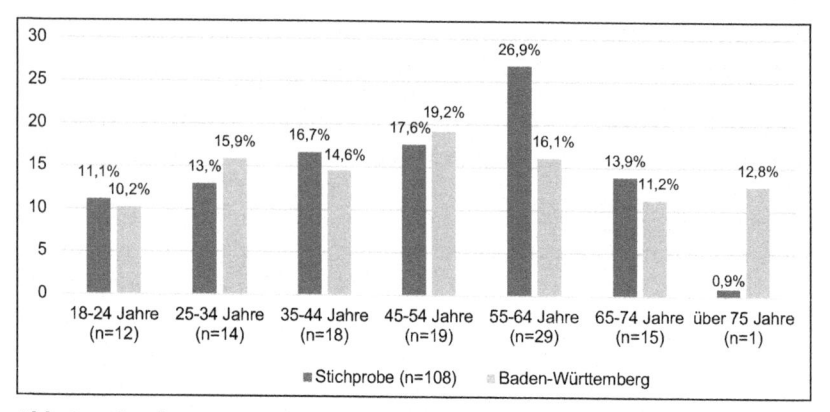

Abb. 9 Alterskategorien – Verteilung in der Stichprobe und in Baden-Württemberg (Stichtag 31.12.2016) (in %)

Quelle: eigene Berechnung

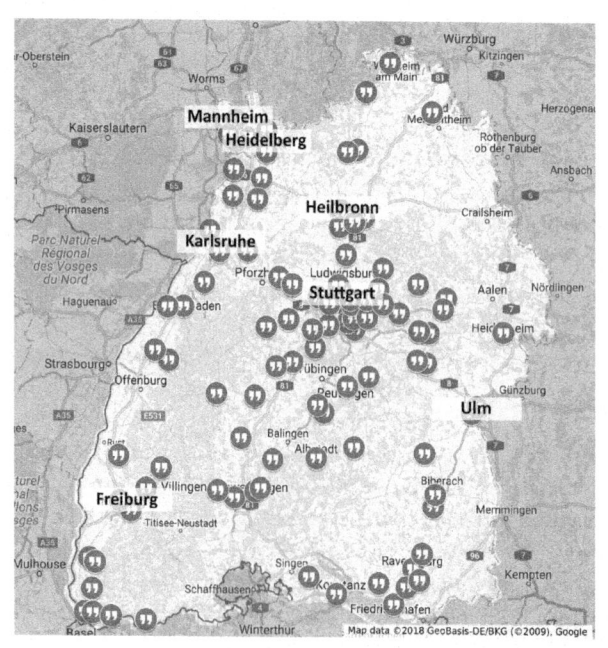

Abb. 10 Wohnorte der Befragten nach Postleitzahl

Quelle: eigene Darstellung

5.1 Die Lebenswelt-Studie im Überblick

Abb. 10 zeigt die Wohnorte (auf Ebene von Postleitzahlen) der Befragten. Die Postleitzahlen ihres Wohnortes haben die Befragten im Interview freiwillig mitgeteilt. Bzgl. der allgemeinen Bildungsabschlüsse wird eine zentrale Einschränkung des Samples deutlich, wie Abb. 11 zeigt Wie in politischen Bevölkerungsstudien üblich, sind auch in dieser Stichprobe hochgebildete Befragte stark überrepräsentiert (69,7 % vs. 31,6 % in Baden-Württemberg) und Befragte mit niedriger Bildung deutlich unterrepräsentiert (9,2 % vs. 34,8 %). Auch Befragte mit mittlerer Bildung (18,3 % vs. 25,8 %), ohne Schulabschluss (0,0 % vs. 4,0 %) und Schüler (2,8 % ab 18 Jahren vs. 3,8 % ab 15 Jahren) sind in der Stichprobe seltener vertreten als in der baden-württembergischen Gesamtbevölkerung. Jedoch sind auch diese Vergleiche nur eingeschränkt zulässig, da die Landesdaten Befragte ab 15 Jahren einschließen, während die Grundgesamtheit der Stichprobe nur volljährige Personen beinhaltet.

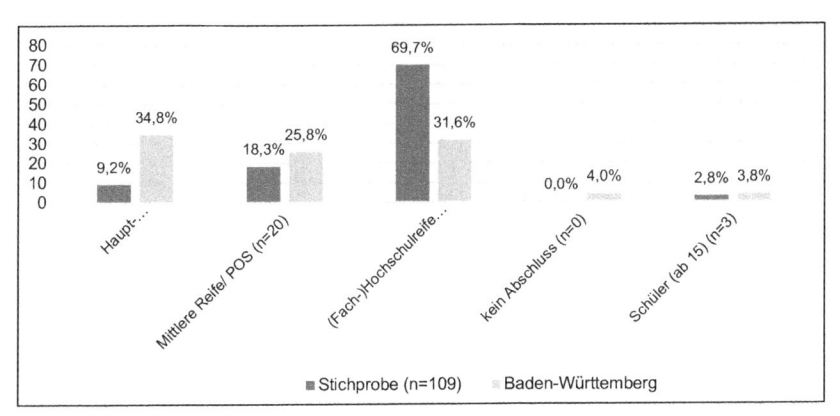

Abb. 11 Allgemeine Schulausbildung – Verteilung in der Stichprobe und in Baden-Württemberg (in %)
Quelle: eigene Berechnung

Der Status der Berufstätigkeit der Stichprobe gliedert sich wie folgt: 61,3 % der Befragten waren zum Zeitpunkt der Befragung berufstätig, 27,4 % befanden sich in Rente, Pension bzw. Vorruhestand, 7,5 % waren Studierende, 2,8 % waren Schüler, 1,9 % waren arbeitslos und 0,9 % absolvierten den Bundesfreiwilligendienst (Bufdi) oder ein Freiwilliges Soziales Jahr (FSJ) bzw. Freiwilliges Ökologisches Jahr (FÖJ). Die aktuell Berufstätigen in der Stichprobe (n=65) teilen sich laut Selbstauskunft wie folgt auf: 73,4 % sind Angestellte/r, 18,8 % sind selbstständig oder freiberuflich tätig,

4,7 % sind Beamtin bzw. Beamter und 3,1 % sind Arbeiter/in. 1,5 % machten keine Angabe und Landwirtinnen oder Landwirte sind in der Stichprobe nicht vorhanden. Weiterhin wurden die Befragten gebeten das monatliche Haushaltsnettoeinkommen in sechs Kategorien einzuordnen. Zum Haushaltsnettoeinkommen gehört das Haushaltseinkommen aus Lohn, Gehalt oder Selbstständigkeit sowie alle Einkommen aus Renten, Pensionen und Versicherungen, alle öffentlichen Zuwendungen wie Kindergeld und Wohngeld und eventuelle Einkünfte aus Vermietung und Verpachtung nach Abzug von Steuern und Sozialabgaben. Auch bei dieser Angabe zeigen sich deutliche Unterschiede zwischen der Stichprobe und der baden-württembergischen Gesamtbevölkerung (Statistik Baden-Württemberg 2015), wie Abb. 12 zeigt. So sind die Einkommensklassen 2.000€ bis 2.999€ (31,3 % vs. 19,9 % in Baden-Württemberg) und 3.000€-4.999€ (42,7 % vs. 29,1 %) überrepräsentiert, während die Einkommensklassen 0–999€ (2,1 % vs. 8,2 %), 1.000–1.999€ (9,4 % vs. 21,2 %) und über 5.000€ (14,6 % vs. 21,6 %) unterrepräsentiert sind.

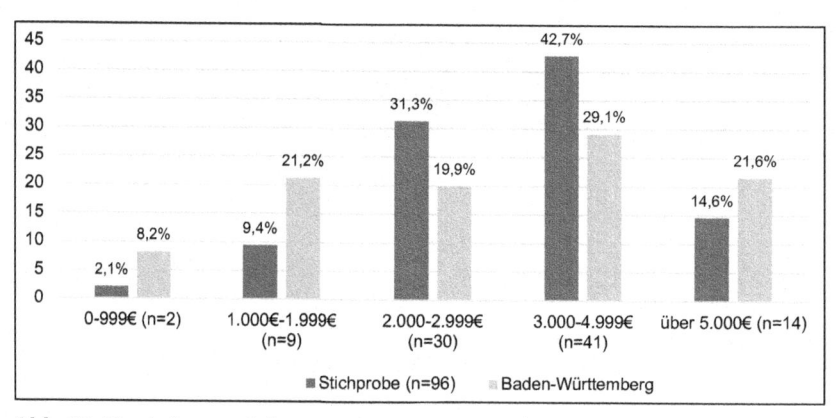

Abb. 12 Haushaltsnettoeinkommen im Monat – Verteilung in der Stichprobe und in Baden-Württemberg (Stichtag 2013) (in %)
Quelle: eigene Berechnung

Fragt man die Teilnehmenden, welcher gesellschaftlichen Schicht sie sich zugehörig fühlen, ohne dabei konkrete Kriterien zu nennen, geben 90,8 % an, sich der Mittelschicht zugehörig zu fühlen. 5,5 % fühlen sich der Unterschicht bzw. 3,7 % der Oberschicht zugehörig. 49,5 % der Mittelschicht fühlen sich der mittleren Mittelschicht angehörig, 27,3 % der unteren Mittelschicht und 23,3 % der oberen Mittelschicht.

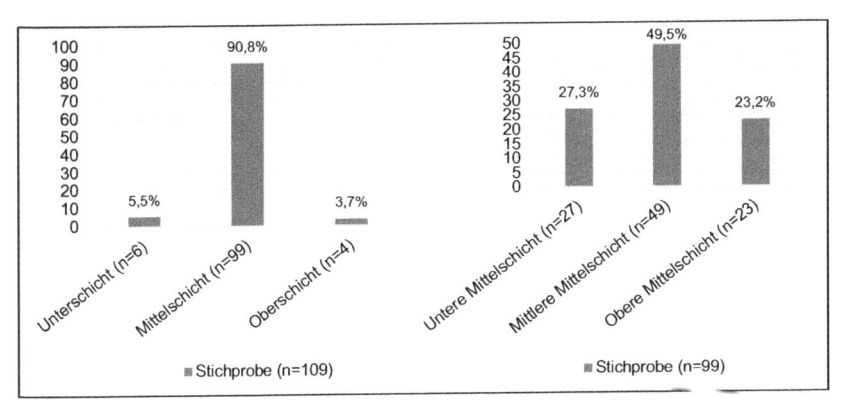

Abb. 13 Subjektive Schichtzugehörigkeit – Verteilung in der Stichprobe (in %)
Quelle: eigene Berechnung

In den folgenden Kapiteln 6, 7 und 8 dieses Bandes werden die Befunde der Studie vorgestellt. In Kapitel 6 werden Befunde bzgl. der (Un-) Zufriedenheit von AfD-Wählern und Nicht-AfD-Wählern mit dem politischen System Deutschlands gegenübergestellt, ebenso wie zu aktuellen politischen Themen, welche diese beiden Wählergruppen umtreibt. Daraufhin folgt in Kapitel 7 ein weiterer zentraler Aspekt der Untersuchung, nämlich soziale und politische Partizipation(-smöglichkeiten) sowie Einstellungen zu direkter und deliberativer Demokratie. Abschließend wird in Kapitel 8 das auf der Basis der Befunde erweiterte Modell der politischen Lebenswelten in Baden-Württemberg unter besonderer Berücksichtigung der Lebenswelten der AfD-Wähler vorgestellt.

Literatur

Arzheimer, K. 2015. The AfD: Finally a Successful Right-Wing Populist Eurosceptic Party for Germany. *West European Politics* 38(3): 535–556.
Berbuir, N., Lewandowsky, M., und J. Siri. 2015. The AfD and its sympathisers: finally a right-wing populist movement in Germany? *German Politics* 24(2): 154–178.
Decker, Frank. 2015 „Die Veränderung der Parteienlandschaft durch das Aufkommen der AfD – Ein dauerhaftes Phänomen?" In *Wut, Verachtung. Abwertung. Rechtspopulismus in Deutschland*, Hrsg. R. Melzer, D. Moltenhagen, A. Zick und B. Küpper, 109–123. Bonn: Verlag J.H.W. Dietz Nachfolger.

Deckers, D. 2016. Die Wähler der Anderen. *FAZ.net.* http://www.faz.net/aktuell/politik/analyse-die-waehler-der-anderen-14123938.html. Zugegriffen: 17.03.2018.

FAZ.net. 2016. „Gauck über Demokratie. ‚Pluralität gilt es auszuhalten'." *FAZ.net.* http://www.faz.net/aktuell/politik/inland/joachim-gauck-bezeichnet-demokratie-als-beste-staatsform-14248384.html. Zugegriffen: 17.03.2018.

Flaig, B. B., T. Meyer und J. Ueltzhöffer. 1994. *Alltagsästhetik und politische Kultur. Zur ästhetischen Dimension politischer Bildung und politischer Kommunikation.* 2.Aufl. Bonn: Dietz.

Frankenberger, R., Buhr, D., und J. Schmid. 2015. „Politische Lebenswelten. Eine qualitative Studie zu politischen Einstellungen und Beteiligungsorientierungen in ausgewählten Kommunen in Baden-Württemberg." In *Demokratie-Monitoring Baden-Württemberg 2013/14,* Hrsg. Baden-Württemberg Stiftung, 151–221. Wiesbaden: Springer VS.

Gidron, N., und B. Bonikowski. 2013. Varieties of Populism: Literature Review and Research Agenda. *Weatherhead Center for International Affairs Working Paper Series 13–004.* Cambridge, MA: Harvard University.

Greiffenhagen, Sylvia.2009. Theorie(n) der Politischen Kultur. In *Politische Kultur,* Hrsg. Samuel Salzborn, 31–44. Frankfurt: Peter Lang.

Häusler, Alexander. 2016. *Die Alternative für Deutschland. Programmatik, Entwicklung und politische Verortung.* Wiesbaden: Springer VS

Häusler, Alexander, und R. Roeser. 2015. *Die rechten „Mut"-Bürger. Entstehung, Entwicklung, Personal und Positionen der Alternative für Deutschland.* Hamburg: VSA.

Hensel, A., Geiges, L., Pausch, R., und J. Förster. 2016. *Die AfD vor den Landtagswahlen 2016. Programme, Profile und Potenziale.* Frankfurt am Main: Otto Brenner Stiftung. OBS-Arbeitspapier 20.

Hilije, Johannes. 2018. *Rückkehr zu den politisch Verlassenen. Gespräche in rechtspopulistischen Hochburgen in Deutschland und Frankreich.* Berlin: Das Progressive Zentrum.

Institut der Deutschen Wirtschaft. 2016. „Auch eine Partei der Besserverdiener." https://www.iwkoeln.de/presse/pressemitteilungen/beitrag/afd-eine-partei-der-besserverdienenden-280736.html. Zugegriffen: 17.03.2018.

Jörke, Dirk und V. Selk. 2017. *Theorien des Populismus zur Einführung.* Hamburg: Junius.

Kracauer, S.1952. The challenge of qualitative content analysis. *Public Opinion Quarterly* 16(4): 631–642.

Mayring, Philipp. 2003. *Qualitative Inhaltsanalyse. Grundlagen und Techniken.* 8.Aufl. Weinheim: Beltz.

Merkens, Hans. 2008. Auswahlverfahren, Sampling, Fallkonstruktion. In *Qualitative Forschung. Ein Handbuch.* 6., akt. Aufl., Hrsg. U. Flick, E. von Kardorff und I. Steinke, 286–298. Hamburg: Rowohlt.

Merten, K. 1981. Inhaltsanalyse als Instrument der Sozialforschung. *Analyse & Kritik* 3,1: 48–63.

Mudde, C. 2004. The Populist Zeitgeist. *Government and Opposition* 39(4): 542–563.

Müller-Rommel, F., und T. Poguntke. 1991. Lebensstile und Wahlverhalten. In *Wahlverhalten,* Hrsg. H.-G. Wehling und R.-O. Schultze, 179–193. Stuttgart: Kohlhammer.

Niedermayer, Oskar. 2015. Eine neue Konkurrentin im Parteiensystem? Die Alternative für Deutschland". In *Die Parteien nach der Bundestagswahl 2013,* Hrsg. O. Niedermayer, 175–207. Wiesbaden: Springer VS.

Petersen, T. 2016. „Allensbach-Studie. Die Welt der Wutbürger." *FAZ.net.* http://www.faz.net/aktuell/politik/inland/das-weltbild-der-wutbuerger-und-wie-populismus-deutschland-bestimmt-14237988.html. Zugegriffen: 17.03.2018.

Rohe, Karl. 1994. Politische Kultur: Zum Verständnis eines theoretischen Konzepts. In *Politische Kultur in Ost- und Westdeutschland*, Hrsg. O. Niedermayer und K. von Beyme, 1–21. Berlin: Akademie Verlag.

Schmidt, Manfred G. 2010. *Wörterbuch zur Politik*. 2. Vollständig überarb. und erw. Aufl. Stuttgart: Alfred Kröner Verlag.

Schnell, Rainer, Hill, P.B., und E. Esser. 2013. *Methoden der empirischen Sozialforschung*. 10., überarb. Aufl. München: Oldenbourg Verlag.

Schütz, Alfred und T. Luckmann. 2003. *Strukturen der Lebenswelt*. Konstanz: UVK.

SPIEGEL ONLINE. 2017. „Gauland über AfD-Erfolg – „Wir werden Frau Merkel jagen"." Spiegel Online. http://www.spiegel.de/politik/deutschland/afd-alexander-gauland-wir-werden-frau-merkel-jagen-a-1169598.html. Zugegriffen: 17.03.2018.

Statistik Baden-Württemberg. 2017. „Bevölkerung nach Religionszugehörigkeit und kirchlichen Verhältnissen." https://www.statistik-bw.de/BildungKultur/Kultur/KU_Religion.jsp. Zugegriffen: 24.02.2018.

Statistik Baden-Württemberg. 2015. „Statistisches Monatsheft 12/2015 – Statistisches Landesamt Baden-Württemberg." https://www.statistik-bw.de/Service/Veroeff/Monatshefte/20151208. Zugegriffen: 24.02.2018.

Statistisches Bundesamt. 2018a. „Statistisches Bundesamt Deutschland – GENESIS Online – Code 12411-0012." https://www-genesis.destatis.de/genesis/online. Zugegriffen: 23.02.2018.

Statistisches Bundesamt. 2018b. „Statistisches Bundesamt Deutschland – GENESIS Online – Code 12211-0042." https://www-genesis.destatis.de/genesis/online. Zugegriffen: 24.02.2018.

Statistisches Bundesamt. 2018c. „Statistisches Bundesamt Deutschland – GENESIS Online – Code 12211-0114." https://www-genesis.destatis.de/genesis/online. Zugegriffen: 24.02.2018.

Tagesschau. 2016. http://www.tagesschau.de/inland/wahl-afd-grafiken-101.html. Zugegriffen: 24.03.2018.

Tomik, Stefan. 2016. „Der (un)bekannte AfD-Wähler. Jung, männlich – und enttäuscht." FAZ.net. http://www.faz.net/aktuell/politik/afd-waehler-jung-maennlich-und-enttaeuscht-14123702.html. Zugegriffen: 17.03.2018.

Vorländer, Hans, Herold, M., und M. Schäller. 2016. *PEGIDA. Entwicklung, Zusammensetzung und Deutung einer Empörungsbewegung*. Wiesbaden: Springer VS.

Westle, Bettina. 2009. „Das klassische Konzept der Politischen Kultur." In *Politische Kultur. Eine Einführung, Hrsg*. B. Westle und O.W. Gabriel, 13–23. Baden-Baden: Nomos Verlag: 13–23.

Themen, Thesen, Argumente

Die Bedeutung von politischem System, Politikfeldern und Beteiligungsangeboten für AfD- und Nicht-AfD-Wähler im Vergleich

6

Tim Gensheimer und Rolf Frankenberger

Eine gängige wissenschaftliche Unterteilung von ‚Politik' ist die Aufteilung in formale Strukturen und Institutionen (*polity*), Prozesse und Akteure (*politics*) und Inhalte (*policies*). Diese Kategorien werden in diesem Kapitel wie folgt besetzt: Wie zufrieden sind die 109 in qualitativen Interviews Befragten der Lebensweltstudie (vgl. Kapitel 5) mit dem politischen System und der Demokratie in Deutschland (polity) und warum? Welche politischen Themen, Herausforderungen und Probleme treibt die Befragten um (policies)? Wie werden Partizipationsmöglichkeiten (politics) wahrgenommen und beurteilt? Und wie unterscheiden sich AfD- und Nicht-AfD-Wähler[37] in ihren jeweiligen Einstellungen und Argumenten?

6.1 Die Polity – Das politische System

Das politische System hat „die Befugnis und Befähigung zur gesamtgesellschaftlich verbindlichen Entscheidung über die Allokation von Werten und zur Veränderung seiner Ziele, Praktiken und seiner Binnenorganisation" (Schmidt 2010, S. 558). Alle Interviewteilnehmer wurden im qualitativen Leitfaden-Interview gefragt, wie

---

37 Als *AfD-Wähler/in* gilt in dieser Untersuchung, jede/r Befragte, der/die im qualitativen Interviewteil geäußert hat bei der *Landtagswahl 2016* die Parteien *AfD* bzw. die Abspaltungen *ALFA* oder *LKR* gewählt zu haben **und/oder** bei der *Bundestagswahl 2017* die Parteien *AfD* bzw. die Abspaltungen *ALFA* oder *LKR* zu wählen beabsichtigt (Alle Interviews wurden vor der Bundestagswahl 2017 geführt).

zufrieden oder unzufrieden diese mit dem politischen System in Deutschland[38] sind – und warum.[39]

Dieses Kapitel zeigt, dass sich AfD- und Nicht-AfD-Wähler nicht nur bezüglich ihrer Zufriedenheit mit dem politischen System, sondern auch in ihrer jeweiligen Argumentation unterschieden. Anhand von Interviewäußerungen werden pro Wählergruppe die drei am häufigsten genannten Aspekte illustriert.

6.1.1 Zufriedenheit mit dem politischen System

Etwas mehr als ein Drittel der Befragten äußern sich insgesamt zufrieden mit dem politischen System (40 von 109 Interviews, Anteil von 36,7 %). Allerdings sind AfD-Wähler deutlich seltener zufrieden als es Nicht-AfD-Wähler sind: Während 11,9 % (5 von 42 Interviews) der AfD-Wähler das politischen System positiv bewerten, sind es bei den Nicht-AfD-Wähler 52,2 % (35 von 67 Interviews).

Tab. 6 Zufriedenheit mit dem politischen System

	Zufriedenheit mit dem politischen System		
	Gesamte Stichprobe	AfD-Wähler	Nicht-AfD-Wähler
Anzahl Interviews	40 von 109	5 von 42	35 von 67
	36,7 %	11,9 %	52,2 %

Quelle: eigene Berechnung

Wie das folgende Unterkapitel zeigt genießt das Wahlsystem in beiden Gruppen einen hohen Stellenwert. Wahlen als Mitbestimmungsinstrumente sowie Grundsätze des Wahlsystems, also die freie, gleiche und geheime Wahl, werden hochgeschätzt.

---

38 Zur Beantwortung der Frage wurde den Interviewteilnehmern eine Skala von 0 bis 10 zur Hilfe gereicht. Die Werte 0 bis 3 wurden als „Unzufrieden", die Werte 4 bis 7 als „Mittig" und die Werte 8 bis 10 als „Zufrieden" codiert.

39 Weiterhin wurden auch Codes für die Einstellungen zum politischen System vergeben, die von den Befragten an anderen Stellen im Interview – oftmals als Illustration zu anderen Fragen bzw. Begründung von Meinungen – genannt wurden. Einige Interviewteilnehmer antworteten auf diese Frage mit politischen Sachproblemen. Diese wurden entsprechend dem Themenkomplex „Politische Probleme" und nicht dem „Politischen System" zugeordnet. Dieses Antwortverhalten zeigt, dass einige Teilnehmer nicht zwischen Sach- und systemischen Aspekten unterscheiden.

6.1 Die Polity – Das politische System

Auch Meinungsfreiheit wird positiv bewertet, allerdings sehen AfD-Wähler diese von gesellschaftlicher und staatlicher Seite gefährdet.

Zufriedenheit mit dem politischen System - 5 häufigste Begründungen

GESAMTSTICHPROBE (n=109)
- Wahlen/ Wahlsystem: 23
- Meinungsfreiheit: 20
- Grundgesetz/ System an sich: 10
- Beteiligungsmöglichkeiten: 6
- Gewaltenteilung: 6

AFD-WÄHLER (n=42)
- Meinungsfreiheit: 7
- Wahlen/ Wahlsystem: 7
- Rechtsstaatlichkeit: 3
- Stabilität: 3
- Grundgesetz/ System an sich: 2
- Freiheit: 2
- Wohlstand: 2

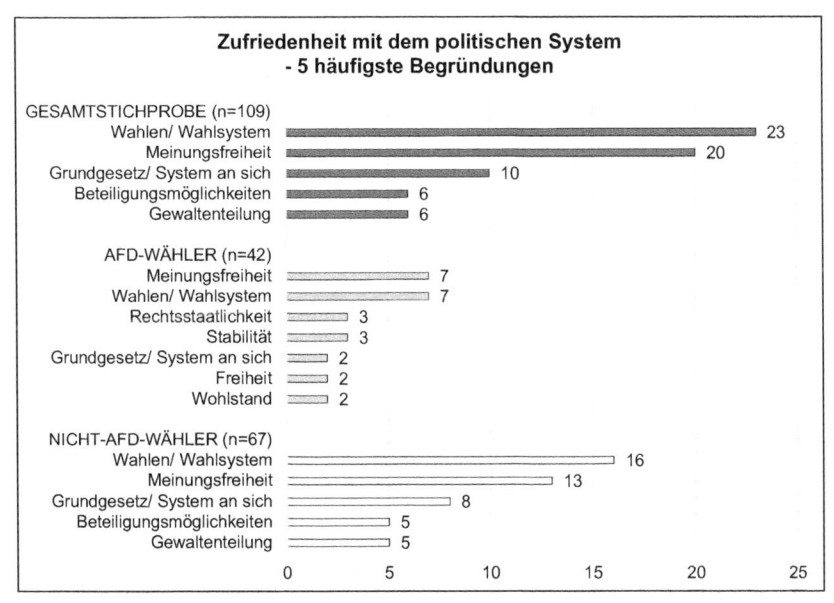

NICHT-AFD-WÄHLER (n=67)
- Wahlen/ Wahlsystem: 16
- Meinungsfreiheit: 13
- Grundgesetz/ System an sich: 8
- Beteiligungsmöglichkeiten: 5
- Gewaltenteilung: 5

Abb. 14 Zufriedenheit mit dem politischen System. Top 5 Nennungen im Vergleich[40]
Quelle: eigene Berechnung

AfD-Wähler: Es existieren AfD-Wähler, welche die Meinungsfreiheit in Deutschland noch positiv bewerten (7 Interviews). Jedoch werden der gesellschaftliche Druck bzw. politische Maßnahmen kritisiert, welche die Meinungsfreiheit gefährden.

„Ich denke, wir sind doch noch ziemlich frei mehr oder weniger. Also eben es gibt noch keine, noch nicht, eine Internetzensur und solche Sachen. Also wichtig ist einfach, dass man sich informieren kann als Bürger, sage ich mal, neutral, nicht politisch beeinflusst oder sowas oder durch irgendwelche Inter-

---

[40] Ein Argument wird pro Interview nur einmal gezählt. Die Häufigkeit gibt demnach die Anzahl der Interviews an, in denen das Argument genannt wurde, und **nicht** die Häufigkeit, wie oft ein Argument insgesamt in allen Interviews genannt wurde. Mehrfachnennungen sind möglich.

essengemeinschaften. Dass man ein großes, breites Angebot hat, das ist noch in Deutschland gut so. Eben, was ich gut finde, wir können natürlich auch auf ausländische Medien zugreifen." (Interview 75)

„Mir wird hier noch nicht der Mund verboten. Was aber im Schwinden begriffen ist. Ja? Das heißt, die Restriktionen schreiten immer weiter fort, jeder, der von der Meinung der Regierung oder des Mainstreams abweicht, wird schwerpunktmäßig verfolgt." (Interview 40)

Viele befragte AfD-Wähler sind mit dem Wahlsystem zufrieden (7 Interviews). Sie schätzen die Wahl als Institution und die Grundsätze nach denen Wahlen veranstaltet werden. Es mischen sich allerdings auch Stimmen unter, die Benachteiligungen kleinerer Parteien durch die 5 %-Hürde oder die Medien kritisieren. Weiterhin schätzen AfD-Wähler die Stabilität und die Rechtsstaatlichkeit im politischen System Deutschlands (jeweils 3 Interviews).

„Zufrieden macht mich, dass wir eigentlich sehr gut funktionierende Institutionen haben. Die anderswo nicht so sind. Das auch eine Rechtsstaatlichkeit existiert. Die anderswo nicht so ist. Das letztendlich auch die untergeordneten politischen Strukturen jetzt unterhalb der Bundesregierung bei aller Bürokratie seiner Fähigkeit, die sie vielleicht haben mögen, sehr fest sind. Und wir eine sehr tiefe wahrhafte und stabile Demokratie hier haben." (Interview 79)

„So grundsätzlich ist das Gefüge ja noch einigermaßen in Ordnung. Aber ich habe das Gefühl, dass das einfach gerade aus dem Ruder läuft." (Interview 110)

Nicht-AfD-Wähler: Am häufigsten positiv werten auch Nicht-AfD-Wähler neben den Prinzipien des Wahlsystems die generelle Möglichkeit über die Abgabe einer Stimme politische Entscheidungen zu lenken (16 Interviews).

„Ich denke, wir haben sehr freie Wahlen in Deutschland. Jeder kann wählen, was er will, ohne sich dafür irgendwie schämen zu müssen und muss es ja zum Glück auch nicht jedem sagen, dem er will. Man muss es niemandem sagen, wen man wählt. Also die ganzen Eigenschaften, die eigentlich eine Demokratie ausmachen, die freie Wahl, die geheime Wahl, jeder, dass jeder wählen darf mit nur relativ wenigen Kriterien, das sind, obwohl man auch da arbeiten kann, das ist so ein Plus-Minus. Ja, also das gibt mir alles das Gefühl, sehr demokratisch zu sein hier in Deutschland." (Interview 76)

6.1 Die Polity – Das politische System

Weiterhin schätzen auch Nicht-AfD-Wähler die Meinungsfreiheit in Deutschland (13 Interviews). Meinungsfreiheit wird oftmals in einem größeren Kontext von Freiheit eingeordnet, also zugehörig zu Wahlfreiheit oder Religionsfreiheit. Gerade im Vergleich zur deutsch-deutschen Vergangenheit oder der Situation in anderen Ländern wird die Meinungsfreiheit in Deutschland als sehr hoch eingestuft. Allerdings befürchten auch Nicht-AfD-Wähler die Einschränkung der Meinungsfreiheit, allerdings eher von gesellschaftlicher Seite.

Nicht-AfD-Wähler werten das Grundgesetz bzw. das politische System Deutschlands an sich als positiv (8 Interviews). Demnach liefert das Grundgesetz eine sehr gute Basis für das politische Leben in Deutschland und gilt anderen Ländern als Vorbild.

„Wir haben angefangen bei der Verfassung eine relativ gute Verfassung, die ja auch als Ausgangspunkt für einige andere Verfassungen gedient hat. Na gut, war auch auf den zweiten Anlauf. Also die Theorie dahinter, hinter unserer deutschen Demokratie ist, glaube ich, sehr ausgereift, sehr gut. Und die Umsetzung, ich glaube, im Großen und Ganzen mit unserer parlamentarischen Demokratie, so, wie sie momentan ausgestaltet ist, kann man recht gut leben. Das heißt nicht, dass alles in Butter ist. Und es gibt auch ganz sicher Kritikpunkte, die ja momentan auch aus, ja, AfD zum Beispiel, aus der Ecke eben, vorgetragen werden, die in Teilen auch berechtigt sind. Aber ich glaube, im Großen und Ganzen können wir uns relativ glücklich schätzen mit unserer deutschen Demokratie." (Interview 62)

6.1.2 Unzufriedenheit

In der Gesamtstichprobe äußern sich 37,6 % (41 von 109 Interviews) insgesamt unzufrieden mit dem politischen System in Deutschland. Bei dieser Bewertung stechen besonders die AfD-Wähler hervor, denn 59,5 % dieser Gruppe sind unzufrieden (25 von 42 Interviews), während es bei Nicht-AfD-Wählern nur 23,9 % (16 von 67 Interviews) sind, wie Tab. 7 zeigt.

Tab. 7 Unzufriedenheit mit dem politischen System

	Unzufriedenheit mit dem politischen System		
	Gesamte Stichprobe	AfD-Wähler	Nicht-AfD-Wähler
Anzahl Interviews	41 von 109	25 von 42	16 von 67
	37,6 %	59,5 %	23,9 %

Quelle: eigene Berechnung

Unzufriedenheit mit dem politischen System - 5 häufigste Begründungen

GESAMTSTICHPROBE (n=109)
- Fehlende direkte Demokratie: 29
- Geringe Responsivität: 26
- Eingeschränkte Meinungsfreiheit: 19
- Lobbyismus: 18
- "Die Politiker"/ Elite: 13

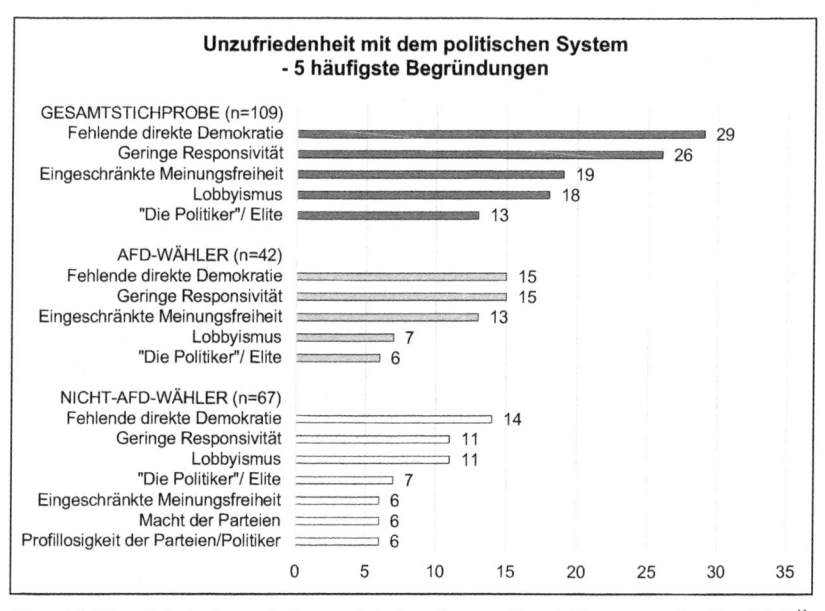

AFD-WÄHLER (n=42)
- Fehlende direkte Demokratie: 15
- Geringe Responsivität: 15
- Eingeschränkte Meinungsfreiheit: 13
- Lobbyismus: 7
- "Die Politiker"/ Elite: 6

NICHT-AFD-WÄHLER (n=67)
- Fehlende direkte Demokratie: 14
- Geringe Responsivität: 11
- Lobbyismus: 11
- "Die Politiker"/ Elite: 7
- Eingeschränkte Meinungsfreiheit: 6
- Macht der Parteien: 6
- Profillosigkeit der Parteien/Politiker: 6

Abb. 15 Unzufriedenheit mit dem politischen System. Top-5 Nennungen im Vergleich[41]
Quelle: eigene Berechnung

Abb. 15 zeigt die Top-5 Nennungen. Als wählergruppenübergreifenden Konsens sind für beide Gruppen das Fehlen von direkter Demokratie und die geringe Responsivität des politischen Systems Treiber zu Unzufriedenheit mit dem politischen System. Allerdings scheint eine wahrgenommene systemisch eingeschränkte Mei-

---

41 Vgl. FN 4: Ein Argument wird pro Interview nur einmal gezählt (Mehrfachnennungen sind möglich).

6.1 Die Polity – Das politische System

nungsfreiheit für AfD-Wähler salienter zu sein als für Nicht-AfD-Wähler, während für letztere Lobbyismus stärker im Vordergrund steht.

AfD-Wähler: Der häufigste Kritikpunkt von AfD-Wähler ist das Fehlen von direkter Demokratie in Deutschland (15 Interviews). In einem repräsentativen Wahlsystem könne der Wähler nicht häufiger mitbestimmen oder zwischen politischen Alternativen entscheiden. Dadurch sei der Wähler aus dem politischen Entscheidungsprozess ausgeschlossen und die Parteien könnten Entscheidungen unter sich ausklüngeln.

„Wir haben keine Demokratie in dem Sinne. Wir haben nur, wie gesagt, einmal dieses [Wählen] alle vier Jahre. Das System von der Schweiz, [...] wenn es das in Deutschland gäbe, dann würde ich vollkommen dahinter stehen. Da wäre ich voll dafür. Weil, da wird wirklich das Volk nach dem Willen gefragt und der Wille wird auch durchgesetzt. Und wenn das Volk auch zu 52 Prozent etwas entschieden hat, dann hat es so entschieden. Dann ist fertig. Dann hat es sich damit erledigt. Da wird das Volk mit in die Politik integriert." (Interview 75)

„Ich verstehe schon darunter, dass im Prinzip die Gesamtheit aller Bürger zu gewissen Themen entscheidet. [...] Wir haben ja eine repräsentative Demokratie. Und da habe ich immer mehr den Zweifel, dass es tatsächlich eine Demokratie ist. Weil in den dafür verantwortlichen Institutionen, sprich in den Parteien, die Demokratie zum Teil ausgehebelt ist. Und aus diesem Grund lehne ich die repräsentative Demokratie immer mehr ab, oder zumindest finde ich, muss sie um ganz klar basisdemokratische, und das heißt, so denke ich, Volksabstimmungen, Bürgerabstimmungen, Bürgerentscheide ist vielleicht besser, ergänzt werden." (Interview 55)

Ebenso häufig wird dem politischen System von AfD-Wählern eine geringe Responsivität, also die fehlende Bereitschaft auf die Belange der Bürger einzugehen, bescheinigt (15 Interviews). Die politische Klasse bestehe aus korrupten Mitgliedern, die die Bedürfnisse des „Volkes da unten" nicht kenne. Demnach berücksichtige das politische System die Meinungen und Bedürfnisse des „kleinen Mannes" nicht ausreichend bzw. setze diese nicht um. Die Wähler finden sich nicht in den politischen Entscheidungen wieder und glauben nicht daran, dass ihre Stimme zählt. Hierdurch entsteht ein Gefühl der Fremdbestimmtheit.

„Wir wählen ja irgendwie eine Partei, [...] aber ehrlich gesagt, eine Partei ist ja eigentlich nicht viel mehr als [...] ein Verband, der aus Korruptionsgeldern

besteht, weil da drüber verdienen sie ja ihr Geld. Aber wenn man jetzt irgendwie mal egal wen danach fragt, [ob] man mindestens einen Hartz IV-Empfänger und einen Mindestlohn-Empfänger kennt, mit dem man einmal in der Woche oder wenigstens einmal im Monat unterwegs ist und sich mit dem auch unterhält, man wird keinen einzigen finden. Und ich denke, dass ist immer noch der größte Teil von unserer Bevölkerung, die Mittelschicht und nicht diese 10.000, mit denen sie abends dinieren gehen." (Interview 110)

Erneut taucht das AfD-Narrativ der eingeschränkten Meinungsfreiheit auf (13 Interviews). Demnach seien Vertreter einer anderen Meinung als des Mainstreams strukturellen und systematischen Repressalien ausgesetzt.

„Das geht schon in der Kommunalpolitik los und in der großen Politik natürlich auch. Ich denke, wenn man eine andere Meinung hat, dann wird man total niedergemacht sofort. Also es ist sehr schwierig. Deshalb möchte ich das auch gern anonym haben, weil das sehr schwierig ist, seine Meinung frei zu äußern. Man wird direkt in Schubladen geschoben und das hat Auswirkungen auf den Beruf, auf alles." (Interview 21)

Nicht-AfD-Wähler: Auch Nicht-AfD-Wähler bemängeln am häufigsten fehlende direktdemokratische Elemente in Deutschland (14 Interviews). Diese Wählergruppe denkt, dass die Selbstwirksamkeit der Wähler durch direktdemokratische Elemente enorm steige. Gleichzeitig differenzieren Nicht-AfD-Wähler ihre Kritik und fordern bspw. direktdemokratische Elemente auf Bundesländer- oder lokaler Ebene. Sie glauben, dass die deutschen Wähler der Herausforderung der direkten Demokratie gewachsen seien und die Schutzmaßnahmen dagegen abgebaut werden können.

„Die [direkte] Demokratie-Komponente wäre vielleicht ganz spannend, vielleicht auch gerade, um den Leuten das Gefühl zu geben, nicht nur alle vier oder fünf Jahre nach dem, was gerade gewählt wird, eine Stimme zu haben, sondern zwischen drin auch mal für einzelne Geschichten ganz speziell gefragt zu werden und mitentscheiden zu dürfen." (Interview 42)

„Grundsätzlich ist es beim Thema direktdemokratische Sachen für mich so ein Zwiespalt. Einerseits finde ich das Prinzip gut. Gleichzeitig kann ich es aber auch gut verstehen, warum man es in Deutschland nicht so macht. Ich finde es in der Schweiz ein großes Problem, dass da so viel auch mit einfacher Mehrheit gearbeitet wird, aber prinzipiell mehr direktdemokratische Sachen gerade vielleicht bei den Bundesländern mehr erwünscht." (Interview 113)

Ebenso nehmen Nicht-AfD-Wähler eine eingeschränkte Responsivität des politischen Systems wahr (11 Interviews). Es existiere eine Kluft zwischen Politik und der Bevölkerung, wodurch die Politik die Bedürfnisse der Bevölkerung nicht mehr erkenne und ein Gefühl der Ohnmacht entstünde.

„Das ist etwas, was ich finde, was den Politikern unheimlich abhandengekommen ist. Einfach zuzuhören. Was bewegt Euch? Was sind eigentlich wirklich Eure alltäglichen Dinge, die Ihr im Kontakt im Zusammenstoß mit der Politik habt? Mit Regelungen, die wir da im Bundestag oder im Landesparlament treffen. Wovon wünscht Ihr Euch mehr? Wovon wünscht Ihr Euch weniger?" (Interview 31)

Ferner kritisierten Nicht-AfD-Wähler Lobbyismus bzw. den Einfluss der Wirtschaft (11 Interviews). Demnach orientiere sich die Politik an den Bedürfnissen der Wirtschaft und nicht an den Bedürfnissen der Bevölkerung. Lobbyismus habe systemgefährdenden Charakter.

„[Zu Demokratie fällt mir ein,] dass Demokratie natürlich eine wichtige Errungenschaft ist, dass sie aber in vielen Bereichen still und leise ausgehebelt wird durch Macht und gerade insbesondere finanzielle Macht." (Interview 54)

6.2 Policies: Politische Themen

Alle Interviewteilnehmer wurden im qualitativen Leitfaden-Interview aktiv gefragt, welche aktuellen politischen Herausforderungen, Probleme oder Themen sie umtreiben. Abb. 16 zeigt eine Übersicht, der zehn am häufigsten genannten politischen Probleme und Themen.[42]

---

42 Sowohl in diesem Unterkapitel als auch im Kapitel zum politischen System wird auf das Thema „Meinungsfreiheit" eingegangen. Für dieses Unterkapitel werden Erwähnungen codiert, die sich auf den politischen Alltag beziehen und weniger einen systemischen Bezug haben.

Politische Themen - 10 häufigste Nennungen

GESAMTSTICHPROBE (n=109)
- Geflüchtete/ Migration: 75
- Europäische Integration: 36
- Autoritarismus (Außenpolitik): 28
- Rechtspopulismus: 27
- Soziale Ungleichheit/ Gerechtigkeit: 26
- Rente: 25
- Meinungsfreiheit (eingeschränkt): 20
- Sozialstaat: 20
- "Lügenpresse"/ Pressefreiheit: 18
- Demokratiedefizit/ "Die Politiker": 17

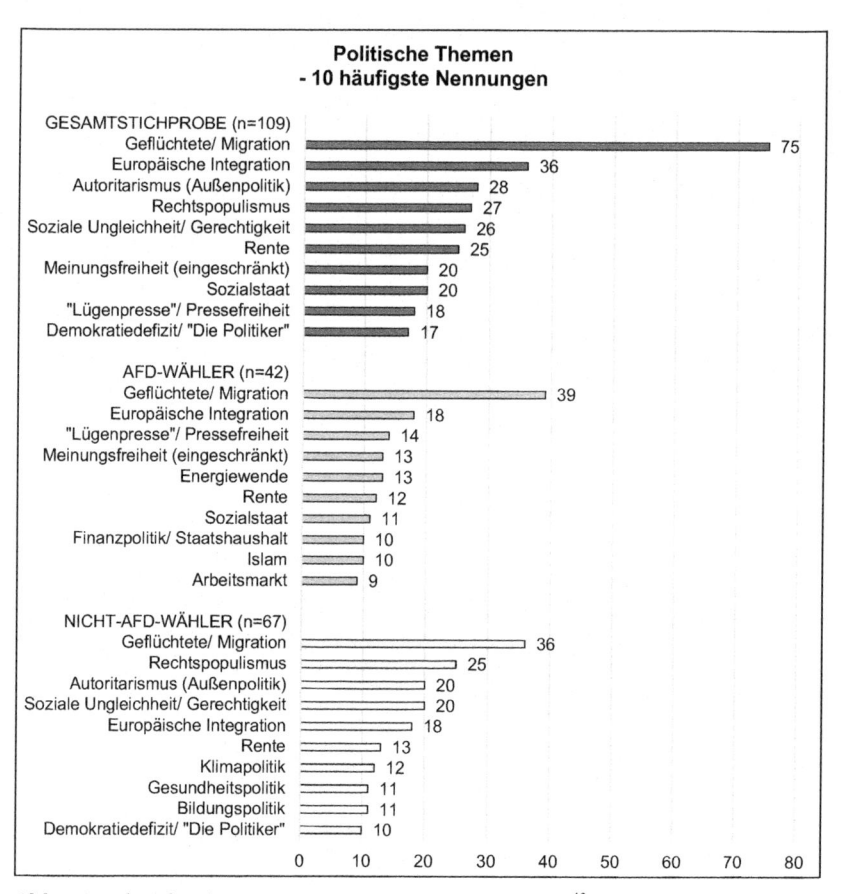

AFD-WÄHLER (n=42)
- Geflüchtete/ Migration: 39
- Europäische Integration: 18
- "Lügenpresse"/ Pressefreiheit: 14
- Meinungsfreiheit (eingeschränkt): 13
- Energiewende: 13
- Rente: 12
- Sozialstaat: 11
- Finanzpolitik/ Staatshaushalt: 10
- Islam: 10
- Arbeitsmarkt: 9

NICHT-AFD-WÄHLER (n=67)
- Geflüchtete/ Migration: 36
- Rechtspopulismus: 25
- Autoritarismus (Außenpolitik): 20
- Soziale Ungleichheit/ Gerechtigkeit: 20
- Europäische Integration: 18
- Rente: 13
- Klimapolitik: 12
- Gesundheitspolitik: 11
- Bildungspolitik: 11
- Demokratiedefizit/ "Die Politiker": 10

Abb. 16 Politische Themen. Top-10 Nennungen im Vergleich[43]
Quelle: eigene Berechnung

Sehr deutlich dominiert das Thema „Geflüchtete und Migration" in der Gesamtstichprobe (in 75 von 109 Interviews genannt, Anteil von 68,8 %). Fast alle AfD-Wähler (39 von 42 Interviews, Anteil von 92,9 %) bzw. die Hälfte der Nicht-AfD-Wähler bewegt dieses Thema (36 von 67 Interviews, Anteil von 53,7 %).

---

[43] Vgl. FN 4: Ein Thema wird pro Interview nur einmal gezählt. Mehrfachnennungen sind möglich.

6.2 Policies: Politische Themen

Ein Vergleich der nachfolgenden Themen bei AfD- und Nicht-AfD-Wählern zeigt deutlich, wie stark das Agenda-Setting der AfD bei ihren Wählern verfängt. Auf den vorderen Rängen finden sich dort nur Themen, die sich ausschließlich die AfD auf die Fahnen geschrieben hat bzw. solche Themen, denen die AfD einen rechtspopulistischen Frame gegeben hat.

Anhand von Interviewäußerungen werden pro Wählergruppe die drei am häufigsten genannten Themen illustriert.

AfD-Wähler: Fast alle AfD-Wähler nennen das Thema Geflüchtete/ Migration als politisches Problem (39 Interviews). AfD-Wähler sehen die Flüchtlingskrise neben kurz- und langfristigen, vor allem kulturelle Integrationsproblematiken als Katalysator für eine große Menge an anderen gesellschaftlichen und systemischen Problemen (innere Sicherheit, Vernachlässigung von Sozialschwacheren, (eingeschränkte) Meinungsfreiheit, fehlende Mitbestimmung, politische Steuerfähigkeit des Staates, Legitimität der Regierung).

„Da sind doch riesen große Schwärme unterwegs nach Europa, natürlich als Erstes nach Deutschland. Das Ganze wird irgendwann nicht mehr finanzierbar, wir haben letztes Jahr schon 20 Milliarden allein an/ Vom Bund Flüchtlingskosten gehabt. Natürlich kommt da ja noch, was die Länder und Kommunen gezahlt haben, das ist ja alles Geld, was im Endeffekt fehlt. Jetzt strömt alles in Hartz IV rein, das Sozialsystem wird, wie wir es kennen, wird zusammenbrechen." (Interview 44)

„Was die Frau Merkel hier momentan abzieht, das ist unter aller Sau. Die fährt unser Land komplett an die Wand, mit ihrer Politik, mit den ganzen Flüchtlingen und was sie da alles herein lässt nach Europa. Da ist ja überhaupt keine Demokratie mehr vorhanden. Das ist ja alles nur noch mehr oder weniger Diktatur, das ist die DDR 2.0, was wir momentan haben." (Interview 95)

„Was mich zur Zeit beschäftigt ist, dass unser Land oder auch Europa generell, Millionen von Leuten aufnehmen soll, die hier vielleicht Platz haben, aber wo es einfach nicht reinpasst, die einfach hier nicht reinpassen, weil es die Kultur nicht hergibt, seien es die Syrer, seien es die Afrikaner, die haben eine ganz andere Auffassung [...] von Leben, von Sein. [...] Es wird behauptet, [...] sie können arbeiten, das sind alles Fachkräfte – das ist einfach nur eine Lüge. Und mich belastet ganz arg, wenn ich lese, zwölfjähriges Mädchen vergewaltigt, 15-jähriges Mädchen vergewaltigt, 28-Jährige in Hausflur gezerrt – sogar an OMAS gehen sie dran, da haben sie auch noch nicht mal Respekt vor. Wenn man

sich das mal überlegt! [...] Zum Beispiel für die Syrer, also für diese Muslime, sind die Frauen ohne Schleier ja Sklavinnen und Nutten, und die können ja einfach so Zack, weg von Straße und rapp-zapp drauf. Das geht doch nicht! Ich meine, die kommen hierher, und wollen hier leben, dann sollen sie sich bitte schön auch nach unseren Gepflogenheiten richten. Jetzt habe ich was gelesen über die Scharia [...] in Berlin? War das in Berlin? Ah, ja, wahrscheinlich doch. Wahrscheinlich immer Berlin. Das geht alles gar nicht, die können sich hier nicht ihr eigenes Recht backen und ihre eigenen, puh, wie sagt man denn das? Ja, Parallelwelten schaffen, geht nicht." (Interview 99)

Das zweitprominenteste Thema von AfD-Wählern ist die europäische Integration (18 Interviews). Grundsätzlich wird die europäische Idee anerkannt, jedoch die generelle Notwendigkeit der Brüsseler Institutionen dafür angezweifelt. Ein essentieller Kritikpunkt bildet auch der Euro, womit sich die AfD-Wähler auf einen Grundstein der AfD berufen.

„Ich bin ein Europäer und ich liebe diese Verbindung zwischen diesen Ländern, aber was in Brüssel ist, das kann ich halt überhaupt nicht vertreten. (...) Also es muss schon irgendwas geben, aber nicht so, und das ist ein undemokratisches Konstrukt." (Interview 75)

„Die EU, das nimmt mittlerweile Formen an, wie so eine Zweitdiktatur." (Interview 102)

Das dritthäufigste genannte politische Problem der AfD-Wähler betrifft die Aspekte „Lügenpresse"/ Pressefreiheit (14 Interviews). Die Medien werden als manipulativ und nicht vertrauenswürdig wahrgenommen. Der Presse wird unterstellt, politische Anweisungen zur Berichterstattung zu erhalten oder „Wahrheit" ideologisch gesteuert zu verbreiten. Daher wird sich auch zunehmend alternativen Quellen, häufig im Internet, zugewandt. In eine ähnliche Kerbe schlägt auch das vierthäufigste Problem, eine wahrgenommene eingeschränkte Meinungsfreiheit (13 Interviews).

„Diese[n] Begriff Lügenpresse, den möchte ich so nicht unterschreiben. Aber Halbwahrheitenpresse oder linksliberale-Ideologien-Presse, das würde ich unterschreiben." (Interview 16).

„Ich bin mittlerweile schon so weit, dass ich fast schon Lachanfälle kriege, wenn ich die Nachrichten höre, weil ich genau weiß, da ist wieder die Hälfte von gelogen im Zweifelsfall. Ich informiere mich im Internet über Facebook,

6.2 Policies: Politische Themen

da gibt es so viele Plattformen, wo man, ja, viele, viele Leute, die halt dann zu irgendwas eine Meinung haben und schreiben und, ja, das ist so Meins." (Interview 99)

„Man kann sich auf YouTube Videos angucken, die gehen zwar zwei Stunden lang, aber da tränt einem dann ziemlich das Auge. Dann gibt es hier Blogs und sonstige Möglichkeit, die da immer wird darüber berichten. Also, ich höre auch keine Nachrichten, ich schaue keine Nachrichten mehr, weil die lügen einen eh nur an." (Interview 95)

„Nehmen wir jetzt nur die Straftaten, die durch Fremde, die bei uns sind, also Flüchtlinge, Asylanten, wie man sie bezeichnet, ist ja jetzt mal wurscht. Wenn man die Straftaten einfach nicht in irgendeiner Form dokumentiert, nur weil es halt politisch gerade nicht ins Konzept passt. Und das aber derart viele sind. Und man verschweigt es trotzdem und macht ein Grabtuch drüber. Dann muss ich sagen, Leute, das hat doch mit Ehrlichkeit und Wahrhaftigkeit und mit Demokratie überhaupt nichts zu tun. Diese öffentlichen Medien, alleine schon die Tatsache, wenn Sie es sich angucken, die letzten paar Tatorte, bis auf ein paar wenige Ausnahmen, mit diesem politischen Correctness, also mit diesem derzeit vorherrschenden politischen Leitbild durchtränkt, dass der arme Flüchtling und der böse Deutsche. Da muss ich sagen, Leute, für wie dumm haltet ihr das Volk eigentlich? Also für mich ist es eine Tragödie, wie sich die Presse und die Medien entwickeln. Auch schon allein das ganze Konzept GEZ. Dieses gezwungen werden, quasi Staatsmedien zu fördern, sage ich, Nein. Das gehört privatisiert. Und zwar wie in der Demokratie. Da gehören ganz unterschiedliche Aussagen dazu. Da gehört eine Breite dazu. Und da gehört auch die Stärke dazu, eine ganz gegenteilige Meinung auch auszuhalten. Und das ist uns gänzlich verboten worden oder gänzlich abhandengekommen oder was auch immer, beeinflusst worden." (Interview 16)

Weitere Themen, die AfD-Wähler – verglichen mit Nicht-AfD-Wählern – verhältnismäßig häufiger nennen sind Energiewende (13 Interviews), Islam (10 Interviews), Zitieren von Verschwörungstheorien (8 Interviews), Bargeldabschaffung (6 Interviews), Deutsche Identität (5 Interviews) und Gender-/Queer-Politik (5 Interviews).

Nicht-AfD-Wähler: Auch für Nicht-AfD-Wähler ist der Themenkomplex Geflüchtete/Migration das beherrschende politische Thema, wenn auch nicht so stark ausgeprägt wie bei AfD-Wählern (36 Interviews). Nicht-AfD-Wähler begegnen diesem Thema differenzierter: Mit der Aufnahme von Geflüchteten sind sie grundsätzlich einverstanden und sehen die Flüchtlingskrise durchaus als Chance, jedoch sind auch Sorgen um kulturelle und soziale Konsequenzen von gescheiterter Integration oder die Auswirkungen auf die politische Kultur in Deutschland vorhanden.

„Ein ganz großes Thema der letzten Jahre und auch der kommenden Jahre ist natürlich die Flüchtlingskrise. Wie gehen wir eben mit, ja, es kamen ja über eine Million Menschen her, wie gehen wir mit denen um? Wie integrieren wir die? Wie integrieren wir die auch gut?" (Interview 62)

„Das andere sind natürlich die Probleme, die es durch die Flüchtlinge gibt. Wobei ich denke, da wird auch sehr viel hoch geredet. Und da wird auch sehr viel Panikmache betrieben. Aber man muss sich natürlich realistisch auch um Dinge kümmern wie Salafismus." (Interview 28)

„Ich möchte gerne, dass da [in der Arbeit des Bundesamts für Migration und Flüchtlinge] Gerechtigkeit herrscht und Fairness, und dass die Prozesse schneller ablaufen [...] Da dürfen einfach nicht so viele Fehler passieren, da geht es um Menschen und nicht um Papiere." (Interview 90)

Das am zweithäufigsten genannte Problem unter Nicht-AfD-Wählern ist Rechtspopulismus (25 Interviews). Damit sind zum einen die (inter-)nationalen Erfolge von rechtspopulistischen Diskursen gemeint und zum anderen die befürchteten Auswirkungen auf die politische Kultur des Landes bzw. die Spaltung der Gesellschaft.

„Ein großes Problem denke ich derzeit ist dieser immer stärker werdende Populismus. Dass es wirklich Teile gibt in Deutschland, wo man den Eindruck hat, die sind gar nicht richtig angekommen in unserer Demokratie." (Interview 28)

„Gerade diese ganzen Strömungen wieder weg von irgendwelchem Gemeinschaftsdenken, siehe wie knapp die Wahl in Frankreich war oder wie jetzt die Geschichte in Großbritannien gelaufen ist, dass Trump in Amerika Präsident ist. Das sind ja alles, sage ich mal, Strömungen, die alle die gleiche Grundproblematik dahinter haben. Das lässt mich schon mit einer gewissen Sorge in die Zukunft blicken. Ob das jetzt so weitergeht oder ob der Trend irgendwann gebrochen ist." (Interview 42)

„Ich habe tatsächlich nicht nur Bedenken, das ist manchmal auch eine Angst, was im Moment in den sozialen Netzen passiert in Bezug auf unsere Demokratie [...] Da werden plötzlich Kommentare laut, also in Form von hate speech,

6.2 Policies: Politische Themen

die ganz klar diskriminierend und beleidigend sind und noch weitergehen, gewaltverherrlichend sind, was ich vor drei Jahren noch nicht gehört habe." (Interview 94)

An dritter Stelle sorgen sich Nicht-AfD-Wähler um autoritäre Tendenzen in der Weltpolitik (20 Interviews). Damit sind vor allem Entwicklungen und politische Führungsfiguren in den USA, Russland, der Türkei oder Nordkorea gemeint. Weiterhin zeigt sich Unzufriedenheit mit der Bundesregierung im Umgang mit diesen Ländern.

„Außenpolitisch finde ich es gerade sehr dramatisch, dass vieles sehr unberechenbar geworden ist. Also dass verlässliche Partner, scheinbar verlässliche Partner wegbrechen." (Interview 51)

„Wenn ich sehe, dass von Russland aus sehr heftige Töne gesprochen werden. Oder wenn in Amerika oder in Nordkorea Leute an der Macht sitzen, wo man den Eindruck hat, denen würde ich eigentlich nicht mal die Vereinskasse anvertrauen." (Interview 28)

„Ich mache mir Sorgen, wie auch mit Politikern aus dem Ausland gearbeitet wird. Also mit speziell Donald Trump und Erdogan, da würde ich mir eine klarere Kante wünschen und, ja, dass da Stellung bezogen wird und gesagt wird, so, sorry, (lacht) aber so geht das für uns nicht." (Interview 66)

Ebenso häufig führen Nicht-AfD-Wähler soziale Ungleichheit bzw. Ungerechtigkeit an (20 Interviews). Damit sind Aspekte wie Lohngerechtigkeit, Chancengerechtigkeit sowie die Verteilung von Reichtum und Armut in der Gesellschaft gemeint.

„Das ist ein Land, wo man leben kann als Mensch, wo man sagen kann was man will. Wo man was werden kann, wo es einem gut geht, wenn man sich anstrengt. Die Leute hatten ein Häuschen, die fuhren in Urlaub, die hatten ein Auto. Denen ging es gut, die Kinder konnten studieren und so. Aber hat sich ja alles geändert." (Interview 70)

„Dass die Schere zwischen arm und reich weiter auseinanderklafft. Da ist politischer Zündstoff drin." (Interview 24)

„Ich würde sagen, ein wichtiges innenpolitisches Thema ist sicherlich eine gewisse soziale Ungleichheit. Ich will das gar nicht auf Einkommen oder so

beschränken, sogar wichtiger wäre eine Chancengleichheit, die ich doch sehr bedroht sehe, weil wir immer stärker zu einer Form von sozialer Selektion kommen." (Interview 8)

Weitere Themen, die Nicht-AfD-Wähler – verglichen mit AfD-Wählern – häufig nennen sind Klimapolitik (12 Interviews), Bildungspolitik (11 Interviews), Gesundheitspolitik (11 Interviews), Demokratiedefizit/ „Die Politiker" (10 Interviews) und innere Sicherheit (9 Interviews).

6.3 Politics: Partizipation auf der Wissens- und Handlungsebene

Politische Partizipation bzw. Beteiligung meint „die Institutionen und der Prozess der Teilhabe an der Meinungs- und Willensbildung und der Entscheidungsfindung in politisch-öffentlichen Angelegenheiten sowie die hierauf bezogenen Einstellungen und Verhaltensweisen der Bürger" (Schmidt 2010, S. 546). Bei der Untersuchung von Partizipation(-smöglichkeiten) lohnt sich die Unterteilung zwischen einer Wissensebene und einer Handlungsebene (vgl. Frankenberger et al. 2015, S. 169).

6.3.1 Die Wissensebene

Die Wissensebene von Partizipation umfasst die Konzepte und Begriffe, die die Gesprächspartner mit Partizipation verbinden und welche Beteiligungsmöglichkeiten salient sind.

Die Mitgliedschaft bzw. die Mitarbeit in einer politischen Partei sowie in Vereinen oder Interessensverbänden ist demnach die am häufigsten genannte Form von Partizipationsangeboten (41 bzw. 23 Nennungen). Recht prominent ist zudem Online-Engagement, das von den Befragten auf Nachfrage hin explizit als politische Partizipation verstanden wird. Dazu gehören etwa soziale Medien/ Internet (16 Nennungen) oder das Unterzeichnen von (Online-)Petitionen (11 Nennungen).

Weiterhin wird deutlich, dass Beteiligung vor Ort bei den Befragten präsent ist. Dazu gehören: die Betätigung im Gemeinderat bzw. in der Kommunalpolitik (16 Nennungen bzw. 8 Nennungen), die Beteiligung an Demonstrationen (13 Nennungen), der Besuch von öffentlichen politischen Veranstaltungen (12 Nennungen). Direktdemokratische bzw. deliberativ-demokratische Formate wie Bürgerinitiativen

6.3 Politics: Partizipation auf der Wissens- und Handlungsebene

(6 Nennungen), Bürgerentscheide oder Bürgerbeteiligungen (jeweils 4 Nennungen) spielen nur eine nachgelagerte Rolle im aktiven Wissensbereich der Befragten.

Aktiv genannte Beteiligungsmöglichkeiten

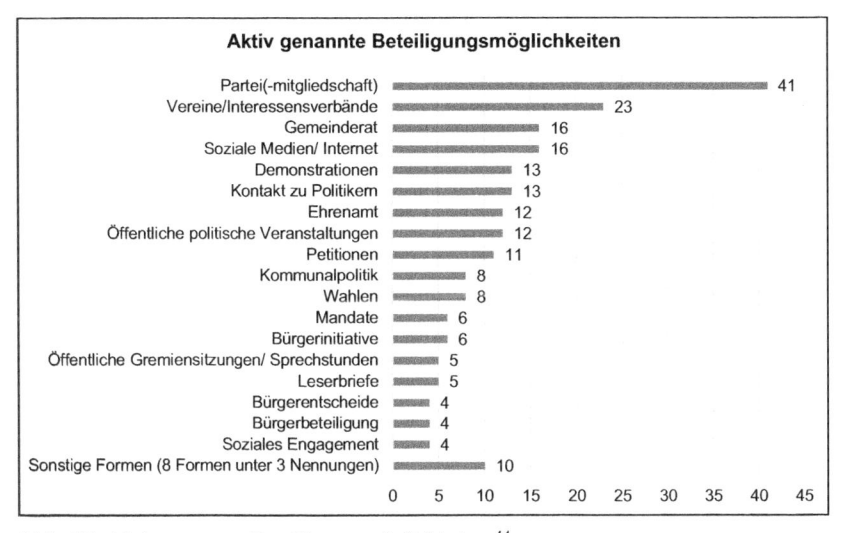

Beteiligungsform	Nennungen
Partei(-mitgliedschaft)	41
Vereine/Interessensverbände	23
Gemeinderat	16
Soziale Medien/ Internet	16
Demonstrationen	13
Kontakt zu Politikern	13
Ehrenamt	12
Öffentliche politische Veranstaltungen	12
Petitionen	11
Kommunalpolitik	8
Wahlen	8
Mandate	6
Bürgerinitiative	6
Öffentliche Gremiensitzungen/ Sprechstunden	5
Leserbriefe	5
Bürgerentscheide	4
Bürgerbeteiligung	4
Soziales Engagement	4
Sonstige Formen (8 Formen unter 3 Nennungen)	10

Abb. 17 Aktiv genannte Beteiligungsmöglichkeiten[44]
Quelle: eigene Berechnung

Zur Wissensebene gehören auch Beurteilungen zur Vielfältigkeit und Effektivität von Beteiligung. Bei der Frage im qualitativen Leitfaden-Interview, ob es generell ausreichend Partizipationsmöglichkeiten für Bürger gebe, kristallisierten sich drei Antwortkategorien heraus:

- Es existieren ausreichend Beteiligungsmöglichkeiten
- Es existieren Beteiligungsmöglichkeiten, sie sind aber eingeschränkt
- Es existieren zu wenige Beteiligungsmöglichkeiten

---

44 Für die Darstellung der aktiv genannten Beteiligungsformen werden nur entsprechende Erwähnungen codiert, welche die Befragten im qualitativen Leitfadeninterview proaktiv im Zusammenhang von Beteiligungsmöglichkeiten erwähnt haben. Nicht gezählt werden Beteiligungsformen, die von den Befragten in Anspruch genommen werden. Weiterhin wird jede genannte Beteiligungsform pro Interview nur einmal gezählt und Mehrfachnennungen sind möglich.

So sind 40,4 % der gesamten Stichprobe der Meinung, es gebe nicht genügend Beteiligungsmöglichkeiten (siehe Abb. 18). Dahingegen finden 55,0 %, dass ausreichend Partizipationsmöglichkeiten existieren, wovon allerdings 21,1 % dieser Meinung etwas eingeschränkt zustimmen.

Existieren ausreichend Partizipationsmöglichkeiten?

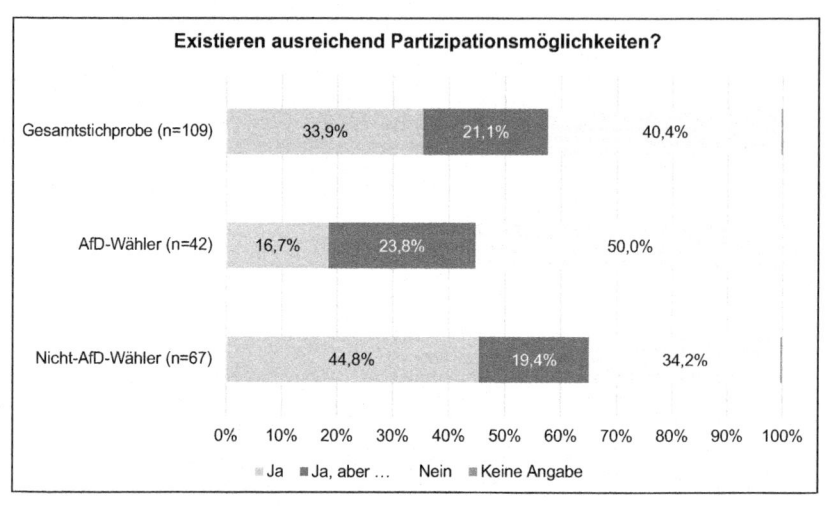

	Ja	Ja, aber …	Nein	Keine Angabe
Gesamtstichprobe (n=109)	33,9%	21,1%	40,4%	
AfD-Wähler (n=42)	16,7%	23,8%	50,0%	
Nicht-AfD-Wähler (n=67)	44,8%	19,4%	34,2%	

Abb. 18 Beurteilung der Vielfalt von Partizipationsmöglichkeiten
Quelle: eigene Berechnung

Im Vergleich zwischen AfD-Wählern und Nicht-AfD-Wählern wird erneut eine Spaltung sichtbar: Die Hälfte (50,0 %) der AfD-Wähler findet, dass es zu wenige Möglichkeiten für Bürger gebe, um politisch mitzuwirken. 16,7 % sagen, dass es ausreichende Beteiligungsangebote gibt, weitere 23,8 % stimmen eingeschränkt zu. Nicht-AfD-Wähler sind hingegen mehrheitlich der Meinung, dass Bürger ausreichend viele Mitwirkungsangebote haben (44,8 %), etwa ein Fünftel stimmt dem weiterhin eingeschränkt zu (19,4 %). Etwas über ein Drittel (34,2 %) meint, es müsse mehr Beteiligungsmöglichkeiten geben.

Im Folgenden werden Begründungen beider Wählergruppen dargestellt. Dabei wird ersichtlich, dass sich eine Trennung in der Argumentation zwischen AfD- und Nicht-AfD-Wählern im Bezug auf die Wissensebene von Partizipation nicht aufrechterhalten lässt.

Weiterhin rekurrieren Befragte, die zufrieden mit dem Beteiligungsangebot sind, kaum auf die tatsächliche Wirksamkeit bzw. den Output der Beteiligung – für diese

6.3 Politics: Partizipation auf der Wissens- und Handlungsebene

Gruppe zählt vordergründig der grundlegende Mitbestimmungsprozess. Befragte, die nicht zufrieden mit dem Angebot an Partizipationsmöglichkeiten sind, verweisen hingegen durchaus auf die Wirksamkeit bzw. den Output von Beteiligung – für diese Gruppe steht das Ergebnis von Beteiligung im Vordergrund und nicht der generelle Prozess der Beteiligung.

6.3.1.1 Ausreichend Beteiligungsmöglichkeiten

AfD-Wähler: 16,7 % der AfD-Wähler empfinden das Angebot an Partizipationsmöglichkeiten als ausreichend. Die Vielfalt an Beteiligungsmöglichkeiten wird geschätzt, allerdings wird auch kritisiert, dass die Mehrheit der Bürger dies gar nicht nutze.

> „Ich denke es gibt genug. Wenn ich ehrlich bin, es gibt immer mehr." (Interview 38)

> „Die Möglichkeiten sind vorhanden, sie werden nur anscheinend zu wenig genutzt von einer großen, breiten Masse. [...] Wenn man mit Direktwahl beziehungsweise Volksentscheidung eben jetzt fordert, dann hat man tatsächlich als Bürger durchaus auf kommunaler und auch auf regionaler Ebene Möglichkeiten, sich einzubringen, gehört zu werden. Das nimmt nur keiner wahr." (Interview 106)

> „Nein, ich glaube nicht, dass es für den normalen Bürger großartig viele Möglichkeiten gibt. Ich persönliche würde mir aber auch nicht sehr viel mehr wünschen, da ich gerade denke, dass es in der Demokratie nicht die Aufgabe der Bürger ist, ganz konkret einzugreifen, sondern dafür haben wir ja massenhaft Politiker in allen möglichen Gremien, die das dann auch übernehmen sollten. Das ist ja ihr Job. [...] Ich finde, die Beteiligungsmöglichkeiten sind gegeben und da muss jeder eben selber wissen, ob er die nutzen möchte und in welchem Umfang. Ich persönlich möchte die nicht anders nutzen, weil das mich zu sehr einschränken würde. Dann kann ich auch gleich in die Politik gehen." (Interview 4)

Nicht-AfD-Wähler: 44,8 % der Nicht-AfD-Wähler finden, dass es genügend Angebote für Bürger gibt mitzubestimmen. Positiv bewertet wird sowohl die Vielfalt der bereits existierenden Angebote, die zwar jedem Bürger offenstehen, aber nicht ausreichend genutzt werden, als auch die Möglichkeit jederzeit eigene Angebote zu gründen. Als Einstiegshürde gilt jedoch die Recherche. Weiterhin wird auch die Wirksamkeit von Engagement angezweifelt.

„Die Möglichkeiten sich einzubringen waren, glaube ich, noch nie so gut wie jetzt. Da gibt es also Parteien jeder Couleur, da gibt es bürgerschaftliche Vereinigungen, kulturelle, sportliche, caritative. Und die vernetzen sich ja zum Teil oder sind übergreifend. Also sich einzubringen, das war noch nie so leicht wie heute." (Interview 65)

„Ich denke, es gibt ausreichend Möglichkeiten. Also jeder, der sich engagieren möchte, wird etwas finden, wo er sich engagieren kann. Und jeder, der nichts findet, wo er aber Handlungsbedarf sieht, dem steht es ja frei, selber eine Initiative zu gründen mit Gleichgesinnten. Also ich denke, da, also da besteht genug Möglichkeit." (Interview 81)

„Sich einzubringen? Oh, die[se] Möglichkeiten, die sind ganz toll. Es gibt die Versammlungsfreiheit, man kann sich treffen. Es gibt alle möglichen Organisationen. Man kann sich überall einbringen. Das ist nicht das Problem. Das Problem ist, ob man sich durchsetzen kann. Und das ist sehr viel schwieriger." (Interview 9)

6.3.1.2 Eingeschränkte Beteiligungsmöglichkeiten

AfD-Wähler: Weiterhin sagen 23,8 % der AfD-Wähler, dass es durchaus politische Beteiligungsmöglichkeiten gibt, aber eben nur eingeschränkt: vor allem Zeitmangel, strukturelle Eigenheiten oder eine geringe Wirksamkeit des Engagements würden vor aktiver Beteiligung abschrecken.

„Grundsätzlich ist es ja von jedem Bürger eigentlich eine Bringschuld, sich einzubringen. Ich sehe aber, dass viele Leute, auch ich, mit ihrem Alltag, mit Arbeit, Familie und so weiter sehr, sehr, sehr ausgelastet sind. Und, ich sage einmal, die, die sich für Politik interessieren, sind oft Leute, die viel Zeit haben. Oder die, wo man wirklich sagt, das ist fast Hobby, ja. Aber für [...] viele Leute interessieren sich weniger für Politik. A) weil sie enttäuscht sind. Von den Politikern und dem ganzen Polittheater und den Spielchen, die es da gibt. B) weil sie das Gefühl haben, meine Stimme wird eh nicht gehört. Und [C)] drittens, ist es halt auch eine Zeitfrage. Ich würde mir wünschen, dass man so ein bisschen mehr die Werbetrommel rührt und den Leuten klar macht, was Politik bedeutet. Dass das Leben von jedem Einzelnen eigentlich beeinflusst. Und wir auch davon leben, dass verschiedene Meinungen da mitmachen. [...] Wäre schön, wenn man die Leute mehr motivieren könnte mitzumachen." (Interview 18)

„Es ist einfach mitzumachen, aber, wie gesagt, ohne jetzt wirklich effektive Wirkung." (Interview 15)

Nicht-AfD-Wähler: Auch 19,4 % der Nicht-AfD-Wähler schätzen grundsätzlich Partizipationsangebote als gegeben ein, allerdings bestehen einige Hürden: die Notwendigkeit von dauerhaftem und intensivem Einsatz bei wenig freier Zeit, geringer Einfluss von Einzelnen, fehlende Informationen über Angebote oder auch strukturelle Hindernisse wie schwerverständliche Sprache, späte Sitzungen, hohe Beteiligungshürden oder die Monopolstellung von Parteien.

„Man kann sich hier schon einbringen. Also wie bei uns, gerade am Land, wir leben ja [..] vom Bürger-Engagement, sonst wäre es hier ja ganz trostlos. Da kann man sich einbringen. [...] Der Erfolg ist mühsam und erfordert viel Einsatz. Aber man kann das tun, wenn der Wille dazu da." (Interview 46)

„Das wird einfach zu wenig kommuniziert, dass es da Möglichkeiten gibt, und die Möglichkeiten geschaffen, da dann teilzunehmen also rein logistisch. Nicht strukturell, aber logistisch." (Interview 24)

6.3.1.3 Zu wenige Beteiligungsmöglichkeiten

AfD-Wähler: 50,0 % – und damit die Mehrheit – der AfD-Wähler finden, dass es zu wenige bzw. kaum Beteiligungsmöglichkeiten gebe. Es besteht ein Gefühl der Ohnmacht in Bezug auf politische Veränderung oder gewünschte Beteiligungsmöglichkeiten. Als Ausweg werden Formen direkter Demokratie anerkannt.

„Kleiner gleich Null. Als Einzelperson hat man in dem Demokratiekonstrukt, wie wir es hier in Deutschland haben, keine Chance." (Interview 56)

„Man kann sagen was man möchte. Oder sagen was man nicht möchte. Aber die machen sowieso was sie wollen." (Interview 68)

„Das tendiert gegen Null. Ich sage es aus folgenden Gründen: Ich habe einen Kopf zum Denken und ich schreibe also auch mal einen Leserbrief in die Zeitung, ja. Aber, wenn Sie heute in keiner Partei sein, egal, ob im Gemeinderat oder sonst wo, wenn Sie nicht parteizugehörig sind und nicht ein Netzwerk haben, dann bleibt Ihnen noch die Demonstration. [...] Dann habe ich so gut wie keine Einflussmöglichkeit auf das, was die Parteien beschließen, in Gesetze gießen und umsetzen. Ich habe keine Chance." (Interview 40)

Nicht-AfD-Wähler: Etwas mehr als ein Drittel der Nicht-AfD-Wähler (34,2 %) sind der Meinung, dass zu wenig Beteiligungsmöglichkeiten existieren. Dies liegt zum einen an fehlender Möglichkeit von Einflussnahme innerhalb bestehender Strukturen oder fehlenden Verbündeten. Teilweise fehlt auch das Wissen über Beteiligungsmöglichkeiten. Auch in dieser Wählergruppe gilt Direktdemokratie als Ausweg aus dieser Ohnmacht.

„Habe ich das Gefühl, [...] da werden Entscheidungen in Gremien getroffen, dann wird eine Agenda festgelegt, was man tun muss um das und das zu erreichen [...] Eine Änderung herbeiführen, kann man das gar nicht mehr berücksichtigen, weil man ja einen Fahrplan erstellt hat, mit dem man das gewünschte Ziel erreichen möchte." (Interview 26)

„In der Theorie [...] kann jeder überall mitmachen eigentlich. Aber die Interessengruppen wissen schon, wie sie unliebsame Leute außen vorhalten, habe ich das Gefühl. Also von da gesehen, glaube ich nicht, dass wir so schnell irgendwie etwas bewirken können." (Interview 112)

„Eher schlecht. Da muss ich in eine Partei eintreten. [...] [Außerhalb von Parteien] sehe ich wenig Möglichkeiten politisch was bewegen zu können. [...] Deshalb gehört das mit direkter Demokratie, da könnte ich Einfluss nehmen, was die Parteien entscheiden, aber das gibt es ja in Deutschland nicht." (Interview 32)

6.3.2 Die Handlungsebene

Die Handlungsebene von Partizipation umfasst die von den Befragten tatsächlich wahrgenommenen Beteiligungsmöglichkeiten. Im Leitfaden-Interview wurden alle Teilnehmer nach ihrem früheren oder aktuellen Engagement gefragt. Bei der Auswertung wurden die genannten tatsächlich realisierten Beteiligungsformate in politische und soziale Kategorien untergeteilt. Abb. 19 zeigt die Verteilungen.

Es zeigt sich, dass politisches oder soziales Engagement in der Stichprobe sehr stark ausgeprägt ist. Demnach äußerten 32,1 % der Befragten, dass sie politisch und sozial engagiert sind oder waren. Weitere 29,4 % sagten, dass sie nur politisch engagiert sind bzw. waren, und 20,2 % berichteten über aktuelles bzw. früheres soziales Engagement. 19,3 % haben sich noch nie sozial oder politisch engagiert.

Unter AfD-Wählern ist dieser Anteil größer: so haben sich 31,0 % der AfD-Wähler in der Stichprobe noch nie engagiert. 31,0 % sind bzw. waren nur politisch engagiert, 21,4 % sind bzw. waren politisch und sozial engagiert und 16,7 % berichteten ausschließlich von aktuellem bzw. früherem sozialen Engagement. Nicht-AfD-Wähler sind bzw. waren deutlich häufiger politisch und sozial engagiert (37,3 %). Weitere 28,8 % erzählten von reinem politischen Engagement und 22,4 % von sozialem Engagement. 11,9 % der Nicht-AfD-Wähler haben sich noch nie engagiert.

Politisches und soziales Engagement

	Politisch und sozial	Politisch	Sozial	Kein Engagement
Gesamtstichprobe (n=109)	31,2%	29,4%	20,2%	19,3%
AfD-Wähler (n=42)	21,4%	31,0%	16,7%	31,0%
Nicht-AfD-Wähler (n=67)	37,3%	28,4%	22,4%	11,9%

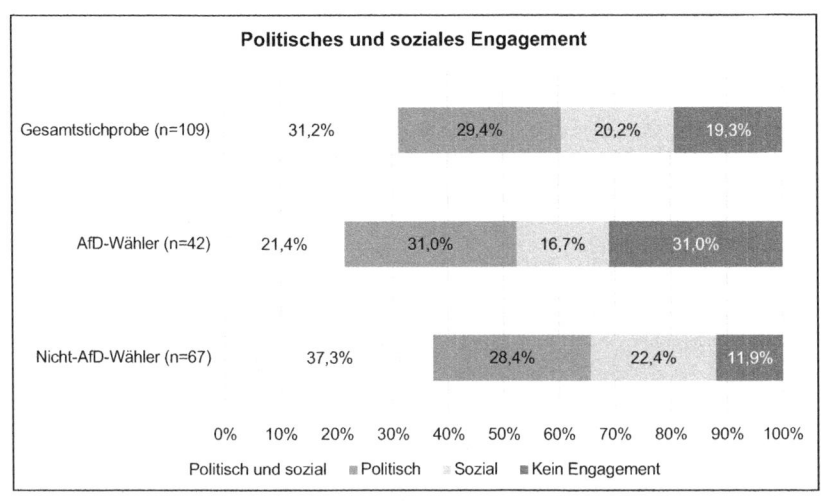

Abb. 19 Politisches und soziales Engagement im Vergleich
Quelle: eigene Berechnung

Aktuell bzw. regelmäßig partizipieren die Befragten am häufigsten in politischen Parteien (21 Nennungen), in sozialen Medien/Internet (16 Nennungen), an öffentlichen politischen Veranstaltungen sowie in Vereinen oder Interessensverbänden (jeweils 6 Nennungen) oder auf Demonstrationen (5 Nennungen). Soziales Engagement ist etwas geringer ausgeprägt, denn etwa die Hälfte der Befragten (51,4 %) sind bzw. waren sozial engagiert. Die Befragten engagieren sich dabei aktuell bzw. regelmäßig am häufigsten in der Kinder- und Jugendarbeit (11 Nennungen), in der Flüchtlingshilfe oder in Sportvereinen (jeweils 9 Nennungen), in Hobbyvereinen (5 Nennungen) sowie in Beratungs-Angeboten oder Stiftungen (jeweils 4 Nennungen).[45]

---

45 Jede genannte Beteiligungsform wird pro Interview nur einmal gezählt und Mehrfachnennungen sind möglich. Die Häufigkeit gibt demnach die Anzahl der Interviews an, in denen eine Beteiligungsform genannt wurde.

Teilnehmer, die sich weder politisch noch sozial engagieren, wurden nach den Gründen hierfür gefragt (vgl. Abb. 20). Demnach sind fehlende Zeit (16 Nennungen), die persönliche Verfassung (6 Nennungen) oder eine zu starke Beanspruchung im Rahmen eines Engagements (3 Nennungen) hohe Barrieren bzgl. Engagements. Zudem befürchten – ausschließlich – AfD-Wähler Anfeindungen von anderen, falls sie sich in der AfD engagieren sollten (4 Nennungen).

Barrieren bzgl. Engagement

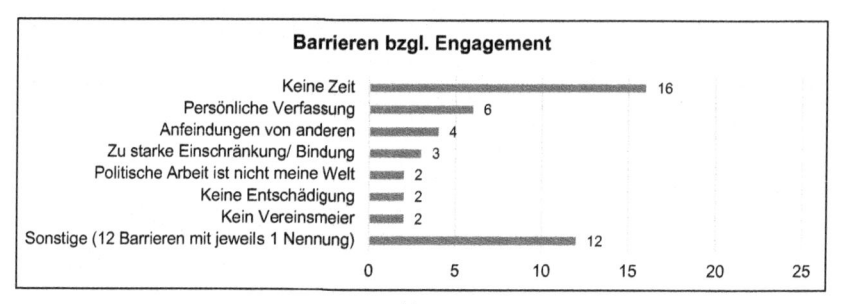

Barriere	Nennungen
Keine Zeit	16
Persönliche Verfassung	6
Anfeindungen von anderen	4
Zu starke Einschränkung/ Bindung	3
Politische Arbeit ist nicht meine Welt	2
Keine Entschädigung	2
Kein Vereinsmeier	2
Sonstige (12 Barrieren mit jeweils 1 Nennung)	12

Abb. 20 Barrieren bezüglich Engagement[46]
Quelle: eigene Berechnung

6.4 Fazit

Dieses Kapitel befasste sich mit der Beurteilung des politischen Systems in Deutschland, aktuell wichtigen politischen Themen und Problemen sowie der Wahrnehmung und Bewertung von Partizipation(-möglichkeiten). In Summe wurde in diesem Kapitel deutlich, wie stark das populistische Anti-Establishment-Narrativ bereits verankert ist und als Frame bzw. „Brille" die Sichtweise auf unterschiedlichste Probleme oder Thematiken lenkt.

Nicht-AfD-Wähler sind größtenteils zufrieden mit dem politischen System, besonders mit der Institution der Wahlen und den Grundprinzipien des Wahlsystems, der gewährten Meinungsfreiheit sowie dem Grundgesetz als umfassendem und stabilem Fundament.

---

[46] Jede genannte Barriere wird pro Interview nur einmal gezählt und Mehrfachnennungen sind möglich. Die Häufigkeit gibt demnach die Anzahl der Interviews an, in denen eine Barriere genannt wurde.

6.4 Fazit

AfD-Wähler sind deutlich stärker unzufrieden mit dem politischen System. Große Treiber dieser Unzufriedenheit sind fehlende Formen direkter Demokratie, die mangelnde Fähigkeit des politischen Systems und seiner Akteure „da oben" auf die Belange des Volkes „da unten" einzugehen sowie eine als gefährdet wahrgenommene systemische Meinungsfreiheit. Bei diesen beiden Problemen gibt es einen wählergruppenübergreifenden Konsens, also auch bei Nicht-AfD-Wählern, der bei künftigen Mobilisierungskampagnen als Scharnier in das jeweilig andere Lager fungieren könnte.

Deutliche Unterschiede zwischen den beiden Wählergruppen treten bei den wichtigsten politischen Problemen zutage. Zwar dominiert das Thema „Geflüchtete und Migration" in der Gesamtstichprobe, jedoch sprechen die beiden Wählergruppen unterschiedlich darüber. Während die ‚Flüchtlingskrise' für AfD-Wähler eine Art Katalysator darstellt, der eine Verschärfung unzähliger weiterer politischer Problemlagen bedeutet, zeichnen Nicht-AfD-Wähler ein differenzierteres Bild. Weiterhin wird unter AfD-Wählern deutlich, wie stark das Agenda-Setting der AfD und das rhetorische Framing bestimmter Themen bei ihren Wählern verfängt. Damit sind Themen wie „Lügenpresse" bzw. Meinungsfreiheit oder die europäische Integration gemeint. Für Nicht-AfD-Wähler hingegen haben Themen wie nationaler und internationaler Rechtspopulismus sowie soziale Ungerechtigkeit bzw. Gerechtigkeit einen höheren Stellenwert. An diesem Ergebnis lässt sich eine diskursive Spaltung zwischen den beiden Gruppen ableiten: So sind kaum ähnliche Themen salient und wenn dies doch zutrifft, kann man sich nicht auf eine gemeinsame Diskussionsgrundlage berufen.

Eine Ohnmacht gegenüber dem politischen System spiegelt sich unter AfD-Wählern auch bei der Bewertung und Wahrnehmung von Partizipationsmöglichkeiten. Einerseits findet diese Gruppe häufiger, dass es nicht ausreichend Beteiligungsmöglichkeiten gibt, andererseits nimmt sie existierende Beteiligungsmöglichkeiten weniger wahr als dies Nicht-AfD-Wähler tun. Als ein Allheilmittel gegen die gefühlte Unzufriedenheit und politische Ohnmacht werden Formen direkter Demokratie erhöht, weshalb das Folgekapitel explizit diesem Aspekt gewidmet ist.

Literatur

Frankenberger, R., Buhr, D., und J. Schmid. 2015. Politische Lebenswelten. Eine qualitative Studie zu politischen Einstellungen und Beteiligungsorientierungen in ausgewählten Kommunen in Baden-Württemberg." In *Demokratie-Monitoring Baden-Württemberg 2013/14*. Hrsg. Baden-Württemberg Stiftung, 151–221. Wiesbaden: Springer VS.

Schmidt, Manfred G. 2010. *Wörterbuch zur Politik*. 2., vollst. überarb. und erw. Aufl. Stuttgart: Alfred Kröner Verlag.

Wir wollen mitbestimmen! Argumente und Narrative für und gegen Direktdemokratie im Vergleich von AfD- und Nicht-AfD-Wählerinnen und Wählern

Tim Gensheimer, Daniel Buhr und Rolf Frankenberger

Demokratien sind Staats- und Regierungsformen, „die sich durch eine Regierung des Volkes, durch das Volk und für das Volk auszeichnen" (Schmidt 2010). Darunter versammeln sich viele Formen von Demokratie, etwa die repräsentative Demokratie, in der gewählte Abgeordnete politische Sachentscheidungen treffen. Eine weitere zentrale Form ist die direkte Demokratie, in der die Bevölkerung weitreichende Entscheidungsbefugnisse hat. Direktdemokratische Verfahren und Entscheidungsmöglichkeiten werden auch von den Befragten häufig proaktiv genannt.

Wie begründen Befürworter und Gegner von direkter Demokratie ihre Einstellung? Was versprechen sie sich von solchen Verfahren? Über welche Themen sollte abgestimmt werden und über welche nicht? Welchen Stellenwert haben deliberative Demokratieformen bei den Befragten? Und wie unterscheiden sich AfD- und Nicht-AfD-Wähler in ihren Einstellungen und Argumenten? Um diese Fragen zu beantworten, wurden die 109 Interviews aus der Lebenswelt-Studie (vgl. Kapitel 5) entlang ihrer Wahlpräferenzen in die Gruppen AfD-Wähler (n=42) und Nicht-AfD-Wähler (n=67) [47] eingeteilt, getrennt ausgewertet und die Ergebnisse kontrastiert.

Direkte Demokratie meint „alle durch Verfassung und weitere Rechtsvorschriften ermöglichten Verfahren, durch die die stimmberechtigten Bürgerinnen und Bürger eines Staates, eines Bundeslandes oder einer Kommune politische Sachfragen durch Abstimmung selbst und unmittelbar entscheiden bzw. auf die politische Agenda setzen" (Kost 2013, S. 10). In einer direkten Demokratie sind zwischen den Wählern und einer politischen Entscheidung keine gewählten Vertreter zwischengeschaltet. Es existieren unterschiedliche direktdemokratische Entscheidungsverfahren, die in

---

[47] Als AfD-Wähler/in gilt in dieser Untersuchung, jede/r Befragte, der/die im qualitativen Interviewteil geäußert hat bei der Landtagswahl 2016 die Parteien AfD bzw. die Abspaltungen ALFA oder LKR gewählt zu haben und/oder bei der Bundestagswahl 2017 die Parteien AfD bzw. die Abspaltungen ALFA oder LKR zu wählen beabsichtigt (Alle Interviews wurden vor der Bundestagswahl 2017 geführt).

© Springer Fachmedien Wiesbaden GmbH, ein Teil von Springer Nature 2019
Baden-Württemberg Stiftung (Hrsg.), *Demokratie-Monitoring Baden-Württemberg 2016/2017*, https://doi.org/10.1007/978-3-658-23331-0_7

direkte Sachabstimmungen und direkte Personalabstimmungen unterteilt werden können (siehe Abb. 21).

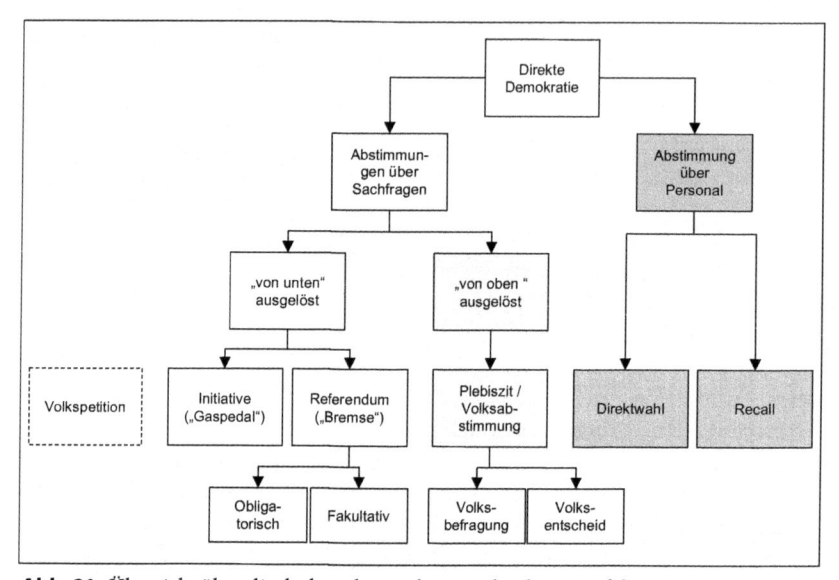

```
                              Direkte
                             Demokratie
                    ┌────────────┴────────────┐
            Abstimmun-                    Abstimmung
            gen über                        über
            Sachfragen                     Personal
          ┌─────┴─────┐                  ┌─────┴─────┐
      „von unten"   „von oben"
      ausgelöst     ausgelöst
   ┌──────┬─────┐      ┌─────────┐
Volks-  Initiative Referendum  Plebiszit /  Direktwahl  Recall
petition („Gaspedal") („Bremse") Volksab-
                                stimmung
              ┌─────┴─────┐   ┌─────┴─────┐
           Obliga-  Fakultativ Volks-    Volks-
           torisch            befragung  entscheid
```

Abb. 21 Übersicht über direktdemokratische Entscheidungsverfahren
Quelle: Vereinfachte Darstellung nach Hornig und Kranenpohl (2014, S. 11) und Schmidt (2010, S. 532).

Bei Sachabstimmungen stimmen Wähler über eine politische Sachfrage ab (Zustimmung oder Ablehnung). Entscheidend bei Sachabstimmungen ist, wer diese Abstimmung auslöst:

- *Top-down*: Amtsträger lösen *Plebiszite* (auch: Volksabstimmungen) aus, deren Ergebnisse nicht bindend (*Volksbefragung*) oder bindend (*Volksentscheide*) sind (Schmidt 2010, S. 532) (direkte Demokratie „von oben").
- *Bottom-up*: Bevölkerung starten *Initiativen* oder *Referenda* (direkte Demokratie „von unten"). Während im Rahmen von Initiativen Gesetze vorgeschlagen (Wirkung als „Gaspedal"), wird bei Referenda über einen Gesetzentwurf der Regierung bzw. des Parlamentes abgestimmt (Wirkung als „Bremse") (Hornig/Kranenpohl 2014, S. 12; Kost 2013, S. 11).

7 Wir wollen mitbestimmen!

Personalabstimmungen sind direkte Abstimmungen über politisches Personal. Dazu gehört die Direktwahl von bspw. Präsidenten oder Bürgermeistern. Mit einem Recall (Abwahl) werden Amtsträger abberufen. Dies ist in einigen deutschen Kommunen und US-Bundesstaaten möglich (Hornig/ Kranenpohl 2014, S. 10). Forderungen nach mehr direkter Demokratie werden oftmals als Misstrauens gegenüber der repräsentativen Demokratie gedeutet. Vielen Befürwortern erscheint „die Politik" als intransparent und wenig responsiv. Formen direkter Demokratie sollen demnach Bürgern „Selbstbestimmung" ermöglichen, anstatt von abgehobenen Eliten „fremdbestimmt" zu werden. Forderungen nach einem Ausbau direktdemokratischer Strukturen sind daher besonders in populistischen Diskursen zu finden, da dieser dem populistischen Anti-Establishment-Narrativ zuträglich ist.

Kritiker befürchten politische Unstetigkeit durch direktdemokratische Strukturen. Ereignissen im Umfeld einer Abstimmung oder einzelnen, starken Wortführern wird großer Einfluss zugesprochen. Die Stärke von Wortführern rührt etwa von deren materiellen und strukturellen Vorteilen. Dieser Ungleichheit können schwächere Parteien kaum etwas entgegensetzen. Kritiker fordern Schutzmaßnahmen gegen den direkten Mehrheitswillen ein (Schmidt 2010, S. 169).

Fragen nach direkter Demokratie wurden den Interviewteilnehmern im qualitativen Interview gestellt, sofern sich der/die Befragte proaktiv – positiv oder negativ – zu direkter Demokratie geäußert hatte. Wie Abb. 22 auf Basis entsprechender Textstellen zeigt, äußern sich in der gesamten Stichprobe 34,9 % der Befragten

Bewertung von direkter Demokratie

	Positive Bewertung	Positive und negative Bewertung	Negative Bewertung	Keine Erwähnung
Gesamtstichprobe (n=109)	34,9%	21,1%	13,8%	30,3%
AfD-Wähler (n=42)	57,1%	19,0%	2,4%	21,4%
Nicht-AfD-Wähler (n=67)	20,9%	22,4%	20,9%	35,8%

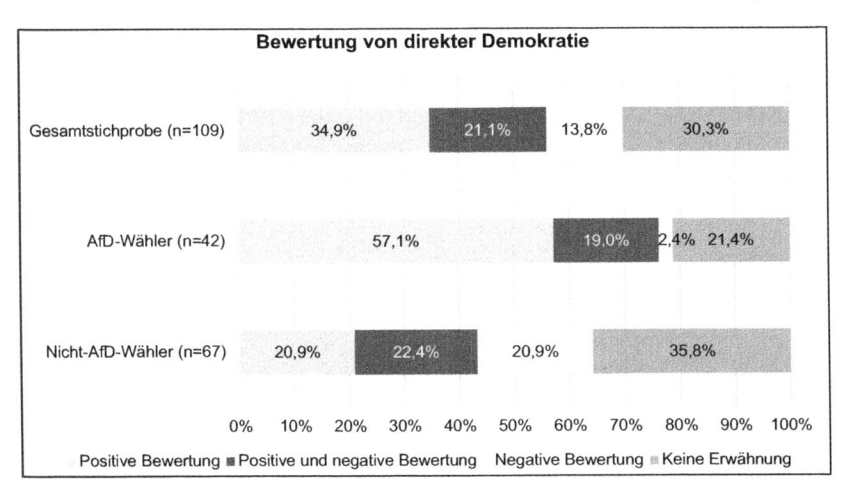

Abb. 22 Bewertung der direkten Demokratie
Quelle: eigene Berechnung

ausschließlich positiv über direkte Demokratie, 13,8 % haben eine ausschließlich skeptische Haltung. Weitere 21,1 % differenzieren und führen im Gespräch sowohl positive *als auch* negative Bewertungen an. 30,3 % äußern sich nicht proaktiv zu direkter Demokratie.

Die befragten AfD-Wähler sind deutlich stärker von direkter Demokratie überzeugt als Nicht-AfD-Wähler – 57,1 % führen ausschließlich positive Aspekte an. Weitere 19,0 % führen positive und negative Bewertungen an und 2,4 % sehen direkte Demokratie ausschließlich kritisch. Für 21,4 % spielt direkte Demokratie keine Rolle.

Nicht-AfD-Wähler bewerten direkte Demokratie-Verfahren deutlich weniger positiv als AfD-Wähler, denn nur 20,9 % nennen ausschließlich positive Bewertungen. 22,4 % erkennen Vor- und Nachteile und 20,9 % stehen der direkten Demokratie ausschließlich kritisch gegenüber. Der Großteil – nämlich 35,8 % – erwähnt direkte Demokratie nicht.

Wie dieses Kapitel zeigen wird, unterschieden sich AfD- und Nicht-AfD-Wähler nicht nur bezüglich ihrer Einstellung zu direkter Demokratie, sondern auch in ihrer jeweiligen Argumentation. Dafür werden die Argumente von Befürwortern und Skeptikern direkter Demokratieformen dargestellt und mit Zitaten aus den qualitativen Interviews illustriert.

7.1 Befürwortung von direkter Demokratie

In mehr als der Hälfte der Interviews finden sich positive Bewertungen direktdemokratischer Verfahren (61 von 109 Interviews; Anteil von 56 %), wie Tab. 8 zeigt. Unter den 42 AfD-Wählern in der Stichprobe führen 32 positive Bewertungen über Volksabstimmungen an (Anteil 76,2 %) sowie 29 von 67 Nicht-AfD-Wählern (43,3 %).[48]

Tab. 8 Befürwortung von direkter Demokratie

	Befürwortung von direkter Demokratie		
	Gesamte Stichprobe	*AfD-Wähler*	*Nicht-AfD-Wähler*
Anzahl Interviews	61 von 109	32 von 42	29 von 67
	56,0 %	76,2 %	43,3 %

Quelle: eigene Berechnung

---

48 In diesem Kapitel werden ausschließlich positive Bewertungen untersucht, ungeachtet dessen, ob im Interview auch negative Bewertungen vorgenommen wurden.

7.1 Befürwortung von direkter Demokratie

Doch warum sind diese Befragten direkten Demokratieformen gegenüber positiv eingestellt? Vergleicht man die Argumente von AfD-Wählern und Nicht-AfD-Wählern zeigen sich deutliche Unterschiede: Während für AfD-Wähler also ein ‚Gehörtwerden' zu für sie wichtigen Themen und eine offene Debatte in der Gesellschaft im Vordergrund steht, erwarten Nicht-AfD-Wähler vor allem eine engere Bindung zwischen Politik und Bevölkerung und eine höhere Akzeptanz politischer Entscheidungen in der Bevölkerung.

Befürwortung von direkter Demokratie - 5 häufigste Begründungen

GESAMTSTICHPROBE (n=109)
- Zu wichtigen Themen: 19
- Engere Beziehung zwischen Politik und...: 15
- Offene Diskussion/ Information: 11
- Ausführung des Volkswillens: 11
- Höhere Akzeptanz von Ergebnissen: 7
- Mitbestimmung des Volkes (undifferenziert): 7

AFD-WÄHLER (n=42)
- Zu wichtigen Themen: 13
- Offene Diskussion/ Information: 8
- Engere Beziehung zwischen Politik und...: 7
- Ausführung des Volkswillens: 5
- Bürger lebt mit Auswirkungen der Politik: 4
- Höhere Involvierung im Volk: 4

NICHT-AFD-WÄHLER (n=67)
- Engere Beziehung zwischen Politik und...: 8
- Zu wichtigen Themen: 6
- Ausführung des Volkswillens: 5
- Höhere Akzeptanz von Ergebnissen: 5
- Mitbestimmung des Volkes (undifferenziert): 5

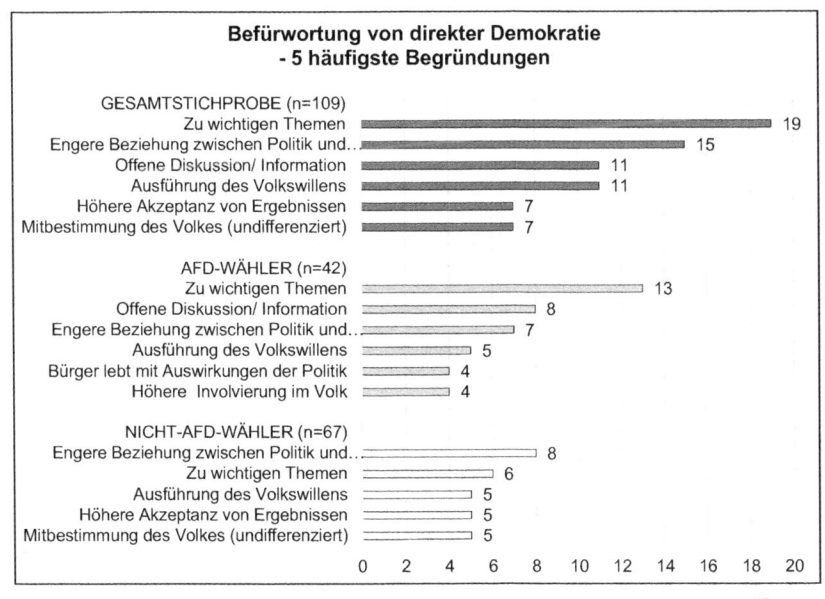

Abb. 23 Befürwortung von direkter Demokratie. Top-5 Nennungen im Vergleich[49]
Quelle: eigene Berechnung

---

49 Ein Argument/ Thema wird pro Interview nur einmal gezählt. Die Häufigkeit gibt die Anzahl der Interviews an, in denen das Argument / Thema genannt wurde, und **nicht** die Häufigkeit, wie oft ein Argument insgesamt in allen Interviews genannt wurde.

7.1.1 AfD-Wähler

AfD-Wähler wollen vordergründig zu „großen" Themen abstimmen (13 Interviews). Dies diene der regelmäßigeren Einflussnahme des Wählers bzw. der stärkeren Berücksichtigung der eigenen Meinung bei einer politischen Sachentscheidung „auf Kosten" der gewählten Repräsentanten oder Parteien, die nicht im Sinne des Wählers entscheiden. Dabei legen die Befragten Wert auf die Befragung zu elementaren, wichtigen Sachfragen – im Unterschied zu Detailfragen – oder wünschen die Direktwahl des Bundespräsidenten.

> *„Dass man nicht komplett vielleicht alles mit Volksabstimmung macht, aber bei wichtigen Themen oder so was, sollte das Volk eigentlich schon mit abstimmen dürfen, ja. Weil alle vier Jahre [zu wählen], das ist einfach zu wenig, ganz ehrlich gesagt." (Interview 104)*

> *„[Direktdemokratie] ist eine gerechtere Demokratie. Das heißt, kein Gewählter kann einfach nur seinen Kopf durchsetzen. Das geht nicht. Das heißt, bei irgendwelchen schwerwiegenden Entscheidungen." (Interview 68)*

Von Volksabstimmungen erwarten sich AfD-Wähler weiterhin eine bessere Erklärungsleistung von Politikern und eine offene Diskussion in der Bevölkerung auf deren Grundlage informierte Bürger eine eigene Entscheidung treffen könnten (8 Interviews).

> *„Große Politik sagt ja immer, die meint ja immer, die Menschen sind zu dumm. Die können das nicht entscheiden. Das sind manchmal wichtige Sachen, wo einfach ein bisschen Hintergrundwissen gehört, aber ich denke, das wäre die Aufgabe der Politik oder dieser Politiker, die da irgendwas durchsetzen möchten, dass sie die Leute richtig informieren und auch ein kleiner einfacher Mensch, dass der einfach so informiert wird, dass er das versteht." (Interview 21)*

> *„Zum Beispiel finde ich es undemokratisch, dass man über bestimmte schicksalsentscheidende Fragen unseres Volkes nicht diskutiert, nicht öffentlich debattiert, zum Beispiel Flüchtlinge oder Islam in Deutschland. [...] Die Leute sollen nicht alle weg oder so, um Gottes Willen, das ist nicht meine Auffassung, aber ich finde, man sagt uns nicht, was man eigentlich vorhat, wohin das gehen soll, oder fragt uns nicht, ob wir damit einverstanden sind, oder was man überhaupt darüber denkt. Sondern man kriegt ja quasi verordnet, was man zu denken hat. Also so übermittelt, was man zu denken hat. Und wenn*

7.1 Befürwortung von direkter Demokratie

man nicht das denkt, was vermittelt wird, dann gehört zu den Dumpfbacken, zum Prekariat, zu den Abgehängten, zu den Idioten, zu denen, die ja nicht lesen und schreiben können so ungefähr. Und das stört mich." (Interview 98)

"Ich möchte mir ein Bild machen und entscheiden. Dann muss viel mehr Dialog zum Bürger her. Und deswegen ist das geeignetes Mittel." (Interview 77)

Durch Direktdemokratie verbessere sich die Beziehung zwischen Politikern und der Bevölkerung (7 Interviews). Die Volksabstimmung habe den Charakter eines drohenden Damoklesschwertes, die repräsentative Demokratie wird jedoch grundsätzlich anerkannt. Die gewählten Politiker gehen weniger eigenen Interessen nach, denn sie müssten stärker auf die Bedürfnisse und Erwartungen der Bevölkerung eingehen, um siegreich aus einer Volksabstimmung hervorzugehen.

"Das sieht man ja jetzt [im Wahlkampf] wieder, da wird wieder alles Mögliche vom Himmel versprochen und im Endeffekt nichts davon gehalten. Und bei Volksentscheiden wäre das dann halt schon eine andere Sache, dann müssten sich die Fettärsche da oben schon ein bisschen anders bewegen und müsste mehr auf die Stimme des Volkes hören, statt nur ihre eigenen Interessen zu verfolgen." (Interview 44)

"Ich verspreche davon, dass ein korrektives Moment, dass die Politiker nicht vier Jahre lang selbstherrlich regieren können, sondern [...], dass sie [sich] immer wieder rechtfertigen müssen [...] gegenüber denen, die sie gewählt haben." (Interview 109)

Ganz grundsätzlich versprechen sich AfD-Wähler von der direkten Demokratie, dass damit der Volkswille ausgeführt werde (5 Interviews). Zugespitzt: Parteien werden in einer direkten Demokratie überflüssig. Der Bürger lebe mit den Auswirkungen der Entscheidungen, welche „die Politiker" treffen. Aufgrund dieser unmittelbaren Betroffenheit sollte die Bevölkerung direkt über Sachfragen abstimmen dürfen (4 Interviews). Volksabstimmungen führten dazu, dass Bürger sich stärker in der Politik engagieren, wodurch Direktdemokratie einen Lerneffekt in der Bevölkerung habe (4 Interviews)

7.1.2 Nicht-AfD-Wähler

Nicht-AfD-Wähler versprechen sich von direkter Demokratie vordergründig eine engere Beziehung zwischen Politik und Bevölkerung (8 Interviews). Zwar erkennen auch Nicht-AfD-Wähler drohende Volksabstimmungen als Disziplinarmaßnahme gegenüber Politikern, daneben gibt es jedoch auch noch andere Aspekte der engeren Bindung: zum einen erhöhe sich die wahrgenommene Selbstwirksamkeit des Bürgers auf Kosten von Protestwahlen und zum anderen diene direkte Demokratie zur Rückabsicherung für Politiker eine Entscheidung im Sinne der Wähler zu treffen.

"Das hat zum einen disziplinierenden Effekt auf die Politiker, weil, [...] die Politiker [wissen] genau, dass, wenn sie jetzt etwas machen, was sehr unpopulär ist beziehungsweise nicht verantwortungsvoll mit dem Auftrag, den die Bürger ihnen sozusagen gegeben haben im Parlament, wenn sie da so viel Geld ausgeben wollen, wenn sie Verträge unterschreiben, die gar nicht passen, dass würden sie sofort verlieren, wenn es zu einer Volksabstimmung kommt." (Interview 87)

"Grundsätzlich denke ich, dass diese, sage ich mal, Politikverdrossenheit zum Teil, glaube ich, wirklich auch damit zu tun hat, dass die Menschen das, was sie wählen, nicht mehr als wirksam erleben, dass das zu weit weg ist und dass ich denke, [dass] trotzdem das ja sogenannte Volksvertreter sind, nicht unbedingt immer zum Wohle des Volkes entschieden wird. Und das ist das, glaube, was die Menschen auch wütend macht und auch zu Protestwählern macht teilweise. Und da bräuchte es vielleicht wirklich mehr direkte Demokratie oder Einflussmöglichkeiten." (Interview 51)

Auch Nicht-AfD-Wähler wollen bei grundlegenden Themen mitentscheiden (6 Interviews). Dabei wird jedoch zumeist anerkannt, dass nicht über jedes Detail abgestimmt werden könne. Nicht-AfD-Wähler erkennen in direkter Demokratie die Mitbestimmung des Volkes bis hin zur direkten Ausführung des Volkswillens (jeweils 5 Interviews). Durch direkte Demokratie und Mitbestimmung versprechen sie sich eine höhere Akzeptanz von politischen Entscheidungen in der Bevölkerung und somit verstärkte Legitimität und gesellschaftliche Befriedung (5 Interviews).

"Was ich mir davon verspreche, ist vor allem ein höheres Maß an Akzeptanz der Entscheidungen. Dass man ganz einfach sagen kann: „Leute, es haben 70 Prozent der Deutschen, die abgestimmt haben, dafür gestimmt. Lebt damit bitte." Das als Rechtfertigung dann für die Politik." (Interview 63)

7.2 Themen

Weiterhin wurden Interviewteilnehmer, die sich positiv über Direktdemokratie äußerten (61 von 109) gefragt, über welche Themen direkt entschieden werden sollte. Abb. 24 gibt einen vergleichenden Überblick.

Die häufigsten Nennungen in der gesamten Stichprobe waren Infrastrukturprojekte, wobei explizit auch auf lokale Projekte hingewiesen wurde (16 Interviews). Auf ebenfalls 16 Nennungen kamen Themen der Flüchtlings- bzw. Migrationspolitik. Volksabstimmungen über den Euro wurden 11mal gefordert. Achtmal wollten Befragte über die Europäische Integration bevölkerungsweit entscheiden. Ebenso häufig würde geäußert, dass keine Beschränkungen bzgl. der Themen für Volksentscheide existieren dürften und theoretisch in allen Politikfeldern abgestimmt werden dürfte.

Themen für direkte Demokratie - 5 häufigste Nennungen

GESAMTSTICHPROBE (n=109)
- Flüchtlings-/Migrationspolitik: 16
- Infrastruktur (auch lokal): 16
- Euro: 11
- EU: 8
- Keine Ausnahmen: 8

AFD-WÄHLER (n=42)
- Flüchtlings-/Migrationspolitik: 13
- EU: 6
- Infrastruktur (auch lokal): 6
- Keine Ausnahmen: 6
- Euro: 5

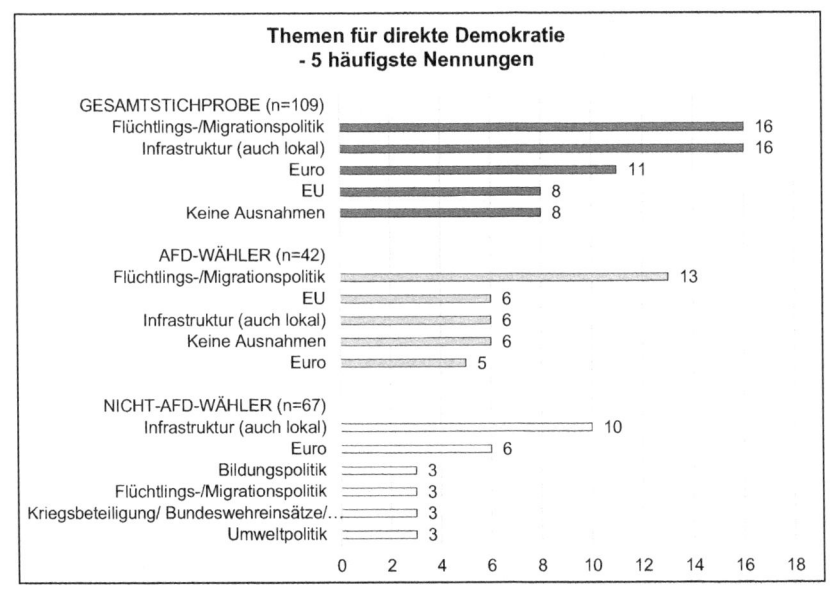

NICHT-AFD-WÄHLER (n=67)
- Infrastruktur (auch lokal): 10
- Euro: 6
- Bildungspolitik: 3
- Flüchtlings-/Migrationspolitik: 3
- Kriegsbeteiligung/ Bundeswehreinsätze/...: 3
- Umweltpolitik: 3

Abb. 24 Themen für direkte Demokratie. Top-5 Nennungen im Vergleich[50]
Quelle: eigene Berechnung

---

50 Ein Thema wird pro Interview nur einmal gezählt. Die Häufigkeit gibt demnach die Anzahl der Interviews an, in denen das Thema genannt wurde (vgl. FN 2).

AfD-Wähler wollen hauptsächlich über Flüchtlings- bzw. Migrationspolitik entscheiden (13 Interviews), gefolgt von (lokalen) Infrastrukturprojekten und der Europäischen Integration (6 Interviews) sowie die Gemeinschaftswährung Euro (5 Interviews). Weitere 6 Befragte sind der Meinung, dass es keine Einschränkungen über abzustimmende Themen geben sollte

Bei Nicht-AfD-Wählern wollen vorrangig über (lokale) Infrastruktur entscheiden (10 Interviews). Danach folgen Volksentscheide über den Euro (6 Interviews) sowie Flüchtlings- und Migrationspolitik, Umweltpolitik und Bildungspolitik (3 Interviews). Ebenso viele Befragte wollen über Verteidigungspolitik abstimmen (3 Interviews).

7.3 Skepsis gegenüber direkter Demokratie

In einem Drittel der Interviews finden sich negative Bewertungen von direktdemokratischen Verfahren (38 von 109 Interviews; Anteil von 34,9 %). Unter den 42 AfD-Wählern in der Stichprobe führen 9 negative Bewertungen über Volksabstimmungen an (Anteil 21,4 %) sowie 29 von 67 Nicht-AfD-Wählern (43,3 %).[51]

Tab. 9 Skepsis gegenüber direkter Demokratie

	Skepsis gegenüber direkter Demokratie		
	Gesamte Stichprobe	AfD-Wähler	Nicht-AfD-Wähler
Anzahl Interviews	38 von 109	9 von 42	29 von 67
	34,9 %	21,4 %	43,3 %

Quelle: eigene Berechnung

Warum argumentieren die Befragten gegen Direktdemokratie? Erneut der Vergleich zwischen AfD- und Nicht-AfD-Wählern: Während AfD-Wähler thematische und prozedurale Einschränkungen vornehmen wollen, sehen Nicht-AfD-Wähler vor allem eine Gefahr im Informationsdefizit in der Bevölkerung.

---

51 In diesem Kapitel werden ausschließlich negative Bewertungen untersucht, ungeachtet dessen, ob im Interview auch positive Bewertungen vorgenommen wurden.

7.3 Skepsis gegenüber direkter Demokratie

Skepsis gegenüber direkter Demokratie - 5 häufigste Begründungen

GESAMTSTICHPROBE (n=109)
- Bürger sind nicht auf gleicher Informationshöhe: 9
- Bestimmte Themen sollen von Fachleuten…: 9
- Lokale Begrenzung: 9
- Momentane Stimmungsentscheidung: 8
- Bevölkerung kann Folgen nicht abschätzen: 6

AFD-WÄHLER (n=42)
- Volksabstimmung sollte nicht bindend sein: 3
- Grundrechte/ Verfassung sind nicht verhandelbar: 2
- Nicht zu Details: 2
- Nicht in der Außenpolitik: 2
- Bestimmte Themen sollen von Fachleuten…: 1
- Klare Regeln: 1
- Momentane Stimmungsentscheidung: 1
- Quorum muss hoch sein: 1

NICHT-AFD-WÄHLER (n=67)
- Bürger sind nicht auf gleicher Informationshöhe: 9
- Lokale Begrenzung: 9
- Bestimmte Themen sollen von Fachleuten…: 8
- Momentane Stimmungsentscheidung: 7
- Bevölkerung kann Folgen nicht abschätzen: 6

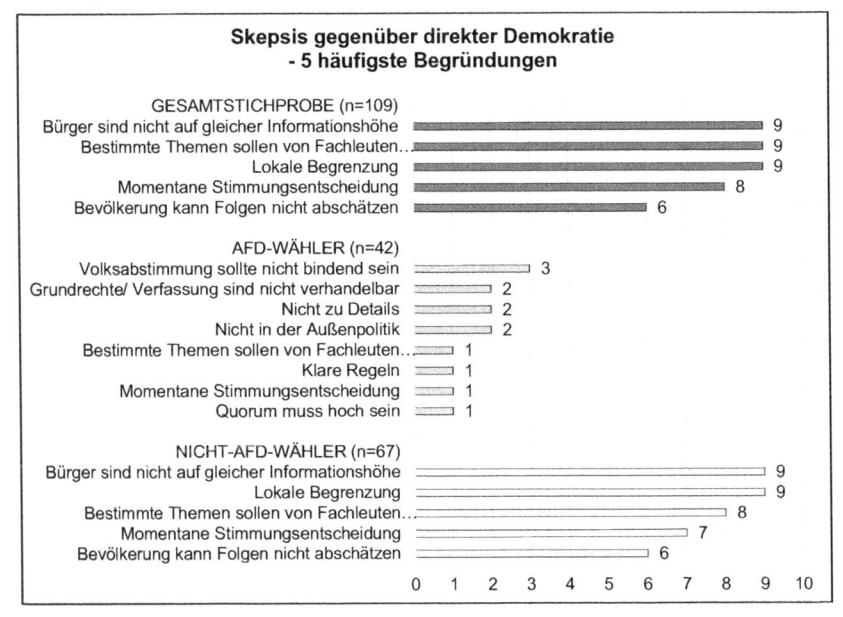

Abb. 25 Skepsis gegenüber direkter Demokratie. Top-5 Nennungen im Vergleich[52]
Quelle: eigene Berechnung

7.3.1 AfD-Wähler

AfD-Wähler sind am häufigsten der Ansicht, dass nicht-bindende Volksbefragungen durchgeführt werden sollten (3 Interviews). Das Ergebnis einer Volksbefragung käme so einer zusätzlichen konsolidierten Stimme im Gesetzgebungsprozess gleich.

> „Es wäre auch ein wichtiges Signal, auch wenn er nicht bindend wäre. Um einfach nur die Meinung der Bevölkerung einzuholen." (Interview 86)

Daneben befürworten AfD-Wähler thematische Einschränkungen von Volksentscheiden, bspw. sehen sie Grundrechte bzw. das Grundgesetz als nicht verhandelbar an und lehnen Abstimmungen über außenpolitische oder Detail-Fragen ab (jeweils 2 Interviews).

---

[52] Ein Argument wird pro Interview nur einmal gezählt. Die Häufigkeit gibt demnach die Anzahl der Interviews an, in denen das Argument genannt wurde.

"Das Volk darf niemals über einen Krieg abstimmen. Oder über die Todesstrafe. Solche Sachen. Das wäre so leicht zu lenken." (Interview 107)

Weiterhin werden Volksentscheide von Skeptikern als momentane Stimmungsentscheidung kritisiert, die bei einer Durchführung klarer Regeln – etwa ein hohes Quorum – unterliegen sollten. Ebenso sollte nicht über Details abgestimmt werden (jeweils 1 Nennung).

"Da gehe ich jetzt einfach mal runter auf die kommunale Ebene, weil da haben wir es ja schon, das finde ich auch richtig, dass der Bürgermeister entscheidet, mit wem er zusammenarbeitet. Also ich finde über einen Hauptverwaltungsbeamten oder über die Einstellung von irgendwelchen Verwaltungsfachangestellten und so weiter, da braucht der Bürger nicht abstimmen, sondern das ist eine Sache, wo man dem Bürgermeister oder der Behörde die Entscheidung offenlässt, wen sie einstellen, sofern sie sich an die Regelungen halten." (Interview 77).

7.3.2 Nicht-AfD-Wähler

Nicht-AfD-Wähler begründen ihre Skepsis am häufigsten mit einer lokalen Begrenzung von Direktdemokratie aus (9 Interviews). Volksentscheide sollten nur auf der Ebene durchgeführt werden, auf der die Sachfrage angesiedelt ist.

"Ich denke, es gibt bestimmte Bereiche wo Volksabstimmungen Sinn machen. Zum Beispiel dann, wenn es Leute vor Ort wirklich konkret betrifft. Also irgendeine Umfahrung oder so eine Geschichte, die wirklich die meisten Leute in ihrem Alltag betrifft. Da macht es Sinn." (Interview 28)

"Es gibt schon auch Entscheidungen, die ich gut fände. Und ich glaube, wo es am deutlichsten wird, ist vielleicht auf kommunaler Ebene, wenn es wirklich um direkte Bauvorhaben und so weiter geht, dass die Menschen schon erleben, also wir werden gefragt und das wird nicht einfach an uns vorbeigeplant und uns vor die Nase gesetzt. Das ist jetzt ein Beispiel, ja. Oder was weiß ich, Schließung eines Freibades oder sowas. Also wo ich so das Gefühl habe, das ist das, was die Menschen auch direkt in ihrem Leben dann gleich betrifft, da denke ich, halte ich so direktere Abstimmungen schon für geeignet." (Interview 51).

Nicht-AfD-Wähler sind ebenso häufig der Ansicht, dass die Bevölkerung nicht auf der gleichen Informationshöhe wie Politiker ist (9 Interviews). Die Befragten

7.3 Skepsis gegenüber direkter Demokratie

sind skeptisch, dass alle Wahlberechtigten ausreichend Informationen vorliegen haben und diese genügend verstehen, um eine fundierte Entscheidung zu treffen.

„Das Problem dabei ist, dass auch hier eine informierte Wahl getroffen werden müsste, und momentan hapert es da noch meiner Meinung massiv an den Instrumenten, eben die Bevölkerung dahingehend ausreichend mit Informationen zu versorgen, dass man eben solche Volksabstimmungen machen könnte." (Interview 76)

„Das Problem bei Volksentscheiden im großen Sinne ist, dass – die Bemerkung erlaube ich mir einfach mal: Ein Großteil der Wähler sind dumm, ein Großteil der Wähler haben eigentlich keine Ahnung, wofür sie da wählen sollen. Wenn man Volksentscheide macht, haben wir zum Beispiel Dinge [wie bei der Abstimmung zum] Brexit gesehen." (Interview 84)

Nicht-AfD-Wähler sind der Meinung, dass bestimmte Sachentscheidungen nur von Fachpolitikern entschieden werden sollten (8 Interviews). Hierbei wird die Rolle von Expertenwissen bei Sachentscheidungen anerkannt und die Entscheidung an Politiker delegiert.

„Was wirklich inhaltlich sehr wichtige Entscheidungen sind, finde ich eben, das sollten die Vertreter eben machen. Also da hoffe ich es einfach, dass die da mehr in der Materie drin sind, sich mehr Gedanken gemacht haben mit ihren Mitarbeitern und mit der Partei, als jetzt der normale Bürger eben das machen könnte. Ja, also so ein typisches Beispiel wäre jetzt wahrscheinlich mit Steuersenkungen. Ich glaube, da würde jeder für eine Steuersenkung stimmen. Aber ob das jetzt wirklich seinen Sinn hat, dass man das macht, weil irgendwo muss ja das Geld wieder rein. Und ich glaube nicht, dass der Bürger dann so umfassend informiert sein kann, dass der das jetzt wirklich einschätzen kann und eben auch das sehen kann." (Interview 69)

„Weil durch das repräsentative System einfach geschaffen wird, dass die Entscheidung, sage ich mal, qualitativ besser und durchdachter sind. Weil, man muss es so sagen, Politiker Fachmänner sind, sicherlich bis zu 60 Stunden da arbeiten und sich beraten lassen und man muss also sagen, einfach mehr Ahnung von den Sachen haben, über die sie da entscheiden." (Interview 113)

Weiterhin befürchten Nicht-AfD-Wähler, dass Wähler bei Volksentscheiden nach momentaner Stimmungslage entscheiden (7 Interviews). Hierbei vermuten die

Befragten, dass die Stimmabgabe bei einem Volksentscheid eher als „Strafzettel" für die aktuelle Politik verwendet wird oder sich viele Wähler von populistischer Stimmungsmache einfangen lassen.

> „*[Volksentscheide] sind ganz bestimmt keine Allheilmittel, weiß ich was, sondern es sind oft auch einfach momentane Stimmungsentscheidungen, die teilweise dann mit dem eigentlichen Abstimmungsgrund gar keine wirkliche Verbindung haben, sondern eher eine Unmutsäußerung über die allgemeine Situation.*" (Interview 24)

> „*Ich denke aber, und das ist wichtig, Politik muss auch immer ein bisschen langfristig gedacht werden. Also wer im Bundes- oder im Landtag sitzt, der entscheidet nicht aus dem Bauch raus. Was mache ich heute? Sondern der muss auch an die nächsten Jahre und an die Folgen denken. Darum möchte ich eigentlich nicht, dass wichtige politische Entscheidungen per Volksabstimmung gelöst werden. Ich sehe da eine Gefahr drin. Es ist relativ leicht, Stimmung zu machen und Leute kurzfristig auf seine Seite zu bringen.*" (Interview 28)

Nicht zuletzt sagen Nicht-AfD-Wähler, dass die Bevölkerung die Konsequenzen durch einen Volksentscheid nur schwer abschätzen kann (6 Interviews).

> „*[Bei] politische[n] Entscheidungen, vor allem so weitreichende, große Geschichten, finde ich dann wiederum, jetzt auch aus der Erfahrung mit Großbritannien, nicht so gut, Leuten Entscheidungen zu überlassen, ich sage mal, wahrscheinlich wo der Großteil derer, die da gefragt werden, nicht im Ansatz verstehen, was für eine Tragweite eine, wie auch immer geartete, Antwort hat.*" (Interview 42)

7.4 Deliberative Demokratie

Neben Direktdemokratie kam in den Interviews eine weitere Form der Demokratie zur Sprache: die deliberative Demokratie. In einer deliberativen Demokratie basieren politische Entscheidungen auf einem „Diskurs der rationalen Willens- und Meinungsbildung" (Kost 2013, S. 30) in der Zivilgesellschaft. Grundlage hierfür sind für jeden Bürger zugängliche und verregelte Beteiligungsprozesse, die vordergründig ein gesprächs- und weniger ein abstimmungszentriertes Ziel haben. Eine ideale Gesprächssituation entsteht in einem gemeinsamen Diskussionsraum durch die Offenheit der Teilnahme, Gemeinwohl- und Konsenorientierung der

7.4 Deliberative Demokratie

Diskussion, einer hohen Qualität der Begründungen und gegenseitigem Respekt (vgl. Alcántara et al. 2016, S. 36). In diesem Rahmen tritt „durch rationale Diskussion bzw. diskursive Aushandlung (Deliberation)" (Kost 2013, S. 29) die öffentliche Meinung ‚zutage' und zwar *bevor* eine politische Entscheidung getroffen wurde. Die letztendliche Entscheidungsgewalt liegt wieder bei Amtsträgern.

Wie Direktdemokratie wurde deliberative Demokratie nicht aktiv vom Interviewer angesprochen, sondern nur thematisiert, sofern ein/e Befragte/r diskursive Bürgerbeteiligungsprozesse proaktiv erwähnt hat bzw. Aspekte genannt hat, die deliberativer Demokratie entsprechen.

Deliberative Demokratie scheint im Bewusstsein der Wähler nur hintergründig zu existieren. In nur über einem Fünftel der Interviews (22 von 109 Interviews, Anteil von 19,3 %) werden Aspekte von deliberativer Demokratie erwähnt – vor allem durch Nicht-AfD-Wähler (18 von 67 Interviews; Anteil von 28,9 %). Weitaus weniger AfD-Wähler sprechen über deliberative Demokratie (3 von 42 Interviews; Anteil von 7,2 %).

Tab. 10 Befürwortung von deliberativer Demokratie

	Deliberative Demokratie		
	Gesamte Stichprobe	AfD-Wähler	Nicht-AfD-Wähler
Anzahl Interviews	21 von 109	3 von 42	18 von 67
	19,3 %	7,2 %	28,9 %

Quelle: eigene Berechnung

Sowohl AfD- als auch Nicht-AfD-Wähler schätzen Elemente deliberativer Demokratie wegen der Möglichkeit Wissen und Meinungen aus der Bevölkerung sowie deren Bedürfnisse in politische Prozesse zu intergieren (Abb. 26).

Während AfD-Wähler in ihren Begründungen allerdings eher output-orientiert sind und einen offenen Ergebnisausgang bei „echter" Bürgerbeteiligung betonen, stehen für Nicht-AfD-Wähler diskursive Elemente, konkret der regelmäßige und intensivere Kontakt zu Amtsträgern, im Vordergrund.

**Befürwortung von deliberativer Demokratie
- 5 häufigste Begründungen**

GESAMTSTICHPROBE (n=109)
- Wissen und Meinungen aus Bevölkerung...: 9
- Mehr deliberative Verfahren (unbegründet): 5
- Möglichkeit, Meinung einzubringen: 4
- Gesprächstunden: 3
- Verbindung zwischen MdB und Bevölkerung: 3

AFD-WÄHLER (n=42)
- Wissen und Meinungen aus Bevölkerung...: 2
- Möglichkeit, Meinung einzubringen: 1
- Offener Ergebnisausgang: 1

NICHT-AFD-WÄHLER (n=67)
- Wissen und Meinungen aus Bevölkerung...: 7
- Gesprächstunden: 3
- Verbindung zwischen MdB und Bevölkerung: 3
- Möglichkeit, Meinung einzubringen: 3
- Befragung als weiteres Element: 2

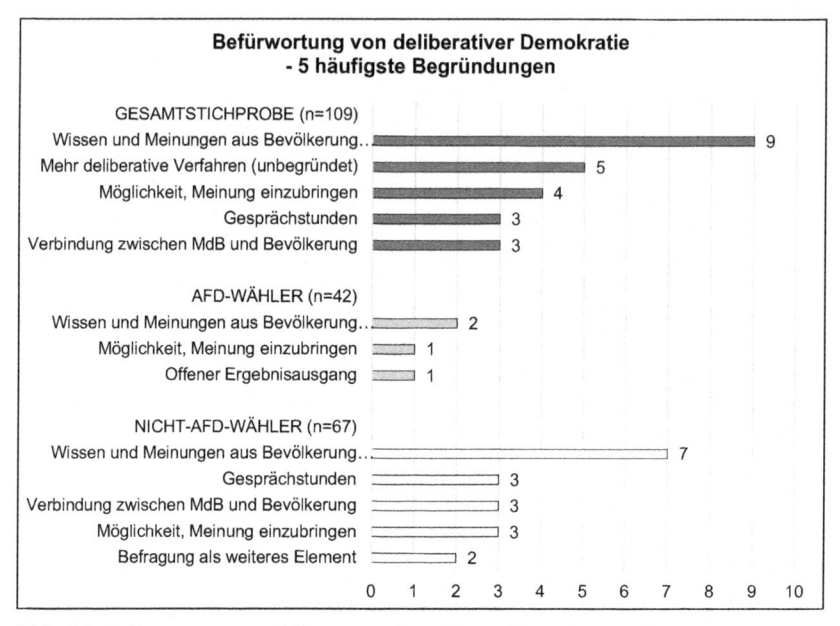

Abb. 26 Befürwortung von deliberativer Demokratie. Top-5 Begründungen im Vergleich[53]
Quelle: eigene Berechnung

7.4.1 AfD-Wähler

AfD-Wähler sehen deliberative Demokratie-Formen als Möglichkeit an, Bedürfnisse und Ideen aus der Bevölkerung in den politischen Entscheidungsfindungsprozess zu integrieren (2 Interviews).

„Weil ich denke, das habe ich gelernt in meiner politischen Tätigkeit und so weiter, das größte Potenzial, was eine Gesellschaft hat, ist ja der Bürger selber, wenn er ernst genommen wird. Die haben ja so viel Wissen bei der Bürgerschaft, das nur abgeholt werden muss. Meiner Meinung nach gibt es da nicht genug." (Interview 11)

---

53 Jedes Argument wird pro Interview nur einmal gezählt. Die Häufigkeit gibt demnach die Anzahl der Interviews an, in denen das Argument genannt wurde.

Deliberative Demokratie wird von AfD-Wählern zudem wegen ihrer Ergebnisoffenheit geschätzt (1 Nennung).

„Na, diese sogenannte Pseudo-Bürgerbeteiligung, dass die mal zu einer echten Bürgerbeteiligung wird. Ich habe den Eindruck, es wird immer nur Alibi-Aktionen gefahren, wie in unserer Stadt, da bemüht man sich nach außen hin [...]. Letzten Endes aber sind die Entscheidungen schon alle getroffen worden. Das Geld ist auch schon alles ausgegeben. Was soll ich mich da als Bürger jetzt noch beteiligen, wenn das schon alles feststeht? [...] Bürgerbeteiligung würde aussehen praktisch, dass tatsächlich reelle Chancen bestehen, dass die Bürger sich beteiligen können und entsprechend auch dann umgesetzt werden kann und nicht vorher schon alles praktisch über Hinterzimmer, wie ich immer sage, entschieden wird und festgelegt ist." (Interview 11)

AfD-Wähler sehen deliberative Demokratie-Formen als Möglichkeit an, die eigene Meinung in den Politikprozess einzubringen und die Vormachtstellung von Parteien zu beschneiden (1 Nennung).

„Es müsste sich was ändern, dahingehend dass diese Parteienmacht wechselt. Also ich habe mich mit der SPD versucht zu unterhalten, dann habe ich versucht meine Meinung darzulegen, und dann wurde irgendwann mal das Ganze abgebrochen, es wurde kein Dialog gesucht, sondern: Du bist nicht für uns, also bist du gegen uns, und deswegen sprechen wir mit dir nicht mehr – das ist etwas, was ich schade finde. Also es müsste mehr Bürgerdialog geben. Durch das, dass der Bürger mehr Macht bekommt." (Interview 77)

7.4.2 Nicht-AfD-Wähler

Nicht-AfD-Wähler erkennen ebenfalls den Vorteil, Bedürfnisse und Fachwissen, welche in der Bevölkerung existieren, in den Politikprozess einzubringen (7 Interviews).

„[V]ielleicht sollte doch die Möglichkeit bestehen, dass irgendwelche Foren entwickelt werden und präsentiert werden, wo man dann sich noch stärker austauschen kann. Also ich könnte mir vorstellen, dass es da beispielsweise von den Parteien oder vom Land, von der Kommune irgendwelche, Gremien sind [...] [organisiert werden oder] im Internet einfach ein Pingpongspiel ermöglicht wird, dass man seine Meinung dort austragen kann." (Interview 61)

Weiterhin sehen Nicht-AfD-Wähler das Potenzial, die eigene Meinung einzubringen, oder eine feste Gesprächsrunde zum Austausch als weiteres Element zu implementieren (jeweils 3 Interviews).

„*Ich möchte einfach das nutzen, was man mir anbietet, möchte meine Meinung sagen [...] Auch, wenn meine Meinung nicht richtig sein muss, dann in dem Fall. [...] Wenn man 7.000 Einwohner hat, dann gibt es auch 7.000 unterschiedliche [...] Meinungen. Dann muss eben halt dann ich mit meiner Meinung zurücktreten, wenn ich eben da ALLEINE stehe.*" (Interview 64)

„*Es geht darum, dass man, ich sage es jetzt mal so ganz gemein ausgedrückt, dass man halt Bürger dem gewählten Volksvertreter die Meinung der Basis näherbringen kann.*" (Interview 45)

„*[E]s gibt ja immer wieder so Bürgerforen mit Politikern oder so, aber teilweise sind die natürlich sehr vorab programmiert. Also [...] wenn die Bundeskanzlerin sowas macht, dann ist das ja viel, dann steht ja vorher fest, wer von den Bürgern eingeladen wird und so weiter. Es wäre natürlich eine Idee, wenn viel mehr Bundestagsabgeordnete sich sozusagen ein Vorbild nehmen an den Town Hall Meetings in Amerika, wo es dann teilweise wirklich ein bisschen hoch heiß hergeht zwischen den Politikern und den Bürgern.*" (Interview 87)

Eine Befragung könnte als weiteres Element dienen. Diese dient Amtsträgern als eine gewichtige Stimme bei dir Ideen- und Entscheidungsfindung (2 Interviews).

„*Da [bei wichtigen Themen] sollte auch die Gesellschaft zumindest befragt werden. Also jetzt nicht wirklich, vielleicht nicht unbedingt entscheiden, aber schon so eine Vorstufe, wie seht ihr das? Also welche Meinung, welche Ideen habt ihr? Das wird zwar teilweise schon gemacht, aber das Problem ist da vielleicht, dass die Informationen noch ein bisschen sehr kurz kommen.*" (Interview 67)

In der gesamten Stichprobe existieren 11 Befragte, die sowohl direkte als auch deliberative Demokratie befürworten (Anteil von 10,1 %). Unter AfD-Wählern ist der Anteil der Befragten mit dieser Einstellung geringer als unter Nicht-AfD-Wählern (3 von 42 Interviews bzw. Anteil von 7,1 % vs. 8 von 67 Interviews bzw. Anteil von 11,9 %).

Tab. 11 Befürwortung von direkter und deliberativer Demokratie

	Befürwortung von direkter *und* deliberativer Demokratie		
	Gesamte Stichprobe	AfD-Wähler	Nicht-AfD-Wähler
Anzahl Interviews	11 von 109	3 von 42	8 von 67
	10,1 %	7,1 %	11,9 %

Quelle: eigene Berechnung

7.5 Fazit

Dieses Kapitel hat gezeigt, dass Direktdemokratie bei AfD-Wählern einen höheren Stellenwert einnimmt und positiver besetzt ist als bei Nicht-AfD-Wählern. Doch welche Argumente führen die beiden Wählergruppen für direkte Demokratie an?

AfD-Wähler argumentieren mit dem populistischen Narrativ einer unterdrückten Meinung bzw. eines von Eliten ignorierten Volkswillens oder auch des individuellen Willens, dem durch direkte Demokratie wieder erfolgreich Gehör verschafft werde. Dies meint zum einen eine gesellschaftliche Debatte im Vorfeld von Volksentscheiden, die offen, ohne Meinungstabus und mit hohem Engagement in der gesamten Bevölkerung geführt werden solle. Zum anderen entsprächen politische Entscheidungen durch direktdemokratische Elemente wieder dem Mehrheitswillen bzw. den Bedürfnissen der Bevölkerung. Hier tritt deutlich das Verständnis von gewählten Politikern bzw. Parteien als Gegner des Volkes zutage, in dem Politiker den „wahren" Mehrheitswillen nicht akzeptieren, sondern hauptsächlich eigene Interessen verfolgen würden. Volksentscheide wirkten so als Korrektiv zu Entscheidungen von gewählten Politikern, von denen sich viele befragte AfD-Wähler aktuell fremdbestimmt fühlen. Vor allem große, bedeutende Themen wie Fragen der Flüchtlings- und Migrationspolitik, der Infrastruktur sowie der europäischen Integration sollten nach Ansicht von AfD-Wählern in direktdemokratischen Prozessen beantwortet werden.

Nicht-AfD-Wähler erhoffen sich durch Direktdemokratie eine „Demokratisierung" des demokratischen Prozesses. Die Wähler fühlten sich dann wieder ausreichend wahrgenommen und eingebunden, politische Entscheidungen würden stärker im Sinne der Bevölkerung gefällt. Das politische System wäre responsiver, die Beziehung zwischen Politik und Bevölkerung verbesserte sich, auch weil Politiker bzw. Parteien eher als Partner wahrgenommen würden. Weiterhin hätten Volksentscheide das Potential die Gesellschaft nach politischen Streits zu befrieden und die Akzeptanz der Politik zu erhöhen. Damit werde insgesamt die Legitimität der Demokratie gefestigt, äußerten viele der befragten Nicht-AfD-Wähler. AfD-Wähler sehen sich also tendenziell außerhalb des politischen Systems, Politiker und Parteien werden als Gegenspieler verstanden. Direkte Demokratie dient als eine Art Kampfmittel zur eigenen Reintegration. Nicht-AfD-Wähler erkennen Missstände bzw. eine Entfremdung der Politik von der Bevölkerung. Direktdemokratische Elemente sollen helfen die Beziehung zwischen Amtsträgern und Gesellschaft wieder harmonischer und partnerschaftlicher zu gestalten.

Literatur

Alcántara, S., Bach, N., Kuhn, R., und P. Ullrich. 2014. *Demokratietheorie und Partizipationspraxis. Analyse und Anwendungspotentiale deliberativer Verfahren*. Wiesbaden: Springer VS.

Hornig, E.-C., und U. Kranenpohl. 2014. Einleitung: Perspektiven der Forschung. In *Direkte Demokratie. Analysen im Vergleich*, Hrsg. U. Münch, E.-C. Hornig, und U. Kranenpohl, 9–22. Baden-Baden: Nomos.

Kost, Andreas. 2013. *Direkte Demokratie*. 2.Aufl. Wiesbaden: Springer VS.

Schmidt, Manfred G. 2010. *Wörterbuch zur Politik*. 2., Vollst. überarb. und erw. Aufl.. Stuttgart: Alfred Kröner Verlag.

Zwischen Mitmachen und Dagegen sein
Politische Lebenswelten in Baden-Württemberg

8

Rolf Frankenberger, Tim Gensheimer und Daniel Buhr

Mit der Landtagswahl 2016 in Baden-Württemberg und der Bundestagswahl 2017 hat sich die politische Landschaft in Deutschland nachhaltig verändert. Einerseits konnte sich Bündnis90/Die Grünen als stärkste Kraft im „Ländle" behaupten und andererseits mit der Alternative für Deutschland (AfD) eine rechtspopulistische Partei bundesweit etablieren (vgl. Lewandowsky et al. 2016; Decker 2017; Schmitt-Beck et al. 2017). Mit dieser Entwicklung hin zu einem pluralistischen Parteiensystem geht die Etablierung neuer gesellschaftlich-kultureller Konfliktlinien einher. Den Ausgangspunkt nimmt diese Entwicklung in den 1970er Jahren, in denen sich der Gegensatz zwischen libertär-universalistischen und autoritär-kommunitaristischen, euroskeptischen Positionen zu einer Konfliktlinie verdichtete und sich zunehmend in Europa ausbreitete (vgl. Bornschier 2012, S. 123f). Spätestens mit den Erfolgen der AfD bei den letzten Landtags- und Bundestagswahlen ist die in vielen anderen Ländern Europas schon weiter fortgeschrittene ideologisch-programmatische Polarisierung des Parteiensystems auch in Deutschland angekommen (vgl. Franzmann 2018, S. 389f). Progressiven universalistisch-pluralistischen Positionen stehen nun autoritäre partikularistisch-nationale Positionen entgegen: „Auf der gesellschaftspolitischen Konfliktlinie war lange nur der linke, postmaterialistisch-libertär-kosmopolitische Pol besetzt; ihn vertreten die Grünen. Durch den Einzug der AfD in den Bundestag ist nun auch die gesellschaftspolitisch rechte, materialistisch, autoritär-globalisierungsfeindliche Gegenposition in der parlamentarischen Auseinandersetzung auf der Bundesebene angekommen" (Schmitt-Beck 2018, S. 656).

Die Wählerschaft der AfD ist dabei zunehmend Gegenstand meist quantitativer Studien. Dabei zeigen sich einige Trends, aber auch Veränderungen. Während Berbuir et al. (2015) zeigen können, dass AfD-Sympathisanten überwiegend männlich (80 %), gut gebildet (knapp 50 % hatten einen Hochschulabschluss), politisch sehr interessiert sind und sich selbst überwiegend der Mittelschicht zurechnen, stellen Hambauer und Mays (2018) im Rahmen einer Analyse der Umfragedaten der German Longitudinal Election Study (GLES) aus den Jahren 2015 und 2016, dass

© Springer Fachmedien Wiesbaden GmbH, ein Teil von Springer Nature 2019
Baden-Württemberg Stiftung (Hrsg.), *Demokratie-Monitoring Baden-Württemberg 2016/2017*, https://doi.org/10.1007/978-3-658-23331-0_8

die Sympathisanten immer noch überwiegend männlich sind (75 %), allerdings tendenziell eher mittlere oder niedrige Bildungsabschlüsse vorweisen, weit überdurchschnittlich oft in Vollzeit berufstätig (64 %) und Arbeiter (27 %) sind. Dabei zeigen sich auch regionale Differenzen zwischen Ost (mehr Arbeiter, jünger und mit 57 % Männern deutlich weiblicher) und West (mehr Angestellte, weniger Frauen). Sie kommen zu dem Schluss, dass sich die AfD-Wählerschaft „zunehmend aus den unteren Schichten rekrutiert und nicht unbedingt von der „Partei der Besserverdienenden" gesprochen werden kann. Auch der überaus hohe Anteil an Arbeitern (auch in Westdeutschland mit 27 %) spricht dagegen" (Hambauer und Mays 2018, S. 142). Sozialstrukturell scheint sich also ein zumindest partieller Wandel in der Wählerschaft zu vollziehen. Neben Ängsten vor der „Flüchtlingskrise" (80 %) sind es vor allem Ängste vor wirtschaftlichem Abstieg (41 %) und Stellenverlust (33 %) sowie eine ausgeprägte Parteienskepsis (82 %) und ein starkes politisches Interesse (58 %) die sie von Sympathisanten anderer Parteien unterscheiden. In einer Studie zu Baden-Württemberg identifizieren Schmitt-Beck et al. (2017; vgl. die Beiträge in diesem Band) mehrere zentrale Faktoren, die zu einer Wahl-Entscheidung pro AfD führen. Dabei sind insbesondere negative Bewertungen der Leistungen der Exekutiven in Bund und Land treibende Kraft: „Wie kein anderer Faktor speist der Entzug spezifischer Unterstützung gegenüber diesen – von unterschiedlichen Parteien getragenen! – Regierungen die Unterstützung der AfD" (Schmitt-Beck et al 2017, S. 296). Darüber hinaus tragen Geschlecht, subjektive materielle Benachteiligung, Misstrauen gegenüber anderen Menschen, politisches Interesse (Ebd., S. 292) und rechte Ideologie zur Wahlentscheidung für die AfD bei (Ebd., S. 295). Nicht zuletzt zeigen der AfD nahestehende Menschen deutliche Präferenzen für direktdemokratische Verfahren (Ebd., S. 295). In einer Analyse des Wählerverhaltens bei der Bundestagswahl 2017 auf der Basis der GLES bestätigen sich einige dieser Annahmen, wie Schmitt-Beck (2018, S. 650ff) zeigt: AfD-Wähler sind überdurchschnittlich oft männlich, tendenziell weniger gut gebildet gehören zum so genannten alten Mittelstand (Selbständige und Landwirte) oder sind Arbeiter. Sie beschaffen sich Informationen überdurchschnittlich oft über private Medien und insbesondere Online-Angebote und Soziale Medien, während sie öffentlich-rechtliche Medien tendenziell ablehnen, was auf einen Echokammer-Effekt hinweist. Treibende Themen sind die Ablehnung von Zuwanderung, allgemeiner wirtschaftlicher Pessimismus sowie die Unzufriedenheit mit den Leistungen der Demokratie. Dazu gehören auch solche Wähler, „welche die Demokratie nicht unter allen Umständen erhaltenswert fanden" (Schmitt-Beck 2018, S. 654). Es finden sich also deutliche Belege für die oben angesprochene neue Konfliktlinie: „Die Befunde deuten darauf hin, dass die AfD von Unzufriedenheit mit der Performanz der Demokratie (und möglicherweise sogar mangelnder Legitimität der Demokratie als Ideal politischer Ordnung) profitierte, während die Grünen eher von Personen gewählt wurden, die mit der Realität der Demokratie zufrieden waren" (Schmitt-Beck 2018, S. 656).

Dies wiederum stellt eine zentrale Herausforderung für die Demokratie dar. Denn wenn Grundwerte der Demokratie abgelehnt werden und deren Legitimität sinkt, kann dies langfristig destabilisierende Effekte zeitigen[54]. Umso wichtiger ist die Frage nach grundlegenden Einstellungs- und Vorstellungsmustern, nach der politischen Kultur, nach den politischen Lebenswelten, welche die Anhänger der AfD teilen.

Um belastbare Antworten auf diese Frage formulieren zu können, ist es von entscheidender Bedeutung, nicht nur die meist kurzfristig und je nach Wahrnehmung aktueller Probleme veränderlichen Meinungen der Bürgerinnen und Bürger zu kennen, sondern gerade die dahinter liegenden Wertorientierungen, biographischen und sozialisatorischen Erfahrungen sowie lebensweltlichen Bezüge zu erforschen. Denn wenn es sich bei der aktuellen politischen Entwicklung um einen Ausdruck eines tiefergehenden Wandels politischer Lebenswelten handelt, dann stünde die Demokratie in Baden-Württemberg vor größeren Herausforderungen.

Ausgehend von der Vorstellung der Politischen Kultur als geistige Landkarte oder Verfassung (Rohe 1994, S. 1) sollten in der politischen Kulturforschung grundlegende Vorstellungen anstatt oberflächlicher Einstellungen und Legitimitätsurteile erfasst werden, da diese die politische Kultur eines Landes besser abbilden würden (Greiffenhagen 2009, S. 17f). Es geht also nicht nur um eine analytische Trennung zwischen Einstellungsebene und der grundlegenderen Ebene der Ordnungsvorstellungen (Rohe 1994, S. 3), sondern um eine fundiertere Konzeptualisierung der Politischen Kulturforschung. Ein Konzept, das Rohes Kritik aufgreift und damit die vorhandenen Lücken verkleinern kann, ist das der ‚Lebenswelt' (Schütz/Luckmann 2003). Diese wird zur zentralen Analysekategorie, um die subjektive Dimension politischer Wirklichkeiten zu erfassen, denn die alltägliche Lebenswelt stellt den Bereich dar, in dem ein spezifischer Erfahrungshorizont mit individuel-

---

54 Dies gilt umso mehr angesichts der Ergebnisse der so genannten „Mitte-Studien" von Andreas Zick et al. Denn gerade in der AfD-Wählerschaft werden grundlegende Werte der Demokratie wie Gleichheit abgelehnt. Küpper (2017, S. 4) fasst die Befunde prägnant zusammen: „80 Prozent der potentiellen AfD-Wähler_innen neigen zu rechtspopulistischen, 23 zu rechtsextremen und 84 Prozent zu neurechten Einstellungen. Zudem billigen sie häufiger Gewalt zur Durchsetzung politischer Ziele (27 Prozent Zustimmung bei AfD-Sympathisant_innen, 9 Prozent bei Wähler_innen anderer Parteien) […] und sind auch eher selbst zu Gewalt bereit (29 Prozent vs. 8 Prozent) […] Die potentiellen Wähler_innen der AfD gehören dabei keineswegs nur zu den „Abgehängten", sondern kommen mehrheitlich aus der Mittelschicht, wie sich inzwischen in der FES-Mitte-Studie 2016 und weiteren Studien" […] zeigt.

lem Realitäts- und Sinnbereich und spezifischem Wissensvorrat (Frankenberger et al. 2015, S. 154) entwickelt wird und die Grundlage für die Interpretation und Wahrnehmung des politischen Alltags ebenso wie für die Ausbildung von Interessen bildet. In diesem Sinne sind Interessen immer kulturalisierte Interessen, die durch lebensweltliche Erfahrungshorizonte und Lebensvollzüge im Alltag geprägt sind und das Handeln leiten. Für die Entwicklung von Wissensvorräten und Handlungskonzepten ist die „Welt in aktueller Reichweite" (Schütz und Luckmann 2003, S. 71f) ebenso zentral wie die „Welt in potentieller Reichweite" (Ebd., S. 72f). Somit geht der Lebenswelt-Ansatz davon aus, dass der alltägliche Lebensraum das Alltagswissen und das Alltagshandeln prägt und nicht vorrangig sozio-demographische, sozio-ökonomische oder sozialisatorische Variablen (Flaig et al. 1994, S. 9; Frankenberger et al. 2015, S. 215). Die Annahme, dass die ‚eigene Wirklichkeit' Alltagswissen und Alltagshandeln bestimmen, lässt sich folgerichtig auf das Politische übertragen (Flaig et al. 1994, S. 28). Somit decken Politische Lebenswelten nach dem Verständnis von Rohe eine „umfassende kognitive und normative Landkarte der politischen Welt" (Frankenberger et al. 2015, S. 152) auf. Die Lebensweltforschung ist „bestrebt, Annahmen über das Denken und Handeln sozialer Gruppen zu revidieren, indem in selektiver Form grundlegend neue, die politische Realität bestimmende, nicht vermutete Beziehungen und Strukturen aufgedeckt werden" (Müller-Rommel/Poguntke 1991, S. 185).

Im Folgenden werden daher aufbauend auf die Studie von Frankenberger et al. (2015) die *politischen* Lebenswelten in Baden-Württemberg erfasst und die Lebenswelttypologie überprüft und weiterentwickelt. Es werden dabei auch und insbesondere die Lebenswelten von AfD-Wählerinnen und -Wählern kartiert. Angesichts der Widersprüchlichkeiten hinsichtlich ihrer Soziodemographie steht zu vermuten, dass sich auch hier ein gesellschaftlicher Querschnitt abbildet und dennoch Schwerpunkte in bestimmten Lebenswelten gefunden werden können. Ausgehend von den bisherigen Erkenntnissen ergeben sich dabei folgende Arbeitshypothesen: (1) AfD-Wähler haben überwiegend ein direktes Demokratieverständnis, zeigen aber gleichzeitig ein niedriges Partizipationsniveau. Diese Kombination verdichtet sich zu einer neuen politischen Lebenswelt. (2) AfD-Wähler sind frustriert vom aktuellen politischen System und dies verdichtet sich zu einer aversiven Grundhaltung gegenüber der repräsentativen Demokratie.

Zunächst werden die Befunde aus dem Demokratie-Monitoring 2013/14 vorgestellt, die als Referenzrahmen dienen. In einem zweiten Schritt werden die politischen Lebenswelten 2017 entlang der Dimensionen Politikverständnis und Demokratieverständnis sowie der Partizipation kartiert und beschrieben. Auf dieser Basis wird das Gesamtmodell unter Einbezug der Dimension aversive vs.

affirmative Kritik am System neu justiert. Abschließend werden einige Befunde zu den AfD-Wählern gesondert diskutiert.

8.1 Politische Lebenswelten im Überblick

Die Unterscheidung politischer Lebenswelten basiert auf den unterschiedlichen Konstruktionen zentraler Dimensionen der politischen Alltagswelten, wie sie die Befragten in den Interviews geäußert haben. Dies sind vor allem die Vorstellungen von Demokratie und Politik, die alltagsweltlichen Definitionen und Beschreibungen dieser zentralen Konzepte, welche die Erfahrungsräume konstituieren, innerhalb derer Ereignisse als genuin politisch wahrgenommen werden und die sich von anderen Erfahrungsräumen wie etwa dem Sozialen, Kulturellen oder Privaten abgrenzen. Letztlich entsteht die politische Lebenswelt über eine Selbstdefinition des Politischen.

Erstmals wurden die politischen Lebenswelten in einer qualitativen Teilstudie des Demokratie-Monitoring Baden-Württemberg 2013/2014 untersucht (Frankenberger et al. 2015). In episodischen Interviews wurden 275 Personen in vierzehn Kommunen Baden-Württembergs im Hinblick auf die Hintergründe ihrer politischen Partizipation befragt (Ebd., S. 156). Mittels einer qualitativen Inhaltsanalyse der Interviews wurden Politik- bzw. Demokratieverständnisse als Alltags- bzw. (Gesellschafts-) Ordnungsdimension identifiziert.

Die Kartierung der politischen Lebenswelten erfolgte ausgehend von den grundlegenden Assoziationen der Befragten zu Politik und Demokratie. Dabei werden die grundlegenden Orientierungen und Wissensbestände zu Politik und Demokratie zueinander ebenso in Bezug gesetzt wie zu Wissensbeständen, Wahrnehmungen und Evaluationen von politischem System, Wahlen, Partizipationsmöglichkeiten und vor allem tatsächlichem Partizipationsverhalten. Grundlegend für die Typenbildung politischer Lebenswelten sind dabei die Assoziationen, Konzepte und Vorstellungen von Politik als Dimension der alltäglichen Lebenswelt und Demokratie als politischer Ordnung, in der die Individuen sich selbst verorten. Im Demokratie-Monitoring 2013/14 wurden dabei sieben Lebenswelten identifiziert, die überdurchschnittlich häufig auftraten und die sich zu drei größeren Gruppen von Lebenswelten mit einem gemeinsamen Kern politischer Orientierungen, Erfahrungen und Horizonten zusammenfügten (vgl. Frankenberger et al. 2015, S. 201f).

Unpolitische und *Distanzierte* bilden die politikfernen Lebenswelten, die 22,5 % des Samples ausmachen. Diese *politikfernen Lebenswelten* sind geprägt durch rudimentäre Demokratieverständnisse, die mit mehr oder weniger elaborierten

Politikbegriffen einhergehen, meist aber durch eine deutliche Distanz zur Politik gekennzeichnet sind. Menschen aus solchen politikfernen Lebenswelten partizipieren kaum am politischen und sozialen Leben. Für die *Unpolitischen* spielt Politik keine oder nur sehr untergeordnete Rolle. Das Wissen über Politik und das politische System ist gering. Distanz und Entfremdung zeigen sich durch eine überdurchschnittliche Unzufriedenheit. Diese Lebenswelt findet sich in allen Bildungsgruppen, aber eher bei Jüngeren und geht oft einher mit niedrigeren Einkommen. Die Lebenswelt der *Distanzierten* ist geprägt durch die Vorstellung, dass Politik, die anderen, die Politiker und Politikerinnen machen. Damit einher geht die Überzeugung, dass der oder die Einzelne kaum etwas bewirken kann und dass auch Wahlen kaum etwas ändern. Die distanzierte Lebenswelt ist eher output-orientiert und durch tendenzielle Unzufriedenheit geprägt. Daher wird auch häufig die Unzufriedenheit mit Politiken, Politikergebnissen und Politikern artikuliert. Diese Lebenswelt ist eher männlich geprägt und in allen Altersklassen zu finden. Es handelt sich hier meist um die Mitglieder einer politikfernen Mittelschicht.

Gemeinwohlorientierte, *Elektorale* und *Macher* sind die drei zentralen *delegativen Lebenswelten*. Sie sind an Normen, Spielregeln und Institutionen der Politik orientiert. Repräsentative oder normorientierte Demokratieverständnisse gehen einher mit stark auf Regierung, Institutionen und Regeln fixierten Politikbegriffen. Diese Lebenswelten stellen den Kern der repräsentativen Demokratie dar und beinhalten Wähler und Mandatsträger gleichermaßen. Menschen aus diesen Lebenswelten sind entweder politisch oder sozial aktiv, in einigen Fällen auch beides. Das Partizipationsniveau ist überwiegend niedrig oder mittel und auf individuell relevante Lebensbereiche begrenzt. Zusammen machten diese Lebenswelten 44,4 % des Samples der 2013/14er Studie aus. *Gemeinwohlorientierte* sind ähnlich wie die Distanzierten stark auf Regierende und Regierungshandeln ausgerichtet, allerdings findet sich hier ein starker Bezug zu Normen wie Freiheit, Gleichheit oder Toleranz, die das Zusammenleben in einer Demokratie strukturieren. Gemeinwohlorientierte sind sehr zufrieden mit dem politischen System und stark sozial aktiv. In dieser Lebenswelt finden sich Menschen aus allen Altersgruppen und Bildungsniveaus. Häufig sind es jedoch Frauen, Menschen mit mittleren Einkommen und eher niedrigeren formalen Bildungsabschlüssen. Die *Elektoralen* verkörpern den Kern der repräsentativen Demokratie. Wahlen werden als zentral erachtet und auch genutzt. Über Wahlen hinaus ist die politische Beteiligung eher unterdurchschnittlich, und wenn, dann streben Elektorale am ehesten nach einem Amt oder sind im Umfeld einer Partei oder Gewerkschaft aktiv. In dieser Lebenswelt herrscht eine hohe Zufriedenheit mit dem politischen System vor, auch wenn mehr Bürgernähe der Politiker gewünscht wird. In dieser Lebenswelt finden sich besonders häufig Menschen mit mittleren Einkommen, hohen Bildungsab-

8.1 Politische Lebenswelten im Überblick

schlüssen und eher Männer zwischen 35–44 und 55–74 Jahren. Auch die *Macher* sind geprägt von einem repräsentativen Demokratieverständnis. Sie nehmen sehr stark Bezug auf Orte der Politik, also Parlamente oder Gemeinderäte, und gehen davon aus, dass auch im Kleinen etwas verändert werden kann. Bei den Machern fällt auf, dass sich das Niveau ihres politischen Engagements im Wesentlichen um zwei Pole gruppiert: Macher sind entweder politisch hoch aktiv und in Ämtern zu finden oder sie sind – zumindest aktuell – politisch inaktiv. In dieser Lebenswelt ist die grundsätzliche Zufriedenheit mit dem politischen System sehr ausgeprägt, auch weil Menschen mit dieser Orientierung oft gestaltende Rollen einnehmen. Quer durch alle Altersklassen findet sich diese Orientierung jedoch besonders häufig bei den mittleren und hohen Bildungsabschlüssen und Einkommen, bei Angestellten und Beamten.

Die *partizipatorischen Lebenswelten* bestehen aus *Mitgestaltern* und *Mitbestimmern*. Beide zeichnen sich durch beteiligungsorientierte Demokratieverständnisse und emanzipatorische Herangehensweisen an Politik aus. Sie sind davon überzeugt, selbst etwas bewirken zu können und sind dementsprechend multipel sozial und politisch aktiv. 33,1 % gehörten zu dieser Gruppe. *Mitgestalter* wollen Einfluss nehmen auf die Gestaltung des Gemeinwesens. Sie wollen „gefragt werden" und in Prozesse der Findung von Lösungen für gesellschaftliche Probleme eingebunden werden. Neben Wahlen werden vielfältige Beteiligungsmöglichkeiten antizipiert und oft auch genutzt. Mitgestalter sind vielfältig sozial und politisch aktiv und hoch zufrieden mit dem politischen System. Menschen über 45 mit mittleren und hohen Einkommen und hohen formalen Bildungsabschlüssen sind hier stark überrepräsentiert. *Mitbestimmer* wollen im Unterschied zu den Mitgestaltern nicht nur eingebunden sein, sondern selbst mitentscheiden. Direktdemokratische Verfahren werden als höchster Verwirklichungsgrad dieser Mitbestimmung angesehen, was dazu führt, dass sie Demokratie zwar grundsätzlich als wertvoll betrachten, aber den empfundenen Mangel an direkter Demokratie deutlich artikulieren. Diese Lebenswelt ist sozial und politisch aktiv, häufig finden sich hohe Einkommen und formale Bildungsabschlüsse, Beamte und Angestellte. Abb. 27 fasst die Lebenswelten entlang der Dimensionen Demokratieverständnis, Partizipationsniveau und Politikverständnis zusammen.

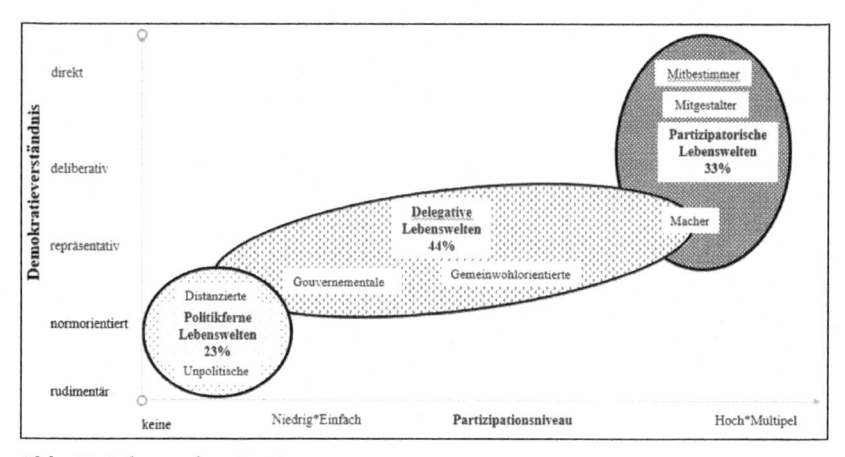

Abb. 27 Lebenswelten 2013/14
Quelle: Frankenberger et al. 2015

8.2 Politische Lebenswelten im Jahr 2017

Wie stellt sich nun die aktuelle Zusammensetzung der Lebenswelten dar? Auf der Basis des im Demokratie-Monitoring 2013/13 induktiv entwickelten Kategoriensystems (vgl. Frankenberger et al. 2015, S. 191f) werden die spontanen Assoziationen der Befragten zu den Dimensionen Politik und Demokratie feincodiert. Dabei kann das schon entwickelte Kategoriensystem einerseits überprüft und andererseits aufgrund der Offenheit für neue, induktiv gebildete Kategorien bei Bedarf erweitert werden. In einem zweiten Schritt werden die Kategorien zur Typenbildung politischer Lebenswelten verwendet. Auch hier kann aufgrund der gemischt deduktiven und induktiven Vorgehensweise sowohl eine Überprüfung als auch eine Erweiterung des Modells erreicht werden.

8.2.1 Politikverständnisse

Die Feincodierung der Politikverständnisse erbrachte insgesamt 212 Sinneinheiten in insgesamt 21 Subcodes. Diese Subcodes ließen sich inhaltlich entlang der im Demokratie-Monitoring 2013/14 entwickelten fünf Kategorien verdichten (vgl. Frankenberger et al. 2015, S. 191f).

8.2 Politische Lebenswelten im Jahr 2017

Der „*emanzipatorische Politikbegriff*" beinhaltet alle Textstellen, deren inhaltlichen Mittelpunkt die Gestaltbarkeit des politischen Gemeinwesens bildet: Partizipation und Gestaltungsmacht sind dabei die zentralen inhaltlichen Aspekte Die starke Zentrierung auf Staat und Regierung sowie Machtausübung kennzeichnet den „*gouvernementalen Politikbegriff*". Dazu gehören Äußerungen über Regierung, Parlament, Politiker und Parteien sowie Verweise auf deren Tätigkeit des Regierens und Herrschens.

Stärker auf die Polity-Dimension fokussiert der „*institutionelle Politikbegriff*". Es geht hier nicht um Prozesse des Regierens, sondern um Orte und Ebenen, an denen Politik stattfindet: Bund, Länder, Gemeinden oder die EU.

Der „*regulatorisch-systemische Politikbegriff*" wiederum fasst Äußerungen zusammen, die Politik als Regelsystem begreifen, durch das das Zusammenleben in einem Gemeinwesen steuert. Dies umfasst Gesetze, rechtliche Rahmensetzung und Vorschriften, wobei eine Konkretisierung des „Wer und Wo" der Regulierung nicht stattfindet.

Eine weitere Kategorie bildet der „*universale Politikbegriff*", dem die Vorstellungen zugrunde liegen, Politik durchziehe das gesamte Leben und auch das Private sei politisch.

Tab. 12 fasst die vorgestellten Kategorien und die Zuordnung von Subcodes zusammen. Insgesamt verbinden 95 von 109 Befragten (87,1 %) aktiv eigene Vorstellungen und Inhalte mit Politik. Dabei finden sich sowohl reine als auch Mischtypen. Bei der Häufigkeit der Orientierungen ergeben sich einige Verschiebungen im Vergleich zur Studie 2013/14 (vgl. Frankenberger et al. 2015, S. 194). Die mit 38,5 % am häufigsten zum Ausdruck gebrachten Orientierungen inklusive dominanter Mischtypen sind die regulatorische (2013/14: 10,5 %), gefolgt von der gouvernementalen mit 27,5 % (2013/14: 37,5 %). Ebenso finden sich Institutionelle (11 % vs. 17,1 %) und universelle (6,4 % vs. 2,5 %) Orientierungen. Emanzipatorische Orientierungen finden sich mit 3,7 % kaum, während diese 2013/14 im Sample 24,1 % der Befragten ausmachten. Die Verschiebungen sind höchstwahrscheinlich auf die Sampling-Strategie zurückzuführen, bei der insbesondere Unzufriedene rekrutiert wurden. Dabei sind gerade die Verschiebungen zwischen regulatorischen, gouvernementalen und emanzipatorischen Orientierungen besonders auffällig. Während regulatorischen deutlich stärker repräsentiert sind, finden sich weniger gouvernemental Orientierte und kaum emanzipatorische Orientierungen.

Tab. 12 Politikverständnisse

Politikbegriff / Feincodierung	Anzahl Codes	Ankerbeispiel	Anzahl Personen
Emanzipatorisch	**10**		**10**
Mitgestalten – Mitwirken	5	„Ich verhalte mich politisch, wenn ich versuche, etwas zu erreichen." (Interview 55)	
Öffentliche Interaktion	5	„Also Politik ist für mich die öffentliche Auseinandersetzung über gesellschaftliche Fragen." (Interview 24)	
Gouvernemental	**44**		**39**
Was die Politiker entscheiden	41	„Unsere Politik, das, was einfach die Regierungen machen." (Interview 27)	
Macht	2	„Politik ist das, was die Regierung macht." (Interview 96)	
Politik in Berlin / Brüssel	1		
Regulatorisch	**92**		**66**
Den Rahmen vorgeben	30	„Politik, ja, das ist der Bereich menschlichen Handelns, der sich damit befasst, das Zusammenleben der Menschen zu regeln und zu gestalten." (Interview 9)	
regulieren	27		
Interessenwettbewerb	11		
Gesetze	8	„Die Organisation des Zusammenlebens von allen" (Interview 26)	
Lenken	5		
Bewältigung von Aufgaben	5	„Politik ist die Festlegung eines Rahmens, der für eine Gesellschaft gilt nach allen Seiten. Da werden Regeln aufgestellt, die den Ablauf innerhalb einer Gesellschaft maßgeblich steuern." (Interview 100)	
sonstige	6		
Institutionell	**25**		**24**
Institutionen und Politikebenen	25	„Das fängt schon an von den Kleinigkeiten im Bereich der Kommune, geht über das Land hinaus auf die Bundesrepublik." (Interview 22)	
Universell	**20**		**15**
Politik ist eigentlich überall	15	„Selbstverständlich ist Politik alles, ja, weil Politik irgendwie immer in unser Alltagsleben reinspielt." (Interview 10)	
Auch das private ist politisch	5		
Rudimentär	**21**		**18**
Explizit kein Politikbegriff	10	„Oh jemine, Politik. Jetzt haben Sie mich aber erwischt, ey." (Interview 99) „Gute Frage." (Interview 110)	
Diffus	11	„..., dass dies eine Angelegenheit des Volkes ist." (Interview 31)	
Kein Politikbegriff		Keine Codierungen	6

Quelle: eigene Darstellung

8.2.2 Demokratieverständnis

Die Frage nach dem Demokratieverständnis zielt auf grundlegende Prinzipien und Konzepte, die mit Demokratie verbunden werden. Analog zum Vorgehen bei den Politikbegriffen wurden die spontanen Äußerungen entlang der im Demokratie-Monitoring 2013/14 entwickelten Kategorien (vgl. Frankenberger et al. 2015, S. 195f) feincodiert. Auch hier konnte das Kategoriensystem reproduziert und musste nicht induktiv erweitert werden. Dabei wurden 215 Sinneinheiten in 29 Subcodes codiert, die sich auf die fünf folgenden Kategorien verteilen:

Das „*normorientierte Demokratieverständnis*" schließt alle Codes ein, die einen direkten Bezug zu einzelnen Normen herstellen, die von den Personen als definitorisch ausreichend erachtet werden.

Die Kategorie „*rudimentäres Demokratieverständnis*" fasst all diejenigen Sinneinheiten zusammen, in denen zwar ein Bezug zu Demokratie hergestellt wird, diese aber nicht weiter erläutert wird. In der Regel handelt es sich dabei um Begriffe wie Mehrheitsentscheid, Volksherrschaft oder Mitbestimmung.

Immer wenn eindeutige Verweise auf die repräsentative Demokratie assoziiert werden, wie etwa Wahlen, Entscheidungsdelegation oder Repräsentation, oder Demokratie direkt über den Begriff Wahlen definiert wird, dann fallen diese in die Kategorie „*repräsentatives Demokratieverständnis*".

Ein „*deliberatives Demokratieverständnis*" liegt vor, wenn die Befragten eindeutige Assoziationen hinsichtlich der Befragung von Bürgerinnen und Bürgern äußern. Dabei muss klar sein, dass es sich nicht m das eigentliche Entscheiden, sondern um die Einbindung in den Prozess der Entscheidungsvorbereitung handelt.

Nicht zuletzt werden Sinneinheiten der Kategorie „*partizipatorisch-direktdemokratisches Verständnis*" zugeordnet, wenn die Befragten ausdrücklich Mitbestimmung und Mitgestaltung von Entscheidungen mit dem Begriff Demokratie assoziieren. Gleichzeitig müssen sprachliche Hinweise vorliegen, dass damit direktdemokratische Verfahren wie Bürgerentscheide oder Volksentscheide gemeint sind. Das bloße Nennen entsprechender Begriffe wie Mitbestimmen reicht nicht aus.

In Tab. 13 werden die Kategorien anhand von Beispielen und Häufigkeiten illustriert. Insgesamt äußerten 99 von 109 Personen aktiv Vorstellungen zu Demokratie, wobei 22 davon lediglich rudimentäre Vorstellungen von Demokratie als Herrschaftsform äußerten. Damit haben immerhin 70,6 % der Befragten mehr oder weniger elaborierte Vorstellungen von Demokratie oder verbinden sie zumindest mit einzelnen Normen und Werten, die für sie im Vordergrund stehen. Die einzelnen Demokratieverständnisse liegen wiederum in Reinform oder als dominante Mischtypen vor. Mit 23,8 % finden sich normorientierte fast ebenso häufig wie repräsentative (22,9 %) und rudimentäre (20,2 %) Demokratieverständnisse.

Tab. 13 Demokratiebegriffe

Demokratiebegriff Feincodierung	Anzahl Codes	Ankerbeispiel	Anzahl Personen
normorientiert	**77**		**45**
Meinungsfreiheit	21	„Dass jeder die Möglichkeit hat, sich frei zu äußern" (Interview 8)	
Volkssouveränität	13	„Für mich ist es nichts anderes als dass alle Macht vom Volke ausgeht." (Interview 22)	
Wahlnorm	7		
Gleichberechtigung/ Gleichheit	7	„Gleichberechtigung." (Interview 80)	
Gewaltenteilung	5		
Freiheit	5		
Sonstige	16		
rudimentär	**50**		**40**
Mehrheitsentscheide	19	„Herrschaft des Volkes" (Interview 10)	
Volksherrschaft	12	„Wenn die Wünsche der Mehrheit der Bevölkerung in Gesetzesform umgesetzt wird" (Interview 26)	
Mitbestimmung	6	„Das ist die Gleichberechtigung und Gleichbehandlung des Volkes." (Interview 30)	
Macht	5		
Sonstige	8		
repräsentativ	**44**		**41**
Wahlen	44	„Das heißt, wir halten Wahlen ab, um entsprechend unsere Volksvertreter zu wählen, die denn sowohl auf Länderseite, als auch auf Bundesebene dann eigentlich im Sinne des Volkes agieren" (Interview 19) „Das Recht meine Abgeordneten zu wählen" (Interview 34)	
partizipatorisch-deliberativ	**18**		**15**
Prozess der Entscheidungsfindung	14	„Also das Ideal würde dann richtig wirklich gelebt werden, wenn man jeden Menschen in seiner Meinung ernst nimmt. Und ihm sagt: Höre mal her, deine Meinung ist wichtig." (Interview 65) „Es geht darum, das Volk, also die Leute, die es betrifft, einzubinden in den Meinungsprozess" (Interview 81)	
Sonstige	4		
partizipatorisch-direkt	**26**		**24**
Direkte Entscheidungen	26	„Heißt aber auch möglicherweise Volksentscheide, mitzuwirken an einer Entscheidung." (Interview 49) „Dass das Volk durch direkte demokratische Elemente sowohl auf Bundes-, Landes-, als auch auf Kommunalebene in bestimmten Bereichen durch direkte Abstimmungen die Politik mit beeinflussen kann." (Interview 87)	
Kein Demokratiebegriff	**21**	Keine Codierung	**18**

Quelle: eigene Darstellung

Direktdemokratische (13,7 %) und deliberative (10,1 %) Orientierungen machen einen geringeren Teil aus. Im Vergleich zur Studie 2013/14 finden sich auch hier Verschiebungen der Schwerpunkte: Während rudimentäre (20,2 % vs. 22,2 % in 2013/14) Orientierungen vergleichsweise stabil vertreten sind, sind repräsentative (22,9 % vs. 28,1 % in 2013/14), deliberative (10,1 % vs. 15,7 %) und direktdemokratische (13,7 % vs. 17,8 %) Orientierungen deutlich weniger vertreten. Im Gegenzug finden sich normorientierte Demokratieverständnisse (23,8 % vs. 15,6 % in 2013/14) deutlich häufiger.

8.3 Die Lebenswelt-Matrix 2017

Führt man nun die zentralen Politikkonzepte und Demokratieverstandnisse der Studie von 2017 zusammen, so bildet die daraus entstehende Kreuztabelle eine Matrix politischer Lebenswelten, die in Tab. 14 abgebildet ist.

Tab. 14 Politische Lebenswelten der Studie 2017*

			Politikverständnis						
			Emanzipatorisch	Gouvernemental	Regulatorisch	Institutionell	Universell	Rudimentär	Gesamt
Demokratieverständnis	rudimentär	Anzahl	0	9	*15*	2	2	2	30
		Erwartet	1,4	*8,5*	*11,8*	3,6	2,5	2,2	30
	normorientiert	Anzahl	4	*11*	*10*	3	4	*5*	37
		Erwartet	1,7	*10,5*	*14,6*	4,4	3,1	*2,7*	37
	repräsentativ	Anzahl	0	5	*8*	*6*	1	0	20
		Erwartet	,9	5,7	*7,9*	*2,4*	1,7	1,5	20
	deliberativ	Anzahl	1	2	*7*	1	0	0	11
		Erwartet	,5	3,1	*4,3*	1,3	,9	,8	11
	direkt	Anzahl	0	4	3	1	2	1	11
		Erwartet	,5	3,1	4,3	1,3	,9	,8	11
Gesamt		Anzahl	5	31	43	13	9	8	109
		Erwartet	5	31	43	13	9	8	109

*Fett und kursiv: Anteil ≥ 5 % des Samples; hellgrau unterlegt: deutlich unterdurchschnittlich häufig; dunkelgrau unterlegt: deutlich überdurchschnittlich häufig
Quelle: eigene Darstellung

Politikferne Lebenswelten mit einem *rudimentären Demokratieverständnis* machen hier 27,5 Prozent (n=30) aus. Den Kern bildet dabei im Unterschied zu 2013/14 die Kombination mit regulatorischen Politikverständnissen, die insgesamt die Hälfte dieser Lebenswelt stellt (rudimentär-regulatorisch). Zudem bedeutend ist vor allem die 2013/14 dominante Kombination mit gouvernementalen Politikverständnissen (n=9) der Distanzierten. Zusammen stellen sie 80 % der politikfernen Lebenswelten. Während die rudimentär-gouvernementalen weitgehend nicht engagiert sind, partizipieren die rudimentär-regulatorisch Orientierten zumindest punktuell politisch oder sozial.

Einen zweiten Schwerpunkt des Samples bilden die *normorientierten Lebenswelten* mit 33,9 % (n=37). Hier sind es insbesondere die gouvernemental-normorientierten Gemeinwohlorientierten, die mit n=11 die stärkste Gruppe bilden und leicht überrepräsentiert sind. Hinzu kommen die regulativ-normorientierten Typen mit n=10. Zusammen repräsentieren sie 56,8 % dieser Gruppe. Stark überrepräsentiert sind auch die normorientiert-emanzipatorischen (n=4) und -rudimentären Typen, wenngleich sie zusammen lediglich 16,2 Prozent stellen.

Die *Elektoralen* stellen im Sample immerhin 18,3 % (n=20), wobei hier der ursprüngliche Kern der repräsentativ-gouvernementalen Orientierung lediglich 5 Personen umfasst. Bedeutsamer sind hier die repräsentativ-regulatorischen (n=8) und repräsentativ-institutionellen (n=6) Orientierungen, wobei insbesondere die ersteren in der Studie von 2013/14 deutlich weniger häufig repräsentiert waren.

Aus den *partizipatorischen Lebenswelten* finden sich nur Teilelemente. Denn sowohl bei den deliberativ (n=11) als auch bei den direkt demokratisch (n=11) Orientierten ist erstens der Gesamtanteil mit je 10,1 % deutlich geringer als 2013/14 und zweitens fehlt bei beiden Typen das emanzipatorische Moment, das diese Lebenswelten mitprägt. Daher ist davon auszugehen, dass es sich hier um neue, andere Typen handelt. Interessant ist dabei die stark regulatorische Ausrichtung vor allem der deliberativen Lebenswelten.

Abb. 28 fasst die Lebenswelten entlang der Dimensionen Demokratieverständnis, Partizipationsniveau und Politikverständnis zusammen. Dabei zeigt sich im Vergleich zu 2013/14 auch schon optisch die Verschiebung der Schwerpunkte hin zu politikfernen und delegativen Lebenswelten sowie die qualitative Veränderung der als partizipatorisch identifizierten Typen, denen der emanzipatorische Aspekt fehlt.

Die Befunde zu den Lebenswelten 2017 und der Vergleich mit den Befunden zum Sample der Studie 2013/14 legen mehrere Schlussfolgerungen nahe. Erstens ist das Kategoriensystem über beide Studien hinweg stabil und erschöpfend, was die Annahme einer hohen theoretischen Sättigung schon in der ersten Studie bestätigt. Zweitens finden sich alle Lebenswelten auch in der aktuellen Studie inhaltlich wieder. Aber dabei zeigt sich drittens, dass – aufgrund der Zusammensetzung des Samples

8.3 Die Lebenswelt-Matrix 2017

und der auf Unzufriedene abzielenden Rekrutierungsstrategie – es unterschiedliche Schwerpunkte hinsichtlich der Lebenswelten gibt. Diese legen eine Betrachtung der neuen Schwerpunkte ebenso nahe wie eine Reflektion des Lebenswelten-Modells vor dem Hintergrund beider Studien.

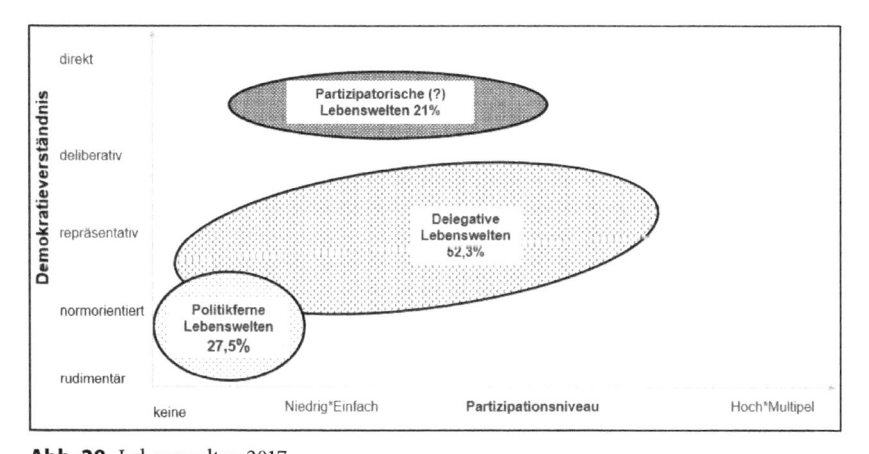

Abb. 28 Lebenswelten 2017
Quelle: Frankenberger, Gensheimer und Buhr 2018

Hinzu kommt, dass in der Studie 2013/14 mehr als drei Viertel der Befragten zufrieden mit dem politischen System und der Demokratie in Deutschland und Baden-Württemberg waren. Die Kritik zielte entweder punktuell auf einzelne Akteure im politischen System oder auf Politik-Prozesse. Insofern erschien eine kritische oder aversive Dimension in der Lebenswelt-Typologie weitgehend obsolet, da selbst die Distanzierten und Unpolitischen überwiegend zufrieden waren. Im aktuellen Sample sind immerhin 54,1 % der Befragten eher oder sehr unzufrieden mit der Demokratie, wie sie in Deutschland funktioniert.

Vor dem Hintergrund dieser Zahlen und der eingangs geschilderten Entwicklungen der stärkeren Polarisierung des politischen Systems, dem Auftreten einer zumindest fundamental system- und elitenkritischen populistischen Partei und entsprechend ausgerichteten sozialen Bewegungen stellt sich diese Frage sehr wohl: Aus welchen Lebenswelten speisen sich die system-aversiven Gruppen, beziehungsweise gibt es antisystemische, demokratie-aversive und negativ-systemkritische Lebenswelten?

In den Lebenswelten mit *rudimentären Demokratieverständnissen* finden sich durchaus unterschiedlich elaborierte Politikverständnisse. Diese politikfernen Lebenswelten machen mit 27,5 % (n=30) ein Viertel der Befragte aus. Fast ausschließlich finden sich hier Kombinationen mit regulatorischem (n=15; 13,8 %) oder gouvernementalem (n=9; 8,3 %) Politikverständnis. Die Distanz zur Politik spiegelt sich auch und gerade im Partizipationsverhalten dieser Lebenswelten wider, wobei sich eine graduelle Zweiteilung der Lebenswelt bei insgesamt relativ niedrigem Beteiligungsniveau abzeichnet: Menschen mit rudimentär-gouvernementalen Orientierungen sind nicht sozial aktiv und partizipieren auch politisch kaum. Im Gegensatz dazu sind rudimentär-regulatorische Orientierungen zumindest punktuell sozial und etwas stärker, wenngleich auch überwiegend punktuell politisch engagiert. In beiden Lebenswelten finden sich tendenziell mittlere und höhere Einkommen, fast alle rechnen sich selbst der Mittelschicht zu, sind überwiegend nicht religiös und männlich. Während Rudimentär-gouvernementale tendenziell eher niedrige oder mittlere Bildungsabschlüsse aufweisen und angestellt sind, haben Rudimentär-regulatorische häufig höhere Bildungsabschlüsse und sind Beamte oder Freiberufler

In beiden Gruppen liegt das Demokratiemisstrauen ähnlich wie im Sample leicht über dem neutralen Mittelwert, Anti-Establishment-Einstellungen sind jedoch eher unterdurchschnittlich ausgeprägt. Weder Rechtsextremismus noch Rechtspopulismus werden besonders betont, aber auch hier finden sich leicht positive Ausprägungen. Mehrheitlich werden Migranten (n=17) als Probleme angesehen, darüber hinaus liegt eine eher diffuse Wahrnehmung von politischen Problemen vor, so dass andere Aspekte, auch nicht die in Verbindung mit Migranten möglicherweise zu erwartende Nennung des Islam, besonders häufig angeführt werden. Während im Demokratie-Monitoring 2013/14 lediglich 22,5 % diesen politikfernen Lebenswelten zugerechnet wurden und vermutet wurde, dass deren Anteil deutlich höher liegen könnte, zeigt sich zwar ein Anstieg, dieser ist jedoch schwach. Der Anteil der politikfernen Lebenswelten scheint sich bei etwa einem Viertel der Befragte einzupendeln. Dies ist angesichts der Tatsache, dass mit der Rekrutierungsstrategie tendenziell unzufriedene und politikferne Gruppen angefragt wurden, durchaus interessant und könnte als Hinweis auf eine Verschiebung innerhalb der politisch interessierten Lebenswelten anstatt einer antisystemischen Politisierung der Unpolitischen gewertet werden. Rudimentär-gouvernemental Orientierte scheinen dabei empfänglicher für die AfD zu sein. Immerhin vier von neun gaben diese als Wahlpräferenz an, während es bei den rudimentär-regulatorischen lediglich vier von elf waren. Wenn sich diese Lebenswelten beteiligen, dann findet dies vor allem online statt, indem in Foren gepostet oder Unterschriften abgegeben wurden. Die Teilnahme an organisierter Bürgerbeteiligung findet sich lediglich bei den regulatorisch Orientierten.

8.3 Die Lebenswelt-Matrix 2017

Die im Sample identifizierten *delegativen Lebenswelten* sind geprägt durch starke Orientierungen an (einzelnen) Normen, Spielregeln und Institutionen der Politik. Sie machen mit 52,3 % (n=57) den Hauptteil der Befragten aus. Dabei gehen repräsentative (20; 18,3 %) und an einzelnen Normen ausgerichtete (37; 33,9 %) Demokratieverständnisse vor allem einher mit gouvernementalen (16; 14,7 %), regulatorischen (18; 16,5 %) und institutionellen (9; 8,3 %) Politikverständnissen. Im Einzelnen legen die Befunde nahe, dass die delegativen Lebenswelten nochmals auszudifferenzieren sind. Es finden sich mehrere konsistente Gruppen mit einer relevanten Fallzahl.

Die *normorientiert-gouvernementale Lebenswelt* stellt mit 10,1 % (n=11) die größte Untergruppe. Wenn Angehöriger dieser Gruppe partizipieren, dann fast ausschließlich politisch und dies auch nur punktuell. Dabei stehen vor allem Formen der internetbasierten Meinungsartikulation im Vordergrund: Das Verfassen von Kommentaren und die Teilnahme an Unterschriftenaktionen sind die am häufigsten genannten Aktivitäten. Als Probleme werden insbesondere Migration und Gefährdung der Meinungsfreiheit angegeben. In dieser Lebenswelt wird mehrheitlich AfD gewählt. Hier finden sich vor allem Menschen mit mittlere und höhere Einkommen und Bildungsabschlüsse, die sich selbst der Mittelschicht zurechnen und im Angestelltenverhältnis tätig sind. Sie sind überwiegend männlich.

Repräsentativ-gouvernemental Orientierte machen zwar nur 4,6 % (n=5) aus, sind aber ähnlich wie die normorientiert-gouvernementale Orientierung stark rechtspopulistisch geprägt. Hier wird mehrheitlich AfD gewählt, Migration und die „Lügenpresse" werden als Hauptprobleme wahrgenommen und Onlinebeteiligung in Form von Kommentaren stellt die Hauptform von politischer Aktivität dar.

Die *normorientiert-regulatorische Lebenswelt* macht 9,2 % (n=10) aus. Menschen aus dieser Lebenswelt sind vergleichsweise stark sozial und politisch engagiert. Auch sie beteiligen sich vor allem online in der Form von Kommentaren und Unterschriftenaktionen, suchen aber auch den Kontakt zu Politikern und nehmen an organisierten Formen der Bürgerbeteiligung teil. Menschen mit dieser Orientierung sehen im Unterschied zu den gouvernemental Orientierten Migration kaum als Problem an, dafür jedoch den zunehmenden Autoritarismus und Rechtspopulismus nicht nur in Deutschland. Folgerichtig finden sich in dieser Lebenswelt kaum AfD-Anhänger, obwohl sie ebenso eher männlich ist, sich viele Angestellte mit mittleren und hohen Einkommen und Bildungsabschlüsse finden.

Auch wenn die *repräsentativ-regulatorische Orientierung* (7,3 %; n=8) Migration und die EU-Integration als Kernprobleme betrachten, wird in dieser Lebenswelt deutlich weniger AfD gewählt als in den gouvernementalen Lebenswelten, aber immer noch überdurchschnittlich häufig. Menschen aus dieser Lebenswelt sind tendenziell mehrfach aktiv. Es finden sich alle Einkommensgruppen, die Menschen rechnen sich mehrheitlich der Mittelschicht zu und verfügen über höhere Bildungsabschlüsse. Obwohl die *repräsentativ-institutionelle* Lebenswelt mit 5,5 % (n=6) eine kleinere Gruppe darstellt, sind Angehöriger dieser Lebenswelt vergleichsweise aktiv und sehen ähnlich wie die Repräsentativ-regulatorischen Migration und EU-Integration als zentrales Problem. Sie beteiligen sich vornehmlich online und nutzen sehr aktiv die Kommentarfunktion. Zudem beteiligen sie sich an Unterschriftenaktionen. Vorwiegend männlich, wählen Angehörige dieser Gruppe leicht überdurchschnittlich die AfD. Zusammen mit der repräsentativ-gouvernementalen Lebenswelt, die insgesamt deutlich stärker AfD-affin ist, bilden diese beiden Lebenswelten die Elektoralen.

Im Demokratie-Monitoring 2013/14 wurden 44,4 % (n=122) diesen Lebenswelten zugerechnet, während sie in diesem Sample 52,3 % (n=57) ausmachen. Delegative Lebenswelten sind von der Grundausrichtung her der Kern der repräsentativen Demokratien, die etwas stärkere Bedeutung heute lässt sich ggf. über Selektionseffekte der Rekrutierung erklären. Teile dieser Lebenswelten sind besonders unzufrieden und fühlten sich besonders angesprochen. Entsprechend finden sich hier auch bei einzelnen Orientierungen mehrheitlich Anhängerinnen und Anhänger der AfD. Das Partizipationsniveau in diesen Lebenswelten variiert. Etwa zwei Drittel sind entweder nicht oder nur punktuell sozial oder politisch aktiv. Allerdings ist auch etwa ein Drittel politisch und sozial aktiv. Vor allem die Normorientiert-Regulatorischen sind hier zu nennen, die zudem das höchste Maß an Demokratievertrauen aufweisen. Interessant ist dabei, dass es sich bei der Mehrheit der aktuell Engagierten um solche Menschen handelt, die früher weder sozial noch politisch engagiert waren. Offenbar gibt es in den delegativen Lebenswelten deutlich feststellbare und aktuellen politischen Themen geschuldete Mobilisierungseffekte. Während normorientiert-regulatorische Menschen mit 2,6 einen vergleichsweise niedrigen und deutlich unter dem arithmetischen Mittel (3,55) liegenden Wert beim Demokratiemisstrauen haben, liegen die repräsentativ-regulatorischen mit 2,9 nahe beim neutralen wer, während alle anderen und insbesondere die gouvernementalen hier deutlich über dem arithmetischen Mittel liegen (3,9). Hier ist das Misstrauen gegenüber der Regierung also relativ größer. Dieses Muster zeigt sich auch bei den Anti-Establishment-Einstellungen. Während die Normorientiert-Regulatorischen und die Repräsentativ-Regulatorischen sowie -Institutionellen deutlich niedrigere Werte (2,1 und 2,9 sowie 2,9) aufweisen, sind die Normorientiert-Gouvernementalen (3,3) und die Repräsentativ-Gouvernementalen (3,8) deutlich stärker gegen das (vermeintliche) Establishment. Entsprechend zeigen diese beiden Gruppen auch deutliche Ausschläge auf der Rechtspopulismus-Skala sowie etwas schwächere Ausschläge bei der Orientierung auf eine nationale Rückbesinnung gegen die EU, während erstere hier der EU positiv gegenüberstehen.

8.3 Die Lebenswelt-Matrix 2017

Es deutet sich hier eine Zweiteilung dieser Lebenswelten an, die sich über die Referenzpunkte des Politikbegriffs erklären lassen. Wessen Lebenswelt stärker an einzelnen Normen und gleichzeitig Regierung und Regierungshandeln orientiert ist, ist unzufriedener mit der Demokratie und den Eliten und gegen die EU, neigt gleichzeitig stärker populistischen Einstellungen und Argumentationsmustern zu und ist vergleichsweise wenig engagiert. Diejenigen, deren Lebenswelten eher am Aspekt des Regulierens, Steuerns und Entscheidungen-Umsetzens orientiert sind, sind zufriedener, aktiver und weniger populistisch und tendenziell pro-europäisch.

Partizipatorische Lebenswelten zeichnen sich vor allem durch beteiligungsorientierte Demokratieverständnisse und emanzipatorische Herangehensweise an Politik aus. Mit 20,1 % (n=22) sind sie im Vergleich zum Demokratie-Monitoring 2013/14 (33,1 %) deutlich unterrepräsentiert. Hinzu kommt, dass emanzipatorische Herangehensweisen kaum relevant sind, wohingegen etwa die Hälfte sich durch ein regulatorisches Politikverständnis auszeichnet. Deliberativ-Regulatorische (7; 6,4 %) bilden hier den Schwerpunkt, gefolgt von Direkt-Gouvernementalen (4) und Direkt-Regulativen (3). Diese Lebenswelten sind durchaus sozial und/oder politisch engagiert, entweder sozial oder politisch oder beides. Auch hier zeigt sich eine Skepsis gegenüber der Funktionsweise der Demokratie, aber weniger gegenüber den politischen Eliten. Allerdings findet sich auch hier ein erhöhtes Populismus-Potential ebenso wie eine erhöhte Unzufriedenheit mit der Demokratie. Die vier direkt-gouvernemental Orientierten sind zudem diejenigen, die das höchste Demokratiemisstrauen und bei Fragen nach einer wahrgenommenen Islamverschwörung sowie neurechten Einstellungen die höchsten Werte aufweisen. Die dezidiert emanzipatorische Ausrichtung aus dem Demokratie-Monitoring 2013/14 findet sich hier in keiner der vertretenen Gruppen mit direkt- oder deliberativ-demokratischer Ausrichtung. Deliberativ-Regulatorische sind zumindest EU-freundlich und nicht rechts, während die direkt-orientierten hohe Werte bei Anti-Establishment, Demokratiemisstrauen und neurechten Einstellungen aufweisen. Diese Differenzen zeigen sich auch im Wahlverhalten. Während deliberativ-regulatorisch Orientierte mehrheitlich nicht die AfD wählen und sich in unterschiedlichster Weise beteiligen, wählen direkt-demokratisch Orientierte weitaus mehrheitlich die AfD und partizipieren allenfalls online. Auch hier deutet sich eine Spaltung der partizipatorischen Lebenswelten an, die in scharfem Kontrast zu den Befunden von 2013/14 steht, jedoch aufgrund der niedrigen Fallzahlen nicht zu stark betont werden sollte. Und auch hier scheinen die regulatorischen Elemente die stärker systemische Orientierung, Zufriedenheit und Aktivität zu treiben, während es sich bei den direktdemokratischen Anteilen um Treiber der Kritik handelt, die kaum korrigiert werden.

8.4 Neujustierung des Lebensweltmodells: kritisch-affirmativ vs. kritisch-aversiv

Die Spaltung der einzelnen Lebenswelten verläuft entlang einer Dimension, die bislang im Lebensweltmodell allenfalls implizit berücksichtigt wurde: Es lässt sich eine Trennung entlang der Frage, ob man dem politischen System kritisch und ablehnend, zufrieden oder kritisch und positiv unterstützend gegenübersteht. Diese verläuft, betrachtet man die Wahlpräferenzen und Problemwahrnehmungen der einzelnen Personen parallel mit der gesellschaftlichen Konfliktlinie zwischen progressiven universalistisch-pluralistischen Positionen und autoritären partikularistisch-nationalen Positionen. Während die einen dezidiert unzufrieden, ablehnend und kritisch sind und einen Wandel des politischen Systems wollen, ohne sich selbst in das System wesentlich einzubringen, sind die anderen entweder zufrieden oder unzufrieden, bringen sich aber zumindest ein und wünschen sich Erweiterungen des Bestehenden. Diese Differenzierung zwischen kritisch-aversiven und kritisch-affirmativen Einstellung treibt die Lebenswelten auseinander. Das ist in dieser Deutlichkeit neu, wobei weitgehend alle verschiedenen Muster von Demokratieverständnissen betroffen sind.

Festmachen lässt sich diese Differenzierung neben den Einstellungen und dem Partizipationsverhalten der Befragten vor allem im Politikverständnis, einer der beiden Kerndimensionen der Lebensweltypologie: Wessen Lebenswelt stärker an einzelnen Normen und/oder an der Regierung sowie deren Handeln orientiert ist, ist tendenziell deutlich unzufriedener mit der Demokratie und den politischen Eliten. Hinzu kommt eine Anti-EU Haltung, die einhergeht mit deutlich ausgeprägten populistischen Einstellungen und Argumentationsmustern. Gleichzeitig sind diese Menschen vergleichsweise wenig engagiert und ziehen sich vor allem auf Meinungsäußerungen in sozialen Netzwerken und anderen Onlinemedien zurück. Der kritisch-aversiven Haltung gegenüber dem politischen System, seinen Vertreterinnen und Vertretern und seinen Leistungen folgen jedoch jenseits dieser Tätigkeiten und dem Wählen kaum politische Handlungen. Auf der anderen Seite finden sich diejenigen, deren Lebenswelten sich eher an Aspekten des Regulierens, Steuerns und des Umsetzens von Entscheidungen zum Wohle des Gemeinwesens orientieren. Menschen aus diesen Lebenswelten sind insgesamt zufriedener mit der Demokratie und ihren Leistungen, haben kaum populistischen Neigungen und sind tendenziell pro-europäisch. Hinzu kommt, dass sie das politische Gemeinwesen, das sie durchaus auch kritisch sehen, aktiv mitgestalten.

Abb. 29 zeigt das entlang der Dimensionen Demokratieverständnis, Politikbegriff, Partizipation und Kritik aversiv vs. affirmativ neu ausgerichtete Lebensweltenmodell unter Berücksichtigung der Lebenswelten aus dem Demokratie-Monitoring

8.4 Neujustierung des Lebensweltmodells

2013/14. Die Größenverhältnisse spiegeln dabei annäherungsweise die Häufigkeiten der jeweiligen Lebenswelten (des Panels) wider.

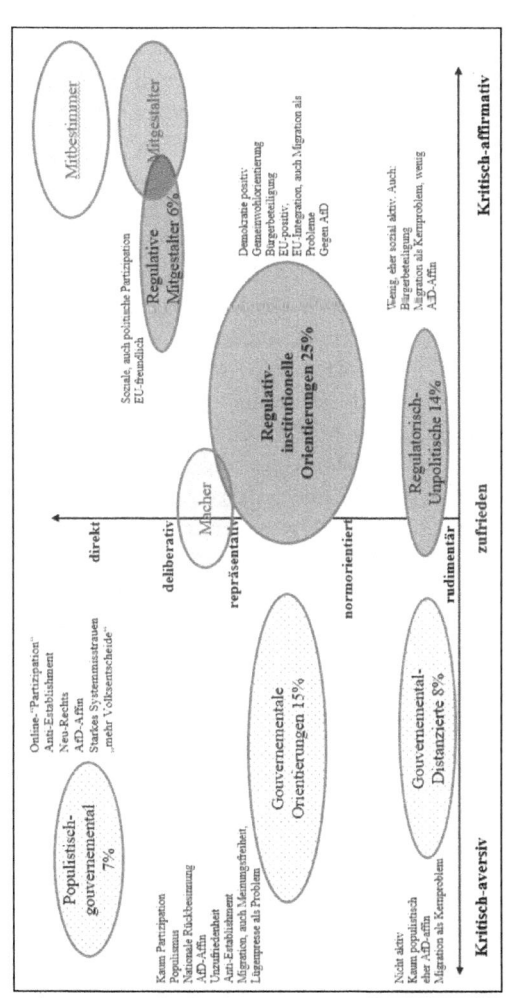

Abb. 29 Die Lebenswelt-Typologie 2017*

*Gepunktete Flächen: kaum Partizipation, wenn dann online; Graue Flächen: stärker sozial und politisch aktiv. Rot: Typen aus dem Demokratie-Monitoring 2013/14, die 2017 so nicht aufzufinden waren.

Quelle: eigene Darstellung

8.5 Statt eines Fazits: Politische Lebenswelten und AfD-Sympathie

Politische Lebenswelten spiegeln die realen Konfliktlinien zwischen progressiven universalistisch-pluralistischen Positionen und autoritären partikularistisch-nationalen Positionen wieder. Dabei sind es vor allem die rudimentär und normorientiert-gouvernementalen Lebenswelten, die eher konservative, kritisch-aversive Positionen vertreten, zahlreiche Bedrohungen für Deutschland identifizieren, sich eher islam- und migrationsfeindlich positionieren und populistische bis neurechte Ansichten vertreten. Stärker regulatorische und institutionelle Orientierungen verringern die Neigung, die AfD zu wählen, deutlich. Wer sich intensiver mit der Funktionsweise des politischen Systems als Regelsystem auseinandersetzt, scheint reflektierter an die Bewertung des Systems heranzugehen, zufriedener zu sein und mehr zu partizipieren als diejenigen, die stark output-orientierte und elitenzentrierte Vorstellungen des Politischen haben. Die Neujustierung des Lebensweltmodells entlang der zugrundeliegenden Konfliktlinie zwischen kritisch-aversiven und gouvernemental ausgerichteten sowie kritisch affirmativen und regulatorisch ausgerichteten Orientierungen trägt dieser Differenzierung der Lebenswelten Rechnung.

Die Annahme, dass AfD-Wähler überwiegend ein direktes Demokratieverständnis haben, aber gleichzeitig ein niedriges Partizipationsniveau zeigen und dies das Kernmerkmal der neuen politischen Lebenswelt sei, lässt sich nur zum Teil bestätigen. Zwar finden sich auch direktdemokratische Orientierungen, aber mit 31 % bzw. 13 Personen finden sich die meisten in den normorientierten Lebenswelten, insbesondere in der normorientiert-gouvernementalen Lebenswelt. Diese starke Fixierung auf einzelne Normen ist bei genauerer Betrachtung weniger überraschend, sind es doch Dinge wie Meinungsfreiheit, die hier besonders hochgeschätzt werden – freilich die eigene, vermeintlich beschränkte Meinungsfreiheit des „man wird doch noch sagen dürfen, dass...". Forderungen nach direkter Demokratie scheinen in diesem Zusammenhang eher populistischen Reflexen geschuldet denn einer tieferen Überzeugung. Dies scheint sich dadurch zu bestätigen, dass 69,1 % (n=29) der AfD-Wähler den delegativen Lebenswelten angehören und ein gouvernementales oder regulatorisches Demokratieverständnis aufweisen. Sie arbeiten sich an ihren Repräsentanten ab – freilich kritisch und aversiv. Das vermutete niedrige Partizipationsniveau hingegen lässt sich bestätigen. Tatsächliche politische Partizipation, die auf die Beeinflussung politischer Entscheidungen abzielt ist im Vergleich zu bloßen Unmutsbekundungen vor allem in sozialen Netzwerken vergleichsweise selten. Hier werden eher Echokammern und Filterblasen bedient oder der eigenen Enttäuschung Ausdruck verliehen. Nicht selten geschieht dies mit elitenfeindlichem, neurechtem und islamophobem Impetus.

8.5 Statt eines Fazits

Dass die AfD-Wähler vom aktuellen politischen System enttäuscht sind und sich dies zu einer aversiven Grundhaltung gegenüber der repräsentativen Demokratie verdichtet, lässt sich weitgehend bestätigen. Interessant dabei ist, dass die repräsentative Demokratie und ihre Vertreter dennoch der zentrale Ankerpunkt des Demokratieverständnisses bleiben. Zwar finden sich auf der Ebene der Zufriedenheit mit der Demokratie als Idee kaum Unterschiede zu Nicht-AfD-Wählern, wenn es aber um die Beurteilung der Demokratie wie sie in Deutschland funktioniert und um die Zufriedenheit mit dem politischen System im Allgemeinen geht, sind AfD-Anhänger deutlich unzufriedener. Die aversive Grundhaltung ist getragen von populistischen und neurechten Motiven, setzt sich aber kaum in eigene politische Aktivität um. Es handelt sich bei den hier erfassten Lebenswelten weitgehend um solche, die nicht mitmachen, sondern sich im Dagegensein erschöpfen.

Literatur

Berbuir, N., Lewandowsky, M., und J. Siri. 2015. The AfD and its sympathisers: finally a right-wing populist movement in Germany? *German Politics* 24(2): 154–178.

Berking, H., und S. Neckel. 1987. Politik und Lebensstile. *Ästhetik und Kommunikation* 65 und 66: 47–57.

Bornschier, S. 2012. Why a right-wing populist party emerged in France but not in Germany: cleavages and actors in the formation of a new cultural divide. *European Political Science Review* 4(1): 121–145.

Decker, Frank. 2017.Die Ankunft des neuen Rechtspopulismus im Parteiensystem der Bundesrepublik. In *Regieren in der Einwanderungsgesellschaft*, Hrsg. C. Bieber, A. Blätte, K.R. Korte und N. Switek, 55–61. Wiesbaden: Springer VS.

Flaig, Bodo B., Meyer, T und J. Ueltzhöffer. 1994. *Alltagsästhetik und Politische Kultur. Zur ästhetischen Dimension politischer Bildung und politischer Kommunikation.* 2. Aufl., Bonn: Dietz.

Frankenberger, R., Buhr, D., und J. Schmid. 2015. Politische Lebenswelten. Eine qualitative Studie zu politischen Einstellungen und Beteiligungsorientierungen in ausgewählten Kommunen in Baden-Württemberg. In *Demokratie-Monitoring Baden-Württemberg 2013 / 2014*, Hrsg. Baden-Württemberg Stiftung, 151–221. Wiesbaden: Springer VS.

Franzmann, Simon T. 2018. Von der EURO-Opposition zur Kosmopolitismus-Opposition. In *Parteien und die Politisierung der Europäischen Union*, Hrsg. L.H. Anders, H. Scheller, und T. Tuntschew, 365–402. Wiesbaden: Springer VS.

Greiffenhagen, Sylvia.2009. Theorie(n) der Politischen Kultur. In *Politische Kultur*, Hrsg. Samuel Salzborn, 31–44. Frankfurt: Peter Lang.

Hambauer, V., und A. Mays. 2018. Wer wählt die AfD? – Ein Vergleich der Sozialstruktur, politischen Einstellungen und Einstellungen zu Flüchtlingen zwischen AfD-WählerInnen und der WählerInnen der anderen Parteien. *Zeitschrift für Vergleichende Politikwissenschaft* 12(1): 133–154.

Hitzler, Ronald. 1997. Politisches Wissen und politisches Handeln: einige phänomenologische Bemerkungen zur Begriffsklärung. In *Soziologie und politische Bildung*, Hrsg. Siegfried Lamnek, 115–132. Leverkusen: Leske & Budrich.

Lewandowsky, M., Giebler, H., und A. Wagner. 2016. Rechtspopulismus in Deutschland. Eine empirische Einordnung der Parteien zur Bundestagswahl 2013 unter besonderer Berücksichtigung der AfD. *Politische Vierteljahresschrift* 57(2): 247–275.

Müller-Rommel, F., und T. Poguntke. 1991. Lebensstile und Wahlverhalten. In *Wahlverhalten*, Hrsg. H.-G. Wehling und R.-O. Schultze, 179–193. Stuttgart: Kohlhammer.

Rohe, Karl. 1994. Politische Kultur: Zum Verständnis eines theoretischen Konzepts. In *Politische Kultur in Ost- und Westdeutschland*, Hrsg. O. Niedermayer und K. von Beyme, 1–21. Berlin: Akademie Verlag.

Schmitt-Beck, R., van Deth, J.W., und A. Staudt. 2017. Die AfD nach der rechtspopulistischen Wende. *Zeitschrift für Politikwissenschaft* 27(3): 273–303.

Schmitt-Beck, R. 2018. Wähler und Parteien bei der Bundestagswahl 2017: Eine Analyse des Entscheidungsverhaltens auf Basis von Paneldaten der German Longitudinal Election Study. *ZSE Zeitschrift für Staats- und Europawissenschaften / Journal for Comparative Government and European Policy* 15(4): 627–656.

Schütz, Alfred und T. Luckmann. 2003. *Strukturen der Lebenswelt*. Konstanz: UVK.

9

Partizipationsrecht in Baden-Württemberg
Vorschläge zur Stärkung der Beteiligung durch das Recht

Volker M. Haug und Marc Zeccola

9.1 Einleitung[55]

9.1.1 Anlass und Ziel der Untersuchung

Ein gestiegenes Bedürfnis der Bürger[56] nach mehr Beteiligung ist nicht nur in Baden-Württemberg, sondern in ganz Deutschland zu beobachten (Erler 2015, S. 12; Wentzel 2010, S. 37). Fast schon euphorisch wird Öffentlichkeitsbeteiligung durch die handelnden Akteure, vor allem durch staatliche, auf den unterschiedlichen Ebenen vorangetrieben. Verfahren ohne Beteiligungskonzept werden zur Ausnahme. Die Beteiligung soll dabei ein identifiziertes Akzeptanzdefizit politischer Entscheidungen ausgleichen, das sich auch auf die Qualität der Demokratie insgesamt auswirkt. Daraus allerdings abzuleiten, dass die Demokratie wieder auf einem guten Weg ist, wäre verfrüht. In der praktischen Umsetzung sind Beteiligungsverfahren nämlich weiterhin nicht unproblematisch. Gerade in konfliktbelasteten Verfahren ist es durchaus möglich, dass sie nicht zu den erhofften Ergebnissen beitragen (Vetter et al. 2015, S. 329 ff). Die Gründe dafür sind mannigfaltig und nicht monokausal erklärbar. Einer dieser Gründe könnte sich aber aus dem rechtlichen Rahmen ergeben, der gerade unter Beteiligungspraktikern in der Regel nicht weiter thematisiert wird, da das Recht als unliebsames Korsett empfunden wird und per se als beteiligungshinderlich abgetan wird. Im Rahmen der sozialwissenschaftlichen Beteiligungsforschung wird dieser rechtliche Rahmen deshalb nicht exponiert untersucht. Im Gegensatz dazu allerdings steht die Erkenntnis, dass gerade in den konflikthaltigen Verfahren ein strenger formaler Rahmen angezeigt ist (Vetter et

---

55 Die Autoren danken Frau Duygu Karsli B.A. für vielfältige Recherchetätigkeiten, Hinweise, Diskussionen und Vorarbeiten.

56 Aus Gründen der Lesbarkeit des Berichts wird im Folgenden auf die zusätzliche Verwendung der weiblichen Form verzichtet.

© Springer Fachmedien Wiesbaden GmbH, ein Teil von Springer Nature 2019
Baden-Württemberg Stiftung (Hrsg.), *Demokratie-Monitoring Baden-Württemberg 2016/2017*, https://doi.org/10.1007/978-3-658-23331-0_9

al. 2015, S. 329 ff). Ungeachtet subjektiver oder fachlicher Vorbehalte gegenüber dem Recht legt dieses objektiv den formalen Rahmen für Partizipation fest und übt dadurch natürlich erheblichen Einfluss auf die konkrete Umsetzung aus. So wird rechtlich geregelt, wer beteiligt werden soll, welche Rechtspositionen entstehen, wann die Beteiligung (zumindest spätestens) zu erfolgen hat, welche Formen der Beteiligung möglich sind, etc. Wesentliche Faktoren können durch das Gesetz bestimmt werden und beeinflussen so den Beteiligungsprozess maßgeblich. Deshalb stehen im Mittelpunkt dieses Berichts die rechtlichen Regelungen, die sich auf die Beteiligung auswirken und sie nach Intention des Gesetzgebers stärken sollen. Auch der baden-württembergische Gesetzgeber hat in den letzten Jahren versucht, durch Gesetzesreformen die Beteiligung der Bürger insgesamt zu stärken (Haug/Schmid 2014, S 281 ff.), um ein lokalisiertes Legitimationsdefizit durch mehr Einflussnahme der Bürger auszugleichen (LT-Drs. 15/7265 S. 104; LT-Drs. 15/7178, S. 5). Ob dies allerdings durch die Gesetzesänderungen gelungen ist und welche weiteren gesetzgeberischen Innovationen denkbar sind, ist Gegenstand dieses Berichts.

9.1.2 Untersuchungsmethode

Dabei wird als Methode zunächst die juristische Auslegungstechnik herangezogen, die konkrete Normen analysieren und einordnen helfen soll. Geht es – wie im vorliegenden Bericht – um die juristische Frage, wie das Beteiligungsrecht in Baden-Württemberg verbessert werden kann, so nähert man sich dem im Rahmen einer Defizitanalyse, die die geltenden Vorschriften untersucht und versucht, über Defizite Verbesserungen aufzuzeigen. Dazu werden im Rahmen einer Literaturanalyse die Rechtsprechung, wissenschaftliche Beiträge und die Gesetzesbegründungen untersucht. Zu dieser Defizitanalyse zählt auch der Vergleich zur Rechtslage in anderen Bundesländern, um partizipativ-gesetzliche Möglichkeiten aufzuzeigen, die in Baden-Württemberg noch nicht geschaffen wurden, und um aufzuzeigen, wo Baden-Württemberg partizipationsrechtlich einzuordnen ist. Der Ländervergleich wird dabei je nach Themengebiet direkt in die Analyse eingearbeitet, wenn dies der Übersichtlichkeit dient, oder am Ende des jeweiligen Themenkomplexes erörtert. Am Ende des Berichts werden dann schließlich die aus den Erkenntnissen der einzelnen Bereiche gewonnenen Vorschläge gebündelt dargestellt.

9.1.3 Partizipationsrechtsbegriff

Da sich der Begriff des Partizipationsrechts erst langsam innerhalb der Rechtswissenschaft etabliert, ist zunächst als Grundlage dieses Berichts das hier gewählte

Begriffsverständnis zu klären. Denn die Gliederung des Berichts folgt dem zugrunde gelegten Begriff des Partizipationsrechts. Es ist auch deshalb notwendig, da innerhalb der Jurisprudenz das Partizipationsrecht noch unterschiedlich verstanden wird, wobei man sich einig ist, dass die formelle Bürgerbeteiligung ihre Grundlage in verbindlichen Rechtstexten findet und dabei die Abgrenzung zu den informellen Verfahren entscheidend ist. Für den vorliegenden Bericht ist das Partizipationsrecht „*als die Summe aller Normen, die natürlichen und juristischen Personen unabhängig von deren subjektiven Rechten die mit Rechtsfolgen verbundene Möglichkeit einräumen, hoheitliche Sach- und Personalausnahmeentscheidungen zu initiieren oder zu beeinflussen, ohne dabei hoheitlich oder beruflich zu agieren*", zu verstehen (Haug 2014, S. 231).

9.1.4 Abgrenzung zwischen formeller und informeller Beteiligung

9.1.4.1 Formelle Beteiligung

In der Beteiligungspraxis werden formelle und informelle Verfahren häufig nicht trennscharf unterschieden. Während sich die Politik- und Sozialwissenschaften insoweit noch auf keine abschließende klare Unterscheidung geeinigt haben, werden nach juristischem Verständnis formelle Beteiligungsverfahren als diejenigen verstanden, die sich in Normen wiederfinden (Leggewie/Nanz 2013, S. 73). Inhaltlich sind daher sowohl plebiszitäre Elemente als formelle anzusehen, als auch die Eingliederung der Bürger in Verwaltungs- und Planungsverfahren (Ziekow 2012, S. D13) oder andere rechtlich geregelte Beteiligungsformen wie Petitionen oder Informationsrechte.

9.1.4.2 Informelle Beteiligung

Die informellen Maßnahmen hingegen dienen als Ergänzung der formellen Beteiligungsverfahren. Im Gegensatz zu den formellen Verfahren sind informelle Verfahren freiwillige Beteiligungsverfahren mit dialogischem Charakter (Vetter 2016, S. 6; Durinke/Durinke 2016, S. 242). Eine gesetzliche Pflicht zur Ausführung von informellen Verfahren besteht daher nicht (Reidinger 2013, S. 61; Städtetag BW 2012, S. 33). Weiterhin sind die Verfahren dahingehend informell, dass die Beteiligten keinen Anspruch auf die Umsetzung der Ergebnisse haben (Kamlage et. al. 2014, S. 197), da in diesen Verfahren keine verbindlichen Entscheidungen getroffen werden (Vetter 2016, S. 6). Die Entscheidungsgewalt liegt weiterhin bei den repräsentativen Vertretern der Bürger (Vetter 2017, S. 416). Einfluss können diese Verfahren nur mittelbar dadurch entfalten, dass politische Entscheidungsträger ein

Meinungsbild einfangen, das sie ihrer Entscheidung zugrunde legen. Andererseits unterliegen informelle Verfahren keinen Normierungsgrenzen, sondern genießen eine große gestalterische Freiheit.

Auch wenn den informellen Verfahren in der Praxis eine erhebliche Bedeutung zukommt, können sie aufgrund der fehlenden Normierung nicht im Rahmen dieses Berichts analysiert werden. Der Rückgriff auf informelle Verfahren zeugt gerade vom unzureichenden gesetzlichen Rahmen. Man darf diesen Rahmen jedoch nicht als Korsett verstehen, das passende Beteiligungsverfahren verhindert. Es ist vielmehr deutlich mehr Progressivität seitens des Gesetzgebers gefragt, die nötigen Spielräume gesetzlich zu ermöglichen. Entsprechende Versuche des Gesetzgebers sind zwar erkennbar (bspw. § 25 Abs. 3 VwVfG, § 5 StandAG), aber eine Lösung scheint dabei noch nicht endgültig gefunden worden zu sein (Haug/Zeccola 2018, S. 75 ff.).

9.1.5 Funktionen des Partizipationsrechts

Die Funktionen des Partizipationsrechts lassen sich zwei zentralen Staatsstrukturprinzipien zuordnen: So dienen die Legitimationsfunktion, die Akzeptanzfunktion, die Informations-, Transparenz- und Kontrollfunktion sowie die Ausgleichsfunktion primär dem Demokratieprinzip, während die Qualitätsfunktion und die Rechtsschutzfunktion dem Rechtsstaatsprinzip zuzurechnen sind (Haug 2014, S. 233 ff.).

9.1.5.1 Legitimationsfunktion und Akzeptanzfunktion

Die Stärkung der Öffentlichkeitsbeteiligung bietet die Möglichkeit, das steigende Legitimations- und Akzeptanzdefizit zu verringern, das sich durch rückläufige Wahlbeteiligungen und Proteste gegen politische Entscheidungen ausdrückt (Vetter 2016, S. 5). Daraus abgeleitet werden sowohl die *Akzeptanz- bzw. Integrationsfunktion* als auch die *Legitimationsfunktion* – vor allem von den Sozialwissenschaften – als die wichtigsten Funktionen der Öffentlichkeitsbeteiligung (Ziekow 2012, S. D17). Durch die Teilhabe der Bürger an dem Entscheidungsverfahren soll zunächst eine breitere Akzeptanz geschaffen werden, indem zumindest durch die Akzeptanz des Verfahrens auch eine Akzeptanz des Ergebnisses erreicht werden soll (Haug 2014, S. 237). Das Ziel dabei besteht darin, möglichst die Konflikte und Proteste zu kanalisieren und somit Betroffenen bzw. Interessierten im Rahmen eines strukturierten Verfahrens eine Plattform zur Diskussion und Kommunikation zu bieten (Ziekow 2012, S. D17). Dabei geht es per se nicht um den Outcome des Verfahrens, sondern um dessen Gestaltung unter den Gesichtspunkten von Fairness und Gerechtigkeit. Beteiligungsverfahren werden in dem Sinne als „Momente der Integration von Bürgern in den staatlichen Entscheidungsprozess" (Fisahn 2002,

S. 214) verstanden, weshalb das Ergebnis auch dann akzeptiert werden kann, wenn es den ursprünglichen Erwartungen, Ansichten oder Präferenzen nicht entsprechen sollte. In einem solchen Sinne trägt Öffentlichkeitsbeteiligung zu einer Steigerung der *Legitimation* von politischen Entscheidungen und behördlichen Maßnahmen bei, wobei hierunter nicht etwa die Ersetzung der repräsentativen Demokratie zu verstehen ist, sondern eine Ergänzung dieser. Indem Misstrauen der Bürger gegen staatliche Entscheidungsträger verringert wird, wird gleichzeitig die Legitimität einer Entscheidung gestärkt (Ziekow 2012, S. D18, ausführlich auch Haug 2014, S. 234 ff.).

9.1.5.2 Informations-, Transparenz- und Kontrollfunktion

Die Informationsfunktion dient in erster Linie dem Stillen des Informationsbedürfnisses der Bevölkerung. Für die Bürger ergibt sich dadurch die Möglichkeit, einen Einblick in die Planung der Verwaltung zu bekommen und diese somit teilweise zu kontrollieren. Hiermit also eng verknüpft ist die Funktion der Öffentlichkeitsbeteiligung der *Kontrolle und Transparenz* (Haug 2014, S. 238; Fisahn 2002, S. 211; Ziekow 2012, S. D16; Alfred G. Debus 2008, S. 185). Die Transparenz bezieht sich in diesem Fall auf die Verwaltungsentscheidung, die durch Einsichtsmöglichkeit in Unterlagen der Verwaltung die Entscheidung für die Öffentlichkeit nachvollziehbar machen soll und dadurch auch das hoheitliche Handeln offenlegt und der Kontrolle zugänglich macht. Diese Funktion geht dabei sogar noch weiter, da sie auf dem Souveränitätsgrundsatz basiert, bei dem das Volk im Rahmen der repräsentativen Strukturen die gewählten Organe kontrolliert, was sich dann konkret durch Wahlen manifestiert (Haug 2014, S. 238).

9.1.5.3 Ausgleichsfunktion

Außerdem kann Beteiligung die grundrechtlich verankerte *Ausgleichsfunktion* fördern, indem die Gleichheit aller Staatsbürger sichergestellt wird. Das de facto bestehende Über-Unterordnungsverhältnis zwischen staatlichen Institutionen und Bürgern wird durch Berücksichtigungspflichten im Rahmen der Partizipation abgebaut und kann so zu einer gleichberechtigteren Stellung bspw. in Verfahren führen (Haug 2014, S. 238 f.). Gerade bei unterschiedlicher Interessenslage kann Partizipation eine Annäherung an eine verfahrensrechtliche Gleichheit sicherstellen (Schmitz 2018, § 9 VwVfG Rn. 59).

9.1.5.4 Qualitätsfunktion

Als schlechthin klassische Grundfunktion des Partizipationsrechts wird im juristischen Schrifttum die Informationsgewinnung seitens der Behörde durch die Öffentlichkeit angesehen (Fisahn 2002, S. 210), weil damit die Gefahr der Nichtberücksichtigung maßgeblicher Gesichtspunkte reduziert und folglich die Qualität der behördlichen Entscheidung erhöht wird. Wie weit die Bedeutung dieses Gesichtspunkts allerdings reicht, ist umstritten. Vor allem in den Sozialwissenschaften wird die Auffassung vertreten, dass durch die Beteiligung der örtlich betroffenen Bevölkerungsgruppen das Wissen der Behörde erweitert werden kann, da die betroffene Bevölkerung ein umfassenderes Erfahrungswissen besitzt als die Behörde (Renn 2011, S. 130). Dabei wird zwischen Prozesswissen der Entscheidungsträger, Erfahrungswissen der betroffenen Bevölkerungsteilen und Wissen der Experten unterschieden. Das Erfahrungswissen dient als Ergänzung und stellenweise auch als Verbesserung des Expertenwissens, da die Gegebenheiten vor Ort vom theoretischen Wissen der Experten abweichen können. Andere Stimmen, insbesondere in der Rechtswissenschaft, bezweifeln dagegen, ob die durch die Öffentlichkeitsbeteiligung gewonnenen Informationen die Entscheidungsfindung der Verwaltung tatsächlich inhaltlich stärken (Fisahn 2002, S. 210; Ziekow 2012, S. D16; Alfred G. Debus 2008, S. 185), da kein vertieftes theoretisches Wissen und Fachkenntnisse der Bürger zu erwarten sind (Fisahn 2002, S. 210). Darüber hinaus werden diese Informationen grundsätzlich als durch die Subjektivität der Bürger geprägt angesehen, wodurch sie eher persönlichen Wertungen und Präferenzen als objektiven Tatsachen entsprechen. Hier zeigen sich disziplinär unterschiedliche Einordnungen: Während die Rechtswissenschaft Wertungen und Präferenzen nicht unter die Kategorie der Information fasst, unterteilen die Sozialwissenschaften Informationen in zwei Varianten: das Erfahrungswissen und das Abbild der Verteilung von Präferenzen und Werte der betroffenen Bevölkerung (Renn 2011, S. 130). Vor diesem Hintergrund können durch die Öffentlichkeitsbeteiligung gewonnene Erkenntnisse wichtig für die Planung sein, indem geäußerte persönliche Einschätzungen bereits frühzeitig Konflikte erkennen und vermeiden können (Ziekow 2012, S. D16; Renn 2011, S. 130). Eine frühe Erkennung von zukünftigen Problemen bzw. die frühe Einbeziehung der Betroffenen in das Verfahren können die Wahrscheinlichkeit einer späteren gerichtlichen Auseinandersetzung senken. Dieser Aspekt beschreibt die *Effektivitätsfunktion bzw. Effizienzsteigerung durch die Öffentlichkeitsbeteiligung* (Fisahn 2002, S. 212; Ziekow 2012, S. D15; Alfred G. Debus 2008, S. 185). Die Effektivität wird nicht nur dahingehend gesteigert, dass Verzögerungen des Verfahrens durch gerichtliche Auseinandersetzungen verhindert werden, sondern auch Planänderungen in einem späten Stadium durch die rechtzeitige Einarbeitung der Einschätzungen und Präferenzen seitens der Öffentlichkeit vermieden werden können.

9.1.5.5 Rechtsschutzfunktion

Eine, vor allem aus juristischer Sicht, wichtige Funktion besteht im *Rechtsschutz*, indem durch ein Beteiligungsverfahren die Möglichkeit zum vorgezogenen Rechtsschutz geschaffen wird (Ziekow 2012, S. D14). So betont das Bundesverfassungsgericht in Anlehnung an eine Entscheidung des Oberverwaltungsgerichts Lüneburg zum Bundesimmissionsschutzgesetz, dass die Öffentlichkeitsbeteiligung nicht nur die Informationsbeschaffung der Genehmigungsbehörde bezweckt, sondern vor allem den Interessen der betroffenen Nachbarn dient, sich frühzeitig gegen eine für sie möglicherweise nachteilige Anlage zur Wehr setzen zu können (BVerfGE 53, 30, 65). Dieser Rechtsschutz ist dabei nur auf die Geltendmachung einer möglichen Verletzung des materiellen Rechts eines Betroffenen durch einen widerrechtlichen Verwaltungsakt gerichtet (BVerfGE 53, 30, 65).

9.1.6 Wesentliche Probleme des Partizipationsrechts

Trotz der inzwischen langen Kultur der Öffentlichkeitsbeteiligung (Dröge/Magnin 2010, S. 103) stellt sich die Frage, ob tatsächlich Fortschritte in den genannten Bereichen verzeichnet werden können, bzw. warum sich die Öffentlichkeitsbeteiligung nicht voll entfalten kann. Juristisch entscheidend ist dabei, dass viele gesetzliche Partizipationsinstrumente lediglich eine Teilhabe an hoheitlichen Verfahren ermöglichen, jedoch keine Mitentscheidung implizieren, da diese Entscheidungsmacht – mit Ausnahme direktdemokratischer Instrumente – den demokratisch legitimierten politischen Instanzen vorbehalten bleiben muss (Dolde 2013, S. 770). So weist die herrschende Meinung beispielsweise der Öffentlichkeitsbeteiligung im Planungsrecht nur eine dienende Funktion zu, die auf die Herbeiführung einer recht- und zweckmäßigen Entscheidung gerichtet ist (Dolde 2013, S. 770), ohne einen rechtlichen Eigenwert zu besitzen (Haug/Schadtle 2014, S. 272). Diese dienende Funktion der Öffentlichkeitsbeteiligung hat rechtlich zur Folge, dass Verstöße dagegen rechtlich nur als formelle Fehler eingestuft werden, die nach § 46 VwVfG nicht zur Unwirksamkeit der Verwaltungsentscheidung insgesamt führen (Haug/Schadtle 2014, S. 272). Denn solche formellen Fehler werden durch § 46 VwVfG geheilt, wenn die Verletzung die Entscheidung in der Sache nicht beeinflusst hat, was bei Fehlern der Öffentlichkeitsbeteiligung regelmäßig angenommen wird und im Hinblick auf die Funktionen des Partizipationsrechts durchaus kontraproduktiv ist.

Ein weiteres Problem betrifft den Zeitpunkt der Öffentlichkeitsbeteiligung, da diese oftmals zu spät einsetzt und so eine Diskussion über Alternativen nicht mehr geführt werden kann und Planänderungen nur schwer möglich sind (Brennecke 2016, S. 330; Ziekow 2013, S. 755). Zwar wurde durch die Erweiterung von § 25 VwVfG um Absatz 3 im Rahmen des Planvereinheitlichungsgesetzes des Bundes (und im Rahmen der Simultangesetzgebung dann auch im LVwVfG) die frühe Öffentlichkeitsbeteiligung normiert. Allerdings wird darin nur die Hinwirkungspflicht der

Behörde, die sie ausschließlich als Vorhabenträger adressiert, geregelt (Arndt 2015, S. 193). Dadurch besteht für den Planungsträger keine Pflicht zur Durchführung einer frühen Öffentlichkeitsbeteiligung, sondern nur eine Pflicht der Behörde, den Planungsträger auf die frühe Öffentlichkeitsbeteiligung hinzuweisen. Eine Pflicht zur Durchführung einer frühen Öffentlichkeitsbeteiligung sowohl für öffentliche als auch für private Planungsträger wurde im Landesrecht mit § 2 Umweltverwaltungsgesetz (UVwG) eingeführt, der jedoch nur bei umweltverträglichkeitsprüfungspflichtigen bzw. planfeststellungspflichtigen Vorhaben (dazu unten ausführlich) gilt. Der Bedarf an einer flächendeckenden frühen Öffentlichkeitsbeteiligung nach dem Vorbild des UVwG ist hierbei durchaus wahrnehmbar (Arndt 2015, S. 193).

9.1.7 Partizipationsstufen als Grundstruktur des Berichts

Ausgehend von der unterschiedlichen Intention und Beteiligungsintensität lassen sich vier Stufen der Partizipation unterscheiden: Information, Konsultation, Kooperation und Einigung (Ziekow et. al 2014b, S. 22; Fritz/Sellke 2016, S. 249). Diese Stufen sind nicht nur im Bereich der informellen Verfahren relevant, sondern lassen sich auch im Partizipationsrecht unterscheiden und abbilden. Daher ist dieser Bericht entlang der steigenden Intensität des Beteiligungseinflusses strukturiert, beginnend mit den Informationsrechten, zu den Anregungsrechten, hin zu Beteiligungs- und Mitwirkungsrechten und letztlich zu Entscheidungsrechten. Damit wird eine aus den Sozialwissenschaften entlehnte Struktur, bei der vor allem die Ladder of Participation von Arnstein als Vorbild dient (Arnstein JAPA 1969), übernommen und in einen juristischen Kontext übersetzt. Je höher diese Verbindlichkeit ist, desto höher ist aus juristischer Sicht der Beteiligungseinfluss. Der Gesetzgeber in Baden-Württemberg hat dabei in den letzten Jahren einige gesetzliche Änderungen vorgenommen, um die Beteiligung auszubauen.

9.2 Informationsrechte

9.2.1 Bedeutung

Als Ausformung und Umsetzung der Transparenz- und Kontrollfunktion nehmen die Informationsrechte der Bürger eine zentrale Rolle ein (Schoch 2016; Anne Debus 2018, § 1 Rn 22; Brink 2017, § 1 IFG Rn 5). Sie dienen als Grundlage einer effektiven und aktiven Teilhabe, die ohne entsprechende Kenntnisse der konkreten Sachlage nicht möglich ist. So kann man sie als eine Vorstufe für weitergehende Beteiligung verstehen, die damit auch in ein bestimmtes Verfahren eingebunden werden muss. Die relevanten Informationen, vor allem in Bezug auf Vorhaben, sind in der Regel bei staatlichen Institutionen vorhanden (Schoch/Kloepfer sprechen hier von dem „größten Informationsbesitzer", 2016, S. 25), sodass gerade in dem Verhältnis Bürger – Behörde die Frage nach Ansprüchen auf Informationen virulent wird. Damit ist die Frage verbunden, inwieweit eine staatliche Stelle Transparenz herstellen muss und so Vertrauen in das Verfahren erhöhen kann. Darüber hinaus fördern die Informationsrechte mittelbar weitere Funktionen des Partizipationsrechts, wie beispielsweise die Akzeptanz, die als Grundlage der Transparenz bedarf, die ihrerseits das Vertrauen der Beteiligten in die Verwaltung und in das Verfahren stärkt (Adler 2016, S. 630). Die rechtliche Einkleidung dieser Ansprüche des Bürgers gegen die Verwaltung bestimmt maßgeblich die Reichweite und die Voraussetzungen des Informationszuganges. Auf den grundrechtlichen Informationszugang gem. Art. 5 Abs. 1 S. 1 GG wird hierbei nicht weiter eingegangen, da er nach ganz herrschender Meinung nicht auf behördlich intern vorgehaltene Informationen anwendbar ist, sondern nur auf Informationen aus öffentlich zugänglichen Quellen (BVerfG, Urt. v. 21.1.2001, 1 BvR 2623/95, juris, Rn 56; BVerfGE 66, 116, 137; Adler 2016, S. 633; Bethge 2018, Art. 5 Rn 59a m.w.N.), und für den vorliegenden Bericht nicht weiter relevant ist.

9.2.2 Bundesebene

Vorab wird kurz auf die gesetzlichen Regelungen auf Bundesebene eingegangen, da das System der Landesinformationsrechte damit eng verknüpft ist und die Grundsätze in diesem Bereich stark bundesrechtlich geprägt sind. Diese Informationsrechte gliedern sich hierbei, historisch bedingt, in solche, die an ein bestimmtes Interesse anknüpfen, und solche, die jedermann geltend machen kann.

9.2.2.1 Beschränkte Aktenöffentlichkeit

Der erste, von Geheimhaltung geprägte Ansatz, setzt ein besonderes Interesse der Beteiligten voraus, das in der Regel in der Verfahrensbeteiligung besteht. Dieser Ansatz war bis vor einigen Jahren maßgeblich und spiegelt sich exemplarisch in § 29 VwVfG wider (ähnlich auch § 25 SGB X). Danach können Beteiligte des Verwaltungsverfahrens (gemäß § 13 VwVfG) einen Anspruch auf Akteneinsicht geltend machen, wenn dies zur Geltendmachung und Verteidigung der rechtlichen Interessen erforderlich ist (Kopp/Ramsauer 2016, § 29 VwVfG Rn 3; Bohl 2005, S. 134). Dieser Anspruch leitet sich aus dem Grundsatz des rechtlichen Gehörs ab, der bezüglich des Informationsstandes Waffengleichheit gewährleisten soll. Ein

Ermessen seitens der Behörde besteht in diesem Fall nicht, wobei die Ausnahmen zugunsten von Geheimhaltungsinteressen unberührt bleiben (§ 29 Abs. 2 und § 30 VwVfG; vgl. Kopp/Ramsauer 2016, § 29 VwVfG Rn 1; Herrmann 2018, § 29 VwVfG Rn 6). Darüber hinaus ist es vor allem in der Rechtsprechung anerkannt, dass § 29 VwVfG insoweit ein Ermessen der Behörde beinhaltet, Akteneinsicht auch dann gewähren zu können, wenn ein berechtigtes Interesse außerhalb der Verfahrensbeteiligung geltend gemacht wird, wobei die Anforderungen hier allerdings restriktiv gehandhabt werden (BVerwGE 61, 15; 97, 203; 118, 270; Kallerhoff/Mayen 2018, § 29 VwVfG Rn 18a; Erbguth/Guckelberger 2018, § 14 Rn 21; Maurer 2011, § 19 Rn 21e; Ehlers 2016, § 1 Rn 81). So wird beispielsweise die Einsicht bei einem wissenschaftlichen oder pressebedingten Interesse verneint (BVerfG NJW 1986, S. 1243; Herrmann 2018, § 29 Rn 14.1). Darüber hinaus bestehen im Planungsrecht ebenfalls Akteneinsichtsrechte, die – anders als § 29 VwVfG – nach pflichtgemäßem Ermessen gewährt werden können (§ 72 VwVfG). Gerade in diesem Bereich der (Fach-)Planung kann die Behörde aufgrund der hohen Beteiligtenzahl die Akteneinsicht örtlich und zeitlich regulieren, um die Anfragen besser zu handhaben (Kopp/Ramsauer 2016, § 72 Rn 21; Kirchberg 2014, § 2 Rn 238). Das Ermessen ist im Gegensatz zu § 29 VwVfG allerdings weit zu verstehen, weshalb hier eine restriktive Anwendung von der Rechtsprechung verneint wird (Kopp/Ramsauer 2016, § 72 Rn 21; Neumann/Külpmann 2018, Rn 97; Kämper 2017, § 72 Rn 48). § 63 Abs. 1 Nr. 3, Abs. 2 Nr. 6 BNatSchG erweitert dieses Akteneinsichtsrecht für anerkannte Naturschutzverbände, wenn ein Eingriff in Natur und Landschaft zu erwarten ist. Die praktische Relevanz des § 72 VwVfG ist durch das UIG und das IFG allerdings stark zurückgegangen, da sie deutlich einfacher geltend zu machende Informationsansprüche anbieten. Da auch die §§ 29, 72 VwVfG Kosten verursachen (VG Karlsruhe, Urt. v. 26.7.2011, Az. 6 K 2797/10, juris; Bohl 2005, S. 133 ff.; Kallerhoff/Mayen 2018, § 29 VwVfG Rn 85), ist ungewiss, ob vor allem § 72 VwVfG in Zukunft überhaupt noch zur Anwendung kommt. Einen weiteren sogenannten „konditionierten Herausgabeanspruch" (BT-Drs. 17/6072, S. 70) stellt § 12f Abs. 2 EnWG dar, der ein fachkundiges berechtigtes Interesse und eine Vertraulichkeitszusage des Antragsstellers voraussetzt. Ein Dritter kann dann einen Anspruch geltend machen, wenn er Fachkunde zur Überprüfung der Netzplanung nachweisen kann. Diese Möglichkeit steht sowohl einzelnen Bürgern als auch juristischen Personen offen (Heimann 2013, § 12f EnWG Rn 14). Der Anwendungsbereich dieses Anspruches vor allem im Verhältnis zum IFG besteht in der unterschiedlichen Regelung bezüglich der Betriebs- und Geschäftsgeheimnisse, die bei § 12f EnWG – bedingt durch die Vertraulichkeitszusage – entsprechende Schwärzungen notwendig machen, und nicht – wie beim IFG (§ 6 S. 2 IFG) – von der Einwilligung des Betroffenen abhängen (Heimann 2013, § 12f EnWG Rn 29).

9.2.2.2 Jedermanns-Informationszugang (gen. Informationsansprüche)

Bedingt durch völker- und europarechtliche Vorgaben in der Aarhus-Konvention (Übereinkommen über den Zugang zu Informationen, die Öffentlichkeitsbeteiligung an Entscheidungsverfahren und den Zugang zu Gerichten in Umweltangelegenheiten) und in der sog. Umweltinformations-Richtlinie (Richtlinie 2003/4/EG des Europäischen Parlaments und des Rates v. 28.1.2003 über den Zugang der Öffentlichkeit zu Umweltinformationen und zur Aufhebung der Richtlinie 90/313/EWG, Abl.EU Nr. L 41 v. 14.2.2003, S. 26 ff.) wurde auf Bundesebene der Informationszugang deutlich erweitert. Dabei stand zunächst die Erweiterung des Zugangs auf Umweltinformationen im Vordergrund, der Art. 20a GG untermauern soll und somit den Umweltschutz in den Vordergrund stellt (Schrader 2002, § 8 UIG Rn 34; Adler 2016, S. 633). In Deutschland ist die Umsetzung durch den Erlass des Umweltinformationsgesetzes (UIG) und des Umweltrechtsbehelfs-Gesetzes (UmwRG) erfolgt. Neben diesem umweltbezogen geprägten Informationszugang gibt es auch einen allgemeinen Zugangsanspruch auf Bundesebene im Informationsfreiheitsgesetz (IFG), das nicht auf bestimmte fachliche Teilgebiete (wie das UIG) beschränkt ist. Bei diesen Zugangsansprüchen kann zunächst „jeder" Informationen von der Verwaltung (Behörden des Bundes) verlangen. Die Betroffenheit ist demnach keine Voraussetzung zur Geltendmachung des Anspruches mehr. Unberührt bleibt dabei der Schutz von öffentlichen und privaten Interessen, die als Ausnahmetatbestände den Informationsanspruch beschränken können. Diese „Jedermann"-Variante des Informationszuganges kehrt das Regel-Ausnahme-Verhältnis des bisherigen Systems der beschränkten Aktenöffentlichkeit um. Der Bürger kann den Anspruch ohne Nachweis eines besonderen Interesses geltend machen und die Verwaltung kann nur durch Nachweis entsprechender Ausschlussgründe den Anspruch verwehren (Adler 2016, S. 633). Praktische Relevanz erlangen dabei vor allem die Ausschlusstatbestände. Zum einen dienen diese dem öffentlichen Interesse durch den Schutz öffentlicher Belange und behördlicher Entscheidungsprozesse. Zum anderen werden private Interessen durch den Schutz persönlicher Daten und von Betriebs- und Geschäftsgeheimnissen geschützt. In den Bundesgesetzen geschieht dies im Rahmen einer Abwägungsentscheidung, die sowohl die Geheimhaltungsinteressen als auch den Informationszugang berücksichtigen muss (hierzu ausführlich: Adler 2016, S. 633 f.).

9.2.3 Landesebene Baden-Württemberg

Auch in den Ländern existiert – wie im Bund (s. o.) – die Unterscheidung von beschränkter Aktenöffentlichkeit und generellem Informationszugang (Anne

Debus 2018, § 1 Rn 59 ff.). So haben die Bundesländer entweder eine wörtliche oder zumindest eine sinngleiche Regelung zum Akteneinsichtsrecht in die Landesverwaltungsverfahrensgesetze übernommen oder verweisen auf eine unmittelbare Anwendung des Bundes-VwVfG.[57] Abweichungen diesbezüglich sind demnach nicht ersichtlich und können für den vorliegenden Bericht außer Acht gelassen werden.

Bezüglich genereller Informationszugänge haben auch die Länder Gesetze erlassen, die Landesbehörden und Kommunen auf Herausgabe von Informationen verpflichten.[58] Durch die völkerrechtlichen und europäischen Restriktionen wurden auch in den Ländern in den überwiegenden Fällen zunächst entsprechende Regelungen zu Umweltinformationen geschaffen. Landesinformationsfreiheitsgesetze hingegen folgten erst danach, was in Baden-Württemberg im Vergleich zu anderen Bundesländern erst relativ spät erfolgt ist. So ist das Landesumweltinformationsgesetz (LUIG) zum 14.2.2005 rückwirkend in Kraft getreten (Gesetz v. 3.2006, GBl. S. 50) und 2014 im neu gefassten Umweltverwaltungsgesetz (UVwG) aufgegangen (hierzu ausführlich unten, Kap. 9.2.2.3). Das allgemeine Landesinformationsfreiheitsgesetz hingegen wurde vom Landtag erst am 17.12.2015 beschlossen (LIFG), womit Baden-Württemberg als eines der letzten Bundesländer gesetzliche Grundlagen für einen generellen Informationszugang geschaffen hat. Zuletzt hat Hessen sein Datenschutz- und Informationsgesetz erlassen (HDSIG v. 24.4.2018, GVBl. 2018, S. 85 ff.). Auch Bayern hat mit Art. 36 Abs. 1 S. 1 des Bayrischen Datenschutzgesetzes einen gesetzlichen Anspruch geschaffen: „Jeder hat das Recht auf Auskunft über den Inhalt von Dateien und Akten öffentlicher Stellen" (vgl. Will 2016, S. 613 ff.). Zum Vergleich: Während Brandenburg bereits 1998 ein allgemeines Informationsfreiheitsgesetz erließ, eine allgemeine Akteneinsicht in die Landesverfassung aufnahm (Art. 21 Abs. 4 BbgVerf) und damit eine Vorreiterrolle übernahm (zur Übersicht: Adler 2016, S. 635), sind Niedersachsen und Sachsen weiterhin die Schlusslichter, die immer noch keine Landesinformationsfreiheitsgesetze erlassen haben. Im Folgenden werden die konkreten Ausgestaltungen der genannten Gesetze genauer dargestellt, da sie für die Änderungsvorschläge von Bedeutung sind.

---

57 Wörtlich: LVwVfG BW, BayVwVfG, BremVwVfG, HmbVwVfG, HessVwVfG, VwVfG MV, VwVfG NRW, SVwVfG (Saarland), ThürVwVfG; sinngemäß: § 88 LVwG SH; Verweis auf die Bundesregelung: VwVfG Berlin, VwVfGBbg, NVwVfG (Niedersachen), LVwVfG RP, SächsVwVfZG, VwVfG LSA.

58 Die neu gefassten Informationsrechte und Unterrichtungspflichten im Rahmen des Gesetzes zur Änderung kommunalverfassungsrechtlicher Vorschriften werden im Rahmen der kommunalen Beteiligung dargestellt, da sie auch interkommunale Neuerungen enthalten.

9.2.3.1 Verhältnis Umweltverwaltungsgesetz und Landesinformationsfreiheitsgesetz

In der Begründung des Gesetzentwurfs für das LIFG wird betont, dass eine Trennung der Materien Umweltinformationen und allgemeine Informationen (damals noch LUIG/LIFG) notwendig und ein übergreifendes Informationsgesetz „als schwierig" zu erachten sei (LT-Drs. 15/7720, S. 24). Andere Bundesländer haben auf diese Trennung bewusst verzichtet, da sie eine Vereinheitlichung der Informationsansprüche mit einer einheitlichen bürgerfreundlichen Handhabe als höher bewerten (IZG SH; TransparenzG RP; siehe auch Schoch 2017, S. 45 f.; Feldmann/Heiland 2015, S. 55). Die Trennung stützt sich maßgeblich auf das Argument, dass die Umweltinformationen unionsrechtlichen Vorgaben seitens des EuGH unterlägen und der allgemeine Informationsanspruch nach nationalen Grundsätzen zu behandeln sei (LT Drs. 15/7720, S. 24). Verbände man nun den allgemeinen Informationsanspruch mit dem der Umweltinformationen, so hätte man zweierlei Maß innerhalb eines Gesetzes. Dieses Argument überzeugt allerdings nur bedingt, da man bei entsprechendem gesetzgeberischem Willen ohne weiteres auch den allgemeinen Informationszugang nach den Maßstäben des EuGH hätte gestalten können. Die vorgebrachte Argumentation lässt hingegen von vornherein Rückschlüsse auf die Ausgestaltung des LIFG zu. Im Verhältnis zueinander entfaltet die Konkurrenzregelung des § 1 Abs. 3 LIFG, die § 1 Abs. 3 IFG des Bundes gleicht und ebenfalls das „Konzept der verdrängenden Spezialität" (Schoch 2016, § 1 IFG Rn 290; Brink 2017, § 1 IFG Rn 122 ff.) enthält, ihre Wirkung. Dabei gehen speziellere Informationszugangsvorschriften den allgemeinen des LIFG vor. So stellt das UVwG im Bereich der Umweltinformationen eine speziellere Norm dar, die einen Anspruch aus dem LIFG verdrängt.

9.2.3.2 Informationsanspruch des LIFG

Der (Landes-) Gesetzgeber gestaltet mit den konkreten Anspruchsvoraussetzungen – also den gesetzlichen Anforderungen, die Bürger erfüllen müssen, um Informationen einfordern zu können – die Grenzen des Informationsanspruchs maßgeblich. So ist ein genauer Blick auf diese Anspruchsvoraussetzungen bei der Einordnung des LIFG unerlässlich. Außerdem kann der Gesetzgeber die Gebühren für Informationen sehr hoch ansetzen und damit rein faktisch die Informationsansprüche einschränken. Verlangt er andererseits keine Gebühren, kann dies im ungünstigsten Fall zu einer Flut an Informationsanfragen führen. Im Folgenden werden die für den Informationsanspruch entscheidenden Voraussetzungen dargestellt.

9.2.3.2.1 Amtliche Informationen

Das erste wichtige Kriterium bezieht sich auf die Frage, auf welchen Gegenstand der Informationsanspruch überhaupt abzielt. Der Landesgesetzgeber hat sich entschieden, den Begriff der amtlichen Informationen in § 3 Nr. 3 LIFG legal zu definieren als „*jede bei einer informationspflichtigen Stelle bereits vorhandene, amtlichen Zwecken dienende Aufzeichnung, unabhängig von der Art ihrer Speicherung, außer Entwürfen und Notizen, die nicht Bestandteil eines Vorgangs werden sollen.*" Diese Definition entspricht nahezu vollständig der des Bundesrechts in § 2 Nr. 2 IFG. Der Landesgesetzgeber lehnt sich bei der Begriffsbestimmung demnach eng an den bundesgesetzlichen Standard an, ohne weitere Einschränkungen vorzunehmen (zum Informationsbegriff umfassend: Schoch 2016, § 3 Rn 13 ff.). Bei § 24 UVwG müssen diese Informationen einen Bezug zur Umwelt aufweisen.

9.2.3.2.2 Anspruchsberechtigung

Wer einen Anspruch auf Informationen geltend machen darf, regelt § 24 Abs. 1 UVwG bzw. § 3 Nr. 1 LIFG. Dabei geht § 24 Abs. 1 UVwG mit „*jeder Person*" von einem weiteren Personenkreis aus als § 3 Nr. 1 LIFG, wonach „*alle natürlichen und juristischen Personen des Privatrechts sowie deren Zusammenschlüsse, soweit diese organisatorisch hinreichend verfestigt sind*", anspruchsberechtigt sind. Insbesondere juristische Personen des öffentlichen Rechts sind vom Kreis der Anspruchsberechtigten des LIFG nicht umfasst, können aber nach UVwG einen Informationsanspruch haben (Schoch 2017, S. 48 f.). Diese Einschränkung beim allgemeinen Informationsanspruch kennen neben dem LIFG Baden-Württemberg auch die Informationsgesetze der Länder Mecklenburg-Vorpommern (§ 1 Abs. 2 IFG MV), Schleswig-Holstein (§ 3 IZG SH) und Nordrhein-Westfalen (wo sogar nur die natürlichen Personen anspruchsberechtigt sind, § 4 Abs. 1 IFG NRW). Die übrigen Länder mit einem Informationsfreiheitsgesetz haben sich wie das UVwG dafür entschieden, jeder Person die Anspruchsberechtigung einzuräumen. Insofern reiht sich der baden-württembergische Landesgesetzgeber bei der Anspruchsberechtigung nicht bei den progressiven Informationsgesetzen ein, sondern nimmt bestenfalls eine Position im Mittelfeld ein.

9.2.3.2.3 Informationspflichtige Stellen

Bei den informationspflichtigen Stellen handelt es sich um die Stellen, die nach dem LIFG verpflichtet sind, Informationen zur Verfügung zu stellen. Dabei kann der Gesetzgeber deutliche Einschränkungen des Informationsanspruchs vornehmen, indem er Stellen ausnimmt, die nicht zur Herausgabe von Informationen verpflichtet sein sollen. Dies kann aus unterschiedlichen Gründen geboten sein, die sich beispielsweise aus der nationalen Sicherheit (Verfassungsschutz), der Freiheit der Wissenschaft (Hochschulen), Steuersachen (Finanzämter), etc. ergeben können. Der Gesetzgeber hat zunächst die informationspflichtigen Stellen im UVwG und im LIFG inhaltlich parallel geregelt. Eine Aufzählung der betreffenden Stellen enthält § 2 LIFG. Danach sind informationspflichtig alle Stellen des Landes, der kommunalen Ebene und sonstiger der Aufsicht des Landes unterliegenden juristischen Personen, soweit diese Verwaltungsaufgaben wahrnehmen (Abs. 1). Für den Landtag, den Rechnungshof, die Gerichte und die öffentlich-rechtlichen Rundfunkanstalten ist die Informationspflicht soweit beschränkt, als Verwaltungsaufgaben betroffen sind (Abs. 2). Dasselbe gilt für Beliehene oder öffentlich beherrschte Privatunternehmen (Abs. 4). Völlig ausgenommen von der Informationspflicht sind vor allem der Verfassungsschutz, Schulen und Hochschulen, die Landesbank, die Landeskreditbank und die Sparkassen, die Kammern sowie die Landesfinanzbehörden bezüglich Steuerverfahren (Abs. 3). Auffallend sind hierbei vor allem die Ausnahmen in Abs. 3, die in dieser Form sowohl über die den bundesgesetzlichen als auch über andere landesgesetzliche Vorschriften hinausgehen (Schoch 2017, S. 47 f.). Beispiele dafür hat *Schoch* (a. a. O.) herausgearbeitet und damit aufgezeigt, dass damit durchaus praktische Folgen verbunden sind, etwa wenn die IHK, eine Rundfunkanstalt (bedingt; kritisch dazu auch die Stellungnahme des Verwaltungsgerichtshofs Baden-Württemberg in LT-Drs. 15/7720, S. 224) oder ein Sparkassenverband keine Informationen herausgegeben muss. Auch in diesem Punkt hat der Landesgesetzgeber darauf verzichtet, den weitgehendsten Maßstab zugrunde zu legen.

9.2.3.2.4 Anspruchsgrenzen

Sowohl der Bundesgesetzgeber als auch die Landesgesetzgeber gewähren keinen schrankenlosen Informationsanspruch, den die Verwaltung schon wegen grundrechtlich geschützter Rechte Dritter nicht einlösen könnte. So hat der Gesetzgeber die Möglichkeit und teilweise sogar die Pflicht, über Anspruchsgrenzen das Informationsverlangen einzuschränken und übergeordnete (öffentliche oder private) Interessen zu schützen. Die konkrete Ausgestaltung dieser Anspruchsgrenzen entscheidet deshalb maßgeblich darüber, wie weit der Informationsanspruch letztlich reicht. Hinter den gesetzlichen Anspruchsgrenzen stehen einerseits öffentliche und andererseits private Interessen, die dem Informationsverlangen entgegengehalten werden können. Es geht dabei im Kern um widerstreitende Belange, die im Rahmen der Informationsherausgabe ein Spannungsverhältnis erzeugen. So überwiegt die Geheimhaltung bei öffentlichen Interessen beispielsweise dann, wenn der Schutz öffentlicher Belange berührt ist. Hierunter werden internationale Beziehungen, Fragen der Verteidigung oder der öffentlichen Sicherheit, laufende Gerichtsverfahren, der Zustand der Umwelt, usw. verstanden. Diese Belange sind in den Informationsgesetzen, sowohl des Bundes als auch der Länder, enumerativ enthalten (bspw. § 4 LIFG, § 3 IFG). Sie unterscheiden sich dabei kaum. Insbesondere ist für diese absolut geschützten öffentlichen Rechtsgüter kein Abwägungsvorbehalt vorgesehen (Schoch 2017, S. 50). Sind die genannten Rechtsgüter betroffen, so ist folglich der Informationsanspruch ohne weitere Prüfung zu versagen. Betrifft der Informationsanspruch private Interessen, so ist zunächst zu unterscheiden, ob diese immaterieller oder materieller Natur sind. Zu den immateriellen Interessen zählt der Schutz personenbezogener Daten als Ausfluss des allgemeinen Persönlichkeitsrechts (gem. Art. 2 Abs. 1 GG i. V. m. Art. 1 Abs. 1 GG), die sich regelmäßig in amtlichen Dokumenten finden und die dem Informationszugang entgegenstehen. Im Rahmen der materiellen Interessen geht es um den Schutz des geistigen Eigentumes, den Schutz von Betriebs- oder Geschäftsgeheimnissen sowie den Schutz von Steuer- oder Statistikgeheimnissen. Diese Belange stehen ebenfalls unter grundrechtlichem Schutz (Art. 14 Abs. 1, 12 Abs. 1 GG). Ist das materielle Interesse der personenbezogenen Daten tangiert, so hat der Datenschutz Vorrang gegenüber dem Informationsanspruch, was sowohl § 5 LIFG als auch § 29 UVwG so regeln. Da der Datenschutz jedoch nicht absolut geschützt ist, sind die gesetzlichen Vorschriften mit einem System hinterlegt, das einem schonenden Ausgleich des Datenschutzes und der Informationsfreiheit Rechnung tragen soll (Schoch 2017, S. 50). Sowohl das LIFG als auch das UVwG haben sich hier letztlich dem bundesrechtlichen Standard angeschlossen, der sich maßgeblich aus dem BDSG ableitet. Interessanter ist der Unterschied zum bisherigen Informationsanspruchsstandard beim Schutz des geistigen Eigentums und der Betriebs- und Geschäftsgeheimnisse. Während der Schutz des geistigen Eigentums maßgeblich Urheberrechte betrifft, zielt der Schutz von Betriebs- und Geschäftsgeheimnissen auf einen Konkurrentenschutz ab. Dadurch sollen unlautere Wettbewerbsvorteile vermieden werden, etwa indem über den Umweg des Informationsanspruchs fremde Geschäftsgeheimnisse erlangt werden könnten (Sitsen 2009, S. 249 f.). Daher wird insoweit in den bundeswie landesgesetzlichen Regelungen überwiegend mit einem Abwägungsvorbehalt gearbeitet (Bsp.: § 9 Abs. 1, S. 1, Nr. 3 UIG; § 3 S. 1 Nr. 2 VIG; § 16 Abs. 1, S. 1, Nr. 1 TranspG RP; § 7 Abs. 2 HmbTG). Baden-Württemberg allerdings hat sich für ein gemischtes Modell entschieden, bei dem § 29 Abs. 1 S. 1 Nr. 3 UVwG für Umweltinformationen einen solchen Abwägungsvorbehalt enthält, das LIFG hingegen bei den Betriebs- und Geschäftsgeheimnissen nicht. Damit folgt das LIFG der bundesrechtlichen Regelung in § 6 IFG (Schoch 2016, § 6 Rn 99 f.). Aus der Gesetzesbegründung geht hervor, dass der Wirtschaftsstandort Baden-Württemberg nicht gefährdet werden sollte, was man einem Abwägungsvorbehalt offenbar potentiell unterstellte (LT-Drs. 15/7720, S. 72). Man erkannte zwar das Spannungsverhältnis diesbezüglich, möchte aber „abwägende Interpretation[en]" auf Tatbestandsebene vornehmen (LT-Drs. 15/7720, S. 72). Diese Handhabung wird rechtsdogmatisch kritisiert, da „*die wertende Beurteilung des ‚berechtigten Geheimhaltungsinteresses' etwas anderes als eine Abwägung zwischen dem Geheimhaltungsinteresse einerseits und dem Informationszugangsinteresse andererseits*" ist (Schoch 2016, § 6 Rn 101). Wenngleich viel für diese Meinung spricht, kann die Entscheidung hier allerdings dahinstehen, weil es unstreitig ist, dass die Abwägungsvariante den Informationsanspruch höher wertet. Eine Bewertung der Normen im Vergleich kommt deshalb zu dem Ergebnis, dass sich der Landesgesetzgeber im LIFG nicht für die progressive Variante entschieden hat, sondern auch in diesem Punkt eine zurückhaltende Variante gewählt hat.

9.2.3.2.5 Kosten

Ein oftmals wenig beachteter, aber mitunter entscheidender Faktor sind die Kosten, die mit einem Informationsverlangen für den Anspruchsberechtigten verbunden sind oder sein können. So können hohe Gebühren abschreckend wirken und dazu führen, dass die Geltendmachung eines Informationsanspruchs nicht erfolgt oder zumindest faktisch erschwert wird. Sowohl das IFG des Bundes (§ 10 Abs. 2) als auch § 33 Abs. 4, S. 1 UVwG und § 10 Abs. 3, S. 2 LIFG haben für diesen Fall klargestellt, dass der Informationsanspruch nicht durch Gebühren unmöglich gemacht werden darf (Verbot der prohibitiven Wirkung, Schoch 2017, S. 52; Schoch 2016, § 10 Rn 77). Die grundsätzliche Gebührenpflichtigkeit eines Informationsanspruchs ist bundeseinheitlicher Standard, weshalb sich auch in den Informationsgesetzen anderer Bundesländer Regelungen zur Gebührenpflicht finden. Dadurch soll vor allem ein Ausgleich zwischen Informationsverlangen und Funktionsfähigkeit der Verwaltung sichergestellt werden. In Baden-Württemberg soll vor allem in „einfachen Fällen" (§ 10 Abs. 3 S. 1 LIFG) keine Gebühr oder Auslage erhoben werden, wobei § 33 Abs. 2 UVwG eine enumerative Konkretisierung enthält. Im LIFG orientiert sich der Gesetzgeber insoweit ausdrücklich an der Parallelvorschrift des IFG (LT-Drs. 15/7720, S. 79). Übersteigt der Aufwand den „einfachen Fall", so kann in einem ersten Schritt eine Gebühr nach den entsprechenden Gebührenvorschriften erlassen werden. Bei voraussichtlichen Gebühren und Auslagen von 200 € muss eine Benachrichtigung an die antragstellende Person erfolgen. Diese Benachrichtigung kennt in ähnlicher Form nur das IFG Thüringens (§ 10 Abs. 2 S. 2), aber die betragsmäßige Fixierung findet sich nur im LIFG. Eine besondere Bürgerfreundlichkeit lässt sich daraus allerdings nicht ableiten, da die antragstellende Person dadurch lediglich die Option erhält, bei als zu hoch empfundenen Kosten das Informationsverlangen zurückzuziehen. Hilfreicher wäre vielmehr eine Obergrenze gewesen, die die maximale Höhe der Kosten festsetzt, die der Informationsanspruch verursachen kann.

9.2.3.3 Umweltinformationsanspruch

Wie bereits erwähnt, erstreckt sich der Anspruch des UVwG auf Informationen, die einen Bezug zur Umwelt aufweisen. Dafür legt § 23 Abs. 3 UVwG im Rahmen einer Aufzählung den Begriff der Umweltinformationen fest. Dabei ist eine weite Auslegung zulässig, wonach auch ein mittelbarer Bezug zur Umwelt ausreicht (so VG Stuttgart, VBlBW 2015, S. 346, bei Cross-Border-Leasing Verträgen im öffentlichen Kanalnetz; Rudisile 2013, S. 46 ff. m. w. N.). Die Regelung übernimmt dabei die Begriffsdefinition der entsprechenden Vorschrift des UIG (§ 2), wonach alle Daten, die einen Bezug zum Zustand der Umweltmedien Boden, Luft, Wasser, der Tier- und Pflanzenwelt und der natürlichen Lebensräume haben und Maßnahmen oder Tätigkeiten, die sich auf die Umwelt auswirken können, erfasst sind (Feldmann/Heiland 2015, S. 55, mit Verweis auf die weite Auslegung im Einklang mit der Rechtsprechung des EuGH und des BVerwG). Den Anspruch kann nach § 24 Abs. 1 UVwG jede Person ohne ein besonderes Berechtigungsinteresse geltend machen. Der Adressat des Informationsanspruchs entspricht den Parallelvorschriften des LIFG und des UIG.

Im Vergleich zum UIG wurde das UVwG im Bereich der Unterstützung zum Informationszugang angepasst und erweitert. Die Anspruchsgrenzen hingegen wurden allerdings in Rückgriff auf das UIG normiert, was den Schutz öffentlicher und sonstiger Belange umfasst. Die sonstigen Belange unterliegen dabei einem Abwägungsvorbehalt bzw. der Möglichkeit der Zustimmung seitens des Betroffenen. In einem Punkt unterscheidet sich jedoch § 29 Abs. 2 UVwG gegenüber § 9 Abs. 2 UIG: Betroffene mit entgegenstehenden Interessen müssen nach § 9 Abs. 1 Nr. 3, S. 2 UIG bzw. § 29 Abs. 1 Nr. 3 UVwG angehört werden. § 29 Abs. 2 UVwG gibt dagegen einer effizienteren Handhabung des Informationszuganges den Vorzug, indem bei 50 gleichartigen Betroffenheitssachverhalten von der Anhörung abzusehen ist und die Möglichkeit eröffnet wird, über eine öffentliche Bekanntmachung die Entscheidung über den Umweltinformationsanspruch mitzuteilen.

Ein weiterer wichtiger Unterschied zwischen UVwG und UIG besteht bei der Erleichterung des Informationszuganges. So besteht nach dem UVwG eine Unterstützungspflicht der informationspflichtigen Stellen, Beratungsaufgaben und Erleichterungen des Zuganges zu übernehmen (§ 26 Abs. 3 UVwG). Anders als § 4 Abs. 3 S. 2 UIG enthält § 25 Abs. 3 UVwG außerdem eine Verpflichtung der Behörde, bei Unzuständigkeit den Antrag auf Informationen an die zuständige Stelle weiterzuleiten. Die Tatsache, dass § 26 Abs. 1 UVwG als Ziel ein „transparentes Verwaltungsverfahren" explizit erwähnt, stellt dagegen keine besondere Innovation dar (so aber Feldmann/Heiland 2015, S. 55), da sich dies bereits aus der Arhus Konvention ergibt.

Keine nennenswerte Unterscheidung besteht bei den Gebührenregelungen des UVwG, die dem UIG des Bundes und dem LIFG entsprechen. Insbesondere stellt die Erheblichkeitsschwelle gemäß § 33 Abs. 4 i. V. m. Anlage 5 UVwG nur insoweit eine Abweichung dar, dass eine Konkretisierung der Bagatellgrenze hinsichtlich des behördlichen Aufwandes (bis zu drei Stunden Bearbeitungszeit) mit der Folge der Gebührenfreiheit vorgesehen ist (Feldmann/Heiland 2015, S. 55).

9.2.3.4 Zwischenergebnis

Wenngleich der Umweltinformationsanspruch gemäß dem UVwG eine baden-württembergische Besonderheit darstellt, ist er allerdings in den anderen Bundesländern schon deshalb nicht notwendig, weil die Ansprüche dort insgesamt weiter reichen als die des LIFG. Dies zeigt beispielhaft der Abwägungsvorbehalt, der in Baden-Württemberg nicht im LIFG, sondern nur im UVwG zur Anwendung kommt. Dadurch entsteht in Baden-Württemberg die Situation, dass sich Unterschiede zum IFG ergeben, aber auch landesintern zwischen LIFG und UVwG. Dies alles ist der Verständlichkeit des Systems der Informationsansprüche nicht gerade zuträglich. Da der Bezug zu Umweltinformationen nur mittelbar nachgewiesen werden muss, wird in der Praxis von Antragstellungen häufig direkt der Weg über das UVwG gesucht und so das LIFG umgangen. Auch wenn dies nicht immer zum Erfolg führt (VG Stuttgart, Urt. v. 27.10.2016, 14 K 4920/16, juris, Rn 21 ff.), so ist doch offensichtlich, dass hier ein in sich wenig konsistentes und dringend harmonisierungsbedürftiges Regelungskonzept besteht.

9.2.4 Besondere Informationsrechte auf kommunaler Ebene

9.2.4.1 Allgemeine Transparenzvorschriften

Die wichtigste kommunale Unterrichtungspflicht ergibt sich aus § 20 GemO, der die Unterrichtung der Einwohner vorsieht. Diese Unterrichtungspflicht bildet den Kern der kommunalen Öffentlichkeitsarbeit (Ziegler 1989, S. 203). Sie ist als Bringschuld der Gemeindeorgane ausgestaltet, bei denen die Bürger der Gemeinde Informationen einfordern können. Partizipationsrechtlich sind diese Informationsrechte von großer Relevanz, da ohne gesicherte Informationsgrundlage keine substantielle Partizipation möglich ist (Bock 2011, S. 855). Neben der allgemeinen Unterrichtungspflicht in § 20 Abs. 1 GemO enthält Abs. 2 derselben Vorschrift eine besondere Unterrichtungspflicht bei wichtigen Planungen und Vorhaben der Gemeinde. Diese besondere Form zeichnet sich durch eine Frühzeitigkeit und durch ein fakultatives Äußerungsrecht der Bürger aus. Diese Vorschriften bestehen interessanterweise bereits seit 1955 (GBl. S. 129), was verdeutlicht, dass man mit der Novelle von 2015 partizipationsrechtlich keineswegs bei Null angefangen hat (Aker 2012, § 20 Rn 1). Im Gegensatz zu den Informationsansprüchen handelt es sich bei den Unterrichtungspflichten gem. § 20 GemO nicht um subjektiv-rechtliche Ansprüche des einzelnen Einwohners, sondern um objektive Rechte der Einwohnerschaft als Ganzes. Diese Transparenz dient letztlich dem Öffentlichkeitsgebot, das das Interesse der Einwohner an kommunalen Entscheidungen fördern soll (Haug 2018a, § 20 Rn 1-3).

9.2.4.2 Veröffentlichung der Fraktionsstellungnahmen

Im Jahr 2015 wurde § 20 GemO (und § 17 LKrO entsprechend) durch einen Abs. 3 ergänzt, wonach Fraktionen die Möglichkeit eingeräumt wird, Stellungnahmen auch im gemeindeeigenen Amtsblatt zu veröffentlichen. Auch wenn dies in der Vergangenheit bereits in vielen Gemeinden satzungsrechtlich vorgesehen war, hat der Gesetzgeber dies nun landeseinheitlich in der Gemeindeordnung für alle Kommunen so normiert. Zwingende Voraussetzung ist dabei die Existenz eines gemeindeeigenen Amtsblattes, denn eine Pflicht der Gemeinden zur Herausgabe eines Amtsblattes besteht nicht (vgl. § 1 Abs. 1 DVOGemO BW; zum Amtsblattbegriff s. Haug 2018a, § 20 Rn 19-19.2; Aker 2012, § 4 Rn 9, der auf die alleinige gemeindeeigene Verantwortung inhaltlicher Mitteilungen abstellt). Ziel des Gesetzes ist die Stärkung der Minderheitenrechte, indem insbesondere Minderheitsfraktionen des Gemeinderates die Möglichkeit erhalten, ihre Meinung zu veröffentlichen (LT-Drs. 15/7265, S. 26). Die Kritik an dieser Ergänzung war sehr deutlich. So sah der Gemeindetag Baden-Württemberg darin die Gefahr einer Degradierung des Amtsblatts zu einer „Plattform für kommunalpolitische Auseinandersetzungen" (LT-Drs. 15/7265, S. 53). Auch wurde mit einer funktionalen Unterscheidung zwischen Innen- und Außensphäre argumentiert; danach komme dem Amtsblatt die Aufgabe zu, Gemeindeentscheidungen nach außen zu kommunizieren, während die Fraktionen (nur) gremienintern an der kommunalen Willensbildung mitwirken, nicht dagegen an einer politischen Willensbildung der Einwohner (in Anlehnung an Art. 21 Abs. 1 S. 1 GG; zur Unterscheidung von Fraktionen und Parteien vgl. Haug 2018b, Art. 27 Rn 120). Folglich stehe den Fraktionen ein solches Außendarstellungsrecht im Amtsblatt schon funktional nicht zu. Gegen eine solche „Sphärentheorie" spricht allerdings der mit derselben Novelle in die GemO aufgenommene § 32a Abs. 2 S. 2, der den Fraktionen erlaubt, ihre Auffassungen öffentlich darzustellen. Dabei ist zu beachten, dass die Veröffentlichungsmöglichkeit nur den in § 32a GemO geregelten Fraktionen des Gemeinderates zusteht, während einzelne Mitglieder oder Gruppierungen kein solches Stellungnahmerecht haben. Auch wenn das Amtsblatt primär die Aufgabe hat, Bekanntmachungen zu veröffentlichen, so dient es darüber hinaus aber

9.2 Informationsrechte

auch dazu, über wichtige gemeindebezogene Angelegenheiten zu informieren (Dusch 2016, S. 12; siehe zur Einflussnahme durch amtliche Stellungnahme grundsätzlich Martini 2011, S. 58 ff. m. w. N.). Da zu diesen Angelegenheiten auch unterschiedliche politische Positionen der Gemeinderatsfraktionen zählen, schließt die Funktion des Amtsblattes deren Stellungnahmen nicht aus. Zumal es den Fraktionen darüber hinaus unbenommen ist, ihre Positionen auch anderweitig nach außen zu tragen, ist mit Blick auf die Verständlichkeit und Übersichtlichkeit des Meinungsstandes eine kompakte Darstellung im Amtsblatt zweifellos sachgerecht. Der vom Städtetag vorgebrachte Einwand, dass diese neue Regelung dadurch umgangen werden kann, dass der Gemeinderat (ggf. mehrheitlich) die Abschaffung des Amtsblattes beschließt, kann in Zukunft noch für Diskussionen sorgen. Allerdings würde es dem Gesetzeszweck zuwiderlaufen und letztlich dem Demokratieprinzip (Art. 25 Abs. 1 BWVerf) widersprechen, wenn eine Reduzierung von Informationen nur deshalb erfolgen würde, um Gegenauffassungen zu verhindern (LT-Drs. 15/7265, S. 67; Dusch 2016, S. 12).

Inhaltlich sind die Fraktionen bei der Ausübung ihres Stellungnahmerechts auf „Angelegenheiten der Gemeinde" beschränkt, was sich bereits funktional aus ihrer Aufgabenstellung ergibt. Es muss also ein klar erkennbarer kommunaler Bezug bestehen, wobei eine tendenziöse politisch-subjektive Sicht naturgemäß zulässig ist (LT-Drs. 15/7265, S. 34; Haug 2018a, § 20 Rn 23). Eine bedeutende Rolle kommt hierbei dem Redaktionsstatut zu, das Regelungen über den angemessenen Umfang enthält und Zulässigkeitsgrenzen definiert, um Beiträge im Amtsblatt praktisch handhabbar zu machen. Wenngleich die mögliche Rechtsform als Innenrechtssatzung nicht zwingend ist, besteht eine gesetzliche Pflicht zum Erlass des Statuts (LT-Drs. 15/7265, S. 34). Die Angemessenheit wird dabei durch den Informationsgehalt, das Interesse der Fraktionen und die Kapazität des Amtsblattes bestimmt (LT-Drs. 15/7265, S. 34). Da dem Gemeinderat über das Redaktionsstatut eine gewisse Beschränkung des fraktionellen Stellungnahmerechts möglich ist, besteht hier ein potentielles Konfliktfeld. Ziel wird dabei ein Ausgleich zwischen der Praktikabilität einerseits und dem Darlegungsrecht der Fraktionen andererseits sein müssen (Haug 2018a, § 20 Rn 25-27.1). Eine klare Grenze zieht die Gesetzesbegründung lediglich hinsichtlich der näher auszugestaltenden Neutralitätspflicht des Amtsblattes im Vorfeld von Wahlen (LT-Drs. 17/7265, S. 34).

9.2.4.3 Öffentlichkeit der beschließenden Ausschüsse

Eine weitere umstrittene Neuerung, die durch die Novellierung 2015 Eingang in die GemO gefunden hat, ist die Regelung der Öffentlichkeitsbeteiligung bei den vorberatenden Sitzungen der beschließenden Ausschüsse nach § 39 Abs. 5 GemO (s. die Stellungnahme des Gemeindetages, LT-Drs. 17/7265, S. 61.; vermittelnder in diesem Punkt der Städtetag, der den Änderungen grundsätzlich zustimmt, LT-Drs. 17/7265, S. 72). Verhandlungsgegenstände, die zur Vorberatung an die beschließenden Ausschüsse verwiesen wurden, wurden bisher nach § 39 Abs. 5 S. 2 a.F. in der Regel nichtöffentlich verhandelt. Von diesem Grundsatz konnte nur dann abgewichen werden, wenn ein besonderes Informationsinteresse der Gemeindeeinwohner – etwa bei kommunalpolitischer Brisanz – bestand (Aker 2012, § 39 Rn 41). Jetzt „können" die Vorberatungen in öffentlicher oder nichtöffentlicher Sitzung erfolgen (§ 39 Abs. 5 S. 2). Dies stellt einen Kompromiss gegenüber der ursprünglichen Fassung dar, um einen Konsens mit den kommunalen Landesverbänden herbeizuführen (Dusch 2016, S. 12). Nichtöffentlich muss aber verhandelt werden, wenn die Voraussetzungen gemäß § 35 Abs. 1 GemO vorliegen, was allerdings keine Änderung der bisherigen Regelung darstellt. Durch diesen Kompromiss ändert sich in der kommunalen Beratungspraxis nicht viel, wenn die Gemeinden Satzungen erlassen, die die ursprüngliche Rechtslage zugrunde legen. Der Intention des Gesetzgebers nach mehr Transparenz kommunaler Entscheidungen würde damit kaum Genüge getan. Dem Vorwurf intransparenter kommunalpolitischer Entscheidungen kann dadurch nur bedingt begegnet werden. *Dusch* betont in diesem Zusammenhang die Möglichkeit eines Bürgermeisters, konfliktlastige Entscheidungen in nichtöffentliche Vorberatungen der beschließenden Ausschüsse zu verlagern (2016, S. 12). Anders als im Bundes- oder Landtag finden dann keine „Spiegelfechtereien" mehr statt, weil die Gemeinderäte zur Verschwiegenheit über die Vorberatungen verpflichtet sind (Dusch, a. a. O.). Die jetzige Regelung wird die bisher schon beteiligungsfreundlichen Gemeinden bestärken, während eher beteiligungskritische Gemeinden weiterhin in meist nichtöffentlichen Ausschusssitzungen beraten werden.

9.2.4.4 Berichtspflicht aus Gemeinderatssitzungen

Der neu eingeführte § 41b GemO (parallel § 36a LKrO) soll dafür Sorge tragen, dass Informationen aus Gemeinderatssitzungen einheitlicher als bisher zugänglich sind, indem eine Veröffentlichung (in unterschiedlicher Ausprägung) verpflichtend vorgesehen ist. Die Vorschrift teilt sich dabei in drei Teile. Den ersten Teil bilden die Abs. 1 und 2 für die sitzungsvorbereitenden Informationen. Den zweiten Teil stellt Abs. 3 dar, der die Informationen während der Sitzung regelt, während der dritte Teil mit Abs. 4 und 5 die Veröffentlichung von Informationen einer abgeschlossenen Sitzung betrifft. Abs. 6 erfüllt lediglich eine Klarstellungsfunktion, wonach ein Verstoß gegen § 41b GemO nicht die Rechtmäßigkeit der Einberufung oder der Verhandlungsleitung der betroffenen Sitzung tangiert.

Dabei hat sich der Gesetzgeber in den ersten beiden Absätzen von § 41b GemO das Internet als Informationsquelle zunutze gemacht, um einen möglichst einfachen

9.2 Informationsrechte

Zugang zu den relevanten Informationen zu ermöglichen. So müssen nach § 41b Abs. 1 GemO die Angaben zur nächsten Sitzung des Gemeinderates (Ort, Zeit) und die Tagesordnung bereits im Vorfeld auf der Internetseite der Gemeinde veröffentlicht werden. Auf Ausschüsse ist dies dementsprechend anzuwenden. Abs. 2 bestimmt darüber hinaus, auch die Beratungsunterlagen im Internet zu veröffentlichen (ebenfalls auf der Seite der Gemeinde), sobald sie den Gemeinderatsmitgliedern bekannt gemacht worden sind. Der datenschutzrechtlichen Problematik begegnet dabei Abs. 2 S. 2, wonach personenbezogene Daten oder Betriebs- oder Geschäftsgeheimnisse durch entsprechende Maßnahmen geschützt werden müssen. Ist dies mit einem erheblichen Verwaltungsaufwand verbunden, kann von der Veröffentlichung ausnahmsweise abgesehen werden.

In Absatz 3 wird nun gesetzlich festgelegt, dass die Beratungsunterlagen während der öffentlichen Sitzung im Sitzungsraum für die Zuhörer auszulegen sind, wobei die Vorgaben zur Sicherstellung des Datenschutzes gem. Abs. 2 S. 2 und 3 Anwendung finden.

§ 41b Abs. 4 GemO erlaubt es den Gemeinderäten, Inhalte der Beratungsunterlagen bekannt zu machen. Dadurch soll den Gemeinderäten ermöglicht werden, nach den Sitzungen in der Öffentlichkeit ihre Rolle in der Diskussion darzulegen oder Rat bzw. Meinungen für kommende Entscheidungen einzuholen (LT-Drs. 15/7265, S. 45). So wird der Dialog zwischen Gemeinderäten und Bürgern erleichtert, da durch die neue Transparenz des § 41b Abs. 4 GemO mit gleichem Kenntnisstand auf Augenhöhe diskutiert werden kann (ähnlich auch Dusch 2016, S. 13). Letztlich stellt § 41b GemO eine konsequente Anpassung im Rahmen der Informationsrechte dar und fügt sich in die Intention von § 39 Abs. 5 GemO ein. Damit bedeutet die Vorschrift eine Konkretisierung des allgemeinen Informationsanspruchs (s. o.), der ohnehin zur Herausgabe der genannten Informationen berechtigen würde. Gerade deshalb ist der Einwand der kommunalen Landesverbände, dass viele Gemeinden ohnehin bereits transparent mit Gemeinderatssitzungen umgehen, ihnen nun aber die Prärogative hierüber genommen wird, wenig überzeugend.

Die allgemeinen Unterrichtungspflichten bestehen in den meisten Kommunalgesetzen. In Berlin geht diese Unterrichtungspflicht allerdings weiter als in anderen Bundesländern, da § 41 Abs. 1 BerlBezVG sogar vorsieht, dass Einwohner über ihre Mitwirkungsrechte informiert werden müssen. Eine darüberhinausgehende Möglichkeit ist die Einwohnerbefragung (so § 35 NKomVG), bei der der Gemeinderat im Rahmen einer konsultativen Befragung die Meinung der Einwohner einholen kann (zur Frage der Rechtmäßigkeit und Rechtsgrundlage einer konsultativen Befragung s. Heußner/Pautsch 2015, S. 1225 ff.; Schellenberger 2014, S. 46 ff.). Weniger einheitlich stellt sich das Bild bei den Stellungnahmemöglichkeiten der Fraktionen dar. Die Hälfte der Bundesländer sieht diese Möglichkeit gesetzlich vor

(Baden-Württemberg, Brandenburg, Bremen, Hamburg, Hessen, Nordrhein-Westfalen, Rheinland-Pfalz und Sachsen), während die andere Hälfte eine solche Regelung nicht kennt (Bayern, Berlin, Mecklenburg-Vorpommern, Niedersachsen, das Saarland, Sachsen-Anhalt, Schleswig-Holstein und Thüringen). Eine interessante Neuerung vor allem im Hinblick auf eine weitergehende Transparenz von kommunalen Prozessen enthält § 64 NKomVG. Danach ist es unter den in dort näher festgelegten Voraussetzungen sogar möglich, Ratssitzungen nicht nur saalöffentlich abzuhalten, sondern auch medienöffentlich, indem Film- und Tonaufnahmen ermöglicht werden (Weidemann 2017, S. 281 ff.). Insgesamt ist festzuhalten, dass auch hier Baden-Württemberg keine Spitzenposition einnimmt, sondern sich im Mittelfeld der partizipativen Möglichkeiten verorten lässt.

9.3 Anregungsrechte

9.3.1 Petition

Petitionen dienen als Eingaberecht der Bürger, mit dem sie sich an staatliche Institutionen wenden können, wodurch ebenso ein formloser Rechtsschutz wie auch Einfluss auf die politische Willensbildung ermöglicht werden soll (Pagenkopf 2018, Art. 17 GG Rn 4 f.; Bauer 2014, S. 454). Auch wenn sich aus dem Petitionsrecht kein Handlungsanspruch ableiten lässt (der Anspruch ist lediglich auf „Erfüllung der Prüfungs- und Erledigungspflicht" gerichtet, BVerwG, Urt. v. 15.3.2017, 6 C 16.16, juris), so zeigen Beispiele, dass durch manche Eingaben ein Umdenken der staatlichen Stellen erreicht werden kann (Bauer 2014, S. 458 m. w. N.).

Landesrechtliche Reformen fanden im Bereich des Petitionswesens bisher nicht statt; vor allem stellt die Einführung der Möglichkeit der elektronischen Einreichung noch keine Reform dar. Danach ist es seit 2011 über die Homepage des Landtages möglich, eine Petition über ein Online-Formular einzureichen. Davon unterscheidet sich die öffentliche E-Petition, die auf Bundesebene seit 2008 besteht und die auf einem eigens dafür eingerichteten Portal des Petitionsausschusses des Bundestages (https://epetitionen.bundestag.de/, 1.7.2018) von anderen Nutzern unterstützt und kommentiert werden kann (zur Verfassungsmäßigkeit s. Guckelberger 2017, S. 1462 f.), grundlegend. Voraussetzung ist dabei, dass die Petition von allgemeinem Interesse ist und sich sachlich für eine öffentliche Diskussion eignet. Während diese Form der elektronischen Petition eine wirkliche Verwendung neuer interaktiver Kommunikationsformen darstellt, bedeutet die in Baden-Württemberg ermöglichte elektronische Einreichung nur einen zusätzlichen zweiseitigen Kommunikationskanal (Haug/Schmid 2014, S. 285). Auch andere Bundesländer haben dieses Defizit erkannt und die zeitgemäße E-Petition eingeführt (Bremen, Rheinland-Pfalz, Schleswig-Holstein und Thüringen). Im Bereich des Petitionsrechts ist der Ländervergleich deshalb interessant, weil sich daraus Vorschläge zur Stärkung dieses Rechts gewinnen lassen. So kann beispielsweise in Berlin der Petitionsausschuss selbstständig Initiativen ergreifen (Art. 46 BerlVerf), und in Bayern kann dem Petenten ein Rederecht vor dem Petitionsausschuss eingeräumt werden (Art. 6 BayPetG). Gerade im Bereich eines niederschwelligen Partizipationsrechts bestehen in Baden-Württemberg durchaus noch Möglichkeiten, sinnvolle Fortschritte auf den Weg zu bringen (Haug/Schmid 2014, S. 285 f.).

9.3.2 Bürgerbeauftragter

9.3.2.1 Funktion und Zielsetzung

Mit dem Gesetz über die Bürgerbeauftragte oder den Bürgerbeauftragten des Landes Baden-Württemberg (BürgBG BW) vom 23.2.2016 (GBl. S. 151) hat der Gesetzgeber in Baden-Württemberg als fünftes Bundesland die Funktion eines staatlichen Ombudsmannes geschaffen.[59] Eine partizipationsrechtliche Einordnung dieses Gesetzes einschließlich eines Ländervergleichs ist bereits publiziert worden (Haug/Hirzel 2016, S. 497 ff.). Der folgende Abschnitt zum Bürgerbeauftragten fasst dabei im Kern die wichtigsten Aussagen nochmals zusammen und ergänzt und aktualisiert punktuell.

In der Gesetzesbegründung werden die klassischen Funktionen eines Bürgerbeauftragten betont. Zugleich soll er als Teil der „Politik des Gehörtwerdens" die Hürden zwischen Bürgern und Verwaltung verringern (LT-Drs. 15/7862 v. 11.12.2015, S. 1; Haug/Hirzel 2016, S. 497; zur Abgrenzung zum Ombudsmann s. Bauer 2017, S. 789 ff.). Diese Erkenntnisse speisen sich dabei durch die Erfahrungen der anderen Bundesländer, die bereits einen Bürgerbeauftragen etabliert haben. Dort wird diese

---

59 Rheinland-Pfalz: BürgBG RP – Landesgesetz über den Bürgerbeauftragten des Landes Rheinland-Pfalz v. 3.5.1974 (GVBl. S. 469); Schleswig-Holstein: BüG SH – Gesetz über die Bürgerbeauftragte oder den Bürgerbeauftragten für soziale Angelegenheiten des Landes Schleswig-Holstein vom 15.1.1992 (GVOBl. S. 42); Mecklenburg-Vorpommern: PetBüG MV – Gesetz zur Behandlung von Vorschlägen, Bitten und Beschwerden der Bürger sowie über den Bürgerbeauftragten des Landes Mecklenburg-Vorpommern v. 5.4.1995 (GVOBl. S. 190); zudem ist der mecklenburg-vorpommerische Bürgerbeauftragte (als einziger in Deutschland) sogar in der Landesverfassung verankert (Art. 36 MVVerf); Thüringen: ThürBüBG – Thüringer Gesetz über den Bürgerbeauftragten v. 15.5.2007 (GVBl. S. 54).

Institution als bereichernd und sinnvoll wahrgenommen, was auch die große Zahl der Eingaben verdeutlicht (Haas 2012, S. 407). Aus dem Jahresbericht des Bürgerbeauftragten Thüringens für das Jahr 2017 beispielsweise ergibt sich, dass 21,9 % mit dem Ergebnis der Arbeit des Bürgerbeauftragten zufrieden waren. Nur 13,2 % äußerten Unzufriedenheit (Jahresbericht des Bürgerbeauftragten des Freistaates Thüringen 2017, S. 34). Auffallend sind dabei die Daten über die persönliche Kontaktaufnahme, die häufiger genutzt wird als die Möglichkeit schriftlicher Eingaben. Die Werte für die persönliche (auch telefonische) Bearbeitung liegen in Schleswig Holstein bei 85,6 % (Der Bürgerbeauftragte für soziale Angelegenheiten des Landes Schleswig-Holstein, Tätigkeitsbericht – 2014, S. 75), in Thüringen bei 69,5 % (Der Bürgerbeauftragte des Landes Thüringen, Jahresbericht 2017, S. 22) und in Rheinland-Pfalz bei 26,82 % (Der Bürgerbeauftragte von Rheinland-Pfalz, Jahresbericht 2017, S. 28). Gerade diese persönliche Ansprache und der direkte Dialog garantieren dabei die Eingabebereitschaft, was als zentrales Ziel des Bürgerbeauftragten Bürgernähe schaffen soll. In Baden-Württemberg nimmt der Bürgerbeauftrage darüber hinaus auch polizeirechtliche Zuständigkeiten bei innerpolizeilichen Problemen und im Verhältnis von Polizei und Bürgern wahr.

9.3.2.2 Gesetzliche Ausgestaltung

Ausgestaltet ist die genaue Aufgabenstellung des Bürgerbeauftragten als Erweiterung des Petitionsrechts, indem Eingaben direkt an den Bürgerbeauftragten gerichtet werden können (Haug/Hirzel 2016, S. 492; Haug/Schmid 2014, S. 285 f.; Herzberg/Anne Debus 2015, S. 80 f.). Bürger haben demnach die Möglichkeit, sich mit einer Eingabe an den Bürgerbeauftragen zu wenden, der dann im Rahmen der kompetenzrechtlichen Grenzen nach Lösungen suchen kann (Haug/Hirzel 2016, S. 494; § 1 BürgBG BW). Dabei kann er nach sachlicher Prüfung auf eine einvernehmliche Lösung zwischen Petenten und Behörde hinarbeiten, indem er moderierend versucht, Konflikte aufzulösen (Haug/Hirzel 2016, S. 494). Schwierigkeiten ergeben sich naturgemäß bei dieser Ausgestaltung des Bürgerbeauftragten im Verhältnis zum Petitionsausschuss (Art. 35a BWVerf). § 2 Abs. 2 BürgBG BW trägt dem Rechnung und enthält eine „Vorfahrtsregelung" (Haug/Hirzel 2016, S. 495) für das klassische Petitionsverfahren, nach der das parlamentarische Petitionsverfahren Vorrang gegenüber dem Bürgerbeauftragten genießt, wenn Anliegen parallel eingereicht worden sind (zu den Bedenken eines Konkurrenzdenkens seitens der Parlamente s. Bauer 2017, S. 798 f.). Im Vergleich zu den anderen Bundesländern hebt sich diese spezielle Ausgestaltung des Bürgerbeauftragten in Baden-Württemberg positiv ab. Denn die anderen Bundesländer gestalten den Bürgerbeauftragten als Hilfsorgan der Parlamente, was sich bei den Zitierungs-, Verweisungs-, und Weiterleitungsbeziehungen manifestiert (Haas 2012, S. 407; Haug/Hirzel 2016, S. 495).

Die baden-württembergische Variante ähnelt dabei stärker dem skandinavischen Ombudsmodell. Die Stellung wirkt im Vergleich zu den anderen Bundesländern ausgeglichener, denn der Bürgerbeauftragte erhält einen eigenen Kompetenzbereich, der über das Parlament hinausgeht (Haas 2012, S. 483). Weder kann das Parlament weisungsbefugt gegenüber dem Bürgerbeauftragten auftreten, noch kann es Eingaben an sich ziehen, was deutliche Unterschiede zu den übrigen Bundesländern aufweist. So ist der Bürgerbeauftragte zwar parlamentarisch angebunden, muss aber als unabhängiges Organ sui generis eingeordnet werden (Haas 2012, S. 486). Problematisch in diesem Zusammenhang ist jedoch in Baden-Württemberg die relativ hohe Abhängigkeit von der Exekutive gem. § 9 Abs. 1 S. 1 BürgBG, wonach der Bürgerbeauftragte zwar durch den Landtag gewählt wird, aber der Landesregierung das Vorschlagsrecht zusteht. Dieser unnötige Widerspruch zu der Unabhängigkeit eines Bürgerbeauftragten wäre vermeidbar gewesen (Haug/Hirzel 2016, S. 497; Anne Debus 2018, S. 814).

9.3.2.3 Verfahren und Kompetenzen

Nach § 2 Abs. 1 BürgBG BW kann sich jedermann mit einer Eingabe an den Bürgerbeauftragen wenden (ebenso in den anderen Bundesländern mit Bürgerbeauftragten, §§ 2 Abs. 1 BürgBG RP, 1 Abs. 1, S. 1 PetBüG MV, 2 Abs. 1 BüG SH, 2 Abs. 1 ThürBüBG). In Mecklenburg-Vorpommern und Schleswig-Holstein steht dieses Recht auch Angehörigen des öffentlichen Dienstes in ihrer dienstlichen Funktion zu, wobei in Schleswig-Holstein hierbei zunächst der Dienstweg einzuhalten ist (§ 2 Abs. 2 S. 1 BüG SH). In Baden-Württemberg und Rheinland-Pfalz steht dieses dienstliche Eingaberecht nur den Bediensteten der Polizei zu (§ 18 BürgBG BW), während in Thüringen solch eine dienstbezogene Ausprägung nicht vorgesehen ist. Das Selbstaufgriffsrecht, bei dem der Bürgerbeauftragte initiierend nach pflichtgemäßem Ermessen tätig werden kann, findet sich in drei Ländern (§§ 6 Abs. 2 Satz 1 PetBüG MV, 1 Abs. 2 BürgBG, 3 Abs. 1 BüG SH), wobei dieses Recht in Baden-Württemberg inkonsequent wäre (Haug/Hirzel 2016, S. 495). Denn in Baden-Württemberg nimmt der Bürgerbeauftragte die Rolle eines Konfliktmanagers ein, was einen Konflikt voraussetzt, der bei einem Selbstaufgriffsrecht prima facie ja gerade nicht anzunehmen wäre (Haug/Hirzel 2016, S. 495). Zur Erledigung der Eingaben – also zur Schlichtung des Konflikts – stehen den Bürgerbeauftragten verschiedene Rechte zu. So kann er Auskunft- und Akteneinsicht verlangen (§§ 4 BürgBG BW, 3 Abs. 1 lit. a – c PetBüG MV), Amtshilfe beanspruchen (§§ 6 BürgBG BW, 6 BürgBG RP, 3 Abs. 1 lit. d PetBüG MV), Stellungnahmen einfordern (§ 4 Abs. 1 BüG SH), Zutritt zu betroffenen Einrichtungen verlangen (§ 4 BürgBG RP; ähnlich § 4 Abs. 3 PetBüG MV) und Bürgersprechstunden abhalten (§ 6 Abs. 3 PetBüG MV). Als Ergebnis soll der Bürgerbeauftragte im günstigsten Fall den

Konflikt einvernehmlich lösen, wobei er hierzu Empfehlungen abgeben kann. Umsetzungsinstrumente stehen ihm hierbei in der Regel nicht zu. Allerdings kann der Bürgerbeauftragte in Rheinland-Pfalz einen Vortrag vor dem Petitionsausschuss halten (§ 5 Abs. 3 BürgRP) und in SH eine Vorlage an die Aufsichtsbehörde der betroffenen Behörde erwirken (§ 5 Abs. 3 BüG SH).

In Rheinland-Pfalz, Mecklenburg-Vorpommern und Thüringen ist das inhaltliche Zuständigkeitsfeld des Bürgerbeauftragten nicht eingeschränkt. Anders verhält es sich in Baden-Württemberg, wo § 3 Abs. 1 Nr. 6 BürgBG BW die sachliche Prüfung des Bürgerbeauftragten ausschließt, wenn es sich um Entscheidungen der kommunalen Selbstverwaltung handelt. In Schleswig-Holstein ist das Aufgabengebiet allerdings noch wesentlich stärker beschränkt, nämlich auf enumerativ benannte Fallgruppen (soziale Angelegenheiten, Antidiskriminierungsfragen sowie Kinder- und Jugendhilfe, vgl. Haug/Hirzel 2016, S. 494).

9.3.2.4 Ländervergleich

Durch die nähere Anlehnung des Bürgerbeauftragten in Baden-Württemberg an das skandinavische Ombudsmann-Modell lassen sich die Bürgerbeauftragten der anderen Bundesländer schwieriger unter dem Gesichtspunkt vergleichen, welches Modell partizipationsrechtlich progressiver ist. Zwar ist der baden-württembergische Bürgerbeauftragte weniger als parlamentarisches Hilfsorgan ausgestaltet, was ihm im Verhältnis zum Landtag eine autonomere Stellung sichert, bei der er Eingaben unabhängig bearbeiten kann (Haug/Hirzel 2016, S. 497). Gegenüber der Exekutive allerdings ist seine Stellung schwächer, da er auf Vorschlag der Landesregierung gewählt wird, ihm kein Zugriffsrecht zu öffentlichen Einrichtungen zusteht, er sich nicht mit Selbstverwaltungsentscheidungen befassen darf und ihm lediglich ein Empfehlungsrecht zusteht, was die Konfliktbearbeitung erschwert (Haug/Hirzel 2016, S. 497). Hinzu kommt der behördliche Rang des Bürgerbeauftragen, der sich in der Besoldungsstufe manifestiert und die mit B3 keine besonders herausgehobene, starke Stellung im hierarchisch geprägten Behördenaufbau vorsieht (Haug/Hirzel 2016, S. 497). Daher muss der baden-württembergische Bürgerbeauftragte im Mittelfeld angesiedelt werden, indem er vor Thüringen und Schleswig-Holstein rangiert, aber hinter Rheinland-Pfalz und Mecklenburg-Vorpommern (eine vertiefte Darstellung der landesgesetzlichen Regelungen s. Anne Debus 2018, S. 810 ff.). Auch wenn der Bürgerbeauftragte kein zentrales Element des Partizipationsrechts darstellt, so ist er doch ein niedrigschwelliges, bürgernahes Organ, das eine sinnvolle Ergänzung der behördlichen Verfahren darstellt und zur dialogischen Konfliktlösung beitragen kann. Die Gründe, warum Baden-Württemberg den Bürgerbeauftragen gesetzlich nicht noch weiter gestärkt hat, als mit dem vorliegenden BürgBG BW, sind dabei stark parteipolitisch geprägt (wie die Diskussion im Landtag belegt, LT-Drs. 15/7771,

S. 9 ff.). So kann man resümieren, dass zwar die Einrichtung des Bürgerbeauftragten partizipationsrechtlich einen Fortschritt darstellt, die konkrete Ausgestaltung aber Potenziale noch ungenutzt lässt.

9.3.3 Volksantrag

Eine Neuerung im baden-württembergischen Verfassungsrecht stellt die Einführung eines Volksantrags durch Art. 59 Abs. 1 und 2 BWVerf dar. Mit diesem Instrument folgt Baden-Württemberg dem Beispiel vieler anderer Bundesländer (Art. 76 Abs. 1 S. 1 BbgVerf, Art. 61 Abs. 1 S. 1 BerlVerf, Art. 87 S. 1 BremVerf, Art. 59 Abs. 2 S. 1 BWVerf, Art. 50 Abs. 1 HmbVerf, Art. 80 Abs. 1 S. 1 LSAVerf, Art. 59 Abs. 1 S. 1 MVVerf, Art. 47 S. 1 NdsVerf, Art. 67 Abs. 1 S. 1 NRWVerf, Art 108a Abs. 1 S. 1 RhPfVerf, Art. 98a Abs. 1 S. 1 SLVerf, Art. 48 Abs. 1 S. 1 SHVerf, Art. 68 Abs. 1 S. 1 ThürVerf)[60] und schafft ein landesrechtliches Äquivalent zum kommunalrechtlichen Bürgerantrag (Haug/Schmid 2014, S. 282). Der Volksantrag dient dabei als Instrument der Kommunikation, das es dem Volk ermöglichen soll, seinen Willen und seine Anliegen gegenüber dem Parlament zu artikulieren und so zur Stärkung des Repräsentationsprinzips beizutragen (LT-Drs.15/7178, S. 6). In der Entwurfsbegründung wird betont, dass der Volksantrag als Alternative für eine Petition verstanden werden kann, bei dem sich der Gesetzgeber sogar noch nachhaltiger als bei der Petition artikulieren könne (LT-Drs. 15/7178, S. 6).

Der Volksantrag bietet die Möglichkeit, durch Antrag eine Befassungspflicht des Landtages hervorzurufen, wenn es sich um „einen Gegenstand der politischen Willensbildung im eigenen Zuständigkeitsbereich" handelt. Als Zulässigkeitsvoraussetzung eines Antrags legt Art. 59 Abs. 2 S. 2 BWVerf die Erfüllung eines Quorums von 0,5 % der Wahlberechtigten fest. Dadurch soll sichergestellt werden, dass der Antrag von einer relevanten Anzahl an Unterstützern getragen wird, damit eine gewisse Erheblichkeit indiziert ist und vor allem eine Instrumentalisierung zugunsten von Partikularinteressen verhindert wird. Des Weiteren kann ein Volksantrag in Form eines ausgearbeiteten und begründeten Gesetzentwurfs gestellt werden, während zuvor ein Gesetzentwurf seitens des Volkes nur durch ein Volksbegehren eingebracht werden konnte. Während Volksbegehren und Volksabstimmungen keine Abgabengesetze, Besoldungsgesetze oder den Staatshaushaltsgesetz zum Gegenstand haben dürfen, enthält der Volksantrag diese Einschränkung nicht (anders als der kommunale, aber wesensgleiche Einwohnerantrag gem. § 20b GemO, s. u.,

---

60 Die Bezeichnungen sind jedoch unterschiedlich – Volksantrag (BW, SN), Volksinitiative (MV, NI, ST, RP, SH, BE, BB,HH, SL, NRW), Bürgerantrag (HB, TH).

9.4.2). Grund dafür ist der Umstand, dass der Volksantrag die Letztentscheidung des Landtags nicht berührt (LT-Drs. 15/7178, S. 7).

9.3.4 Anregungsrechte auf kommunaler Ebene

9.3.4.1 Einwohnerversammlung

9.3.4.1.1 Wesen und Ausgestaltung

Die Einwohnerversammlung dient in der Gemeinde als Kommunikationsformat zwischen den gemeindlichen Organen und den Einwohnern, wobei es zugleich als Konkretisierung der Unterrichtungspflicht aus § 20 GemO verstanden werden muss. Durch die dialogische Ausgestaltung, die in § 20a Abs. 1 S. 1GemO durch den Begriff der „Erörterung" zum Ausdruck kommt, geht sie über die bloße Unterrichtung jedoch hinaus und soll vielmehr auch den Einwohnern die Möglichkeit bieten, den Gemeindeorganen ihre Meinungen darzulegen (hierzu ausführlich Dittloff 2016, S. 98 ff., und zur Einordnung als Partizipationsinstrument S. 103 f. m. w. N.). Eine Beschlusskompetenz kann dabei allerdings weder aus der Vorschrift selbst, noch aus dem dialogischen Charakter abgeleitet werden. So wird in § 23 GemO die Einwohnerversammlung nicht als Organ genannt. Auch können „Nur"-Einwohner beteiligt sein, die keine Bürger nach § 12 GemO sind und daher keine hoheitliche Gewalt ausüben können (Haug 2018a, § 20a Rn 6, 6.1). Die Initiative geht im Regelfall nach Abs. 1 vom Gemeinderat durch Sachbeschluss aus,[61] kann jedoch auch gemäß Abs. 2 durch einen Antrag der Einwohnerschaft ergriffen werden (s. u.). Das Ermessen des Gemeinderats ist hinsichtlich der „Ob"-Entscheidung insoweit eingeschränkt, als dass mindestens einmal im Jahr eine Einwohnerversammlung stattfinden muss. Thematisch eingeschränkt wird die Einwohnerversammlung nach § 20a Abs.1 S. 1 GemO durch die Bedingung der „wichtigen Gemeindeangelegenheiten". Darunter sind Angelegenheiten zu verstehen, die zum einen über eine „allgemeine Bedeutsamkeit" hinaus gehen (§ 20 Abs. 1 GemO) und eine herausgehobene Relevanz für die Gemeinde haben, und zum anderen alle kommunalen Aufgaben im Sinne des § 2 GemO, die über die Selbstverwaltungsaufgaben hinaus auch die Weisungsaufgaben gem. § 2 Abs. 3 GemO umfassen (Haug 2018a, § 20a Rn 7.1; Dols et al. 2012, Rn 20, 42; Aker 2012, § 2 Rn 3.1.; Geis 2016, § 6 Rn 7 ff.; Burgi 2015, § 36 Rn 37). Zur Ausschöpfung des weitergehenden Partizipationspotentials der Einwohnerversammlungen sieht der

---

61 Dabei kann auch der Ortschaftsrat Einwohnerversammlungen anberaumen, die auf die jeweilige Ortschaft beschränkt sind (§ 20a Abs. 1 S. 7 GemO).

novellierte § 20a GemO nun eine Erweiterung des Berechtigtenkreises, eine Absenkung des Antragsquorums und eine Verkürzung der Wiederbehandlungsfrist vor (LT-Drs. 15/7265, S. 35).

9.3.4.1.2 Erweiterung des Berechtigtenkreises – Einwohnerbegriff

Durch die Änderung des Wortes „Bürgerversammlung" zu „Einwohnerversammlung" erweitert sich der Berechtigtenkreis auf nun alle Einwohner im Sinne des § 10 Abs. 1 GemO, die eine Einwohnerversammlung initiieren und mit eigenem Rederecht mitgestalten können. Diese Rechte stehen also nunmehr nicht mehr exklusiv nur Gemeindebürgern zu.[62] Während das Bürgerrecht nach § 12 Abs. 1 GemO nur Deutschen im Sinne des Art. 116 GG und Unionsbürgern zusteht, die das 16. Lebensjahr vollendet haben[63] und mindestens drei Monate in der Gemeinde wohnen (zu den Voraussetzungen im Einzelnen Aker 2012, § 12 Rn 2 ff.; Dols et al. 2012, Rn 137), umfasst der Einwohnerbegriff auch alle übrigen in der Gemeinde wohnenden Personen (§ 10 Abs. 1 GemO), also auch Inhaber von Nebenwohnsitzen und Menschen ohne Unionsbürgerschaft. Demnach können nun neben den Bürgern auch diese „Nur-Einwohner" dieses Beteiligungsinstrument in Anspruch nehmen, sofern sie mindestens 16 Jahre alt sind und seit mindestens drei Monaten ihren (ggf. Neben-)Wohnsitz in der Gemeinde haben (vgl. § 41 Abs. 1 S. 1 BW KomWG). Der Gemeindetag hat diese Anpassung mit dem Argument abgelehnt, dass Einwohner- und Bürgerrechte unterscheidbar sein müssen, was sich aus der Kommunalverfassung ergebe (LT-Drs. 7265, S. 54). Da die Einwohnerversammlung kein Gemeindeorgan mit Beschlusskompetenz ist, überzeugt dies wenig, zumal auch die Einwohner die Gemeindelasten tragen (§ 10 Abs. 2 S. 3 GemO). Die Erweiterung des Kreises der Mitwirkungsberechtigten auch auf Menschen mit Migrationshintergrund hebt die Gesetzesbegründung besonders hervor (LT-Drs. 15/7265, S. 21).

---

62 Nicht eingegangen wird auf die Änderung des Kommunalwahlgesetzes und der Kommunalwahlordnung, da es sich hierbei lediglich um redaktionelle und keine inhaltliche Änderung handelt, die der Einheitlichkeit der Gemeindeordnung dienen.

63 Die Senkung des Mindestalters für das aktive Wahlrecht von 18 auf 16 Jahre ist bereits 2013 erfolgt, wobei dabei auch die Förderung der Beteiligung von Jugendlichen beabsichtigt war (LT-Drs. 15/3360; zur Begründung: Plenarprotokoll des Landtages 15/65 v. 11.4.2013, S. 3913).

9.3.4.1.3 Absenkung des Antragquorums

Die zweite Änderung besteht in der Reduzierung des Antragquorums von 10 % auf 5 % bzw. 2,5 %, um die Schwelle des Anregungsrechts zu senken. Dieses Initiativrecht bietet der Einwohnerschaft die Möglichkeit, unter Wahrung verschiedener formaler Anforderungen eine Einwohnerversammlung zu beantragen. So müssen nach § 20a Abs. 2 S. 2 GemO der Antrag schriftlich gestellt sowie hinreichend bestimmt die „zu erörternden Angelegenheiten" benannt werden. Die in § 20a Abs. 2 S. 5 GemO erwähnte Angabe der vertretungsberechtigten Vertrauenspersonen ist nicht zwingend, da ohne deren Nennung die ersten beiden Unterzeichner als Vertrauenspersonen gelten. Eine quantifizierbare zwingende Voraussetzung ist das Unterschriftenquorum gem. § 20a Abs. 2 S. 3 GemO, das nach Gemeindegröße gestaffelt ist. So liegt es bei Gemeinden bis zu 10.000 Einwohnern bei 5 %, höchstens aber 350 Einwohnern, und bei Gemeinden über 10.000 Einwohnern bei 2,5 %, mindestens aber 350 Einwohnern. Die gemeinsame Ober- bzw. Untergrenze von 350 Stimmen soll verhindern, dass bei Gemeinden knapp über 10.000 Einwohner weniger Stimmen benötigt werden würden, als eine Gemeinde mit knapp unter 10.000 Einwohnern (LT-Drs. 15/7265, S. 35). Der Gemeindetag und der Städtetag haben sich im Gesetzgebungsverfahren gegen die Absenkung ausgesprochen, da sie die Missbrauchsgefahr als zu hoch einschätzen, wonach es dieses Initiativerecht kleineren Interessengruppen ermöglicht, den Verwaltungsaufwand deutlich zu erhöhen (LT-Drs. 15/7265, S. 54 f., 68). Ob diese Sorgen berechtigt sind, wird erst mit der Zeit beantwortet werden können. Ähnlich niedrige Quoren enthält bisher nur die Gemeindeordnung in Bayern (Art. 18 Abs. 2 BayGO). Eine diesbezügliche missbräuchliche Anwendung ist bisher nicht bekannt.

9.3.4.1.4 Wiederbehandlungsfrist

Eine weitere kleine Änderung stellt die verkürzte Wiederbehandlungs-Sperrfrist in § 20a Abs. 2 S. 2 dar. Danach ist eine Angelegenheit für eine Einwohnerversammlung auf Initiative der Einwohner gesperrt, wenn sie bereits Gegenstand einer Einwohnerversammlung der letzten sechs Monate war. Davor lag diese Wiederbehandlungs-Sperrfrist bei einem Jahr. Damit soll den Einwohnern offensichtlich die Möglichkeit gegeben werden zu Themen, die sich auch über längere Zeit als gemeinderelevant erweisen, regelmäßige Versammlungen zu beantragen. Zugleich erfolgt damit eine Parallelisierung mit der Wiederbehandlungs-Sperrfrist für Anträge im Gemeinderat, die schon zuvor bei sechs Monaten lag (§ 34 Abs. 1 S. 6 GemO). Mit der Jahresfrist war die Gefahr im Hinblick auf angestaute Emotionen sicherlich höher.

9.3.4.1.5 Ländervergleich

Die Einwohnerversammlung in der baden-württembergischen Gemeindeordnung hat durch die Novelle im Ländervergleich einen deutlichen Sprung gemacht. Am wichtigsten ist hierbei die Erweiterung des Kreises der Antragsberechtigten auf alle Einwohner. So verbleiben nur noch Hessen (§ 8a HGO) und Bayern (Art. 18 BayGO) als Bundesländer, die dieses Recht lediglich den Bürgern zugestehen (ausgenommen hierbei ist Hamburg, das dieses Instrument gar nicht vorsieht). Daran gekoppelt ist auch der Teilnehmerkreis, der in Bayern und Hessen weiterhin den Bürgern vorbehalten bleibt, während er in Baden-Württemberg ebenfalls auf alle Einwohner erweitert wurde. Bezüglich der jährlichen Durchführungspflichten enthalten Bayern und Thüringen eine obligatorische Verpflichtung, eine Soll-Regelung besteht dagegen in Baden-Württemberg, Hessen, Rheinland-Pfalz, Schleswig-Holstein und Sachsen-Anhalt. Die übrigen Bundesländer enthalten keine Vorgaben zur Taktungsfrequenz. Hinsichtlich des Initiativrechts zur Anberaumung einer Einwohner-/Bürgerversammlung enthalten die Kommunalverfassungen der Länder unterschiedliche Varianten. So kann in Thüringen nur die Verwaltung eine Versammlung einberufen, in manchen Ländern die Verwaltung und der Gemeinderat (so in Rheinland-Pfalz, Sachsen-Anhalt und Bayern), wieder in anderen Ländern aber auch die Bürger- bzw. Einwohnerschaft unter der Prämisse eines bestimmten Quorums (Baden-Württemberg, Bayern und Sachsen). Dabei hat der Landesgesetzgeber das Quorum nun an die bayrische Höhe von 5 % angepasst und lässt Sachsen mit weiterhin 10 % zurück (wobei diese 10 % durch die Hauptsatzung auf 5 % herabgesetzt werden können, § 22 Abs. 2 SächsGemO).[64] Hinsichtlich der Anschlussbehandlung wäre es sicher möglich gewesen, die bestehende Soll-Regelung in Baden-Württemberg an die obligatorische Regelung aus Bayern, Sachsen und Schleswig-Holstein anzugleichen. In Sachsen besteht darüber hinaus eine Publikationspflicht bezüglich des Behandlungsergebnisses (§ 22 Abs. 4 SächsGemO).

9.3.4.2 Einwohnerantrag

Auch der Einwohnerantrag nach § 20b GemO ist inhaltlich parallel zu § 20a GemO novelliert worden. So wurden auch hier der Berechtigtenkreis auf die Einwohner erweitert und die Quoren an die der Einwohnerversammlung angepasst. Insoweit kann auf die Ausführungen zur Einwohnerversammlung verwiesen werden, mit der Modifizierung, dass die Unterschriftenquoren bei Gemeinden bis zu 10.000 Einwohnern 3 % betragen (höchstens aber 200 Unterschriften) und in Gemeinden

---

64 Modifiziert besteht diese Möglichkeit auch in Berlin, allerdings muss hier ein Drittel der Mitglieder der Bezirksverordnetenversammlung den Antrag unterstützen (§§ 42, 44 BezVwG).

über 10.000 Einwohnern 1,5 % betragen (mindestens aber 200 und höchstens 2.500 Unterschriften). Der Einwohnerantrag selbst ist ein Instrument der Einwohnerschaft, mit dem eine Befassungspflicht des Gemeinderats in bestimmten Angelegenheiten initiiert werden kann. Das Recht erschöpft sich allerdings in der bloßen Behandlung, ohne ein bestimmtes oder auch nur irgendein Behandlungsergebnis beanspruchen zu können (Haug 2018a, § 20b Rn 16; Aker 2012, § 21 Rn 4; Burgi 2015, § 11 Rn 142). Weitere inhaltliche und formale Änderungen wurden durch die Novelle nicht vorgenommen. Dies ist besonders zu bedauern für die unveränderte Bezugnahme auf die Ausschlusstatbestände gem. § 21 Abs. 2 GemO in § 20b Abs. 1 S. 3 GemO. Denn diese Ausschlusstatbestände dienen ja dazu, die Kompetenzen der Repräsentativorgane zu wahren, was aber durch eine bloße Befassungspflicht des zentralen Repräsentativorgans gerade nicht tangiert ist. Dies ist umso erstaunlicher, als dass auf staatlicher Ebene beim neu eingeführten Volksantrag gerade unter Verweis auf die fehlenden Beeinträchtigung der parlamentarischen Entscheidungskompetenz – richtigerweise – keine Verknüpfung mit der Finanztrias vorgenommen worden ist (Art. 59 Abs. 2 BWVerf, s. o. 3.3; LT-Drs. 15/7178, S. 7).

Der Ländervergleich ist in diesem Punkt wenig aufschlussreich, da mittlerweile alle Bundesländer (außer Hessen) einen Einwohnerantrag kennen (nur in Bayern ist dieser auf die Bürger beschränkt, Art. 18b BayGO). Die Unterschiede liegen dabei zum einen in der Altersgrenze, die von 14 Jahren (§§ 31 Abs. 1 S. 1 NKomVG, 25 Abs. 1 NRWGO und § 17 Abs. 1 RP GemO) bis 18 Jahren (Art. 18b BayGO) reicht und Baden-Württemberg mit 16 Jahren einen Platz im Mittelfeld einnimmt (§ 41 Abs. 1 S. 1 BWKomWG). Des Weiteren unterscheiden sich die Quoren, die zum einen an die Gemeindegröße gekoppelt werden oder absolut gelten. Mit 10 % (durch Hauptsatzung absenkbar auf 5 %) liegt dabei Sachsen (§ 22 Abs. 2 SächsGemO) an der Spitze, Rheinland-Pfalz ist hierbei mit 2 % (§ 17 Abs. 2 RP GemO) am partizipationsfreundlichsten. Zwar beträgt das Quorum in Bayern und Thüringen jeweils nur 1 %, doch sind diese Quoren an die Bürger bzw. Stimmberechtigten anstelle aller Einwohner geknüpft. Baden-Württemberg ist hierbei wieder im Mittelfeld einzuordnen. Erwähnenswert ist allerdings die singuläre Position Baden-Württembergs, dass die Ausschlusstatbestände aus § 21 Abs. 2 BW GemO hier Anwendung finden (§ 20b Abs. 1 S. 3 BW GemO). Die anderen Bundesländer kennen dies nicht (Haug 2018a, § 20b Rn 9), weil bei einem Einwohnerantrag die Letztentscheidung gerade beim Gemeinderat verbleibt. Diese Restriktion wirkt sich deutlich und unnötig beteiligungsbeschränkend aus. Die Fristen, sowie die Anhörungsrechte der Initiatoren unterscheiden sich hingegen marginal und sind in Baden-Württemberg aber nicht weiter restriktiv (zum Ganzen ausführlich: Haug 2018a, § 20b Rn 3 ff.; Haug 2012a, S. 156).

9.4 Mitwirkungsrechte

9.4.1 Beteiligung im Verwaltungsverfahren

Im Rahmen der Beteiligung im Verwaltungsverfahren geht es um Möglichkeiten, das zu beobachtende Legitimations- und Akzeptanzdefizit von Verwaltungsentscheidungen auszugleichen. Große Planungs- und Verwaltungsverfahren sind dabei – nicht zuletzt bedingt durch die zeitliche Komponente und die Komplexität der Sachentscheidungen – für die Öffentlichkeit besonders schwer nachvollziehbar. Erschwert werden Reformen hierbei durch das kompetenzrechtlich komplexe System dieser Verfahren und der immer noch z. T. unklaren Begriffsbestimmungen. So ist das Verwaltungsverfahren auf die Wahrung und Beteiligung subjektiver Rechte ausgerichtet, enthält also im Kern eine Betroffenenbeteiligung, was in einem Spannungsverhältnis zu Mitentscheidungsrechten einer breiten Öffentlichkeit steht. Die Weiterentwicklung dieses Systems zugunsten einer verstärkten Einbindung erfolgt deshalb hier nur sehr zögerlich. Vor dem Hintergrund der zunächst kurz vorgestellten bundesgesetzlichen Änderungen sollen hier die Maßnahmen des baden-württembergischen Gesetzgebers aufgezeigt werden.

9.4.1.1 Frühzeitige Öffentlichkeitsbeteiligung

Als maßgebliches gesetzliches Instrument zur Stärkung der Beteiligung erließ der Bundesgesetzgeber im Rahmen seiner kompetenzrechtlichen Möglichkeiten im Juni 2013 ein Gesetz zur Verbesserung der Öffentlichkeitsbeteiligung und Vereinheitlichung von Planfeststellungsverfahren (PlVereinhG, BGBl. I, S. 1388 ff.). Den Kern bildet dabei die Änderung des § 25 VwVfG, in dessen neuem Abs. 3 nun die „frühzeitige Öffentlichkeitsbeteiligung" geregelt ist (dazu Kopp/Ramsauer 2016, § 25 Rn 27 ff.; Pünder 2016, § 14 Rn 53; Kallerhoff/Fellenberg 2018, § 25 Rn 64 ff.; Hertel/Mundling 2013, S. 2150 ff.; Ziekow 2013, S. 754 ff.; Brennecke 2016, S. 329 ff.; Fraenkel-Haeberle 2016, S. 553 ff.). Man erkannte – verursacht durch den Widerstand gegen große Infrastrukturmaßnahmen – die Notwendigkeit, Bürger bereits frühzeitig in konkrete Verwaltungsverfahren einbinden zu können. Dies dient nicht zuletzt dem Ausgleich des Legitimationsdefizits in Verwaltungsentscheidungen, der durch die Einbeziehung und Einflussmöglichkeit auf den Entscheidungsprozess ausgeglichen werden soll (Haug 2014, S. 234 f.). In den bis dahin maßgeblichen Vorschriften waren zwar durchaus Beteiligungsverfahren vorgesehen, doch setzten diese erst zu einem Zeitpunkt ein, als die Planung weitgehend abgeschlossen war. Diese Schwachstelle soll § 25 Abs. 3 VwVfG beheben, ohne zu verkennen, dass vor allem die geringe Verbindlichkeit der Regelung wenig Besserung erwarten lässt und eine „gute" Beteiligung weiterhin stark vom Wohlwollen der Vorhabenträger abhängig ist (Dolde 2013, S. 773; Hertel/Munding 2012, S. 2624). An dieser Stelle ist jedoch auf die Entstehungsgeschichte und vor allem auf die Kritikwürdigkeit von § 25 Abs. 3 VwVfG (hierzu Erler/Arndt 2014, S. 81; Ziekow 2012, S. D1 ff.) nicht weiter einzugehen, da der Fokus dieses Berichts auf die gesetzgeberischen Maßnahmen in Baden-Württemberg gerichtet ist. Der Gesetzgeber in Baden-Württemberg hat sich dabei vor allem auf das Defizit der nur schwachen Hinwirkungspflicht in § 25 Abs. 3 VwVfG konzentriert. So beschränkt sich die Pflicht der Behörde nach dieser Vorschrift darauf, auf eine frühe Öffentlichkeitsbeteiligung hinzuwirken. Für den Vorhabenträger stellt dies jedoch lediglich eine unverbindliche Anregung dar, weshalb § 25 Abs. 3 VwVfG auf dessen Freiwilligkeit setzt und letztlich keine Änderung zur vorherigen Gesetzeslage bedeutet. Auf landesgesetzlicher Ebene hat man versucht, unter Wahrung der kompetenzrechtlichen Grenzen nachzubessern. Aufgrund der Parallelgesetzgebung ist dies zunächst nicht durch Änderung des § 25 Abs. 3 VwVfG selbst möglich gewesen, weshalb § 25 Abs. 3 wortgleich in das LVwVfG übertragen worden ist. Im Bereich des Umweltrechtes erkannte man jedoch die Möglichkeit zur Einführung einer verpflichtenden frühen Beteiligung (dazu unten), ohne gegen das Gebot der Parallelgesetzgebung zu verstoßen. Außerdem hat man die Möglichkeit genutzt, durch eine Konkretisierung von § 25 Abs. 3 (L)VwVfG den praktischen Anwendungsbereich der frühzeitigen Öffentlichkeitsbeteiligung zu verbreitern, indem durch die „Verwaltungsvorschrift der Landesregierung zur Intensivierung der Öffentlichkeitsbeteiligung in Planungs- und Zulassungsverfahren" (VwV Öffentlichkeitsbeteiligung, GABl. 2014, S. 22 ff.) mit Planungsleitaden Vorgaben für die Landesbehörden geschaffen wurden. Beides wird im Folgenden dargestellt.

9.4.1.2 Umweltverwaltungsgesetz

Das Umweltverwaltungsgesetz wurde am 13.11.2014 vom Landtag Baden-Württemberg beschlossen und trat am 1.1.2015 als das „Gesetz zur Vereinheitlichung des Umweltverwaltungsrechtes und zur Stärkung der Bürger- und Öffentlichkeitsbeteiligung im Umweltrecht" in Kraft (GBl. 2014, S. 592 ff.). Dabei wurden die umweltrechtlichen Regelungen in einem Gesetz zusammengefasst, die zuvor im Landesgesetz über Umweltverträglichkeitsprüfung und im Landesinformationsgesetz normiert waren (Feldmann/Heiland 2015, S. 49). Zentrale Intention des neuen Gesetzes ist dabei (neben der praktischen Handhabbarkeit, LT-Drs. 15/5487, S. 1, 46) die „Stärkung der Bürger- und Öffentlichkeitsbeteiligung im Umweltbereich" und der Ausbau einer offenen Informationskultur (LT-Drs. 15/5487, S. 2; Feldmann/Heiland 2015, S. 50). Neben dem bereits oben erörterten Umweltinformationsanspruch besteht die entscheidende gesetzliche Neuerung in der Einführung einer frühen Öffentlichkeitsbeteiligung nach § 2 Abs. 1 UVwG, die im Gegensatz zu § 25 Abs. 3

9.4 Mitwirkungsrechte

VwVfG als Soll-Vorschrift ausgestaltet ist. Dabei macht die Gesetzesbegründung deutlich, dass die frühe Öffentlichkeitsbeteiligung akzeptanzsteigernde Wirkung entfalten kann, wenn die Öffentlichkeit rechtzeitig Einwendungen äußern kann, was mit den bisher geltenden förmlichen Verfahren nicht ausreichend erreicht worden ist (LT-Drs. 15/5487, S. 46). Der Anwendungsbereich hingegen ist – nicht zuletzt aufgrund kompetenzrechtlicher Grenzen – auf den Zeitpunkt vor dem Verfahren zur Zulassung auf Vorhaben beschränkt, die planfeststellungspflichtig und/oder UVP-pflichtig sind. Ausgenommen sind hiervon lediglich Plangenehmigungsvorhaben und Vorhaben mit negativer UVP-Vorprüfung, was aus dem Umkehrschluss zu § 2 Abs. 1 S 1 UVwG folgt (LT-Drs. 15/5487, S. 60). Bei diesen Vorhaben kommt § 2 UVwG gegenüber § 25 Abs. 3 LVwVfG eine lex specialis-Wirkung zu, während bei nicht UVP-pflichtigen immissionsschutzrechtlichen oder wasserrechtlichen Vorhaben weiterhin § 25 Abs. 3 LVwVfG gilt (LT-Drs. 15/5487, S. 60). Weiterhin beschränkt der Gesetzgeber (im Einklang mit der VwV Öffentlichkeitsbeteiligung, dazu unten) den zu beteiligenden Personenkreis nicht nur auf die betroffene Öffentlichkeit, und bezieht außerdem neben öffentlichen auch private Vorhabenträger in den Anwendungsbereich mit ein. Die Ausgestaltung der Beteiligung jedoch überlässt das UVwG weitestgehend dem Vorhabenträger. Gefordert wird lediglich – wiederum im Einklang zum bisherigen bundesgesetzlichen Beteiligungsrechts-Repertoire – die Unterrichtung, die Gelegenheit zur Äußerung und eine Erörterung. Allerdings sind hierbei ausdrücklich elektronische Informationsmöglichkeiten zugelassen (§ 2 Abs. 1 S 3 UVwG). Nach Abs. 5 sind die Ergebnisse der frühen Öffentlichkeitsbeteiligung spätestens bis zur Antragsstellung mitzuteilen und werden sodann im Verfahren berücksichtigt. Bemerkenswert ist schließlich die Kostenregelung, die die Kostenlast ausdrücklich dem Vorhabenträger überträgt (§ 2 Abs. 2 UVwG). Freilich unberührt bleibt davon die Missbrauchsgefahr kostenneutraler „Schein"-Beteiligungen, um die gesetzlichen Anforderungen zu erfüllen, ohne aber zu einer geeigneten Beteiligung beizutragen.

Auch die Einführung einer Umweltmediation (§ 4 UVwG) ist zumindest unter dialogischen Gesichtspunkten als Erweiterung des Beteiligungsverfahrens anzusehen. Mit der Mediation empfiehlt das Gesetz eine normierte informelle Maßnahme, durch die die zuständige Behörde bereits vor dem Verfahren Konflikte auflösen soll. Diese Festlegung auf eine von vielen möglichen informellen Maßnahmen kann als unbeabsichtigte gesetzliche Einschränkung hinsichtlich anderer im Einzelfall angemessenerer Maßnahmen verstanden werden. Schließlich kennzeichnet der appellative Charakter der Norm, wonach es im reinen Ermessen der Behörde liegt, eine Mediation anzuregen, die Norm als wenig griffig und unverbindlich hinsichtlich einer stärkeren Öffentlichkeitsbeteiligung.

Die in § 3 UVwG geregelte ausdrückliche Vorbildfunktion der „öffentlichen Hand", die in der Literatur als Fortschritt im Bereich der Öffentlichkeitsbeteiligung gewertet wird (Feldmann 2015, S. 321), kann allerdings höchstens mittelbar als solcher eingeordnet werden. Denn § 3 UVwG enthält mit dem Verweis auf § 1 Abs. 1 UVwG keinen ausdrücklichen Hinweis auf die Öffentlichkeitsbeteiligung. Dies ergibt sich auch nicht aus der Gesetzesbegründung, die zwei maßgebliche Gründe zur Einführung der Vorschrift anführt. So soll zum einen der Umweltschutz dadurch einen höheren Stellenwert erhalten und zum anderen wird die Vergabe öffentlicher Aufträge hervorgehoben (LT-Drs. 15/5487, S. 63). Daraus eine unmittelbare Stärkung der Öffentlichkeitsbeteiligung abzuleiten, erscheint vor diesem Hintergrund mehr als fraglich. Die Evaluation, ob das UVwG tatsächlich die Öffentlichkeitsbeteiligung stärken wird, steht noch aus.

9.4.1.3 VwV Öffentlichkeitsbeteiligung

Die „Verwaltungsvorschrift der Landesregierung zur Intensivierung der Öffentlichkeitsbeteiligung in Planungs- und Zulassungsverfahren" (VwV Öffentlichkeitsbeteiligung, GABl. 2014, S. 22 ff.) ist am 27. Februar 2014 in Kraft getreten. Sie soll die „Beteiligungskultur" fördern und weiterentwickeln und so zu Transparenz und Einbindung der Öffentlichkeit beitragen. Rechtsdogmatisch handelt es sich bei einer Verwaltungsvorschrift um sogenanntes Binnenrecht, das sich nur an Landesbehörden im Sinne des § 1 LVwVfG richtet (dazu Erbguth/Guckelberger, 2018, § 27 Rn 6; Reimer 2014, S. 679; Ehlers 2016, § 2 Rn 68; Maurer 2011, § 24 Rn 16 f.; Schmitz 2018, § 1 VwVfG Rn 212 ff.). Dabei werden im Wege der Weisung bestimmte Spielräume, die der Verwaltung nach § 25 Abs. 3 LVwVfG zustehen, konkretisiert (Haug/Schmid 2014, S. 283; Arndt 2015, S. 193; Erler/Arndt 2014, S. 85 ff.; Masser et al. 2017, S. 94; Kopp/Ramsauer 2016, § 25 VwVfG Rn 30a). Auf eine Verwaltungsvorschrift kann sich ein außerhalb der internen Verwaltungssphäre stehender Bürger nur ausnahmsweise berufen, wenn es sich um eine normkonkretisierende Verwaltungsvorschrift handelt, die im Bereich des Technikrechts anerkannt ist (Bull/Mehde 2015, Rn 228). Die hier diskutierte Verwaltungsvorschrift soll dagegen die Spielräume der Verwaltung in einem bestimmten Sinn ausfüllen, also das Ermessen diesbezüglich lenken (Haug/Schmid 2014, S. 284). Eine rechtliche Verbindlichkeit für Bürger erwächst aus der VwV Öffentlichkeitsbeteiligung daher nicht. Die Verwaltungsvorschrift legt den eigenen Anwendungsbereich in Ziff. 1.2 fest, der aus planungsrelevanten Vorhaben besteht (§§ 25 Abs. 3 LVwVfG, 72 ff. VwVfG, 10 BImschG), wobei das Bauplanungsrecht aufgrund der gemeindlichen Kompetenz ausgenommen ist (Erler/Arndt 2014, S. 86). Die Idee der Landesregierung, mit der VwV Öffentlichkeitsbeteiligung eine mittelbare Konkretisierung von § 25 Abs. 3 VwVfG vorzunehmen, ist durchaus kreativ, da das Gebot zur Simultangesetz-

9.4 Mitwirkungsrechte

gebung eine landesgesetzliche Änderung der Systematik aus § 25 Abs. 3 VwVfG ausschließt. So kann von dieser innerstaatlichen Behördenweisung – ungeachtet der engen gesetzgeberischen Spielräume – eine Vorbildfunktion ausgehen und so Verbesserungen bei Vorhaben privater Vorhabenträgern bewirken. Die erste wesentliche Konkretisierung besteht dabei in der Unterteilung zwischen öffentlichen Vorhabenträgern und „Dritten", wobei unter den „Dritten" private und kommunale Vorhabenträger verstanden werden. Diese Unterscheidung kennt § 25 Abs. 3 LVwVfG nicht, sondern richtet sich unterschiedslos an alle Vorhabenträger. Inhaltlich konkretisiert die Verwaltungsvorschrift das Beteiligungsverfahren und geht dabei sogar über § 25 Abs. 3 LVwVfG hinaus. So setzt die frühe Öffentlichkeitsbeteiligung nach der Verwaltungsvorschrift noch vor der Raumordnung an, während sie nach § 25 Abs. 3 noch bis zum Genehmigungs- bzw. Zulassungsverfahren möglich ist (Kopp/Ramsauer 2016, § 25 VwVfG Rn 35; Kallerhoff/Fellenberg 2018, § 25 VwVfG Rn 72). Ohnehin enthält die VwV Öffentlichkeitsbeteiligung Konkretisierungen hinsichtlich der zeitlichen Umstände im Hinblick auf die Kontinuität und die Abläufe, die § 25 Abs. 3 LVwVfG nicht kennt. Dabei ist die Hinwirkungspflicht in der Verwaltungsvorschrift imperativ-verbindlich ausgestaltet, während sie § 25 Abs. 3 LVwVfG deutlich unverbindlicher bleibt („die Behörde wirkt hin", Erler/Arndt 2014, S. 88). Auch der Begriff der Öffentlichkeit wird in der Verwaltungsvorschrift gegenüber § 25 Abs. 3 LVwVfG erweitert, indem (wie im UVwG, s. o.) nicht nur die betroffene Öffentlichkeit adressiert wird (Ziff. 1.3.5 VwV ÖB). Vielmehr soll die Beteiligung über ein Scoping stattfinden, das eine Umfeldanalyse darstellt, bei dem nach Zweckmäßigkeitserwägungen über zusätzliche Öffentlichkeitsbeteiligung entschieden werden soll (Erler/Arndt 2014, S. 86). Die Transparenz der Beteiligung soll nach der Verwaltungsvorschrift gesichert werden, indem die Behörde sich in ihrer Entscheidung auch mit den Ergebnissen der Öffentlichkeitsbeteiligung auseinandersetzen muss (Ziff. 8.5.2 VwV ÖB). Dem Vorwurf der fehlenden praktischen Handhabbarkeit einer gelungenen Beteiligung für die Behörden wird durch den Verweis auf die VDI Richtlinien 7000/7001 und den vom Staatsministerium erarbeiteten Planungsleitfaden, die konkrete Handlungsempfehlungen hinsichtlich der Beteiligung enthalten, begegnet.

Ob dieser Weg die Beteiligungsqualität im Verwaltungsverfahren über § 25 Abs. 3 LVwVfG hinaus stärkt, kann nur im Rahmen einer Evaluation festgestellt werden. Ein Zwischenbericht einer vom Staatsministerium in Auftrag gegebenen empirischen Untersuchung deutet auf ein vorsichtig positives Fazit hin (Masser et al. 2017, S. 94).

9.4.1.4 Ländervergleich

Ein Ländervergleich ist sowohl beim Umweltverwaltungsgesetz als auch bei der Verwaltungsvorschrift nicht möglich, da vergleichbare Regelungen in anderen Bundesländern fehlen. Interessant wäre dabei die Anschlussfrage, ob andere Bundesländer die gesetzlichen Schwächen aus § 25 Abs. 3 VwVfG hinnehmen oder ob auch dort versucht wird, beispielsweise über informelle Instrumente vor allem auf kommunaler Ebene nachzusteuern. Eine vertiefte Untersuchung muss an dieser Stelle allerdings dahinstehen, da diese über die in diesem Bericht bearbeitete Fragestellung deutlich hinausgehen würde.

9.4.2 Beteiligung im Gesetzgebungsverfahren

9.4.2.1 Allgemeines Beteiligungsverfahren über das Beteiligungsportal

Eine weitere wichtige partizipationsfördernde Maßnahme der letzten Legislaturperiode stellt das Beteiligungsportal dar, bei dem auf elektronischem Wege eine Beteiligung im Gesetzgebungsverfahren für die Öffentlichkeit ermöglicht wird. Es geht dabei um eine partizipative Ergänzung des bisherigen Gesetzgebungsverfahrens, die die repräsentative Demokratie weiter stärken sollte. Über das Beteiligungsportal des Landes können Bürger in unterschiedlicher Weise eigene Meinungen einbringen, Ergänzungen vorschlagen oder Ideen initiieren (dazu und zum Begriff der partizipativen Gesetzgebung s. Brettschneider/Renkamp 2016, S. 18). Konkret wurden dabei mehrere Gesetze und Verfahren bereits partizipativ ergänzt (Brettschneider/Renkamp, a. a. O.). Auch andere Bundesländer bauen diese Partizipationsmöglichkeit weiter aus (Rheinland-Pfalz: s. Faas et al., 2016, S. 1 ff.; Bayern: vgl. das Portal „Aufbruch Bayern"; Sachsen: ebenfalls ein Beteiligungsportal, vgl. https://buergerbeteiligung.sachsen.de/portal/sachsen/startseite, v. 1.7.2018). Auch wenn es sich hierbei um einen interessanten Bereich neuer Beteiligungsmöglichkeiten handelt, so ist der juristische Rahmen für diese Untersuchung nicht weiter relevant. Denn das Gesetzgebungsverfahren ist landesrechtlich in der Landesverfassung sowie in der Geschäftsordnung des Landtags geregelt, weshalb Änderungen bei diesen Regelwerken ansetzen müssten. Somit handelt es sich beim Beteiligungsportal lediglich um eine informelle Ergänzung zu einem frühen Zeitpunkt der Gesetzgebung, nämlich in der Ausarbeitungsphase des exekutiven Gesetzentwurfs. Partizipative Elemente einer breiten Öffentlichkeit innerhalb des eigentlichen – d. h. parlamentarischen – Gesetzgebungsverfahrens wären deshalb problematisch, weil sie zu möglichen Konflikten zum repräsentativen System führen könnten.

9.4.2.2 Bürgerhaushalt

In Baden-Württemberg ist, initiiert durch das Finanzministerium (Dahl/Weber 2017, S. XII), die Frage der Durchführbarkeit eines Bürgerhaushaltsverfahrens, das in Haushaltsfragen die Öffentlichkeitsbeteiligung vorantreiben und Bürger bei der Erstellung des Haushalts einbinden soll, untersucht worden. Die von der Baden-Württemberg Stiftung verantwortete Machbarkeitsstudie kommt dabei namentlich in juristischer Hinsicht zu dem Ergebnis, dass aufgrund kompetenzrechtlicher Schranken in der Landesverfassung schon keine formelle Möglichkeit besteht, die Bürger an der Entscheidung über die Haushaltsverabschiedung zu beteiligen (Haug/Pautsch 2017, S. 159 ff., 202). So verbleibt lediglich eine unverbindliche Einbindung der Bürger durch Nutzung informeller Verfahren, die im Rahmen dieses Berichtes nicht weiter untersucht werden.

9.4.3 Beteiligungsrechte auf kommunaler Ebene

9.4.3.1 Jugendbeteiligung

Eine deutliche Intention des Gesetzgebers zu einem Mehr an Beteiligung zeigt sich in den neugestalteten Vorschriften zur Jugendbeteiligung. Hier soll im Rahmen der „Sandkastendemokratie" (Zum Begriff: Kerstin 2008, S. 40 ff.) erreicht werden, dass auf der für Jugendliche greifbarsten, nämlich kommunalen Ebene Mitwirkung für sie möglich sein soll. Denn auf dieser Ebene finden politische Prozesse statt, die für Jugendliche unmittelbare Relevanz entfalten können und dabei das grundlegende Demokratieverständnis prägen können. Aber auch die Kommunen können von dieser Jugendbeteiligung profitieren, da Ideen aus dieser Perspektive bereichernd in kommunale Entscheidungsprozesse eingebracht werden können.

Die kommunale Jugendbeteiligung und ihre Unterstützung durch den Gesetzgeber findet in Baden-Württemberg seit langer Zeit über Parteigrenzen hinweg Zustimmung. So wurden Jugendgemeinderäte bereits 1998 in der Gemeindeordnung (GBl. S. 578) verankert. 2005 wurde die Jugendbeteiligung gesetzlich auf Planungen und Vorhaben erweitert, wenn die Interessen der Jugendlichen berührt sind (dazu im Überblick: Aker 2012, § 41a Rn 2). Beides war allerdings als „Kann-Vorschrift" ausgestaltet, um den Gemeinden das Ermessen über das „ob" und „wie" dieses Instruments zu belassen. Durch die Gesetzesänderung von 2015 ist § 41a Abs. 1 GemO weiterentwickelt worden und enthält nun eine „Soll"-Vorschrift für Kinder und eine „Muss"-Vorschrift für Jugendliche zur Beteiligung, wenn ihre Interessen berührt sind. Somit entfällt das gemeindliche Ermessen hinsichtlich des „ob" einer Jugendbeteiligung. Hinsichtlich der Auswahl der konkreten Beteiligungsform verbleibt jedoch nach § 41a GemO nach wie vor ein erheblicher Gestaltungsspielraum für die Gemeinde, da lediglich eine Beteiligung in angemessener Weise gefordert wird. Diese Eigenverantwortlichkeit will der Gesetzgeber ausdrücklich der Gemeinde belassen, da die Geeignetheit des konkreten Beteiligungsverfahrens im Vordergrund stehen soll (LT-Drs. 15/7265, S. 41). Es umfasst demnach formelle Verfahren, wie beispielsweise den Jugendgemeinderat, aber auch informelle Verfahren, wie „Hearings", Jugendforen, usw. (Scherr/Sachs 2016, S. 325). Ob der Gesetzgeber hierbei eine primär partizipationsrechtliche Zielsetzung verfolgt hat, lässt sich aus der Gesetzesbegründung nicht eindeutig erkennen. Es liegt allerdings die Vermutung nahe, dass eher einem der Kernprobleme von Jugendgemeinderäten begegnet werde sollte, nämlich der unzureichenden Konstanz innerhalb dieses Gremiums. Namentlich in kleinen Gemeinden pendeln viele Jugendliche schulbedingt in größere Städte, was zu einer Verlagerung des Lebens- und Interessenschwerpunkts führt. In diesen Fällen ist es eine besondere Herausforderung für die Gemeinden, eine konstante Mitarbeit im Jugendgemeinderat zu erreichen, zumal Planungen in der Regel mehrere Jahre in Anspruch nehmen. Dem sollen temporär überschaubare informelle Beteiligungsmodelle Rechnung tragen, was zu einer partizipationsrechtlich innovativen Regelung beigetragen hat. Denn durch die Verbindlichkeit der Beteiligung aus § 41a Abs. 1 GemO wird auch die Durchführung von informellen Verfahren gestärkt, da gerade keine formellen Beteiligungsinstrumente eingeführt wurden, sondern die konkrete Beteiligung in das gemeindliche Ermessen gestellt ist. Da informelle Verfahren eine höhere Flexibilität ermöglichen, ist zu vermuten, dass die Gemeinden hierbei stärker als bisher auf diese Verfahren zurückgreifen werden.

Eine weitere Änderung betrifft § 41a Abs. 2 GemO, wonach Jugendlichen nun ein Antragsrecht zur Einrichtung eines Jugendgemeinderats eingeräumt wird. Es muss dabei ein Unterschriftenquorum erfüllt sein, das an die Einwohnerzahl der Gemeinde gekoppelt ist. Der bisherige § 41a Abs. 2 GemO ist neugefasst und in § 41a Abs. 3 GemO aufgegangen. Darin wird nun die Gemeinde verpflichtet, in der Geschäftsordnung des Gemeinderates festzulegen, welche Rede-, Anhörungs- und Antragsrechte den Vertretern des Jugendgemeinderates im Gemeinderat zustehen. § 41a Abs. 4 n.F. GemO bestätigt den bereits bestandenen grundsätzlichen Finanzierungsanspruch der Jugendvertretungen.

Die kommunalen Landesverbände haben die gesetzgeberische Aufhebung des „ob"-Ermessens zugunsten einer Verpflichtung als Eingriff in die Entscheidungsfreiheit der Gemeinden stark kritisiert (LT-Drs. 15/7265, S. 62f., 72f.). Es wurde vorgetragen, dass die Beteiligung von Jugendlichen und Kindern bereits Realität in den Kommunen sei, man aber jetzt in seinen flexiblen Ausgestaltungen beschränkt werde. Dies vermag nicht zu überzeugen, da die jetzige Regelung bei der Frage des „wie" weiterhin weitreichende Flexibilität gewährleistet. Bei der Frage des „ob" hingegen sollte schon deshalb kein Widerspruch zur Argumentation der Landesverbände bestehen, da die Beteiligung nach deren Aussage ohnehin bereits stattfindet. Eine entsprechende gesetzliche Verankerung vermag dann keine Beschwer zu entfalten, sondern bestärkt vielmehr die bisherige Praxis.

Die Mehrheit der Bundesländer hat mittlerweile die Jugendbeteiligung in den Kommunalverfassungen geregelt. Allerdings gibt es immer noch sechs Bundesländer, die darauf gänzlich verzichtet haben (Bayern, Mecklenburg-Vorpommern, Sachsen-Anhalt, Brandenburg, Thüringen, Berlin). In den Gemeindeordnungen der übrigen Länder ist die Jugendbeteiligung unterschiedlich stark ausgestaltet. So enthalten die §§ 49a KSVG Saarland, 56b GemO RP und 27a GO NRW lediglich eine Kann-Vorschrift, die eine Beteiligung in das Ermessen der Gemeinde stellt und den Erlass genauerer Regelungen dem Satzungsgeber überlässt. Als Soll-Vorschrift haben es Hessen (§§ 4c, 8c HGO), Niedersachsen (§ 36 NKomVG) und Sachsen (§ 47a SächsGemO) ausgestaltet. In Schleswig-Holstein (§ 47f GemO SH), Bremen (§ 15d VerfBrhv) und Hamburg (§ 33 BezVG) geht die Beteiligung am Weitesten, da dort ähnlich wie Baden-Württemberg eine Mischregel zwischen Soll und Muss (s. o.) vorgesehen ist. Damit ist Baden-Württemberg insoweit der Spitze zuzuordnen. Der unbestimmte Rechtsbegriff des „Berührens der Belange" sorgt allerdings für eine etwas unklare Rechtslage und bietet noch Konkretisierungspotential.

9.4.3.2 Partizipations- und Integrationsgesetz

Durch das Partizipations- und Integrationsgesetz vom 1.12.2015 (GBl. 2015, S. 1047 ff.) wurde erstmalig in Baden-Württemberg ein Gesetz erlassen, das sich der Bevölkerungsgruppe mit Migrationshintergrund – die mittlerweile beinahe ein Drittel der Landesbevölkerung darstellt (LT-Drs. 15/7555, S. 1) – annimmt. Es gibt als oberstes Ziel die gelingende Integration dieser Menschen vor. Dies soll durch eine interkulturelle Öffnung der Verwaltung und verbesserte Integrationsstrukturen erreicht werden (LT-Drs. 15/7555, S. 22). Dabei ist für diesen Bericht interessant, dass gesetzlich Teilhabeinstrumente geschaffen worden sind, die gewährleisten sollen, dass auch diese Bevölkerungsgruppe beteiligt und so zu einem gegenseitigem, respektvollen Umgang beigetragen wird (LT-Drs. 15/7555, S. 22). Für diesen Bericht sind insbesondere die Regelungen von Interesse, die sich mit der Beteiligung von Menschen mit Migrationshintergrund auf kommunaler Ebene befassen. Nicht eingegangen werden kann dagegen auf die allgemeine Diskussion eines Integrationsverwaltungsrechts und die damit zusammenhängenden juristischen Schwierigkeiten in Bezug auf die Verfassungsmäßigkeit eines solchen Rechtsgebietes auf Landesebene (Burgi 2016, S. 1015 ff.). Deshalb stehen im Folgenden die §§ 11 bis 13 PartIntG im Fokus, die die Beteiligung von Menschen mit Migrationshintergrund auf kommunaler Ebene gesetzlich ausgestalten. Dabei können Gemeinden und Landkreise Integrationsausschüsse (§ 12 PartIntG) und Integrationsräte (§ 13 PartIntG) zu „Fragen, welche die Gestaltung des Zusammenlebens in einer vielfältigen Gesellschaft und insbesondere die Integration von Menschen mit Migrationshintergrund betreffen", einrichten (§ 11 Abs. 1 PartIntG). Den Gemeinden bzw. Landkreisen bleibt es allerdings nach § 11 Abs. 2 PartIntG überlassen, die Zusammensetzung und Aufgabenbeschreibung der genannten Organe näher zu regeln.

Der Integrationsausschuss ist als beratender Ausschuss im Sinne von § 41 GemO bzw. § 36 LKrO ausgestaltet und muss auch mit Menschen mit Migrationshintergrund besetzt sein (§ 12 S. 2 PartIntG). Die Definition, wer als Mensch mit Migrationshintergrund zu gelten hat, nimmt § 4 PartIntG vor. Ausschüsse sind in §§ 39 ff. GemO vorgesehen und teilen sich in die beschließenden Ausschüsse nach § 39 GemO einerseits und die beratenden Ausschüsse nach § 41 GemO andererseits. Unabhängig von ihrem Charakter bilden sie stets Organteile des Gemeinderates und nicht etwa selbstständige Organe (vgl. § 23 GemO). Sie sind grundsätzlich nach dem sogenannten Spiegelbildlichkeitsgrundsatz besetzt, wonach die Fraktionen in den Ausschüssen entsprechend ihrer Stärke im Gemeinderat vertreten sein sollen. Beschließende Ausschüsse nach § 39 GemO können anstelle des Gemeinderates entscheiden, während die beratenden Ausschüssen nur Vorschläge unterbreiten können und die Entscheidungskompetenz beim Gemeinderat verbleibt. Dafür können in den beratenden Ausschüssen auch sachkundige Einwohner mit eigenem Stimmrecht mitwirken. Genau darauf stellt § 12 PartIntG ab, wonach auch Menschen mit Migrationshintergrund als sachkundige Einwohner im so ausgestalteten Integrationsausschuss beteiligt werden müssen. Die Kommunalen Landesverbände sehen darin allerdings einen unzulässigen Eingriff in die kommunale Selbstverwaltungsgarantie gem. Art. 28 GG, da der Gemeinde das Ermessen, ob überhaupt sachkundige Einwohner nach § 41 GemO zugezogen werden, genommen wird (LT-Drs. 15/7555, S. 43). Dieses Argument überzeugt aber nicht, da die Entscheidung, ob überhaupt ein (beratender) Integrationsausschuss eingerichtet wird, nach § 11 PartIntG weiterhin bei der Gemeinde verbleibt. Damit ist das kommunale Entschließungsermessen der Hinzuziehung von sachkundigen Einwohnern im Rahmen des § 41 GemO nicht eingeschränkt, das den Kern des Entscheidungsspielraums in § 41 GemO darstellt. Entschließt sich aber der Gemeinderat, zu einem Thema nach § 11 PartIntG sachkundige Einwohner zu beteiligen, so schränkt § 12 PartIntG hinsichtlich eines Teils der Teilnehmer das Auswahlermessen ein, was aber nicht als unzulässiger Eingriff in Art. 28 GG angesehen werden kann.

Neben dem Integrationsausschuss gem. § 12 PartIntG sieht das Gesetz außerdem einen Integrationsrat mit demselben sachlichen Anwendungsbereich vor (§ 13 PartIntG). Entscheidet sich die Gemeinde für seine Einrichtung, so legt § 13

PartIntG Anforderungen an die personelle Zusammensetzung fest. Dabei sind sowohl Menschen mit Migrationshintergrund als auch solche mit migrations- und integrationsbezogenen Kenntnissen als mögliche Mitglieder zugelassen, ohne dass Vertreter aus beiden Gruppen zwingend vertreten sein müssen. Dies erstaunt zunächst hinsichtlich der Menschen mit Migrationshintergrund, dürfte aber im Hinblick auf die Sensibilität der Gemeinden unproblematisch sein (LT-Drs. 15/7555, S. 44). Dieses kommunale Instrument eines Beirates ist in der Praxis üblich (Engel/Heilshorn 2015, § 14 Rn 115) und dient vor allem dazu, dass Positionen und Bedürfnisse bestimmter Interessengruppen in den kommunalen Entscheidungsorganen gehört werden. Solange diesen Beiräten keine Entscheidungskompetenz zukommt, tragen sie dazu bei, die Organe für die von ihnen repräsentierten Interessen zu sensibilisieren (BayVGH, Urt. v. 24.11.2011, 4 N 11.1412, juris, Rn 28 ff.).

Im Ländervergleich zeigt sich, dass auch andere Bundesländer entsprechende Gesetze (Bayrisches Integrationsgesetz; PartIntG Berlin, Teilhabe- und Integrationsgesetz NRW) erlassen bzw. entsprechende Vorschriften zur Beteiligung von Menschen mit Migrationshintergrund in die Gemeindeordnungen aufgenommen haben (§ 27 GO NRW, § 80 KVSG LSA; §§ 84-88 HGO; § 50 KVSG SL; § 56 GemO RP; § 19 BbgKVerf; § 26 ThürKO; § 32 BwzVwG; §§ 3, 23 VerfBrhv). Die Regelungen ähneln sich und überlassen die Entscheidung dabei den Gemeinden selbst, ob Menschen mit Migrationshintergrund beteiligt werden sollen. Insoweit reiht sich Baden-Württemberg partizipationsrechtlich in die bisherigen Standards ein, ohne aber neue Maßstäbe zu setzen.

9.5 Mitbestimmung durch direktdemokratische Instrumente

9.5.1 Direktdemokratische Beteiligung auf Landesebene

In der vergangenen Wahlperiode hat der Gesetzgeber durch die Novellierung der Regelungen über die Mitwirkungsrechte des Volkes an der politischen Entscheidungsfindung eine Stärkung der direkten Demokratie vorgenommen (LT-Drs. 15/7178, S. 1). Bis dahin fand in Baden-Württemberg (als einzigem Bundesland überhaupt) kein zulässiges Volksbegehren und demzufolge keine vom Volk initiierte Volksabstimmung statt (Rehmet/Weber 2017, S. 17). Diesem Umstand Rechnung tragend wurde im Rahmen der Änderung der Landesverfassung auch das Volksabstimmungsgesetz angepasst.

Zur Verfahrenserleichterung wurden deshalb die Quoren sowohl des Volksbegehrens (Art. 59 Abs. 3 BWVerf) als auch der Volksabstimmung (Art. 60 BWVerf) gesenkt (LT-Drs. 15/7178, S. 1) und als neues Instrument der Volksantrag (Art. 59 Abs. 1 und 2 BWVerf) eingeführt (dazu oben, 3.3).

9.5.1.1 Das Volksbegehren

9.5.1.1.1 Überblick und Verhältnis zum Volksantrag

Art. 59 Abs. 3 BWVerf sieht zum Volksbegehren nun Regelungen vor, die das Verhältnis zum neu eingeführten Volksantrag erläutern, den Anwendungsbereich des Volksbegehrens durch einen Themenausschluss beschränken und das reduzierte Unterstützungsquorum von 10 % der Wahlberechtigen enthalten. So kann das Volk gemäß Art. 59 Abs. 1 BWVerf Gesetzesvorlagen entweder durch Volksantrag oder Volksbegehren einbringen. Wird ein Gesetzentwurf zunächst als Volksantrag eingereicht, der ganz oder teilweise scheitert, kann dieser erneut in Form eines Volksbegehrens eingereicht werden. Jedoch ersetzt ein Volksantrag nicht den Antrag auf ein Volksbegehren. Während der Volksantrag ein eigenständiges Instrument darstellt, ist ein Antrag auf ein Volksbegehren nur der erste Schritt zur Herbeiführung eines Volksentscheids. Eine der Zulassungsvoraussetzungen des Volksbegehrens verlangt deshalb bereits eine Formulierung, die einer Ja-/Nein-Frage in einer Volksabstimmung zugänglich ist (LT-Drs. 15/7178, S. 7). In anderen Bundesländern gibt es eine Volksinitiative als Vorstufe zum Volksbegehren. Entspricht der Landtag hier nicht innerhalb einer bestimmten Frist der Volksinitiative, findet – je nach Regelung in Abhängigkeit von einer entsprechenden Äußerung der Initiatoren oder automatisch – ein Volksbegehren statt (Art. 77 Abs. 1 BbgVerf, Art. 50 Abs. 2 S. 3 HmbVerf, Art. 108a Abs. 2 S. 3 RhPfVerf, Art. 72 Abs. 1 S. 1 SächsVerf, Art. 49 Abs. 1 S. 1 SHVerf).

9.5.1.1.2 Grenzen des Volksbegehrens

Seit der Verfassungsänderung von 2015 sieht nun Art. 59 Abs. 3 S. 3 BWVerf ausdrücklich einen sogenannten Themenausschluss für ein Volksbegehren vor und setzt damit auch die Grenzen des Volksentscheids fest. So können Abgabengesetze, Besoldungsgesetze und das Staatshaushaltsgesetz nicht Gegenstand von Volksbegehren und Volksabstimmungen sein (Art. 59 Abs. 3 S. 3, Art. 60 Abs. 6 BWVerf). Dieser zuvor nicht vorgesehene Themenausschluss bei Volksbegehren hatte aufgrund der Regelungslücke oftmals zu Diskussionen und Unklarheiten geführt (LT-Drs. 15/7178, S. 7). Es wurde aber mehrheitlich die Auffassung vertreten, dass ein Volksbegehren nur dann zulässig ist, wenn darüber eine Volksabstimmung stattfinden kann. Daher wurden die Ausschlusstatbestände des Art. 60 Abs. 6 BWVerf bereits vor der Novellierung von 2015 auf das Volksbegehren angewendet. Diese Unklarheit wurde vom Gesetzgeber nun behoben, indem im neuen Art. 59 Abs. 3 S. 3 BWVerf ausdrücklich auch beim Volksbegehren die Ausschlusstatbestände des Art. 60 Abs. 6 BWVerf vorgesehen sind.

9.5.1.1.3 Die Absenkung des Unterstützungsquorums

Die wichtigste und zugleich auch symbolträchtigste Änderung im Zusammenhang mit dem Volksbegehren besteht in der Verfassungsnovelle 2015 darin, das Unterstützungsquorum zur Zulassung eines Volksbegehrens von zuvor „einem Sechstel der Wahlberechtigten" auf „mindestens zehn vom Hundert der Wahlberechtigten" abzusenken. Diese Herabsetzung des Quorums ist dabei auch eine Reaktion auf die geringe Zahl an Anträgen auf Zulassung eines Volksbegehrens (Rehmet/Weber 2017, S. 17; LT-Drs. 15/7178, S. 8). Die Entwurfsbegründung deutet die in der Praxis nicht stattfindenden Volksbegehren als Zeichen einer zu hohen Quorumshürde, was durch eine Senkung ausgeglichen werden soll (LT-Drs. 15/7178, S. 8).

9.5.1.2 Die Volksabstimmung

Im Rahmen der Verfassungsnovelle von 2015 wurde auch das Zustimmungsquorum der Volksabstimmung abgesenkt, das zuvor mindestens ein Drittel der Stimmberechtigten betrug und nun bei mindestens 20% der Stimmberechtigten liegt.[65] Auf eine gänzliche Abschaffung des Zustimmungsquorums hat der Verfassungsgeber verzichtet, um sicherzustellen, dass ein Abstimmungsgegenstand nicht nur im Fokus eines Partikularinteresses steht, sondern von einem wahrnehmbaren Teil der Bevölkerung für relevant erachtet wird (LT-Drs. 15/7178, S. 8). Dieser Grundsatz der Notwendigkeit eines Zustimmungsquorums wird im rechtswissenschaftlichen Schrifttum und vom Bayerischen Verfassungsgerichtshof verfassungsrechtlich aus dem Demokratieprinzip abgeleitet mit der Begründung, dass Minderheiten nicht über Mehrheiten dominieren können (Hoffmann 2015, S. 717; BayVerfGH NVwZ-RR 2014, S. 86). Zwingend erscheint dies freilich nicht, da es auch eine Bürgerpflicht zur Mitwirkung an Volksabstimmungen gibt (Art. 26 Abs. 3 BWVerf) und mit Bayern, Hessen, Sachsen und (bedingt) Sachsen-Anhalt gleich vier Bundesländer auf ein solches Quorum verzichten (Haug 2012b, S. 462 f.). Unverändert ist dagegen

---

65 Zustimmungsquorum in anderen Bundesländern: kein Quorum in BY, HE, SN, ST (wenn LT einen Alternativentwurf vorlegt); 15% in NRW, SH; 25% in MV, HB, RP, NI, ST, BB, BE, TH, SL; 40% TH (Verfassungsänderung); 50% SH (Verfassungsänderung), BE (Parl.-Aufl. o. Verfassungsänderung); Sonderfall HH: Findet die Abstimmung am Tag einer BT-Wahl oder Bürgerschaftswahl statt, muss die Mehrheit der Mehrheit der in der Parlamentswahl abgegebenen Stimmen entsprechen, ansonsten 25%.

das Quorum für volksbeschlossene Verfassungsänderungen geblieben, weshalb hierfür weiterhin mehr als 50 % der Stimmberechtigten erforderlich sind (Art. 64 Abs. 3 S. 3 BWVerf).

9.5.1.3 Ländervergleich

Der Erfolg von direktdemokratischen Verfahren in Baden-Württemberg ist trotz der landesverfassungsrechtlichen Änderungen bislang noch gering. Nach wie vor gibt es seit Einführung der direktdemokratischen Instrumente im Jahr 1974 kein erfolgreiches Volksbegehren und somit auch keinen Volksentscheid. Spitzenreiter der Volksgesetzgebung sind mit den meisten Verfahren Bayern, Hamburg und Brandenburg (Rehmet/Weber 2017, Tabelle 3a).[66] Von entscheidender Bedeutung ist daher hier die Frage, wie der Erfolg in den oben genannten Bundesländern zu erklären ist und ob die gesetzlichen Vorschriften im Vergleich zu den Regelungen in Baden-Württemberg partizipationsfreundlicher sind. Ein zu berücksichtigender Aspekt bei der Zahl der eingeleiteten Verfahren ist der Zeitraum, innerhalb dessen die Verfahren stattgefunden haben. Während in Bayern die Volksgesetzgebung bereits seit 1946 existiert, setzen die Erfassungen in Hamburg und in Brandenburg erst 1996 bzw. 1992 ein. Daher sind Hamburg und Brandenburg bezüglich der Häufigkeit von Volksbegehren und Volksentscheiden bundesweit führend.

Sowohl Hamburg als auch Brandenburg sehen ein dreistufiges Verfahren vor (während Bayern nur das zweistufige Verfahren ohne Volksinitiative kennt). Das Verfahren wird dabei mit einer Volksinitiative oder einem Antrag auf ein Volksbegehren eingeleitet. Neben der Befassungspflicht des Parlaments mit einem Gegenstand der politischen Willensbildung oder einem Gesetzentwurf kann in Brandenburg auch die Auflösung des Landtages durch eine Volksinitiative beantragt werden (ähnlich in Baden-Württemberg, vgl. Art. 43 Abs. 2 BWVerf). In Hamburg können dagegen mit einer Volksinitiative Gesetze geändert oder aufgehoben werden. Befasst sich die Bürgerschaft nicht innerhalb der angegebenen Frist mit der Volksinitiative, können die Vertreter der Initiative ein Volksbegehren beantragen. Entspricht die Bürgerschaft nicht dem Volksbegehren, findet ein Volksentscheid statt. Ein wesentlicher Unterschied zwischen Hamburg und Brandenburg einerseits gegenüber Bayern und Baden-Württemberg andererseits besteht in der Höhe der Quoren. Für ein erfolgreiches Volksbegehren reichen in Brandenburg 3,8 % und in Hamburg 5 % der

---

66 Bayern (1946–2016): 51 Anträge, davon 20 Volksbegehren und 6 Volksentscheide; Hamburg (1996–2016): 45 Anträge, davon 16 Volksbegehren und 7 Volksentscheide; Brandenburg (1992–2016): 43 Anträge, davon 13 Volksbegehren und kein Volksentscheid. Die übrigen Anträge erledigen sich in der Regel durch zu wenige Unterschriften, Rücknahme oder Unzulässigkeit (Rehmet/Weber 2017, S. 21).

9.5 Mitbestimmung durch direktdemokratische Instrumente

Stimmberechtigten aus, während diese Zahl in Bayern und Baden-Württemberg bei 10% liegt. Trotz der Senkung des Quorums in Baden-Württemberg von 16,7% auf 10% beträgt diese Zahl verglichen mit Brandenburg und Hamburg das Zweifache. Auch verglichen mit den anderen Bundesländern sind 10% weiterhin recht hoch.[67] Möglich ist daher, dass das Quorum immer noch eine erfolgskritische Behinderung des Volksbegehrens darstellt und eine weitere Senkung zu erwägen wäre. Auch die Einführung der Möglichkeit einer brieflichen Eintragung in die amtlichen Eintragungslisten in Baden-Württemberg könnte in Betracht gezogen werden.

Darüber hinaus beträgt die Altersgrenze in Brandenburg für die Beteiligung an Volksinitiativen, Volksbegehren und Volksentscheide 16 Jahre. Außerdem können in Brandenburg alle Einwohner eine Volksinitiative starten – während die anderen Bundesländer dieses Recht nur Bürgern (also deutschen Staatsangehörigen ab 18 Jahren) einräumen.

Die Unterschriftensammlung erfolgt in Brandenburg durch Eintragung in die amtliche Eintragungsliste, während das hamburgische Volksabstimmungsgesetz zusätzlich auch die freie Sammlung vorsieht. Eine Gemeinsamkeit in den beiden Bundesländern besteht darin, dass eine briefliche Eintragung möglich ist. In Brandenburg bestimmt der Landesabstimmungsleiter die Eintragungsfrist (§ 14 Abs. 2 S. 1 VAGBbg), die mindestens vier Monate dauert. In Hamburg beträgt die Eintragungsfrist drei Wochen und weitere 3 Wochen für die Brieffeintragung (§ 6 Abs. 2 S. 2 HmbVAbstG). Auch § 27 Abs. 1 VAbstG BW sieht sowohl die freie als auch die amtliche Sammlung vor. Die Frist dafür beträgt nach § 27 Abs. 2 VAbstG BW für die amtliche Sammlung drei Monate und für die freie Sammlung sechs Monate.

9.5.2 Direktdemokratische Beteiligung auf kommunaler Ebene

9.5.2.1 Einordnung

Die weitreichendste gesetzliche Neuerung im Bereich des kommunalen Partizipationsrechts ist 2015 durch das Gesetz zur Änderung kommunalverfassungsrechtlicher Vorschriften erfolgt (GBl. 2015, S. 870 ff.). Dabei wurden Vorschriften

---

67 Im Vergleich die Quoren in anderen Bundesländern: 3,8% in BB (80 T v. 2,1 Mio. Wahlberechtigten); 4% in SH (80 T v. 2,2 Mio. Wb.); 5% in HB, 7% in SL, BE; 8% in NRW und TH (amtliche Sammlung); 9% in ST; ca. 9,5% (BB bei LT-Aufl. 200 T v. 2,1 Mio. Wb.); 10% in BY, NI, RP (300 T v. 3 Mio. Wb.), HB (bei Verfassungsänderungen), TH (freie Sammlung); ca. 11% (BY bei LT-Aufl. 1 Mio. von 9,2 Mio. Wb.); 12,5% in SN (450 T v. 3,5 Wb.); 20% in HE, SL (bei LT-Aufl.), BE (Verfassungsänderung, Parl.-Aufl.).

der Gemeindeordnung und der Landkreisordnung (sowie deren Durchführungsverordnungen), des Kommunalwahlgesetzes und der Kommunalwahlordnung sowie des Landesplanungsgesetzes geändert. Erklärtes Ziel der Novelle ist es, „die Beteiligungsmöglichkeiten auf kommunaler Ebene für die gesamte Bevölkerung" zu verbessern (LT-Drs. 15/7265, S. 1). Wichtige Bausteine bilden dabei die direktdemokratischen Instrumente, die Beteiligungsmöglichkeiten sowohl externer als auch interner Teilhabe, die Transparenz und die Stärkung der kommunalen Organe. Konkret umfasst dies zum einen die bereits oben behandelten Vorschriften zur Einwohnerversammlung und des Einwohnerantrages (§§ 20a und 20b GemO), zum anderen aber auch des Bürgerbegehrens und des Bürgerentscheides (§ 21 GemO). Die Kritik an diesen gesetzlichen Neuerungen fiel zum Teil heftig aus. Vor allem die kommunalen Landesverbände argumentierten, dass damit nicht die Stärkung der repräsentativen Demokratie, sondern vielmehr deren Schwächung verbunden sei (so der Gemeindetag, LT-Drs. 15/7265, S. 50 ff.; ähnlich der Städtetag, a.a.O., S. 66). Auch die kommunale Wirtschaftskraft wurde als gefährdet angesehen, da die bisher zügige kommunale Verwaltungskraft verlangsamt werde, indem man die Beteiligung stärke.

9.5.2.2 Bürgerbegehren/Bürgerentscheid

Die Novellierung des § 21 GemO, in dem die direktdemokratischen Instrumente kommunaler Partizipation – das Bürgerbegehren und der Bürgerentscheid – geregelt sind, hat eine besondere politische Resonanz gefunden. Das Bürgerbegehren dient dazu, bei Einhaltung der in § 21 GemO genannten Voraussetzungen einen Bürgerentscheid herbeizuführen, der im kommunalen Innenverhältnis die gemeinderätliche Beschlusskompetenz auf die Bürgerschaft überträgt und somit eine Ausübung hoheitlicher Gewalt durch Abstimmungen i.S.v. Art. 20 Abs. 2 S. 2 GG vorsieht. Zu berücksichtigen sind dabei aber die in § 21 Abs. 2 GemO aufgezählten Ausschlustatbestände, die den Bürgerentscheid hinsichtlich der inhaltlichen Reichweite einschränken. Gerade die Übertragung gemeinderätlicher Beschlusskompetenz und Entscheidungsgewalt auf die Bürgerschaft ruft reflexartig Gegner und Befürworter direktdemokratischer Instrumente auf, die sich dann oftmals unversöhnlich gegenüber stehen. Daher unterliegen die Änderungen im Bereich des § 21 GemO besonderer Kritik, was die Stellungnahmen der beteiligten Interessengruppen verdeutlichen. Dies gilt auf der einen Seite für den Gemeindetag, der die Änderungen ablehnt (LT-Drs. 15/7265, S. 56 f.), und für den Städtetag, der in weiten Teilen die Änderungen ablehnt (LT-Drs. 15/7265, S. 69 f.). Auf der anderen Seite finden sich der BUND, der die Novelle begrüßt, aber weitergehende Änderungen anmahnt (LT-Drs. 15/7265, S. 86 ff.) und der Verein Mehr Demokratie e. V., der sehr detailliert weiteren Bedarf prognostiziert (LT-Drs. 15/7265, S. 107 ff.). Vor diesem Hintergrund stellen die Änderungen des § 21 GemO einen Kompromiss dar, um diese Partizipationsinstrumente – auch im Ländervergleich – auf einen aktuellen Stand zu bringen. Zu den Änderungen zählen im Einzelnen die Absenkung des Unterschriftenquorums des Bürgerbegehrens auf 7 %, die Verlängerung der Frist zum kassatorischem Bürgerbegehren auf 3 Monate, die Absenkung des Zustimmungsquorums von 25 % auf 20 %, die Bürgerentscheidsfähigkeit des einleitenden Bauleitplanbeschlusses, die Neuregelung zu den Vertrauensleuten und die Regelungen zur Information der Bevölkerung.

9.5.2.3 Einzelfragen

9.5.2.3.1 Absenkung der Quoren

§ 21 enthält zwei Arten von Quoren, die beide im Rahmen der Novelle gesenkt wurden. So setzt die Zulässigkeit eines Bürgerbegehrens die Unterstützung durch eine bestimmte Anzahl an stimmberechtigten Bürgern voraus, was durch Unterschrift auf Unterschriftenlisten zum Ausdruck gebracht werden muss (Unterstützungsquorum). Findet die Abstimmung der Bürger im Rahmen eines Bürgerentscheides statt, so bedarf eine positive Entscheidung zum einen der Mehrheit der abgegebenen Stimmen und zum anderen einer bestimmten Anzahl von Stimmen abstimmungsberechtigter Bürger (Erfolgsquorum). Der Telos des Erfolgsquorums besteht in der Wahrung einer gewissen Repräsentativität der Entscheidung, deren demokratische Legitimation ohne eine bestimmte Anzahl abgegebener Stimmen teilweise als fraglich angesehen wird (Hoffmann 2015, S. 717; Hennecke/Ritgen 2008, S. 364; Aker 2012, § 21 Rn 10). Bei der Absenkung der Quoren geht es demnach um die Frage der Zugangshürde (Unterstützungsquorum) und der Entscheidungslegitimation (Erfolgsquorum) auf der einen und der Missbrauchsgefahr mit einhergehender Disfunktionalität der Gemeindeverwaltung (Unterstützungsquorum) und Repräsentativität (Erfolgsquorum) auf der anderen Seite. Letztlich bewegen sich die einzelnen Landesgesetzgeber zwischen diesen beiden Polen, wobei Baden-Württemberg hierbei lange im Landesvergleich das Schlusslicht darstellte (Fatke 2017, S. 311). Die Absenkungen der beiden Quoren sollen dieses Defizit nun beheben und Baden-Württemberg wieder insofern „wettbewerbsfähig" machen. So ist beim Unterstützungsquorum die frühere Staffelung beginnend mit 10 %, absteigend nach Gemeindeeinwohnerzahl, durch 7 % mit einer (einzigen) Deckelung auf 20.000 Einwohner herabgesetzt worden. Das Erfolgsquorum liegt nun bei 20 % statt früher 25 %. Die längerfristige Historie zeigt im Übrigen, dass beide Quoren kontinuierlich gesenkt wurden, nämlich das Unterstützungsquorum zuvor 1998 und das Erfolgsquorum 2005 (zur Übersicht der einzelnen Änderungsschritte: Aker 2012, § 21 Rn 10, 16). Es erscheint demnach konsequent, bei einer Reform zur Stärkung der Öffentlichkeitsbeteiligung wiederum diese Quoren in den Blick zu nehmen, wobei der empirische Nachweis einer signifikanten Relevanz der Quoren für die Stärkung der Beteiligung aussteht. Als politisches Signal jedoch, den Stellenwert der Beteiligung zu erhöhen, dient es allemal.

9.5.2.3.2 Fristverlängerung bei kassatorischen Bürgerbegehren

Richtet sich das Bürgerbegehren gegen einen Beschluss des Gemeinderates („kassatorisches Bürgerbegehren"), das also dessen Aufhebung durch Bürgerentscheid zum Ziel hat, so sieht § 21 Abs. 3 S. 3 HS 2 GemO eine zusätzliche formale Voraussetzung in Gestalt einer Drei-Monats-Frist vor, innerhalb derer das Bürgerbegehren eingereicht werden muss. Diese einschränkende Frist dient der Rechtssicherheit von Gemeinderatsbeschlüssen, die regelmäßig mit weiteren Rechtsfolgen verbunden sind, und rechtfertigt deshalb auch die Einschränkung des direktdemokratischen Instruments des Bürgerbegehrens. Gleichwohl hat der baden-württembergische Gesetzgeber diese Frist über die Jahrzehnte mehrfach verlängert, da ihr eine stark faktisch-prohibitive Wirkung innewohnte. So wurde die Frist 2005 von vier auf sechs Wochen angehoben, um sie nun auf drei Monate zu erhöhen (Geitmann 1998, S. 441 ff.; LT-Drs. 15/7265, S. 36). Bedenkt man die Vorbereitungsmaßnahmen und die Anforderungen, die § 21 insbesondere mit Quorum und Kostendeckungsvorschlag an das Bürgerbegehren stellt, so erscheint eine Frist unter drei Monaten faktisch nicht seriös leistbar. Insoweit hat die jüngste Fristverlängerung die praktische Durchführbarkeit kassatorischer Bürgerbegehren erst richtig ermöglicht.

9.5.2.3.3 Einleitender Bauleitplanbeschluss

§ 21 Abs. 2 GemO enthält eine Reihe von Ausschlussstatbeständen über Angelegenheiten, die nicht dem Bürgerentscheid unterworfen werden können. In diesen einzelnen Fällen geht der Gesetzgeber von einem Überwiegen sachlicher Gründe gegenüber dem bürgerschaftlichen Partizipationsbedürfnis mittels Bürgerentscheides aus und sichert so den Kernbereich des kommunal-repräsentativen Entscheidungssystems. Untermauert werden diese unverfügbaren Entscheidungszuständigkeiten der kommunalen Organe des Gemeinderats und des Bürgermeisters durch die einzelnen Ausschlussgründe, die die wichtigsten kommunalpolitischen Bereiche umfassen, wie den Haushalt, die Bauleitplanung, die innere Organisation der Verwaltung, usw. Darüber hinaus lassen sich viele dieser Entscheidungen nicht mit einer einfachen Ja/Nein-Antwort treffen. Insbesondere Planungsentscheidungen geraten hierbei in der Regel an die Grenzen direkt-demokratischer Möglichkeiten. Dem Gesetzgeber obliegt es hierbei, diese sachlichen Gründe zu definieren und auszugestalten, und in eine Balance mit dem bürgerschaftlichen Interesse an direktdemokratischen Elementen zu bringen. Mit der Novelle 2015 ist einer dieser Ausschlussgründe

9.5 Mitbestimmung durch direktdemokratische Instrumente

eingeschränkt worden, indem ein Bürgerentscheid in der Bauleitplanung ausnahmsweise hinsichtlich des verfahrenseinleitenden Beschlusses (der in der Regel durch den Aufstellungsbeschluss des Gemeinderates erfolgt) für zulässig erklärt wird. Diese Erweiterung des Anwendungsbereiches für Bürgerbegehren und -entscheid ist auf erhebliche Kritik gestoßen. Zum einen wird dagegen eingewendet, dass Planungsentscheidungen nicht im Rahmen einer Ja/Nein-Entscheidung getroffen werden können. Allerdings geht es beim Einleitungsbeschluss nicht um die Planung selbst, sondern lediglich um deren „ob". Zum anderen wird argumentiert, dass diese Erweiterung einen Verstoß gegen höherrangiges Bundesrecht mit der Folge der Nichtigkeit nach Art. 31 GG darstellt (Birk 2016, S. 949; Burmeister 2009, S. 414; ähnlich für Schleswig-Holstein: Tischer 2017, S. 73 ff., der vor allem die praktische Handhabbarkeit kritisiert, m. w. N.). Nach dieser Argumentation bedinge dieser verfahrenseinleitende Beschluss bereits ein Planungsbedürfnis, das in ein Gesamtkonzept einzubetten sei (§ 1 Abs. 3 BauGB); hier führe ein Bürgerentscheid zu einer unzulässigen Vorabbindung der Abwägungsentscheidung. Zusätzlich sei die dreijährige Unabänderlichkeit eines Bürgerentscheids nicht mit § 1 Abs. 3 BauGB vereinbar, der eine „sobald"-Bindung vorschreibe (Birk 2016, S. 954). Dem kann allerdings entgegengehalten werden, dass das BauGB und die GemO klare Verantwortungen zuweisen, die voneinander zu trennen sind. Dabei legt das BauGB in § 1 Abs. 3 BauGB ausdrücklich fest, dass die Bauleitpläne von „der Gemeinde" aufgestellt werden (so auch bei der Überwachung von erheblichen Umweltauswirkungen, § 4c BauGB, oder beim Satzungsbeschluss über Bebauungspläne, § 10 Abs. 1 BauGB). Entgegen der genannten Kritik wahrt die Neuregelung in § 21 Abs. 2 Nr. 6 GemO diese Zuständigkeitsgrenze, weil sie sich allein auf die kommunalverfassungsrechtliche Frage beschränkt, wie die entsprechende Entscheidung „der Gemeinde" zustande kommt. Dies unterliegt der Gesetzkompetenz der Länder für die Kommunalverfassung, die den gemeindeinternen Entscheidungsprozess einschließlich der dabei maßgeblichen Zuständigkeiten und Kompetenzen festlegen kann und muss. Ein Übergriff in die Bundesgesetzgebungskompetenz ist deshalb nicht ersichtlich. Bewirkt ein Bürgerentscheid im Einzelfall einen Verstoß gegen das baugesetzliche Abwägungsgebot gem. § 1 Abs. 3 BauGB, kann und muss rechtsaufsichtlich vorgegangen werden (Arndt 2017, S. 240 f. m. w. N.; Haug 2018a, § 21 Rn 20.2). Diese Argumentation wird auch durch die Rechtsprechung gestützt, die bereits vor der Einführung der Öffnungsklausel einen Bürgerentscheid „in der Bauleitplanung vorgelagerten Phase" als zulässig erachtet hat, solange die Entscheidung nicht im Widerspruch zu einem Flächennutzungsplan steht (VGH Baden-Württemberg, B. v. 27.06.2011, 1 S 1509/11, juris, LS 1 u. Rn 24 f.; VG Freiburg, B. v. 11.05.2011, 5 K 764/11, juris, LS 1 u. Rn 6). Insofern stellt diese Rechtsänderung in erster Linie eine rechtsklärende Maßnahme dar, die die verwaltungsgerichtliche Praxis in Gesetzesform gegossen hat.

9.5.2.3.4 Vertrauenspersonenregelung und Informationsrecht

Zu den formalen Voraussetzungen eines Bürgerbegehrens zählt nach § 21 Abs. 3 S. 7 GemO die Nennung von Vertrauenspersonen, die gegenüber der Verwaltung „verbindliche Erklärungen zum Antrag" (bis hin zur Rücknahme) abgeben und entgegennehmen dürfen und damit umfassend vertretungsberechtigt sind. Hinsichtlich der Regelungen über die Vertrauenspersonen hat die Novellierung von 2015 zwei Änderungen gebracht. So sollen nun bis zu drei Vertrauenspersonen benannt werden, wobei bei Nichtnennung die ersten beiden Unterzeichner des Begehrens als Vertrauenspersonen gelten (§ 21 Abs. 3 S. 8 GemO). Diese Änderung dient der Vereinfachung des Verfahrens des Bürgerbegehrens, das ohne Rechtskenntnisse der initiierenden Personen oftmals bereits an den formalen Voraussetzungen scheitert.

Die partizipationsrechtlich wichtigere Änderung betrifft § 21 Abs. 5 S. 2 GemO, der den Vertrauenspersonen das Recht einräumt, die eigene Position in Bezug auf den Bürgerentscheid darzustellen. Diese Unterrichtung muss, so sie denn wahrgenommen wird, in gleichem Umfang erfolgen, wie die Darstellung der Auffassung der Gemeindeorgane gem. § 21 Abs. 5 S. 1 GemO, zu deren Veröffentlichung die Gemeinde bis zum 20. Tag vor dem Bürgerentscheid verpflichtet ist. Damit wird die Stellung der Initiatoren gegenüber der Gemeinde gestärkt, die zuvor ausschließlich auf eigene Werbung und Maßnahmen angewiesen waren, die deutlich unter den Möglichkeiten der Gemeinde liegen (Haug 2018a, § 21 Rn 50, 50.1).

9.5.2.4 Ländervergleich

Im Ländervergleich zeigt sich bezüglich der Bauleitplanung erneut ein von zwei Extremen und einer gemäßigten Mitte geprägtes Bild. So besteht in sechs Bundesländern die Möglichkeit, die gesamte Bauleitplanung einem Bürgerentscheid zu unterstellen (Bayern, Berlin, Bremen, Sachsen, Hamburg und Thüringen), während dies in vier Bundesländern nur mit Einschränkungen zu Beginn des Verfahrens zulässig (Baden-Württemberg, Nordrhein-Westfalen, Hessen und Schleswig-Holstein) und in den übrigen sechs Bundesländern komplett ausgeschlossen ist (Brandenburg, Mecklenburg-Vorpommern, Rheinland-Pfalz, Niedersachsen, Saarland und Sachsen-Anhalt). Zwar werden die oben erwähnten rechtlichen Bedenken auch in den anderen Bundesländern diskutiert; aber alleine die Spannweite der gesetzlichen Varianten zeigt, dass es sich hierbei um einen eher juristisch-theoretischen Streit zu handeln scheint. Daher spricht viel dafür, dass es auch für Baden-Württemberg denkbar gewesen wäre, die komplette kommunale Bauleitplanung fakultativ einem Bürgerentscheid zu unterstellen.

In Thüringen (§ 3 Abs. 1 ThürEBBG), Brandenburg (§ 14 Abs. 2 S. 2 Bbg KVerf), und Sachsen (§§ 23 iVm 22 Abs. 2 S. 4 SächsGemO) enthalten die Regelungen lediglich die Voraussetzung der Benennung einer Vertrauensperson und einer Stellvertretung. In vielen anderen Bundesländern sind bis zu drei Personen zu benennen mit der zusätzlichen Möglichkeit von Stellvertretern auf der Unterschriftenliste (Art. 18b BayGO, § 17 Abs. 2 GemO RP, § 25 Abs. 2 S. 2 GO NRW, § 16f Abs. 2 S. 2 GemO SH, § 25 Abs. 2 KVG LSA). Im Saarland wird nur sehr allgemein von Vertretern gesprochen, ohne eine konkrete Zahl zu nennen (§ 21 Abs. 3 KSVG). Eine verpflichtende Nennung von drei Vertrauenspersonen findet sich in Berlin und Hamburg (§§ 45 Abs. 3 BerlBezVG, 32 Abs. 2 HmbBezVG). Mit der Novellierung hat sich Baden-Württemberg in diesem Fall demnach für die progressivere Variante entschieden.

9.6 Vorschläge

Dieser Bericht zeigt, dass in den Details der einzelnen gesetzlichen Bereiche durchaus noch Möglichkeiten bestehen, die Partizipationsdemokratie zu stärken. Baden-Württemberg hat sich nach den hier analysierten Gesetzesänderungen der letzten Jahre (lediglich) vom unteren Mittelfeld in das obere Mittelfeld bewegt. Zum Abschluss werden daher weitere Möglichkeiten und Spielräume für eine Stärkung der Beteiligung zusammengefasst und benannt.

9.6.1 Beteiligungsgesetz

Sollte der Landesgesetzgeber das Ziel verfolgen, die Öffentlichkeitsbeteiligung qualitativ und normativ auf eine neue Stufe zu heben, wäre ein Landesbeteiligungsgesetz eine demonstrative Möglichkeit, der Öffentlichkeitsbeteiligung eine herausgehobene Stellung alleine schon durch die gesetzessystematische Kodifizierung einzuräumen. Dieser Vorteil wäre als solcher schon ein großer Fortschritt. Die damit verbundenen Chancen zur Nutzung gesetzlich-inhaltlicher Synergieeffekte wären aber noch bedeutsamer. So könnte ein allgemeines Beteiligungsgesetz in einem vor die Klammer gezogenen „Allgemeinen Teil" die Verfahrensbeteiligungsvorschriften und ihre Begrifflichkeiten einheitlich gestalten, anstatt in jedem Rechtsgebiet eigene Beteiligungsverfahren zu etablieren. Ähnlich wie beim VwVfG wären dabei Anpassungen in den jeweiligen Fachgesetzen selbstverständlich notwendig. In solch einem Gesetz ließe sich außerdem die grundsätzliche Frage klären, inwieweit auch informelle Verfahren durch formelle Vorschriften eingerahmt werden könnten. Eines der gewichtigsten Argumente jedoch wäre die Vereinfachung und Verständlichkeit der Beteiligung, nicht zuletzt für die beteiligungsinteressierte Bürger- und Einwohnerschaft. Die Öffentlichkeitsbeteiligung hat gerade hier ein praktisch erhebliches Defizit, indem Bürger häufig durch die Komplexität der Verfahren und die Vielfalt der unterschiedlichen Rechtsvorschriften in den einzelnen Rechtsgebieten (mit jeweils eigenen Verfahren und Rechtsfolgen) an einer Mitwirkung gehindert werden. Würde man die Grundelemente der verschiedenen Beteiligungsverfahren in einem Gesetz harmonisieren, wäre ein erheblicher Zuwachs an Verständnis und Akzeptanz zu erwarten. Als Grundlage böte es sich an, auf die bestehenden Normierungen wie das Umweltverwaltungsgesetz oder auch die VwV Öffentlichkeitsbeteiligung zurückzugreifen. Dabei werden die politischen, praktischen und nicht zuletzt rechtlichen Schwierigkeiten eines solchen Unterfangens keineswegs verkannt. Sowohl die politische Durchsetzbarkeit angesichts der verschiedensten Partikular- und Fachinteressen sowie der berührten Einflussverschiebungen, als auch die Beachtung des kompetenzrechtlichen Gefüges dürften erhebliche Probleme verursachen. Umso mehr wäre es ein besonders weitreichender und mutiger Schritt zu einer Stärkung der Öffentlichkeitsbeteiligung.

Unabhängig von einer solchen möglichen großen Reform durch ein eigenständiges Beteiligungsgesetz kommt in Betracht, in den untersuchten Bereichen Baden-Württemberg jeweils partizipationsrechtlich noch weiter voranzubringen. Der Ländervergleich hat hier Spielräume aufgezeigt, die im Folgenden zusammengefasst werden.

9.6.2 Informationsrechte

Im Bereich der Informationsrechte hat Baden-Württemberg zwar nun ebenfalls ein LIFG erlassen und den umweltrechtlichen Informationsanspruch erweitert. Auffällig ist jedoch, dass sich das Land nicht den weitergehenden Ausgestaltungen in anderen Bundesländern angeschlossen hat.

So könnte juristisch zunächst grundsätzlich das Verhältnis zwischen LIFG und UVwG harmonisiert werden. Es ist wenig verständlich, warum juristische Personen des öffentlichen Rechts im LIFG nicht zur Herausgabe von Informationen verpflichtet werden können, im UVwG hingegen schon. Auch die Ausnahmen aus § 2 LIFG gehen weiter als die im IFG, weshalb insofern eine Angleichung denkbar wäre.

Ein weiterer Vorschlag ist die Einführung eines Informationsregisters, wie es das sehr progressive Hamburger Transparenzgesetz vorsieht und wodurch die Behörden zu eigenständigen Veröffentlichungen verpflichtet werden. Es erleichtert

Bürgern bei komplexen Verfahren, die richtigen Informationen zu beantragen, weil ein Informationsregister zunächst eine Auflistung der jeweiligen Informationen enthält. Diese Maßnahme als Möglichkeit zur Transparenzsteigerung wurde auch vom Bundesgesetzgeber im Zusammenhang mit dem Standortauswahlgesetz diskutiert, letztlich jedoch abgelehnt (Kommissionsbericht, BT-Drs. 18/9100, S. 41, 326; Haug/Zeccola 2018, S. 79).

Außerdem könte Baden-Württemberg einen Abwägungsvorbehalt in das LIFG einfügen, da dessen Fehlen in der Praxis als Aushöhlung des Informationsanspruchs missbraucht werden kann. Deshalb besteht ein solcher Vorbehalt sowohl im IFG als auch in anderen Landes-Informationsgesetzen nicht.

Schließlich wäre bei den Kosten für den Informationsanspruch die Einführung einer Obergrenze sinnvoll. Denn ohne genaue Kenntnis, welche Informationen vorliegen, können die Kosten nicht kalkuliert werden, was sich dämpfend auf die Bereitschaft zur Antragstellung auswirkt.

9.6.3 Anregungs- und Entscheidungsrechte auf Landesebene

9.6.3.1 Bürgerbeauftragter

Da die Rechtsstellung des Bürgerbeauftragten vergleichsweise innovativ ausgestaltet wurde, zeigen sich hier im Ländervergleich lediglich auf der Detailebene Optimierungspotenziale. So wäre ein funktionsbezogenes Eingaberecht für alle Angehörigen des öffentlichen Dienstes in dieser Funktion (und nicht nur der Polizeibediensteten) eine erwägenswerte Ergänzung. Auch die schwächere Stellung im Verhältnis zur Exekutive könnte gesetzlich behoben werden, indem dem Bürgerbeauftragten sowohl ein Zugriffsrecht auf öffentliche Einrichtungen als auch eine Befassungskompetenz in Selbstverwaltungsentscheidungen eingeräumt würde. Die Wahl des Bürgerbeauftragten durch den Landtag sollte bestehen bleiben, ohne jedoch an das unabhängigkeitsbeeinträchtigende Vorschlagsrecht der Landesregierung gebunden zu sein. Schließlich könnte die Stellung des Bürgerbeauftragten in der Behördenhierarchie durch eine Anhebung der Besoldung gestärkt werden.

9.6.3.2 Petitionsrecht

Im Bereich des landesrechtlichen Petitionsrechts könnte vor allem im Hinblick auf die Ausgestaltung beim Deutschen Bundestag an die Einführung einer E-Petition mit einem öffentlichen online-gestützten Diskussionsforum gedacht werden, um auch bei landespolitischen Themen die neuen Kommunikationsinstrumente voll auszuschöpfen und den öffentlichen Diskurs zu fördern. Im Ländervergleich ist außerdem das Selbstinitiativrecht aus Berlin eine geeignete Möglichkeit, dem Petitionswesen mehr Gewicht zu verleihen.

9.6.3.3 Direkte Demokratie

Im Bereich der direktdemokratischen Instrumente werden auf Landesebene aufgrund der verfassungsgesetzlichen Änderungen partizipationsrechtlich kaum noch Optimierungspotenziale gesehen. Eine weitere Senkung (oder gar teilweise Aufhebung) der Quoren wäre zwar denkbar, etwa auf das Niveau beispielsweise von Hamburg und Brandenburg; ob sich solche Änderungen wirklich stimulierend auf das Partizipationsverhalten auswirken wird, ist juristisch nicht zu prognostizieren.

9.6.4 Partizipationsmöglichkeiten auf kommunaler Ebene

Auf kommunaler Ebene hat die Novellierung der Gemeindeordnung zu einer deutlichen Stärkung des rechtlichen Beteiligungsinstrumentariums in Baden-Württemberg geführt. Gleichwohl zeigt der Vergleich mit anderen Bundesländern, dass hier durchaus noch gesetzgeberisches Potential vorhanden ist, zumal wirklich innovative Ansätze von Baden-Württemberg nicht ausgehen.

9.6.4.1 Unterrichtungspflichten

Im Bereich der kommunalen Unterrichtungspflichten kommen angesichts der erzielten Fortschritte nur noch Vorschläge im Detailbereich in Betracht. So wäre eine Regelung nach Berliner Vorbild, die Einwohner über ihre Mitwirkungsrechte zu informieren, eine sinnvolle Ergänzung. Denn oft verhindert bereits das (Nicht-) Wissen in der Einwohnerschaft, sich substantiiert einzubringen. Auch könnte die Möglichkeit einer konsultativen Einwohnerbefragung nach niedersächsischem Vorbild als Möglichkeit in der Gemeindeordnung verankert werden. Dies wäre weniger unter Partizipationsgesichtspunkten interessant, sondern hätte zwei andere positive Effekte. Zum einen würden kommunale Themen stärker ins Bewusstsein der Einwohner gelangen und der Anreiz geschaffen, sich hierzu eine Meinung zu bilden. Zum anderen könnten bei diesem niedrigschwelligen Instrument die Gemeindeorgane – Bürgermeister und Gemeinderäte – ihren Einwohnern mehr Mitwirkungsmöglichkeiten einräumen, ohne Kompetenzeinschränkungen befürchten zu müssen (s. Bericht Wagschal et al.).

9.6.4.2 Einwohnerversammlung

Hinsichtlich der Einwohnerversammlungen wäre es denkbar, von der jetzigen Soll-Durchführung zu einer stärker verpflichtenden Regelung überzugehen, bei der in einem regelmäßigen Turnus eine Versammlung abgehalten werden muss. Auch eine Publikationspflicht der Ergebnisse, wie es in Sachsen vorgesehen ist, wäre eine sinnvolle Ergänzung der bisherigen Regelungen, da so die wesentlichen Themen und Ergebnisse für alle Einwohner transparent festgehalten würden. Diese Überlegung könnte man auch auf die durch einen Einwohnerantrag erreichte Gemeinderatsbefassung übertragen, was bisher in noch keinem Bundesland vorgesehen ist und daher eine echte Neuerung darstellen würde. Denn durch eine Verpflichtung zur Veröffentlichung des Beratungsverlaufs und der Beratungsergebnisse könnte der Gemeinderat die sachliche Diskussion nachweisen und sich so einer gewissen Kontrolle öffnen, die es den Einwohnern nachvollziehbar macht, ob tatsächlich alle Argumente erörtert wurden. Dies würde nicht zuletzt zu einer gesteigerten Akzeptanz des schlussendlichen Ergebnisses beitragen.

9.6.4.3 Bürgerentscheid

Beim Bürgerentscheid könnte man ebenfalls über eine (weitere) Senkung oder sogar Abschaffung des Zustimmungsquorums nachdenken. Letztlich gilt hier aber das beim Volksbegehren Ausgeführte entsprechend. Juristisch interessanter wären Konkretisierungen der Ausschlusstatbestände, die einem Bürgerentscheid nicht zugänglich sein sollen. So wäre eine Stärkung der Beteiligung sicher dann möglich, wenn man die gesamte Bauleitplanung für den Bürgerentscheid öffnen würde (wie dies in einigen Bundesländern bereits der Fall ist). Gerade in der Bauleitplanung geht es um Vorhaben, die wegen ihrer oft erheblichen Auswirkungen auf das unmittelbare Lebensumfeld der Einwohner Reaktionen und Aufmerksamkeit hervorrufen, die durch eine aktive Einbindung mittels Eröffnung der Bürgerentscheidsmöglichkeit beteiligungsrechtlich aufgenommen werden könnten.

9.6.5 Ausbau elektronischer Beteiligungsmöglichkeiten

Eng mit den Unterrichtungspflichten sind die Möglichkeiten elektronischer Beteiligung verknüpft. Kein neuer, aber ein im digitalen Zeitalter unverändert relevanter Vorschlag zielt darauf, im Bereich der E-Partizipation gesetzgeberisch weitere Neuerungen und Fortschritte zu generieren (hierzu grundlegend: Braun-Binder 2016a, S. 960 ff.; Braun-Binder 2016b, S. 891 ff.; Martini 2017, S. 443 ff.). Die digitale Technologie eröffnet gerade für die Verwaltung neue Wege, die Kontaktaufnahme mit den Bürgern zu vereinfachen und so zu einer unmittelbaren und unkomplizierten Einbindung beizutragen. Dasselbe gilt für die Zurverfügungstellung von Informationen und damit für die Erhöhung der Transparenz staatlichen Handelns. Gerade deshalb findet sich in diesem Bereich viel Zustimmung, wenn es um ein grundsätzliches „ob" geht, während das „wie" weiterhin umstritten bleibt. Zur Unterscheidung und Begriffsklärung muss an dieser Stelle auf weiterführende Literatur (s. o.) verwiesen werden, da der Bericht dies nicht in angemessener Weise darstellen kann. Als Vorschlag sollen allerdings zwei Aspekte hervorgehoben werden. So reicht es nicht aus, Informationsgesetze als reine Antragsgesetze auszugestalten, bei denen die mit der Antragsbearbeitung verbundenen Kosten (wie im jetzigen LIFG ausgestaltet) geltend gemacht werden müssen oder können. Diese wirken den Chancen eines vereinfachten elektronischen Zugangs diametral entgegen. Außerdem spricht viel für weitergehende Verpflichtungen für die Behörden, selbstständig Informationen umfangreicher als bisher im Internet zu veröffentlichen. Schließlich sollte im Rahmen der elektronischen Möglichkeiten nicht nur an elektronische Kommunikationserleichterung gedacht werden, sondern auch an Möglichkeiten zur Erhöhung der Verständlichkeit komplexer Verfahren. Dies wäre beispielsweise hinsichtlich der Anschaulichkeit von Planungsverfahren vorstellbar. So ist es elektronisch mittlerweile möglich, durch den Einsatz von Virtual Reality konkrete Planvorhaben virtuell erfahrbar zu machen. Dadurch sind den Bürgern die Verfahren deutlich einfacher und verständlicher nahezubringen und so auch das oftmals anzutreffende Wissensdefizit auf Seiten der Öffentlichkeit zu verringern.

Abkürzungsverzeichnis

a. a. O.	am angegebenen Ort
Abs.	Absatz
Art.	Artikel
Aufl.	Auflage
BauGB	Baugesetzbuch
BayGO	Gemeindeordnung für den Freistaat Bayern
BayPetG	Bayerisches Petitionsgesetz
BayVerfGH	Bayerischer Verfassungsgerichtshof
BayVGH	Bayrischer Verwaltungsgerichtshof
BayVwVfG	Bayrisches Verwaltungsverfahrensgesetz
Bbg KVerf	Kommunalverfassung des Landes Brandenburg
BbgVerf	Verfassung des Landes Brandenburg
BerlBezVG	Bezirksverwaltungsgesetzes Berlin

BerlVerf	Verfassung von Berlin
BezVwG	Bezirksverwaltungsgesetz Berlin
BImschG	Bundesimmissionsschutzgesetz
BNatSchG	Bundesnaturschutzgesetz
BremVerf	Landesverfassung der Freien Hansestadt Bremen
BremVwVfG	Verwaltungsverfahrensgesetz Bremen
BT-Drs.	Bundestagsdrucksache
BüG SH	Gesetz über die Bürgerbeauftragte oder den Bürgerbeauftragten für soziale Angelegenheiten des Landes Schleswig-Holstein
BürgBG BW	Gesetz über die Bürgerbeauftragte oder den Bürgerbeauftragten des Landes Baden-Württemberg
BürgBG RP	Landesgesetz über den Bürgerbeauftragten des Landes Rheinland-Pfalz und den Beauftragten für die Landespolizei
BVerfG	Bundesverfassungsgericht
BVerfGE	Entscheidungen des Bundesverfassungsgerichts
BW	Baden-Württemberg
BWVerf	Verfassung des Landes Baden-Württemberg
bzw.	beziehungsweise
DVOGemO BW	Verordnung des Innenministeriums zur Durchführung der Gemeindeordnung
EG	Europäische Gemeinschaft
EnWG	Energiewirtschaftsgesetz
EU	Europäische Union
EuGH	Europäischer Gerichtshof
EWG	Europäische Wirtschaftsgemeinschaft
f.	folgend
ff.	fortfolgend
GBl.	Gesetzblatt
GemO	Gemeindeordnung Baden-Württemberg
GG	Grundgesetz
GVBl	Gesetz- und Verordnungsblatt
HDSIG	Hessisches Datenschutz- und Informationsfreiheitsgesetz
HessVwVfG	Verwaltungsverfahrensgesetz Hessen
HGO	Hessische Gemeindeordnung
HmbTG	Hamburger Transparenzgesetz
HmbVAbstG	Hamburgisches Gesetz über Volksinitiative, Volksbegehren und Volksentscheid
HmbVerf	Verfassung der Freien und Hansestadt Hamburg
HmbVwVfG	Verwaltungsverfahrensgesetz Hamburg
i. S. v.	im Sinne von
i. V. m.	in Verbindung mit
IFG	Informationsfreiheitsgesetz
KomWG	Kommunalwahlgesetz
KSVG Saarland	Kommunalselbstverwaltungsgesetz Saarland
LKrO	Landkreisordnung
LSAVerf	Verfassung des Landes Sachsen-Anhalt
LT-Drs.	Landtagsdrucksache

LUIG	Landesumweltinformationsgesetz
LVwG SH	Landesverwaltungsgesetz Schleswig/Holstein
LVwVfG	Landesverwaltungsverfahrensgesetz (ohne Länderzusatz: BW)
LVwVfG RP	Landesverwaltungsverfahrensgesetz Rheinland-Pfalz
m. w. N.	mit weiteren Nachweisen
Mio	Millionen
MVVerf	Verfassung des Landes Mecklenburg-Vorpommern
NdsVerf	Niedersächsische Verfassung
NKomVG	Niedersächsisches Kommunalverfassungsgesetz
NRWGO	Gemeindeordnung für das Land Nordrhein-Westfalen
NRWVerf	Verfassung für das Land Nordrhein-Westfalen
NVwVfG	Verwaltungsverfahrensgesetz Niedersachsen
NVwZ-RR	Neue Zeitschrift für Verwaltungsrecht Rechtsprechungs-Report
Parl	Parlament
PartIntG	Partizipations- und Integrationsgesetz für Baden-Württemberg
PetBüG MV	Gesetz zur Behandlung von Vorschlägen, Bitten und Beschwerden der Bürger sowie über den Bürgerbeauftragten des Landes Mecklenburg-Vorpommern
PlVereinhG	Gesetz zur Verbesserung der Öffentlichkeitsbeteiligung und Vereinheitlichung von Planfeststellungsverfahren
RhPfVerf	Verfassung für Rheinland-Pfalz
Rn	Randnummer
RP GemO	Gemeindeordnung Rheinland-Pfalz
S.	Seite
SächsGemO	Gemeindeordnung für den Freistaat Sachsen
SächsVwVfZG	Gesetz zur Regelung des Verwaltungsverfahrens- und des Verwaltungszustellungsrechts für den Freistaat Sachsen
SGB	Sozialgesetzbuch
SHVerf	Verfassung des Landes Schleswig-Holstein
SLVerf	Verfassung des Saarlandes
StandAG	Gesetz zur Suche und Auswahl eines Standortes für ein Endlager für hochradioaktive Abfälle (Standortauswahlgesetz)
SVwVfG	Verwaltungsverfahrensgesetz Saarland
T. v.	Tausend von
ThürBüBG	Thüringer Gesetz über den Bürgerbeauftragten
ThürEBBG	Thüringer Gesetz über das Verfahren bei Einwohnerantrag, Bürgerbegehren und Bürgerentscheid
ThürKO	Thüringer Kommunalordnung
ThürVerf	Verfassung des Freistaats Thüringen
ThürVwVfG	Verwaltungsverfahrensgesetz Thüringen
TransparenzG RP	Landestransparenzgesetz Rheinland-Pfalz
UIG	Umweltinformationsgesetz
UmwRG	Umweltrechtsbehelfsgesetz
Urt. v.	Urteil vom
VAGBbg	Volksabstimmungsgesetz
VBlBW	Verwaltungsblätter für Baden-Württemberg
VerfBrhv	Verfassung für die Stadt Bremerhaven

VG	Verwaltungsgericht
Vgl.	vergleiche
VIG	Gesetz zur Verbesserung der gesundheitsbezogenen Verbraucherinformation
VwV	Verwaltungsvorschrift
VwV ÖB	Verwaltungsvorschrift Öffentlichkeitsbeteiligung
VwVfG Berlin	Verwaltungsverfahrensgesetz Berlin
VwVfG LSA	Verwaltungsverfahrensgesetz Sachsen-Anhalt
VwVfG MV	Verwaltungsverfahrensgesetz Mecklenburg Vorpommern
VwVfG NRW	Verwaltungsverfahrensgesetz Nordrhein Westfalen
VwVfGBbg	Verwaltungsverfahrensgesetz Brandenburg, Verwaltungsverfahrensgesetz Brandenburg
Wb	Wahlberechtigte

Literatur

Adler, Martina, 2016. Zugang zu staatlichen Informationen quo vadis? – Entwicklungslinien und Schwachstellen der Informationsrechte nach IFG und UIG, DÖV 2016, S. 630–638.

Aker, Bernd, 2016. Das Gesetz zur Änderung kommunalverfassungsrechtlicher Vorschriften, VBlBW 2016, S. 1–8.

Aker, Bernd/Hafner, Wolfgang/Notheis, Klaus (Hrsg.), 2012. Gemeindeordnung (GemO) Gemeindehaushaltsverordnung (GemHVO) Baden-Württemberg, Kommentar, Stuttgart/München 2012.

Arndt, Ulrich, 2015. Die frühe Öffentlichkeitsbeteiligung in Baden-Württemberg, VBlBW 2015, S. 192–206.

Arndt, Ulrich, 2017. Werkstattbericht Bürgerbeteiligung 2017, VBlBW 2017, S. 240–246.

Arnstein, Sherry, 1969. A Ladder Of Citizen Participation, Journal of the American Planning Association, 1969, S. 216–224.

Bauer, Hartmut, 2014. Partizipation durch Petition – Zur Renaissance und Aufstieg des Petitionsrechts in Deutschland und Europa, DÖV 2014, S. 453–464.

Bauer, Hartmut, 2017. Bürgerbeauftragte Programmatik – Praxis – Perspektiven, DÖV 2017, S. 789–800.

Benighaus, Christina/Wachinger, Gisela/Renn, Ortwin, 2016. Bürgerbeteiligung – Konzepte und Lösungswege für die Praxis, Frankfurt am Main 2016.

Bethge, Herbert, 2018. Art. 5, in: Sachs, Michael (Hrsg.), Grundgesetz, Kommentar, 8. Aufl. 2018.

Birk, Hans-Jörg, 2016. Bürgerentscheide und Bebauungsverfahren, BWGZ 2016, S. 949–955.

Bohl, Johannes, 2005. Der „ewige Kampf" des Rechtsanwalts um die Akteneinsicht, NVwZ 2005, S. 133–140.

Bock, Imtraud, 2011. Gemeindeordnung und Bürgerbeteiligung. Ein Überblick über die Bürgerbeteiligungsinstrumente in der Gemeindeordnung, BWGZ 2011, S. 855–864.

Braun-Binder, Nadja, 2016a. Vollautomatisierte Verwaltungsverfahren im allgemeinen Verwaltungsverfahrensrecht? Der Gesetzesentwurf zur Modernisierung des Besteuerungsverfahrens als Vorbild für vollautomatisierte Verwaltungsverfahren nach dem VwVfG, NVwZ 2016, S. 960–965.

Braun-Binder, Nadja, 2016b. Vollständig automatisierter Erlass eines Verwaltungsaktes und Bekanntgabe über Behördenportale, DÖV 2016, S. 891–898.

Brennecke, Volker, 2016. Frühe Öffentlichkeitsbeteiligung und die Richtlinie VDI 7000 – Gesetzgeberische Zielsetzung und praktische Umsetzung, DVBl 2016, S. 329–338.

Brettschneider, Frank/Renkamp, Anna, 2016. Partizipative Gesetzgebungsverfahren. Bürgerbeteiligung bei der Landesgesetzgebung in Baden-Württemberg, 2016.

Brink, Stefan, 2017. In Brink, Stefan/Polenz, Sven/Blatt, Henning (Hrsg.), Informationsgesetz Kommentar, München 2017.

Bull, Hans-Peter/Mehde, Veith, 2015. Allgemeines Verwaltungsrecht mit Verwaltungslehre, 9. Aufl., Berlin 2015.

Burgi, Martin, 2016. Das werdende Integrationsverwaltungsrecht und die Rolle der Kommunen, DVBl 2016, S. 1015–1022.

Burgi, Martin, 2015. Kommunalrecht, 5. Aufl., München 2015.

Burmeister, Thomas/Wortha, Andre, 2006. Bürgerbegehren gegen Bauprojekte, VBlBW 2009, S. 412–419.

Dahl, Christoph/Weber, Andreas, 2017. Vorwort zu Baden-Württemberg Stiftung (Hrsg.), Beteiligungshaushalt auf Landesebene – Eine Machbarkeitsstudie am Beispiel von Baden-Württemberg, Wiesbaden, 2017

Debus, Alfred G., 2008. Funktionen der Öffentlichkeitsbeteiligung am Beispiel des Erörterungstermins, in: Dokumentation zur 32. Wissenschaftlichen Fachtagung der Gesellschaft für Umweltrecht e. V., Leipzig 2008, S. 185–203.

Debus, Alfred G., 2018. In Gersdorf, Hubertus/Paal, Boris (Hrsg.), Beck'scher Online-Kommentar Informations- und Medienrecht, 20. Edition 2018.

Debus, Anne, 2017. Die Bürgerbeauftragten der Bundesländer – Im Dienst von Bürgern, Parlamenten und Verwaltung, DÖV 2017, S. 810–820.

Dittloff, Arne, 2016. Kommunale Bürger- und Einwohnerbefragungen, Berlin 2016.

Dols, Heinz/Plate, Klaus/Schulze, Charlotte, 2012. Kommunalrecht Baden-Württemberg, 7. Aufl., Stuttgart 2012.

Dolde, Klaus-Peter, 2013. Neue Formen der Bürgerbeteiligung? Planung und Zulassung von Projekten in der parlamentarischen Demokratie, NVwZ 2013, S. 769–775.

Dröge, Kai/Magnin, Chantal, 2010. Integration durch Partizipation? Zum Verhältnis von formeller und informeller Bürgerbeteiligung am Beispiel der Stadtplanung, ZFRSOZ 2010, S. 103–122.

Dusch, Christian, 2016. Änderung von Gemeinde- und Landkreisordnung: mehr Transparenz in der Kommunalpolitik?, VBlBW 2016, S. 8–15.

Durinke, Corinna/Durinke, Peter, 2016. Rechtlicher Rahmen und Grenzen von informellen Beteiligungsprozessen, KommJur 2016, S. 241–248.

Ehlers, Dirk/Pünder, Hermann, 2016. Allgemeines Verwaltungsrecht, 15. Aufl, Berlin/Boston 2016.

Engel, Rüdiger/Heilshorn, Torsten, 2015. Kommunalrecht Baden-Württemberg, 10.Aufl., Baden-Baden 2015.

Erbguth, Wilfried/Guckelberger, Annette, 2018. Allgemeines Verwaltungsrecht, 9. Aufl., Baden-Baden 2018.

Erler, Gisela/Arndt, Ulrich, 2014. Die Verwaltungsvorschrift Öffentlichkeitsbeteiligung für die Landesverwaltung Baden-Württemberg – auf dem Weg zu mehr Bürgerbeteiligung im Planungswesen, VBlBW 2014, S. 81–91.

Erler, Gisela, 2015. Demokratie-Monitoring Baden-Württemberg. Bürgerbeteiligung stärkt die Demokratie, in: Demokratie-Monitoring Baden-Württemberg. Studien zu Demokratie und Partizipation, Aufl. 1, Wiesbaden 2015, S. 11–15.

Faas, Thorsten/Paust, Andreas/Renkamp, Anna, 2016. Das Beteiligungsverfahren zum Transparenzgesetz Rheinland-Pfalz, 2016.

Fatke, Matthias, 2017. Die Politik des Gehörtwerdens: Zurück zum direktdemokratischen Musterländle?, in: Hörisch, Felix/Wurster, Stefan (Hrsg.), Das grün-rote Experiment in Baden-Württemberg – Eine Bilanz der Landesregierung Kretschmann, Wiesbaden 2017, S. 305–332.

Feldmann, Mirja/Heiland, Joachim, 2015. Das neue baden-württembergische Umweltverwaltungsgesetz, VBlBW 2015, S. 49–57.

Fisahn, Andreas, 2002. Demokratie und Öffentlichkeitsbeteiligung, Jus publicum Bd. 84, Tübingen 2002.

Fraenkel-Haeberle, Cristina, 2016. Zur Multifunktionalität der Partizipation bei großen Infrastrukturvorhaben, DÖV 2016, S. 548–555.

Fritz, Roland/Sellke, Piet, 2016. Einbeziehung der Bürgerschaft bei Planung und Umsetzung infrastruktureller Maßnahmen, KommJur 2016, S. 248–253.

Funke-Kaiser, Michael/Obermayer, Klaus (Hrsg.) 2014. Kommentar zum Verwaltungsverfahrensgesetz, 4. Aufl., Köln 2014.

Geis, Max-Emanuel, 2016. Kommunalrecht, 4. Aufl., München 2016.

Geitmann, Roland, 1998. Volksbegehren „Mehr Demokratie in Baden-Württemberg". Ein Gesetzentwurf zur Erleichterung von Bürgerbegehren und -entscheid, VBlBW 1998, S. 441–448.

Guckelberger, Annette, 2017. Veröffentlichung von Petitionen auf Internetseiten des Deutschen Bundestages, Anmerkung zu BVerwG, Urt. v. 15.3.2017 – 6 C 16/16, NVwZ 2017, 1459–1463.

Haas, Julia, 2012. Der Ombudsmann als Institution des Europäischen Verwaltungsrechts. Zur Neubestimmung der Rolle des Ombudsmanns als Organ der Verwaltungskontrolle auf der Grundlage europäischer Ombudsmann-Einrichtungen, Tübingen 2012.

Haug, Volker M., 2012a: Kommunales Partizipationsrecht im föderalen Vergleich, in: Europäisches Zentrum für Föderalismus-Forschung Tübingen (Hrsg.), Jahrbuch des Föderalismus 2012, Baden-Baden 2012, S. 153–167.

Haug, Volker M., 2012b: Volksgesetzgebung auf verfassungsrechtlichem Neuland – Rechtsfragen im Zusammenhang mit der baden-württembergischen Volksabstimmung über das „S 21-Kündigungsgesetz", ZParl 2012, S. 446–466.

Haug, Volker M., 2014: „Partizipationsrecht" – Ein Plädoyer für eine eigene juristische Kategorie, Die Verwaltung 47, Berlin 2014, S. 221–241.

Haug, Volker M., 2018a: §§ 20 – 22 GemO, in: Dietlein, Johannes/Pautsch, Arne (Hrsg.), BeckOK Kommunalrecht Baden-Württemberg, 1. Edition Stand 1.1.2018.

Haug, Volker M., 2018b: Art. 27 – 44, 92 – 93a, in: Haug, Volker M. (Hrsg.), Verfassung des Landes Baden-Württemberg, Handkommentar, Baden-Baden 2018.

Haug, Volker M./Hirzel, David, 2016. Das Instrument des Bürgerbeauftragten im föderalen Vergleich, VBlBW 2016, S. 492–498.

Haug, Volker M./Schadtle, Kai, 2014. Der Eigenwert der Öffentlichkeitsbeteiligung im Planungsrecht, NVwZ 2014, S. 271–275.

Haug, Volker M./Schmid, Susanne, 2014. Der Ausbau der Bürgerbeteiligung in Baden-Württemberg – eine Zwischenbilanz zur „Politik des Gehörtwerdens, VBlBW 2014, S. 281–286.

Haug, Volker M./Pautsch, Arne, 2017. Rechtliche Machbarkeit, in: Baden-Württemberg Stiftung (Hrsg.), Beteiligungshaushalt auf Landesebene. Eine Machbarkeitsstudie am Beispiel von Baden-Württemberg, Springer, 2017.

Haug, Volker M./Zeccola, Marc, 2018. Neue Wege des Partizipationsrechts – eignet sich das Standortauswahlgesetz als Vorbild?, ZUR 2018, S. 75–84.

Hennecke, Hans-Günter/Ritgen, Klaus, 2008. Stärkung der Bürgerbeteiligung durch Seniorenbeiräte und niedrige Quoren bei Bürgerbegehren und Bürgerentscheid?, LKRZ 2008, S. 316–367.

Herrmann, Dirk, 2018. In Bader, Johann/Ronellenfitsch, Michael (Hrsg.), Beck'scher Online-Kommentar VwVfG, 39. Edition München 2018.

Hertel, Wolfram/Munding, Christoph-David, 2012. „Frühe Öffentlichkeitsbeteiligung" bei der Planung von Großvorhaben, NJW 2012, S. 2622–2625.

Hertel, Wolfram/Mundling, Christoph-David, 2013. Die frühe Öffentlichkeitsbeteiligung und andere Neuerungen durch das Planfeststellungsvereinheitlichungsgesetz, NJW 2013, S. 2150–2155.

Herzberg, Kurt/Debus, Anne, 2015. Der Bürgerbeauftragte – Möglichkeiten und Grenzen der Ombudseinrichtung, ThürVBl 2015, S. 77–84.

Hoffmann, Harald, 2015. Zur Abschaffung der Quoren bei Bürgerentscheiden, NVwZ 2015, S. 715–718.

Holtkamp, Lars/Wiechmann, Elke, 2011. Politische Repräsentanz von Frauen in der Kommunalpolitik, Gender 2011, S. 128–137.

Holtkamp, Lars/Wiechmann, Elke/Schnittke Sonja, 2009. Unterrepräsentanz von Frauen in der Kommunalpolitik, Heinrich-Böll-Stiftung (Hrsg.), Berlin 2009.

Kallerhoff, Dieter/Fellenberg, Frank, 2018. §§ 24–27, in: Stelken, Paul/Bonk, Heinz Joachim/Sachs, Michael, Verwaltungsverfahrensgesetz, Kommentar, hrsg. v. Sachs, Michael/Schmitz, Heribert, 9. Aufl., München 2018.

Kallerhoff, Dieter/Mayen, Thomas, 2018. §§ 28–30, in: Stelken, Paul/Bonk, Heinz Joachim/Sachs, Michael, Verwaltungsverfahrensgesetz, Kommentar, hrsg. v. Sachs, Michael/Schmitz, Heribert, 9. Aufl., München 2018.

Kamlage, Jan-Hendrik/Nanz, Patrizia/Fleischer, Björn, 2014. Bürgerbeteiligung und Energiewende: Dialogorientierte Bürgerbeteiligung im Netzausbau, in: Viertes Jahrbuch Nachhaltige Ökonomie, Marburg 2014, S. 195–216.

Kersting, Norbert/Schmitter, Philippe/Trechsel, Alexander, 2008. Die Zukunft der Demokratie, in: Kersting, Norbert (Hrsg.), Politische Beteiligung, Wiebaden 2008, S. 40–62.

Kopp, Ferdinand O./Ramsauer, Ulrich, 2016. Verwaltungsverfahrensgesetz, Kommentar, 17. Aufl., München 2016.

Leggewie, Claus/Nanz, Patrizia, 2013. Neue Formen der demokratischen Teilhabe – Am Beispiel der Zukunftsräte, Europäisches Revue 2013, S. 72–85.

Martini, Mario, 2011. Wenn das Volk (mit)entscheidet … Wechselbeziehungen und Konfliktlinien zwischen direkter und indirekter Demokratie als Herausforderung für die Rechtsordnung, Berlin 2011.

Martini, Mario, 2017. Transformation der Verwaltung durch Digitalisierung, DÖV 2017, S. 443–455.

Masser, Kai/Hamann, Ingo/Ziekow, Jan, 2017. Evaluation – Verwaltungsvorschrift Öffentlichkeitsbeteiligung des Landes Baden-Württemberg. Analyse des Ressourcenaufwandes Zwischenbilanz nach 1. Jahr Datenerhebung (2015), Speyer 2017.

Maurer, Hartmut, Allgemeines Verwaltungsrecht, 18. Aufl., München 2011.

Neumann, Peter, 2009. Sachunmittelbare Demokratie im Bundes- und Landesverfassungsrecht unter besonderer Berücksichtigung der neuen Länder, Baden-Baden 2009.

Rehmet, Frank/Weber, Tim, 2016. Volksbegehrensbericht 2017, Berlin 2016.

Reidinger, Fabian, 2013. Direkte Demokratie und Bürgerbeteiligung: Zwei Seiten einer Medaille, in: Heinrich Böll Stiftung (Hrsg.), Experiment Bürgerbeteiligung. Das Beispiel Baden-Württemberg, Berlin 2013, S. 60–68.

Reimer, Philipp, 2014. Grundfragen der Verwaltungsvorschrift, JURA 2014, S. 678–688.

Renn, Ortwin, 2011. Partizipation bei öffentlichen Planungen – Möglichkeiten, Grenzen, Reformbedarf, in: Dokumentation zur 35. Wissenschaftlichen Fachtagung der Gesellschaft für Umweltrecht e. V., Berlin 2011, S. 129–166.

Rudisile, Richard, 2013. Zentralbegriffe des Umweltinformationsrechts im Blick der Rechtsprechung, VBlBW 2013, S. 46–50.

Sauer, Martina, 2016. Politische und zivilgesellschaftliche Partizipation von Migranten, in: Brinkmann, H. U./Sauer, M. (Hrsg.), Einwanderungsgesellschaft Deutschland, Wiesbaden 2016, S. 255–279.

Scherr, Albert/Sachs, Lena, 2016. Beteiligung und Teilhabe von Kindern und Jugendlichen in Baden-Württemberg. Angebotsformen, Akteure, Projekte und Themen, Der Bürger im Staat 2016, S. 323–331.

Schoch, Friedrich K., 2017. Informationsansprüche nach dem Umweltverwaltungsgesetz und dem Landesinformationsfreiheitsgesetz Baden-Württemberg, VBlBW 2017, S. 45–54.

Schoch, Friedrich K., 2016. Informationsfreiheitsgesetz, Kommentar, 2. Aufl., München 2016.

Schoch, Friedrich K./Kloepfer, Michael, 2002. Informationsfreiheitsgesetz (IFG-ProfE). Entwurf eines Informationsfreiheitsgesetzes für die Bundesrepublik Deutschland, Berlin 2002.

Schomerus, Thomas/Schrader, Christian/Wegener, Bernhard W. (Hrsg.) 2002. Umweltinformationsgesetz, Kommentar, 2. Aufl., Baden-Baden 2002.

Sitsen, Michael, 2009. Das Informationsfreiheitsgesetz des Bundes. Rechtsprobleme im Zusammenhang mit dem Anspruch auf Informationszugang nach dem IFG, Hamburg 2009.

Städtetag Baden-Württemberg (Hrsg.), 2012. Leitfaden Bürgermitwirkung Städtetag, Stuttgart 2012.

Steinbach, Armin (Hrsg.), 2013. NABEG, EnLAG, EnWG, Kommentar zum Recht des Energieleitungsbaus, Berlin/Boston 2013.

Tischer, Jakob, 2017. Bürgerbeteiligung und demokratische Legitimation. Erscheinungsformen von Bürgerbeteiligung auf kommunaler Ebene und ihr Aufwertungspotenzial aus legitimatorischer Sicht, Baden-Baden 2017.

Vetter, Angelika/Geyer, Saskia/Eith, Ulrich, 2015. Die wahrgenommene Wirkungen von Bürgerbeteiligung, in: Demokratie-Monitoring Baden-Württemberg. Studien zu Demokratie und Partizipation, Wiesbaden 2015, S. 223–342.

Vetter, Angelika, 2016. Bürgerbeteiligung in Form informeller Verfahren, in: Praxis der Kommunalverwaltung – Bund, Wiesbaden 2016.

Vetter, Angelika, 2017. Beteiligungskulturen und Bürgerbeteiligung, in: Tausendpfund, Markus/Vetter, Angelika (Hrsg.), Politische Einstellungen von Kommunalpolitikern im Vergleich, Wiesbaden 2017, S. 415–455.

Weidemann, Holger, 2017. Von der Saalöffentlichkeit zur Medienöffentlichkeit – Sitzungsöffentlichkeit von Ratssitzungen im Wandel, KommJur 2017, S. 281–285.

Wentzel, Joachim, 2010. Bürgerbeteiligung als Institution im demokratischen Gemeinwesen, in: Hill, Hermann (Hrsg.), Bürgerbeteiligung, Baden-Baden 2010, S. 37–61.

Will, Michael, 2016. Kodifikation des allgemeinen Auskunftsrechts im Bayerischen Datenschutzgesetz, BayVBl 2016, S. 613–621.

Wirsing, Helena Sophia, 2016. Informationsrechte und Informationspflichten in der Bauleitplanung, VBlBW 2016, S. 142–149.

Ziegler, Wolfgang, 1989. Die Bekanntgabe von Gemeinderatsbeschlüssen sowie andere Verlautbarungen nach der Gemeindeordnung, VBlBW 1989, S. 201 ff.

Ziekow, Jan, 2012. Neue Formen der Bürgerbeteiligung – Planung und Zulassung von Projekten in der parlamentarischen Demokratie, Gutachten D zum 69. Deutschen Juristentag, München 2012.

Ziekow, Jan, 2013. Frühe Öffentlichkeitsbeteiligung. Der Beginn einer neuen Verwaltungskultur, NVwZ 2013, S. 754–760.

Ziekow, Jan (Hrsg.), 2014. Handbuch der Fachplanung, 2. Aufl., München 2014.

Ziekow, Jan/Barth, Regine/Schütte, Silvia/Ewen, Christoph, 2014. Konfliktdialog bei der Zulassung von Vorhaben der Energiewende – Grundsätze informelle Konfliktdialoge, Darmstadt 2014.

Wie tickt der Schultes?
Politische Beteiligung aus Sicht der kommunalen Führungsspitze in Baden-Württemberg

10

Florian Ruf, Uwe Wagschal und Eva Krummenauer

10.1 Einleitung

Bürgermeister sind eine besondere Spezies (Witt 2016), zumal in Baden-Württemberg. Sie sind Mitglied und Vorsitzende des Gemeinderats und aller seiner Ausschüsse – mit Stimmrecht. Gleichzeitig ist er beziehungsweise sie Chef der Verwaltung und damit Dienstvorgesetzter aller Gemeindebediensteten. Und der Bürgermeister vertritt die Gemeinde als Repräsentant nach außen, also etwa auch in Rechtsverfahren. Im Bundesländervergleich (Bogumil und Holtkamp 2007, Bogumil und Holtkamp 2016) gilt der baden-württembergische Bürgermeister als der am stärksten bzw. institutionell mächtigste Vertreter seiner Zunft. Daraus erwachsen dem Bürgermeister neben Macht, Einfluss auch viel Selbstvertrauen. Der „Schultes" wie Bürgermeister im süddeutschen Raum umgangssprachlich genannt werden gelten mitunter auch als „lokaler" Präsidenten oder gar „Ortskönige" mit viel Machtfülle. Diese Machtfülle, so die Vermutung, könnte durch direktdemokratische Entscheidungsverfahren oder alternative Partizipationsformen eingeengt werden. Dies könnte im Widerspruch zu den Wünschen und Präferenzen der lokalen Bevölkerungsmehrheit stehen.

Der Wunsch nach mehr direkter Beteiligung und nach einem Ausbau der Volksrechte ist in zahlreichen empirischen Studien gezeigt worden (Bernhard 2012; Gabriel 2013; Gabriel und Kersting 2014; Baden-Württemberg Stiftung 2015; Cho 2015), doch ist bisher unklar, ob kommunale Entscheidungsträger wie Bürgermeister ebenfalls eine solch starke Präferenz für die Ausweitung von partizipativer und direktdemokratischer Beteiligung aufweisen, wenn sie über das Verhältnis der drei Beteiligungsformen zueinander befragt werden. Sie müssen im Kontext der direktdemokratischen und partizipativen Beteiligung unter Umständen mit einem Bedeutungsverlust rechnen oder ihr Responsivitätsverhalten gegenüber Bürgern überdenken. Die kommunalen politischen Eliten stehen somit in einem Spannungsverhältnis zwischen Machterhalt und Responsivität (Copus 2010, S. 571; Naßmacher und Naßmacher 2007, S. 65). Vor diesem Hintergrund stellt sich die Frage, welche Beteiligungsformen (oder auch Beteiligungsmöglichkeiten) die politischen Eliten präferieren, wenn sie zu einer Präferenzsetzung gezwungen werden und welche Faktoren dafür ursächlich sein könnten. Dabei ist es zumeist unstrittig, dass das letzte Entscheidungsrecht den gewählten Organen der jeweiligen Gebietskörperschaft obliegt.

Zentrales Anliegen dieses Beitrages ist es deshalb, die Einstellung der lokalen politischen Entscheidungsträgerinnen und Entscheidungsträger hinsichtlich etablierter sowie alternativer und neuer Formen der politischen Beteiligung in Form von repräsentativen, direktdemokratischen und partizipativen Beteiligungsverfahren in einer für Baden-Württemberg repräsentativen Studie abzufragen. Die beiden Forschungsfragen des Beitrages lauten daher:

1. In welche Präferenzordnung setzen Bürgermeister repräsentative, direkte und partizipative Beteiligungsverfahren?
2. Welche (a) individuellen und (b) kontextuellen Faktoren erklären die Präferenzen der Bürgermeister für repräsentative, direkte und partizipative Beteiligungsverfahren?

Auf Ebene der Bundesländer und der Kommunen hat die Zahl der unmittelbaren Sachabstimmungen in den letzten Jahren deutlich zugenommen. Mit Blick auf die Fallzahlen sind es vor allem „neue Formen der Bürgerbeteiligung" (Smith 2009, S. 200; Geissel und Joas 2013; Nanz und Fritsche 2012; Wagschal 2015; Kersting 2017), die das politische Beteiligungsangebot vor Ort prägen. Die Hoffnungen, die sich mit diesen Verfahren verbinden, sind vielfältig: Mehr Transparenz, mehr demokratische Qualität, höhere Partizipation und bessere Legitimation von Entscheidungsprozessen. Daneben besteht das klassische Beteiligungsangebot auf kommunaler Ebene natürlich weiter, in Form von Wahlen der Bürgermeister und der Gemeinderäte. Direktdemokratische und partizipative Beteiligungsmöglichkeiten sind sicherlich auf dem Vormarsch, werden von den politischen Eliten dabei aber als eine Ergänzung zu den repräsentativen Verfahren gesehen (Ekardt 2015, S. 138).

Der vorliegende Beitrag gliedert sich wie folgt: Im zweiten Abschnitt wird der weitere Forschungsstand dargestellt und im dritten Abschnitt werden die für die Beteiligungsform relevanten Demokratiekonzeptionen dargestellt und mit den lokalen Beteiligungsverfahren verknüpft. Im vierten Abschnitt folgen individuelle und kontextuelle Erklärungsfaktoren für die Präferenzen zu den drei Beteiligungsformen. Eine deskriptive Auswertung der drei Modelle der repräsentativen, direktdemokratischen und partizipativen Beteiligung innerhalb einer neuen, alternativen

Messung zur Erfassung von Einstellungen zu Beteiligung auf lokaler Ebene, folgt im fünften Abschnitt. Das Forschungsdesign wird im sechsten Abschnitt präsentiert. Die statistischen Auswertungen folgen im siebten Abschnitt. Die zentralen Ergebnisse werden schließlich im Fazit zusammengefasst.

10.2 Kommunalpolitische Studien zur politischen Beteiligung

Ein Blick auf die Datengrundlage bisher geleisteter Studien auf kommunaler Ebene in Deutschland zeigt, dass insgesamt vergleichsweise wenig über Einstellungen von Bürgermeistern zu Bürgerbeteiligungsverfahren bekannt ist, was einerseits daran liegt, dass viele kommunalpolitische Studien keinen Fokus auf Beteiligungsverfahren legen und andererseits daran, dass diese politischen Akteure nur selten Gegenstand empirischer Untersuchungen sind (Egner 2007; Bogumil et al. 2014; Gabriel und Kersting 2014; Wagschal et al. 2016; Tausendpfund und Vetter 2017). Etwas mehr Wissen über die Einstellung zu Bürgerbeteiligung als über Bürgermeister liegt zur Einstellung von Gemeinderäten vor (siehe zum Beispiel Karlsson 2012; McKenna 2012; Egner et al. 2013b; Gabriel und Kersting 2014; Kersting und Schneider 2016a; Tausendpfund und Vetter 2017). Darüber hinaus betrachten diese Arbeiten nicht das gesamte Beteiligungsangebot auf der kommunalen Ebene, bestehend aus repräsentativer, partizipativer und direktdemokratischer Beteiligung. Viel mehr fokussieren sie sich auf den Dualismus zwischen direktdemokratischer und deliberativer Beteiligung (Kersting und Schneider 2016b) sowie repräsentativer und partizipativer Beteiligung (Karlsson 2012; Mckenna 2012; Egner et al. 2013b). Lediglich Gabriel und Kersting (2014) beziehen sich gleichzeitig auf partizipative, deliberative und repräsentative Beteiligungsverfahren. Sie konnten dazu aber nur Bürgermeister in 27 deutschen Gemeinden befragen. Darüber hinaus blenden andere Arbeiten die Einstellung von Bürgermeistern in ihren Analysen aus. Dabei hängt der Erfolg solcher Verfahren aber in großem Maße vom Willen der beteiligten Akteure ab (Lowndes et al. 2006; Font und Galais 2011; Vetter 2008, S. 18f.). Insbesondere vor dem Hintergrund ihrer starken Stellung – resultierend aus dem konkordanzdemokratischen System – ist die Einstellung der baden-württembergischen Bürgermeister hoch relevant (Bogumil und Holtkamp 2016). Tab. 15 listet die wichtigsten kommunalpolitischen Studien bezüglich deren verwendeter Daten vergleichend auf.

Tab. 15 Übersicht der Datengrundlage von Kommunalbefragungen in Deutschland

Studienautor/-innen	Schwerpunkt	Untersuchungseinheiten				Jahr
		Bürgermeister/-innen	Ratsmitglieder	Bundesländer	Einwohner/-innen	
Egner (2007)	Allgemeine Einstellungen	629	0	13	>10.000	2007
Egner et al. (2013)	Allgemeine Einstellungen	0	864	16	>10.000	2007/2008
Gabriel u. Kersting 2014	Einstellung zu Bürgerbeteiligung	27	587	12	2.000–500.000	2013
Kersting u. Schneider (2016)	Einstellung zu Bürgerbeteiligung	0	587	12	2.000–500.000	2013
Tausendpfund u. Vetter (2017)	Allgemeine Einstellungen	720		1 (Hessen)	>5.000	2009
Wagschal et al. (2016)	Einstellungen zur Gewerbesteuer	810	0	16	>5.000	2014
Bogumil et al. (2014)[68]	Einstellung zur Haushaltspolitik	1111	0	13	>5.000	2012/2013
Wagschal et al. (2017)[a]	Einstellung zur Bürgerbeteiligung	383	1723	1 (Baden-Württemberg)	Alle Gemeindegrößen	2017

a = Diese Umfrage ist Datengrundlage für den vorliegenden Beitrag bzw. die anderen Beiträge der Autoren in diesem Band.
Quelle: Eigene Erhebung

---

[68] Datengrundlage ist die Umfrage von Wagschal und Grasl (2014).

Bereits durch den wegen der Auswahl der Akteure/-innen eingeengten Analysefokus bisheriger Studien ergibt sich eine Lücke in der Datenlage. Zudem ist das in diesen Arbeiten verwendete empirische Material in Bezug auf die geographische Abdeckung der Kommunen für repräsentative Aussagen über ganz Deutschland oftmals nicht geeignet. Egner konnte von 1542 angeschriebenen Bürgermeister/-innen 629 (40,79 %) abgeschlossene Fragebögen in seine Analyse miteinbeziehen (2007, S. 44). Seine Studie aus dem Jahr 2007 deckt unter Auslassung der Stadtstaaten 13 Bundesländer ab, wobei ausschließlich Gemeinden mit mehr als 10.000 Einwohner/-innen inkludiert wurden: die Einwohnerstruktur Deutschlands kann seine Studie somit nicht adäquat widerspiegeln. Das Thema Bürgerbeteiligung spielt in seinen Analysen jedoch eine nachgeordnete Rolle (vgl. Egner 2007, S. 172ff.). Egner et al. erhoben in einer weiteren Studie in den Jahren 2007 und 2008 die Einstellungen von Gemeinderäte/-innen, außen vor blieb die Sichtweise der Bürgermeister/-innen. Über ganz Deutschland hinweg wurden 864 Gemeinderäte/-innen aus 120 Gemeinden (über 10.000 Einwohnern/-innen) befragt. Die Rücklaufquote lag bei 22 Prozent, wobei diese in einigen Bundesländern auch deutlich unterschritten wurde (vgl. Egner et al. 2013).

Tausendpfund und Vetter (2017) konzentrierten sich in ihrer Untersuchung, in der sie auf Daten aus dem Projekt Europa im Kontext (EiK) (van Deth und Tausendpfund 2013) zurückgriffen, auf 28 Kommunen in Hessen mit über 5.000 Einwohnern/-innen. Sie befragten darin im Jahr 2009 626 Gemeinderäte/-innen (vgl. Vetter 2017). Mit einem Fokus auf Gewerbesteuern konnten Wagschal et al. (2016) in 810 Kommunen in ganz Deutschland Befragungen durchführen; jedoch ebenfalls nur ab einer Gemeindegröße von 5.000 Einwohnern.

Auch Bogumil et al. (2014) befragten in einer ähnlich aufgebauten Studie 1111 Gemeinden zur kommunalen Haushaltspolitik und in diesem Zusammenhang die darauf gerichtete Bürgerbeteiligung (z. B. Beteiligungshaushalte). Dabei haben die Autoren/-innen Gemeinden ab einer Größe von 5.000 Einwohnern/-innen in den 13 Flächenländern Deutschlands miteinbezogen.

In dieser Studie zur Bürgerbeteiligung in Baden-Württemberg finden sich hingegen auch kleine Gemeinden unter 5.000 Einwohnern/-innen (Wagschal et al. 2017). Neben 1723 Gemeinderäte/-innen, davon 502 aus einer anonymisierten Umfrage in Gemeinden unter 5.000 Einwohnern/-innen und 1201 Befragte aus einer repräsentativen geschichteten Stichprobe in Gemeinden über 5.000 Einwohnern/-innen, wurden in dieser auch 383 Bürgermeister/-innen befragt. Die Ergebnisse lassen insofern nur Rückschlüsse für das kommunalpolitische System in Baden-Württemberg zu, zeichnen sich aber durch einen hohen Rücklauf und eine hohe Fallzahl aus, die zudem – gemessen an den soziodemographischen – Merkmalen auch repräsentativ ist.

Der Blick auf die Datengrundlage der vorliegenden Studien zeigt, dass insgesamt vergleichsweise wenig über Einstellungen von Bürgermeister/-innen zu Bürgerbeteiligungsverfahren bekannt ist, was einerseits daran liegt, dass viele kommunalpolitische Studien keinen Fokus auf Beteiligungsverfahren legen und andererseits daran, dass diese politischen Akteure nur selten untersucht werden.

10.3 Demokratietheorie und repräsentative, partizipative und direktdemokratische Beteiligung in Baden-Württemberg

Die Frage in welcher Form und in welchem Ausmaß sich die Bürger in der Demokratie beteiligen sollen, spielt aus demokratietheoretischer Sicht eine tragende Rolle und wird auch innerhalb verschiedener Demokratiemessungen unterschiedlich bewertet (Vanhanen 2000; Bertelsmann-Stiftung 2003; Bühlmann et al. 2012; Lauth und Kauff 2012; Freedom House 2018). Allen Messungen ist die Beteiligungsdimension zwar wichtig, diese erfassen dabei aber nicht automatisch die Qualität einer Beteiligung (Schmidt 2010, S. 380) und zumeist auch nicht Direktdemokratie oder andere Partizipationsverfahren (Wagschal 2013), mit Ausnahme des Vanhanen-Index. Die Frage nach der Qualität der Demokratie, über die Beantwortung nach Form und Ausmaß der Beteiligung der Bürger, ist aber eine entscheidende.[69] Hier bietet Teorell (2006) drei Demokratiemodelle an in denen die Fokusse auf unterschiedliche Arten der Beteiligung liegen: (1) responsive Demokratie (hier: repräsentative Beteiligung), (2) partizipative Demokratie (hier: direkte Beteiligung) und (3) deliberative Demokratie (hier: partizipative Beteiligung).

In der Dahl'schen Annahme von Demokratie spiegelt die Polyarchie die ideale Verwirklichung einer Demokratie wider, in dem Wettbewerb und Partizipation die beiden zentralen Bewertungskriterien für deren Qualität sind (Dahl 1971). Für Dahl sind dabei allgemeine Wahlen das zentrale Partizipationsinstrument über die möglichst viele Bürger ihre Präferenzen ausdrücken können. Der politische Wettbewerb wiederum führt dazu, dass die Repräsentanten auf die Präferenzen der Bürger reagieren. Somit fußt seine Idee von einer idealen repräsentativen Demokratie auf Responsivität, die in allgemeinen Wahlen stets neu abgeprüft wird. Auch Verba

---

69 Während in der Literatur schon ausführlich demokratietheoretische Vorzüge und Nachteile gegeneinander abgewogen worden sind (Freitag/Wagschal 2007; Christmann 2009; Vatter/Danaci 2010; Vatter 2016), soll hier auf die empirisch fundierte, repräsentative Einstellung der baden-württembergischen Bürgermeister eingegangen werden.

und Nie (1987) und Hannah Pitkin (1967) können als klassische Vertreter einer repräsentativen Demokratietheorie gesehen werden. Für diese ist die Einflussnahme auf politische Repräsentanten durch die Bürger die zentrale Beteiligungsform. Bei Pitkin stehen dabei neben der formalistischen Wortbedeutung der Repräsentation im Sinne von autorisieren bzw. rechenschaftspflichtig sein die Aspekte des Standing-For als das symbolische Darstellen anderer, sowie das Acting-For, also das Handeln im Interesse im Mittelpunkt.

Mit Habermas (1998) und Warren (1996, 2002) machen sich zwei Vertreter einer deliberativen Demokratie für die Legitimierung und Akzeptanz von Entscheidungen durch dialogorientierte Beteiligungsverfahren stark. So werden Präferenzen der Bürger nicht als starr angesehen, sondern bilden und verändern sich innerhalb eines deliberativen Prozesses an dessen Ende eine Entscheidung stehen kann. Für Warren ist dabei klar, dass mit der Möglichkeit zur politischen Diskussion ein Zuwachs an einem eigenständigen Urteilsvermögen bei den Bürgern einhergeht (Warren 1996, S. 46). Habermas konstatiert, dass politische Diskussionen im Vorfeld einer Entscheidung die Zufriedenheit und Akzeptanz der Beteiligten erhöhen (Habermas 1996, S. 27). In Abgrenzung zur direkten Demokratie bedeutet eine Diskussion über ein politisches Thema jedoch nicht, dass auch am Ende eine Entscheidung aller Diskussionsbeteiligten getroffen wird (Teorell 2006, S. 791). Diese Entscheidung kann wiederum nur von gewählten Repräsentanten getroffen werden. Aus deliberativer Sicht ist dabei zentral, dass das Outcome einer politischen Entscheidung als legitim akzeptiert wird, wenn im Vorfeld für die Betroffenen die Möglichkeit einer Beteiligung bestand (Teorell 2006, S. 804).

Hingegen sind mit Barber (1994) und Pateman (1970) zwei Vertreter einer Demokratietheorie genannt, die eine direkte (oder auch unmittelbare) Beteiligung an Entscheidungen durch die Bürger propagieren. Die Qualität der Demokratie bestimmt sich hierbei dadurch, dass den Bürger möglichst viele Beteiligungsangebote unterbreitet werden, innerhalb der sie selbst verbindliche Entscheidungen treffen können. Barber betont dabei, dass es hier nicht notwendigerweise um alle Entscheidungen geht „but frequently enough and in particular when basic policies are being decided" (Barber 1994, S. 117). Damit bildet die direkte Beteiligung der Bürger an politischen Entscheidungen den Kern der Barber'schen starken Demokratie die er der „dünnen", repräsentativen Demokratie gegenüberstellt. Mit einer starken Zivilgesellschaft in Form von „educated, public citizens" (Pateman 1970, S. 110) argumentiert auch Pateman und kritisiert damit repräsentative Demokratiemodelle für ihre elitenorientierte Demokratievorstellungen. Durch Strukturen einer direkten Beteiligung der Bürger auf unterschiedlichen Ebenen, vornehmlich jedoch in kleineren, lokalen Einheiten, möchte Pateman (1970) die Zufriedenheit der einzelnen Bürger mit der Demokratie steigern. Aus Sicht der Vertreter einer direktdemokratischen Teilhabe der Bürger ist die Beteiligung an Entscheidungen zentraler Bestandteil der Demokratie, wohingegen sie nicht für eine Abschaffung repräsentativer Organe eintreten (Teorell 2006, S. 789f.). Abgeleitet aus der baden-württembergischen Kommunalordnung haben es Bürgermeister in ihren Kommunen mit drei unterschiedlichen Beteiligungsformen mit verschiedenen Verfahren zu tun, über die ihre Bürger an politischen Entscheidungen teilhaben können. So steht ihnen das klassische repräsentative Beteiligungsangebot zur Verfügung in dem sie in Personenwahlen Gemeinderäte und (Ober-)Bürgermeister in allgemeinen Wahlen bestimmen können. Die Bürger können hier Präferenzen setzen und bei einer Wahl (regulär: Gemeinderäte alle fünf Jahre, Bürgermeister alle acht Jahre) ihre Vertreter bestimmen (Heinelt 2013, S. 105). Somit versuchen die Bürger ihren Einfluss auf politische Repräsentanten vor Ort geltend zu machen. Daneben bietet die lokale Ebene in Baden-Württemberg eine Reihe an partizipativen Verfahren in denen die Bürger in Dialogform beratend zu einzelnen Entscheidungen hinzugezogen werden können. Dies können formalisierte Verfahren wie die in der Gemeindeordnung verankerte Bürgerfragestunde, Bürgeranhörung, Einwohnerversammlung oder Bürgerkonsultation sein. Ebenso aber auch nicht-formalisierte Verfahren, die nicht explizit in der Gemeindeordnung verankert, in ihrem beratenden Charakter den Verfahren aus der Gemeindeordnung aber ähnlich sind. Dies können Bürgerforen, Mediationsrunden, Bürgersprechstunden, die Beratung durch Beiräte aber auch explorative Bürgerbefragungen sein. Abschließend sind auch direktdemokratische Verfahren in der baden-württembergischen Gemeindeordnung verankert, die eine Entscheidung zu einem bestimmten Sachverhalt zulassen. So können dies formale Verfahren mit Entscheidungsrecht der Bürger sein, nämlich durch Rats- oder Bürgerbegehren initiierte Bürgerentscheide sein oder auch bürgerinitiierte, konsultative Einwohneranträge.

10.4 Individuelle und kontextuelle Erklärungsfaktoren

Die Rolle der Bürgermeister in der baden-württembergischen Kommunalpolitik wird häufig mit der weitreichenden Macht des Amtes charakterisiert und im Vergleich zu Gemeinderäten als deutlich geringer parteipolitisiert beschrieben (Bogumil und Holtkamp 2016). Die Ursache dafür wird vor allem in der Direktwahl der Bürgermeister sowie in der starken Rolle parteiloser Amts- und Mandatsträger gesehen. In der Konsequenz der Machtfülle werden diese als Spitzen der Kommunalverwaltung beschrieben (Egner et. al 2013a, S. 25), die über dem parteilichen Wettbewerb stehen und entscheiden. Diese Charakterisierung wird mit Blick auf

10.4 Individuelle und kontextuelle Erklärungsfaktoren

bisher geleistete Studien zur Einstellung von kommunalen Eliten zur Bürgerbeteiligung noch gewichtiger. So schlussfolgern Kersting und Schneider (2016a, S. 317) betreffend der Einstellung von Gemeinderatsmitgliedern zu Bürgerbeteiligung, dass es eine Trennung entsprechend deren parteipolitischer Links-Rechts-Einordnung gibt. Auch Egner et al. (2013a, S. 81) und Remer-Bollow (2017, S. 249) betonen die Parteizugehörigkeit von lokalen Akteuren als grundlegenden, wichtigen Faktor für deren Einstellungen im politischen Alltag einer Kommune. Insbesondere mit Blick auf die Charakterisierung der Bürgermeister als Verwaltungsspitze in einem „semi-präsidentiellen System" (Bäck 2005; Freitag et al. 2008; Debus und Gross 2016) sollte jedoch nicht von der Parteipolitisierung der Gemeinderatsmitglieder auf Kommunalpolitiker im Allgemeinen geschlossen werden. Einmal gewählt sind Bürgermeister deutlich unabhängiger von ihrer Partei als ihre Gemeinderatskollegen, ihre Parteizugehörigkeit spielt somit gegenüber persönlichen Eigenschaften eine deutlich geringere Rolle (Kost 2013, S. 59). Darüber hinaus haben viele der baden-württembergischen Bürgermeister keine Parteimitgliedschaft. Analog zur Konsensthese von Holtkamp (Bogumil und Holtkamp 2016) wird auf der Individualebene der Parteifärbung der Bürgermeister kein Einfluss auf die Präferenzen für bestimmte Beteiligungsmöglichkeiten zugerechnet. Daraus lassen sich entgegen der Parteiendifferenzannahme folgende Hypothesen aufstellen:

H1a: Die Parteizugehörigkeit eines Bürgermeisters hat keinen Einfluss auf die Einstellung zu repräsentativen Beteiligungsmöglichkeiten.

H1b: Die Parteizugehörigkeit eines Bürgermeisters hat keinen Einfluss auf die Einstellung zu direktdemokratischen Beteiligungsmöglichkeiten.

H1c: Die Parteizugehörigkeit eines Bürgermeisters hat keinen Einfluss auf die Einstellung zu partizipativen Beteiligungsmöglichkeiten.

Während der Parteizugehörigkeit der einzelnen Bürgermeister kein Einfluss zugeordnet wird, kann in den beiden selbstvorgenommenen Verortungen der Befragten zu gesellschaftspolitischen und sozioökonomischen Themen ein möglicher Erklärungsansatz gesehen werden (Arzheimer und Schmitt 2014, S. 347). Demgemäß könnten es persönliche Einstellungen abseits einer möglichen Parteizugehörigkeit sein, die auf die Einstellungen der Bürgermeister wirken. So gehen auch Egner u. a. (2013a, S. 77f.) davon aus, dass Befragte, die sich weiter rechts auf einer Links-Rechts-Skala einstufen, eher die repräsentative Beteiligung unterstützen, während Befragte, die sich weiter links einstufen, eher partizipative Beteiligungsmöglichkeiten befürworten. Ähnliche Erkenntnisse liefert eine Studie von Perry u. a. (Perry et al. 2015) zur

Einstellung von Bürgern in Baden-Württemberg zur Demokratie, die nur einen Effekt auf der linken Seite des politischen Spektrums feststellen kann (Perry et al. 2015, S. 115).[70] Autoren wie Kitschelt (1995, 2003) stellen (1) konservativ-autoritäre Einstellungen mit libertären Werten wie Umweltschutz, Menschenrechte und Emanzipation sowie (2) der etablierten Dimension Arbeit auf der einen Seite und Kapital auf der anderen Seite gegenüber. Möglich ist auch die Darstellung auf der GAL-TAN Dimensionen Green-Alternative-Libertarian and Traditional-Authoritarian-Nationalist (Hooghe et al. 2002, S. 966). Unstrittig ist aus theoretischer Sicht, dass dem Parteienwettbewerb durchaus mehrere Konfliktlinien zu Grunde liegen und Akteure sich auf diesen auch jeweils verschieden positionieren können (siehe zum Beispiel Warwick 2002; Laver und Sergenti 2012). Dabei scheint sich aber die Dominanz einer bestimmten Dimension – der sozioökonomischen – empirisch zu bestätigen (Ware 1996; Saalfeld 2007; Bräuninger und Debus 2012; Debus und Gross 2016). Darüber hinaus bekräftigt Jochen Müller (2009) die zentrale Bedeutung der sozioökonomischen Dimension auch auf Landes- und Bundesebene für den Parteienwettbewerb in Deutschland. Auch Gross und Jankowski (2018) stellen fest, dass der lokale Parteienwettbewerb aus mehr als einer Links-Rechts-Dimension besteht. In der weiteren Ausgestaltung der Arbeit wird ein zweidimensionaler politischer Raum angenommen. Dieser strukturiert den Parteienwettbewerb auf einer sozioökonomischen Dimension und auf einer gesellschaftspolitischen Dimension. Die gesellschaftliche Dimension erfasst dabei Fragen der Werteorientierung einer Gesellschaft (z. B. Abtreibung, Gleichstellung, Migration und Integration), während die sozioökonomische die Frage beinhaltet, in welchem Ausmaß der Staat in die Wirtschaft eingreifen soll (Arzheimer und Schmitt 2014, S. 348). Analog dazu wären Bürgermeister, die sich auf einer sozioökonomischen oder gesellschaftspolitischen Dimension rechts einordnen, verhaltener in ihrer Einstellung gegenüber direktdemokratischen und partizipativen Beteiligungsmöglichkeiten. Für die gesellschaftspolitische Dimension lauten die Hypothesen wie folgt:

H2a: Je weiter gesellschaftspolitisch links sich ein Bürgermeister einordnet, desto schwächer befürwortet dieser repräsentative Beteiligungsmöglichkeiten.

H2b: Je weiter gesellschaftspolitisch links sich ein Bürgermeister einordnet, desto stärker befürwortet dieser direktdemokratische Beteiligungsmöglichkeiten.

---

70 Aus theoretischer Sicht lässt sich auch ein positiver Zusammenhang zwischen rechtspopulistischen Parteien und Bürgerbeteiligung formulieren. Jedoch befindet sich unter den baden-württembergischen Bürgermeistern kein Befragter mit einer Parteimitgliedschaft in einer rechtspopulistischen Partei.

10.4 Individuelle und kontextuelle Erklärungsfaktoren

H2c: Je weiter gesellschaftspolitisch links sich ein Bürgermeister einordnet, desto stärker befürwortet dieser partizipative Beteiligungsmöglichkeiten.

Parallel zur gesellschaftspolitischen Dimension werden folgende Hypothesen für die sozioökonomische Dimension formuliert:

H3a: Je weiter sozioökonomisch links sich ein Bürgermeister einordnet, desto schwächer befürwortet dieser repräsentative Beteiligungsmöglichkeiten.

H3b: Je weiter sozioökonomisch links sich ein Bürgermeister einordnet, desto stärker befürwortet dieser direktdemokratische Beteiligungsmöglichkeiten.

H3c: Je weiter sozioökonomisch links sich ein Bürgermeister einordnet, desto stärker befürwortet dieser partizipative Beteiligungsmöglichkeiten.

Zentrales Interesse in der Forschung besteht in dem Erfassen des Verhaltens der lokalen Akteure, zum Beispiel der Gemeinderatsfraktionen untereinander, zum Bürgermeister und zur Verwaltung oder allgemein zur Parteipolitisierung in den Kommunen (Debus und Gross 2016; Gross 2017; Stecker 2017). Hier greifen hinsichtlich der Einstellung von Bürgermeistern zu Bürgerbeteiligungsverfahren möglicherweise strategische Überlegungen, je nachdem ob sich die Bürgermeister in einer Rolle der relativen Machtstärke oder -schwäche sehen und auf Unterstützung zur Durchsetzung ihrer Präferenz angewiesen sind (Shepsle 2010, S. 183). Letztendlich muss der Bürgermeister bei Entscheidungen die Mehrheit der Ratsstimmen hinter sich vereinen, um seine Präferenzen beschließen und umsetzen zu lassen.

Aus diesen Überlegungen lassen sich zwei für diese Arbeit relevante Hypothesengruppen ableiten. Zum einen kann die formale Zugehörigkeit des Bürgermeisters zur Mehrheitsfraktion im Gemeinderat dessen Einstellung zur Bürgerbeteiligung beeinflussen. Analog zu Kersting und Schneiders Untersuchung zu Gemeinderäten (2016b) sollten Bürgermeister, die nicht der Mehrheitspartei angehören, direktdemokratische Beteiligungsmöglichkeiten stärker befürworten als repräsentative oder partizipative Beteiligungsmöglichkeiten, da sie so die Mehrheitsverhältnisse im Gemeinderat umgehen können. Gehören sie hingegen der Mehrheitspartei im Gemeinderat an, sollten Bürgermeister repräsentative und partizipative Verfahren deutlich stärker präferieren als direktdemokratische. So kann die politische Präferenz schon über die Mehrheit im Gemeinderat durchgesetzt werden und bedarf nicht der direkten Entscheidung der Bürger:

H4a: Bürgermeister, die der Mehrheitspartei im Gemeinderat angehören, befürworten repräsentative Beteiligungsmöglichkeiten.

H4b: Bürgermeister, die nicht der Mehrheitspartei angehören, befürworten direktdemokratische Beteiligungsmöglichkeiten.

H4c: Bürgermeister, die der Mehrheitspartei im Gemeinderat angehören, befürworten partizipative Beteiligungsmöglichkeiten.

Analog dazu lässt sich neben der formalen Zugehörigkeit des Bürgermeisters zur Mehrheitsfraktion auch eine grundsätzliche Blockadefunktion im lokalen politischen System feststellen. Diese informelle Zugehörigkeit ist als unabhängig von der Frage der formalen Zugehörigkeit des Bürgermeisters zur Mehrheitspartei zu diskutieren. So sind insbesondere für das konkordanzdemokratische Baden-Württemberg Konstellationen denkbar, in der ein Bürgermeister sich grundsätzlich bei Ratsentscheidungen der Minderheit oder Mehrheit des Rates zugehörig fühlt, unabhängig von seiner Parteizugehörigkeit. Dieser – aus formeller Sicht – als Kohabitation bekannte Effekt bewirkt ähnliche Einstellungsmuster und ist insbesondere für parteilose Bürgermeister relevant, da diese formal keiner Partei und somit auch nicht der Mehrheitspartei zugehörig sein können, trotzdem aber auf Mehrheiten im Rat angewiesen sind. Martin Gross (2017, S. 140) stellt fest, dass in Kohabitationssituationen der selbstwahrgenommene Einfluss von Bürgermeistern geringer ist. Demnach kann auch hier angenommen werden, dass Bürgermeister in solchen Konstellationen versuchen, andere Wege zur Präferenzdurchsetzung zu beschreiten, auf denen sie das repräsentative System umgehen und direktdemokratische Beteiligungsmöglichkeiten bevorzugen. So lassen sich drei weitere Hypothesen zur kommunalen Mehrheitskonstellation anschließen:

H5a: Bürgermeister, die der Gemeinderatsmehrheit zugehören, befürworten repräsentative Beteiligungsmöglichkeiten.

H5b: Bürgermeister, die der Gemeinderatsminderheit zugehören, befürworten direktdemokratische Beteiligungsmöglichkeiten.

H5c: Bürgermeister, die der Gemeinderatsmehrheit zugehören, befürworten partizipative Beteiligungsmöglichkeiten.

10.4 Individuelle und kontextuelle Erklärungsfaktoren

Auch eine allgemeine Beteiligungskultur in der Kommune kann einen kontextuellen Einfluss darauf haben, ob die Bürgermeister eher repräsentativen, direktdemokratischen oder partizipativen Beteiligungsformen anhängen (Freitag und Schniewind 2007). Analog zu Putnams (2001) Sozialkapitaltheorie gibt es Gemeinden mit hohem Sozialkapital und niedrigem Sozialkapital, in denen entsprechend eine starke oder schwache Beteiligungskultur herrscht. So postulieren Sonnenmoser und Wuketich einen positiven Einfluss eines „lebendigen Vereinslebens" (Sonnenmoser und Wuketich 2017, S. 305) auf den wahrgenommenen Entscheidungsprozess in der Kommune. Auch Vetter und Remer-Bollow (2017, S. 93) sowie Vetter (2017, S. 441) verstehen soziale Beteiligung im Wesentlichen als Vereinsarbeit und schreiben dieser eine hohe Bedeutung für die lokale politische Beteiligung zu. Daraus lassen sich folgende drei Hypothesen formulieren:

H6a: Je höher die Vereinsdichte in einer Kommune, desto weniger befürwortet der Bürgermeister repräsentative Beteiligungsmöglichkeiten.

H6b: Je höher die Vereinsdichte in einer Kommune, desto stärker befürwortet der Bürgermeister direktdemokratische Beteiligungsmöglichkeiten.

H6c: Je höher die Vereinsdichte in einer Kommune, desto stärker befürwortet der Bürgermeister partizipative Beteiligungsmöglichkeiten.

Ergänzend zu den hypothesierten Einflussfaktoren wird in der vorliegenden Untersuchung eine Reihe von Kontrollvariablen beachtet. Auf Individualebene werden gängige soziostrukturelle Faktoren wie das Geschlecht, das Alter und die formale Bildung in die Berechnungen mit einbezogen (Egner et al. 2013a, S. 57 ff., 63 ff., 114; Kersting und Schneider 2016a, S. 320) ebenso mandatsbezogene Informationen wie die Amtszeit und die Verwaltungserfahrung der Bürgermeister. Darüber wird auch die Erfahrung (formell und informell), die ein Bürgermeister mit Bürgerbeteiligung gemacht hat (Jäske 2017), getestet. Zur jeweiligen Kommune werden darüber hinaus Kontextinformationen wie die Bevölkerungsdichte die Haushaltsverschuldung pro Kopf (Bogumil et al. 2014; van Deth und Tausendpfund 2013, S. 24–25), die Anzahl effektiver Parteien (Laakso und Taagepera 1979) und die Veränderung der Wahlbeteiligung (Kersting und Schneider 2016a) kontrolliert.

10.5 Daten und deskriptive Befunde zum Beteiligungsverhältnis auf lokaler Ebene

Abbildung 1 zeigt eine neue Möglichkeit zur relativen Messung von Beteiligungsformen mit Hilfe der Schieberegler. Bei diesen können die Befragten insgesamt 100 Punkte vergeben und diese frei wählbar verteilen. Die drei Beteiligungsverständnisse sind bei dieser Form der Messung gegenseitig voneinander abhängig (d.h. wenn jemand beispielsweise der Beteiligung der Bürger über Wahlen 90 Punkte gibt, bleiben für die anderen beiden zwangsläufig nur 10 Punkte übrig). Entsprechend können auch nicht mehrere Modelle zu 100 Prozent eingestellt werden. Wenngleich die Befragten ihre Einstellung zu den Beteiligungsformaten im Verhältnis ausdrücken müssen, bildet sich die Wahrnehmung zu diesen verschiedentlichen Demokratieelementen sehr gut ab. Diese Form der Messung bietet dabei den entscheidenden Vorteil eine Präferenzsetzung der Befragten bei gleichzeitiger Bewertung der unterschiedlichen Beteiligungselemente.

In welchem Verhältnis sollten in Ihrer Kommune Ihrer Ansicht nach folgende Elemente der Demokratie stehen? Ziehen Sie den Punkt auf die gewünschte Position. Die Summe muss 100 Prozent ergeben.	
Beteiligung der Bürger/-innen über direktdemokratische Sachabstimmungen (direkte Demokratie)	13
Beteiligung der Bürger/-innen über beratende Beteiligungsformen (partizipative Demokratie)	24
Beteiligung der Bürger/-innen über Wahlen (repräsentative Demokratie)	63
Total	100

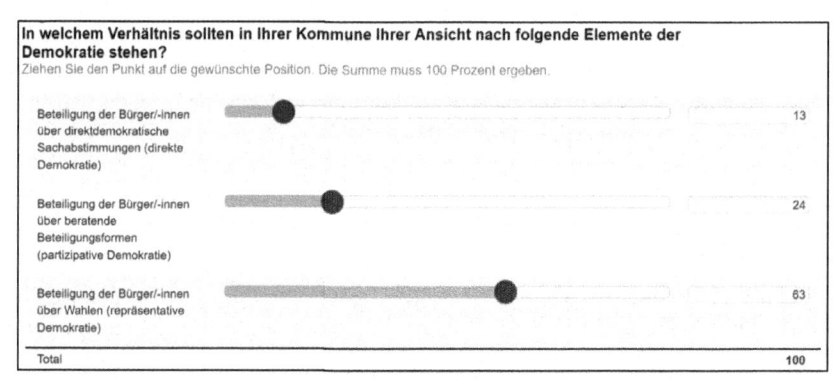

Abb. 30 Schieberegler als Erfassungsinstrument politischer Prioritäten
Quelle: Eigene Abbildung
Anmerkung: Die Abbildung stammt aus der online Bürgermeister-Umfrage im Rahmen des baden-württembergischen Demokratie-Monitorings, die Einstellung der Schieberegler ist beispielhaft. Den Befragten wurde die Reihenfolge zufällig vorgelegt.

Mit Blick auf die Einstellung der befragten Bürgermeister lässt sich eine klare Bevorzugung der repräsentativen Verfahren im Verhältnis zu den anderen Verfahren feststellen (Abb. 30). So bewerten die Befragten Repräsentation mit einem durchschnittlichen Anteil von 62,3 Prozent als präferierte Beteiligungsmöglichkeit in ihrer

10.5 Daten und Befunde zum Beteiligungsverhältnis

Kommune. Lediglich mit einem Anteil von 12,7 Prozent werden direktdemokratische Elemente als wünschenswerter Bestandteil angesehen. Partizipative Elemente der Beteiligung sollen hingegen mit 24,3 Prozent eine etwas bedeutsamere Rolle spielen. Der in Abb. 31 dargestellte Boxplot zeigt die Ergebnisse aus der Bürgermeisterbefragung im Jahr 2017. Hier wird ersichtlich, dass die Hälfte der befragten

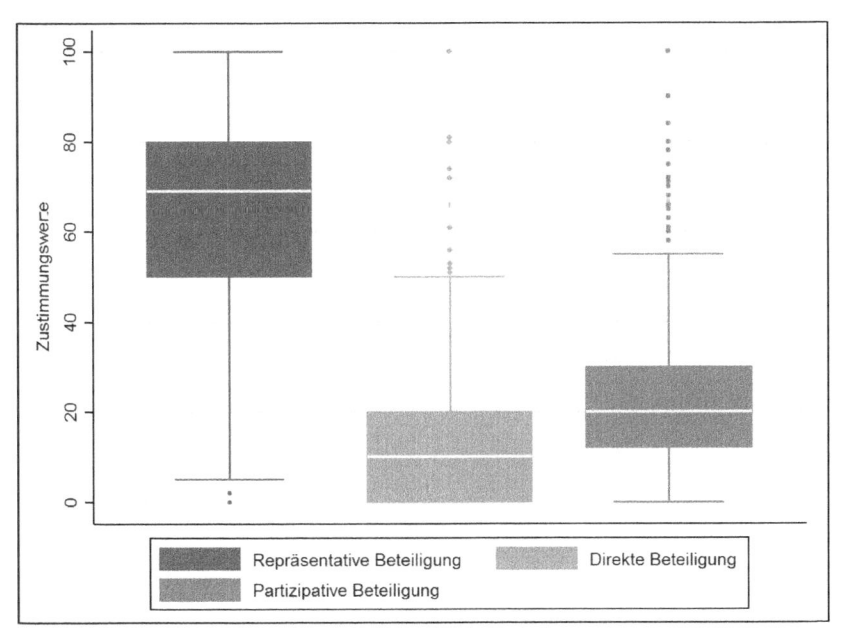

Abb. 31 Boxplot für das erwünschte Verhältnis der Beteiligungsmöglichkeiten in der Gemeinde

Quelle: Eigene Darstellung

Anmerkung: Werte beruhen auf eigener Berechnung. Median für repräsentative Beteiligung = 69. Median für direkte Beteiligung = 10. Median für partizipative Beteiligung = 20. Den Befragten wurde folgende Frage gestellt: „In welchem Verhältnis sollten in Ihrer Kommune Ihrer Ansicht nach folgende Elemente der Demokratie stehen?" Die Werte auf der y-Achse geben die Antwortkategorien von 0 (=kein Anteil) bis 100 (=stärkster Anteil) wieder. Die Boxplots geben eine grafische Zusammenfassung der Datenverteilung in Quantilen an. So liegen zwischen der ersten horizontalen Linie und der zweiten horizontalen Linie 25 Prozent der Werte. Zwischen der zweiten horizontalen Linie und der gestrichelten horizontalen Linie weitere 25 Prozent und so weiter. Die gestrichelte Linie stellt darüber hinaus den Median der Verteilung dar. Punkte außerhalb der Boxplots stellen Ausreißer dar. Insgesamt bewerten 14 Befragte die Bedeutung repräsentativer Beteiligungsmöglichkeiten im Verhältnis zu den anderen Beteiligungsmöglichkeiten mit null.

Bürgermeister Wahlen mit einem Zustimmungswert von mindestens 70 Prozent als die entscheidende Beteiligungsmöglichkeit betrachten. Dagegen gibt jeder Zweite an, dass direktdemokratische Beteiligungsmöglichkeiten nur zwischen 0 und 10 Prozent des lokalen Beteiligungsmix ausmachen sollen. Der Anteil partizipativer Beteiligungsmöglichkeiten sollte mit bis zu 20 Prozent für jeden zweiten Befragten einen etwas größeren Anteil haben. Jeder dritte Befragte gibt darüber hinaus an, dass partizipative und direktdemokratische Bürgerbeteiligung in ihrer Kommune in einem Verhältnis von nicht mehr als 30 zu 70 Prozent mit repräsentativer Beteiligung stehen soll. Damit sprechen sich die baden-württembergischen Bürgermeister klar für die Dominanz repräsentativer Beteiligung in ihren Kommunen aus und bestätigen somit auch die gängige kommunale Praxis.

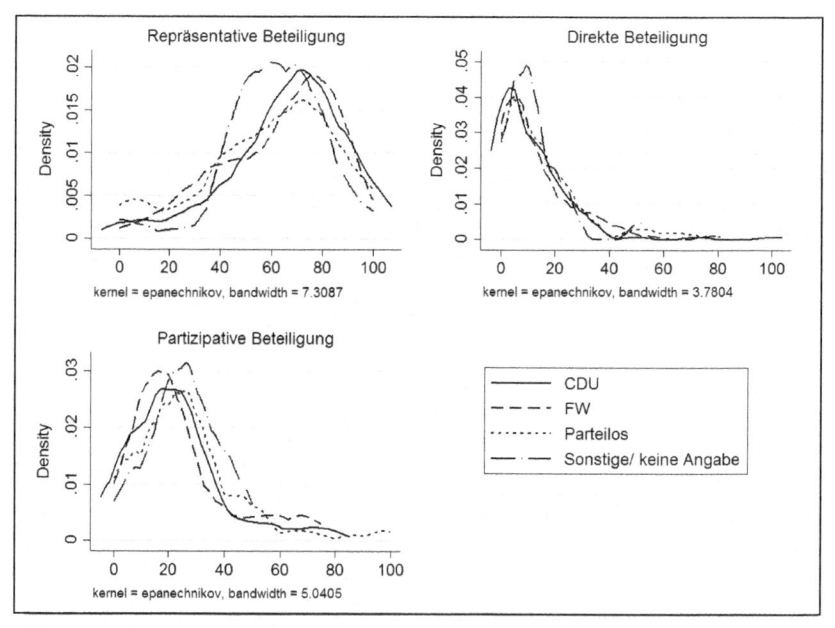

Abb. 32 Präferenzen für die Beteiligungselemente nach Parteizugehörigkeit der Bürgermeister

Quelle: Eigene Darstellung

Anmerkung: Werte beruhen auf eigener Berechnung. Den Befragten wurde folgende Frage gestellt: „In welchem Verhältnis sollten in Ihrer Kommune Ihrer Ansicht nach folgende Elemente der Demokratie stehen?" Die Werte auf der x-Achse geben die Antwortkategorie von 0 (=kein Anteil) bis 100 (=stärkster Anteil) wieder. Die Werte auf der y-Achse geben die Kerndichte der Verteilung an.

Einen aus deskriptiver Sicht spannenden Aspekt in Bezug auf die Einstellung der befragten Verwaltungsspitzen stellt deren Bewertung zu den drei Beteiligungsmodellen nach Parteizugehörigkeit da. Abb. 32 zeigt die Kerndichte der Verteilung nach Angehörigen der CDU (n=130), Freien Wähler (FW, n=66), Parteilosen (n=150) und Sonstigen (n=37, inklusive Grüne und SPD). Die auf den ersten Blick deckungsgleichen rechtsschiefen und linksschiefen Verteilungen deuten auf keine Parteieneffekte hinsichtlich der Einstellungen der Befragten hin. Ein zweiter Blick auf die parteilosen Befragten lässt jedoch erkennen, dass diese repräsentativen Beteiligungsmöglichkeiten etwas schwächer bewerten und dafür direkte und partizipative Beteiligung etwas stärker. Die Kerndichteverteilung zeigt aber auch, wie gering diese Unterschiede sind. Auch parteilose Bürgermeister sind in erster Linie, wie ihre Amtskollegen, Anhänger der repräsentativen Beteiligung.

Eine zweite Möglichkeit, die Einstellung von Bürgermeistern zu beleuchten, besteht in der Erfassung der Zustimmung zu bestimmten Aussagen bezüglich der Beteiligung der Bürger an Politik über bestimmte Verfahren, auf die auch Egner et al. (Egner et al. 2013a, S. 180) sowie Kersting und Schneider (Kersting und Schneider 2016a, S. 322) zurückgreifen. Die Korrelation zwischen den ersten beiden Teilaspekten des aggregierten Index ist jedoch gering und nur die mittlere Korrelation im direktdemokratischen Teilindex rechtfertigt die Zusammenfassung der Fragen zu einem Index, weshalb auf die validere Variante des Schiebreglers zurückgegriffen werden.

10.6 Operationalisierung der Daten und Analysestrategie

Die Daten zur Einstellung von Bürgermeistern stammen aus einer Umfrage unter allen baden-württembergischen Bürgermeistern im Jahr 2017. Dabei beteiligten sich 49,14 % (Ausschöpfungsquote) aller 1101 Bürgermeister des Landes Baden-Württemberg, wovon wiederum 34,79 % den Fragebogen komplett abgeschlossen haben (Beendigungsquote). Einige Kennwerte, wie die Gemeindegröße oder die Anzahl effektiver Parteien, wurden über die Seite des Statistischen Landesamtes Baden-Württemberg oder den Internetauftritt der Gemeinden recherchiert. Fehlende Werte wurden durch Gruppenmittelwerte imputiert. Tab. 16 zeigt die Grundgesamtheit und die Umfrageteilnehmer aufgeschlüsselt nach Gemeindegrößenklasse und Geschlecht.

Tab. 16 Grundgesamtheit und Umfrageteilnehmer nach Gemeindegrößenklasse

Gemeinde-größenklasse	Durchschnittliche Bevölkerungszahl		Anteil der Bürgermeister		Anteil der weiblichen Bürgermeister	
	In der Umfrage	In der Grundgesamtheit	In der Umfrage	In der Grundgesamtheit	In der Umfrage	In der Grundgesamtheit
1–4.999 Einwohner	2.830	2.672	196 (51,2 %)	589 (53,5 %)	15 (55,56 %)	42 (58,33 %)
5.000–19.999 Einwohner	9.567	9.272	147 (38,4 %)	412 (37,4 %)	10 (37,04 %)	23 (31,94 %)
20.000+ Einwohner	69.202	53.840	40 (10,4 %)	100 (9,1 %)	2 (7,40 %)	7 (9,73 %)
Alle	12.348	9.789	383 (34,8 %)	1101 (100 %)	27 (100 %)	72 (100 %)

Quelle: Eigene Erhebung
Anmerkung: Stand der Gemeindedaten vom 31.12.2016.

Mit Blick auf die Gemeindegröße fällt auf, dass große Gemeinden in der Tendenz etwas überrepräsentiert sind, vor allem in der Klasse von 20.000 Einwohner oder größer. Bezieht man jedoch den Anteil der Bürgermeister ein, die sich aus der jeweiligen Gemeindegrößenklasse beteiligt haben, stimmt das Verhältnis sehr gut überein (auch nach Geschlecht). Somit repräsentiert der hier ausgewertete Datensatz in seiner Zusammensetzung nach Zahl, Größe und Geschlecht durchaus die Grundgesamtheit in Baden-Württemberg, auch wenn die tatsächliche durchschnittliche Gemeindegröße in unserer Untersuchung etwas höher liegt.

In der vorliegenden Studie wird die Einstellung der Bürgermeister zu den drei verschiedenen Elementen der Beteiligung jeweils in unterschiedlichen Modellen bestimmt. Da die abhängigen Variablen die Einstellung zu den Beteiligungsmöglichkeiten in Abhängigkeit zu den jeweils anderen beiden Beteiligungsmöglichkeiten abbilden, ist eine Methode notwendig, die dieses gegenseitige Verhältnis modelliert (Aitchison 2003). Dafür werden die drei abhängigen Variablen in einer fractional multinomial logit (Mullahy 2010) modelliert, einer multivariaten Erweiterung der fractional logit Modelle von Papke und Wooldridge (1996). Die abhängigen Variablen müssen dafür zwischen 0 und 1 liegen und in ihrer Summe stets 1 ergeben.[71]

---

71 Da drei Bürgermeister ihre Präferenzen für die drei Beteiligungsmodelle jeweils mit 0 angegeben haben, können diese nicht in die fractional multinomial logit mitaufgenommen werden. Die Fallzahl für die statistische Analyse der Zusammenhänge reduziert sich somit von 383 auf 380.

10.6 Operationalisierung der Daten und Analysestrategie

Die Einstellung der Befragten wird dafür in ihrer relativen Ausprägung für die Modellierung operationalisiert. Innerhalb einer fractional multinomial logit ist die Darstellung der erklärten Gesamtvarianz im Sinne eines R^2 oder Pseudo-R^2 nicht möglich. Für die Erfassung der abhängigen Variablen wird jeweils der proportionale Wert operationalisiert und die marginalen Effekte jeweils nach den AVs (1) repräsentativer Beteiligung, (2) direktdemokratischer Beteiligung und (3) partizipativer Beteiligung berechnet. Über Effekte der einzelnen unabhängigen Variablen wird getrennt nach Individual- und Kontextebene berichtet. Darüber hinaus wurden mit Hilfe eine OLS-Regression die Werte zur Varianzinflation (VIF) berechnet. Diese weisen auf keine Multikollinearität hin. Ausreißer, die eine Modellschätzung zu stark beeinflussen, konnten ebenfalls nicht identifiziert werden.

Die Operationalisierung der zentralen Variablen findet wie folgt statt: Die Parteimitgliedschaft der Bürgermeister wird mit Dummies je nach Parteifärbung abgebildet (1=CDU, SPD, FW, Grüne, FDP, Parteilos). Die Frage nach der Zugehörigkeit zur Mehrheitspartei wird ebenfalls über einen Dummy operationalisiert, hier steht 1 für die Zugehörigkeit des Befragten zur Mehrheitspartei im Gemeinderat. Die Erfassung von Kohabitationskonstellationen zwischen Gemeinderat und Bürgermeister erfolgt über die Frage, ob sich die Bürgermeister als zugehörig zur Minderheit oder Mehrheit sehen – unabhängig von ihrer Parteifärbung. Ist die Zugehörigkeit zur Minderheit der Fall, wird die Variable mit 1 codiert. Die gesellschaftspolitische und sozioökonomische Einstellung der Bürgermeister wird jeweils über eine Frage zum staatlichen sozialen Wohnungsbau (sozioökonomisch) sowie zur Begrenzung von Zuwanderung (gesellschaftspolitisch) abgefragt. Beides sind zentrale Themen auf lokaler Ebene in Baden-Württemberg in denen die kommunalen Akteure selbst auch Zuständigkeiten sowie Handlungsspielräume besetzen. So sind die Kommunen in Baden-Württemberg bei der Unterbringung von Geflüchteten sowie bei bestimmten Sozial und Versorgungsleistungen für Geflüchtete zuständig. Auch im sozialen Wohnungsbau sind die Handlungsspielräume der Kommunen relevant. So können sie beispielsweise Sozialquoten vorgeben und auch selbst als Bauherr auftreten. Somit können sich Kommunen innerhalb der finanziellen Aufwendung für sozialen Wohnungsbau für dessen Bezuschussung und Regulierung entscheiden oder diesen eben dem privaten Sektor überlassen. Darüber hinaus sind beide Themen seit Jahren von hoher Aktualität. Somit haben wir uns auf eine gesellschaftspolitische und eine sozioökonomische Frage mit vergleichbar starkem Handlungsspielraum und von starker Aktualität fokussiert.

10.7 Determinanten repräsentativer, partizipativer und direktdemokratischer Beteiligungsmöglichkeiten

Zu Beginn des Forschungsbeitrags wurde die Frage gestellt, welche Faktoren die Präferenz der Bürgermeister für repräsentative, direktdemokratische oder partizipative Beteiligungsmöglichkeiten erklären. Die Ergebnisse werden zunächst gemeinsam auf der Kontext- und Individualebene innerhalb der fractional multinomial logit dargestellt. Die Bürgermeister bestätigen in ihren Aussagen repräsentative Beteiligung als den entscheidenden Modus kommunaler politischer Beteiligung in Baden-Württemberg. Die Befunde in Tabelle 3 zeigen, dass es eine Kombination aus individuellen Merkmalen der Befragten und kontextuellen Charakteristika der Gemeinde ist.[72] Dabei sticht heraus, dass die Parteifärbung der Bürgermeister keine Unterschiede in der Einstellung der Befragten ausmacht. Damit bestätigt sich Hypothese 1 (1a, 1b, 1c), nach der die Parteizugehörigkeit eines Bürgermeisters keinen Einfluss auf die Einstellung zu repräsentativen, direktdemokratischen oder partizipativen Beteiligungsmöglichkeiten hat. Interessanterweise unterscheiden sich aber parteilose Bürgermeister von Bürgermeistern mit einer Parteizugehörigkeit signifikant stark. Parteilose Bürgermeister sind also signifikant offener gegenüber direktdemokratischen Beteiligungsmöglichkeiten (Modell 3: um 5,69 Prozent) in ihrer Kommune und gleichzeitig deutlich reservierter gegenüber repräsentativer Beteiligung (Modell 1: 9,33 Prozent). Für partizipative Elemente der Beteiligung zeigt sich dieser statistische Zusammenhang hingegen nicht. Bürgermeister mit Parteibuch befürworten also deutlich stärker repräsentative Beteiligungsmöglichkeiten. Somit muss Hypothese 1 in Teilen angepasst werden: Die Parteizugehörigkeit spielt eine Rolle in dem Maße, dass sich parteilose Bürgermeister von Bürgermeistern mit Parteizugehörigkeit unterscheiden, wenngleich zwischen den verschiedenen Parteizugehörigkeiten selbst kein Unterschied auszumachen ist.

In Hypothese 2 und 3 wurde angenommen, dass die Einordnung der Bürgermeister auf einer gesellschaftspolitischen und sozioökonomischen Achse deren Einstellung erklären kann. Hier bestätigt sich der vermutete Einfluss der gesellschaftspolitischen Dimension allerdings nur für partizipative Beteiligungsmöglichkeiten. Auch wenn der Effekt schwach ausgeprägt ist, bewerten Bürgermeister, die sich gesellschaftspolitisch links einordnen, diese partizipativen Beteiligungsmöglichkeiten

---

72 Darüber hinaus wurden weitere unabhängige Variablen der Kontext- und Individualebene in die Analyse mitaufgenommen (Bevölkerungsgröße der Gemeinden, Entwicklungskorridor der Gemeinden bis 2035, Amtszeit der Befragten und Verwaltungserfahrung der Befragten) sowie verschiedene Interaktionseffekte zwischen der Parteizugehörigkeit und anderen unabhängigen Variablen. Keine dieser Faktoren konnte als signifikant oder einflussreich getestet werden.

10.7 Determinanten der Beteiligungsmöglichkeiten

um 1,74 Prozent höher als ihre Amtskollegen (Hypothese 2c). Anders sieht es bei der sozioökonomischen Dimension aus. Hier sind die empirischen Effekte für die repräsentativen und direktdemokratischen Beteiligungsmöglichkeiten signifikant: Wer sich sozioökonomisch links (Befürwortung staatlich finanzierter Wohnungsbau) einordnet, bewertet Repräsentation um 2,84 Prozent schlechter (Modell 1), was Hypothese 3a bestätigt. Darüber hinaus bewerten sozioökonomische linke Bürgermeister direkte Beteiligung (Modell 3) stärker (2,52 Prozent) und bestätigen somit Hypothese 3b. Hinsichtlich der partizipativen Beteiligungsverfahren lässt sich kein signifikanter Effekt ausmachen. Bürgermeister unterscheiden sich, wenn im Effekt auch eher schwach, nicht durch ihre Parteiideologie, sondern durch ihre individuelle Einstellung zu sozioökonomischen und gesellschaftspolitischen Einstellungen voneinander. Dabei ist die gesellschaftspolitische Einstellung eines Bürgermeisters ursächlich für die Bewertung partizipativer Verfahren, während die sozioökonomische Einstellung eines Bürgermeisters zuständig für die Einstellung zu repräsentativen und direktdemokratischen Beteiligungsmöglichkeiten ist.

Zu den kontextuellen Effekten der Gemeindeebene auf die Einstellung der Bürgermeister wurden pro Beteiligungsform zwei Hypothesen über das Machtgefüge in der Kommune formuliert. Hypothese 4 postuliert einen positiven Zusammenhang zwischen der Zugehörigkeit des Bürgermeisters zur Mehrheitspartei und der Befürwortung repräsentativer (H4a) und partizipativer (H4c) Elemente der Bürgerbeteiligung, wohingegen Bürgermeister der Mehrheitspartei direktdemokratische Beteiligungsmöglichkeiten eher schlecht bewerten sollten (H4b). Die logistische Regression (Tabelle 3) zeigt, dass sich dieser Zusammenhang nur für repräsentative und direktdemokratische Modelle bestätigt. Gehört der Bürgermeister der Mehrheitspartei des Gemeinderats an, findet er repräsentative Beteiligung besser (Modell 1) und direkte Beteiligung schlechter (Modell 3). Hypothese 5 (a, b, c) geht noch einen Schritt weiter und nimmt eine grundsätzliche Blockadefunktion im jeweiligen kommunalen politischen System an. Demnach sollten Bürgermeister, die der Minderheit im Gemeinderat zugehören und die sich in einer Kohabitation befinden, auf direktdemokratische Beteiligungsmöglichkeiten ausweichen, um ihre Mehrheiten zu sichern. Analog dazu sollten Bürgermeister, die der Mehrheit zugehören, repräsentative und partizipative Elemente besser bewerten. Dieser als Kohabitationskonstellation bekannte Effekt lässt sich statistisch nicht feststellen, womit Hypothese 5 (a, b, c) abgelehnt wird. Ebenso negiert werden kann der postulierte Zusammenhang zwischen dem sozialen Kapital einer Gemeinde, hier operationalisiert über die Vereinsdichte, und der Bewertung von Beteiligung durch den Bürgermeister (Hypothese 6 a, b, c). Eine hohe Vereinsdichte in einer Kommune hat keinen statistisch signifikanten Einfluss auf die Präferenzen der Bürgermeister, somit wird Hypothese 6 (a, b, c) verworfen.

Tab. 17 Marginale Effekte der fractional multnomial logit nach Beteiligungsform – Kontext- und Individualebene

	(Modell 1) Repräsentative Beteiligung	(Modell 2) Partizipative Beteiligung	(Modell 3) Direktdemokratische Beteiligung
Geschlecht	0.134**	-0.0873**	-0.0466+
	(0.0455)	(0.0338)	(0.0256)
Alter	0.000902	-0.000708	-0.000194
	(0.00130)	(0.000990)	(0.000834)
Hohe Bildung	0.0405	0.00795	-0.0484**
	(0.0301)	(0.0227)	(0.0187)
Ideologie Gesellschaft	-0.0117	0.0174*	-0.00565
	(0.0113)	(0.00863)	(0.00787)
Ideologie sozioökonomisch	-0.0284*	0.00320	0.0252**
	(0.0139)	(0.0111)	(0.00850)
Parteilos	-0.0933**	0.0364	0.0569*
	(0.0341)	(0.0262)	(0.0227)
CDU	0.00256	0.00495	-0.00750
	(0.0305)	(0.0255)	(0.0178)
Anzahl Effektiver Parteien	-0.0145	0.0147	-0.000154
	(0.0123)	(0.0106)	(0.00739)
Kohabitation	0.00122	0.00485	-0.00608
	(0.0310)	(0.0244)	(0.0219)
Mehrheitspartei	0.0583+	-0.0136	-0.0447*
	(0.0347)	(0.0276)	(0.0224)
Formelle Erfahrung	-0.00861	0.00866	-0.0000537
	(0.0266)	(0.0204)	(0.0166)
Informelle Erfahrung	0.0386	0.0186	-0.0572**
	(0.0314)	(0.0243)	(0.0209)
Bevölkerungsdichte	-0.0000593	0.0000502*	0.00000918
	(0.0000398)	(0.0000234)	(0.0000327)
Veränderung Wahlbeteiligung (1994–2014)	-0.00687*	0.00303	0.00383*
	(0.00269)	(0.00204)	(0.00168)
Vereinsdichte	0.311	0.470	-0.781
	(1.094)	(0.700)	(0.521)
Haushaltsverschuldung pro Kopf	-0.00000425	-0.00000131	0.00000555
	(0.0000154)	(0.0000121)	(0.0000108)
Arbeitslosigkeit	-0.556	-0.283	0.839
	(1.234)	(0.858)	(0.717)
Beobachtungsfälle	380	380	380

Marginale Effekte; Standardfehler in Klammern. (d) für diskrete Veränderung der Dummy-Variablen von 0 zu 1. + $p < 0.1$, * $p < 0.05$, ** $p < 0.01$, *** $p < 0.001$. *Die Referenzkategorie für die Dummies Parteilos und CDU sind jeweils alle anderen Parteien und Vereinigungen (also FW, SPD, Grüne, FDP, keine Angabe und Sonstige).*

Quelle: Eigene Erhebung

10.7 Determinanten der Beteiligungsmöglichkeiten

Neben den in dieser Arbeit hypothesierten Faktoren wurde auch eine Reihe von Kontrollvariablen getestet. Hier sind es fünf weitere Variablen (Geschlecht, hohe formale Bildung, Bevölkerungsdichte, Wahlbeteiligung und Erfahrung mit nicht-formalisierter Beteiligung), die einen signifikanten Einfluss auf die Einstellung der Bürgermeister haben. So bewerten männliche Bürgermeister gegenüber weiblichen Repräsentation um 13,4 Prozent höher (Model 1) und bewerten gleichzeitig direkte Beteiligung (Model 3, um 4,66 Prozent) und Partizipation (Model 2, um 8,73 Prozent) schlechter als ihre weiblichen Kolleginnen. Darüber hinaus scheint die Skepsis bei formal höher Gebildeten gegenüber direkter Beteiligung stärker ausgebildet zu sein (Model 3). Somit sind hier zwei individuelle sozioökonomische Merkmale von signifikanter Relevanz, wenn es um die Einstellung von Bürgermeistern zu Bürgerbeteiligung geht: Geschlecht und Bildung. Ein weiterer nennenswerter Faktor auf kommunaler Ebene findet sich in der Veränderung der Wahlbeteiligung zwischen 1994 und der letzten Kommunalwahl 2014. In fast allen Kommunen ist die Veränderung der Wahlbeteiligung negativ. Bürgermeister, in deren Gemeinden die Wahlbeteiligung stark zurückgegangen ist, befürworten Repräsentation weniger stark als dies ihre Amtskollegen mit einer niedrigeren Veränderung tun (Modell 1). Analog bewerten Bürgermeister mit einer stark rückläufigen Wahlbeteiligung seit 1994 direktdemokratische Elemente besser als ihre Kollegen in Gemeinden, in denen die Wahlbeteiligung deutlich schwächer zurückging (Modell 3). Ein zusätzlicher Untersuchungsfaktor in der Analyse ist die Erfahrung, die Bürgermeister mit nicht-formalisierten Bürgerbeteiligung bereits gemacht haben. So zeigt sich, dass diese einen negativen Effekt auf die Bewertung direktdemokratischer Beteiligungsmöglichkeiten haben (Modell 3). Bürgermeister, die Erfahrung mit nicht-formalisierten Verfahren der Bürgerbeteiligung gemacht haben, bewerten direktdemokratische Beteiligung schlechter als es ihre Amtskollegen ohne solche Erfahrungen tun (Modell 3). Somit hat eine bereits gemachte Erfahrung mit Bürgerbeteiligung einen negativen Effekt auf die Einstellung zu direktdemokratischen Beteiligungsformen in einer Kommune. Abschließend bleibt noch eine für die kommunale Ebene als äußerst erklärungskräftig angesehene Variable: die der Bevölkerungsdichte. Diese scheint in diesem Zusammenhang nur einen schwachen signifikanten Einfluss zu haben. So bewerten Bürgermeister in Kommunen mit einer hohen Bevölkerungsdichte partizipative Beteiligung etwas stärker (Modell 2) als ihre Amtskollegen in kleineren Kommune. Hingegen lässt sich für repräsentative und direktdemokratische Beteiligungsmöglichkeiten kein signifikanter Effekt für die Bevölkerungsdichte feststellen.

Abschließend soll ein Blick auf Faktoren geworfen werden, denen keinerlei statistischer Einfluss zugeordnet werden konnte. So hat die Höhe der Haushaltsverschuldung und der Arbeitslosigkeit in einer Kommune keinen Einfluss auf die

Bewertung repräsentativer, direkter oder partizipativer Beteiligungsmöglichkeiten. Demnach können wir den Zusammenhang eines sozioökonomischen Problemdrucks in einer Kommune und eine dadurch zunehmende Bürgerbeteiligung ausschließen. Auch spielt das Alter der Befragten keine Rolle in der Erklärung der Varianz auf den abhängigen Variablen. Abschließend bleibt die Erkenntnis, dass die Erfahrungen, die Bürgermeister mit formalisierten Beteiligungsmöglichkeiten gemacht haben, keinen Einfluss auf die Bewertung der drei Beteiligungsformen haben.[73]

Einen lohnenden Blick auf die unterschiedlichen Effekte in der Erklärung des Antwortverhaltens der Bürgermeister bietet auch die getrennte Analyse der unabhängigen Variablen nach der Kontext- und Individualebene. Hier bestätigt sich der Eindruck aus der mit Hilfe der fractional multinomial logit zuvor in Tabelle 3 getesteten Gesamtmodelle, was wiederum für die Robustheit der einzelnen Ergebnisse spricht. So ist bei alleiniger Beachtung der Kontextebene ebenfalls die Veränderung der Wahlbeteiligung zwischen 1994 und 2014 signifikant einflussreich. Hingegen lässt sich bei alleiniger Betrachtung der Kontextebene kein Effekt mehr hinsichtlich direktdemokratischer Beteiligung ausmachen.

Bestätigt wird ebenfalls die Beziehung zwischen Bevölkerungsdichte und Einstellung zu partizipativen Beteiligungsmöglichkeiten. Ein Effekt dem in den Modellen 1, 2 und 3 kein Einfluss zugeordnet werden konnte spielt nun eine Rolle. So hat eine größere Anzahl effektiver Parteien in einer Kommune einen signifikant schwachen positiven Einfluss auf die Einstellung zu partizipativer Beteiligung. Alles in allem bleibt jedoch auch bei der isolierten Betrachtung kontextueller Faktoren der Eindruck, dass diese nur in einem sehr geringen Ausmaß zur Erklärung der Einstellung der Befragten beitragen. Auch bei der Reduzierung der unabhängigen Variablen auf die Individualebene bleiben die Effekte robust. Dabei zeigen sich keine zusätzlich signifikanten Effekte. Lediglich die Signifikanzniveaus verändern sich bei einigen wenigen Effekten.

10.8 Fazit und Ausblick

Wie tickt der Schultes im Hinblick auf seine Präferenzen für repräsentative, direktdemokratische und partizipative Beteiligungsmöglichkeiten? Mit Hilfe der repräsentativen Befragung von 383 baden-württembergischen Bürgermeistern

---

73 Die Erkenntnisse wurden ebenfalls durch die Ergebnisse mehrerer OLS-Regression bestätigt. Diese geben auch ein R^2 zwischen 0,074 und 0,111 sowie ein adjustiertes R^2 zwischen 0,031 und 0,071 an.

10.8 Fazit und Ausblick

konnte gezeigt werden, dass die kommunalen Verwaltungsspitzen den repräsentativen einen eindeutigen Vorrang vor partizipativen und direktdemokratischen Beteiligungsmöglichkeiten geben. Zwei von drei Befragten sehen allgemeine Wahlen im Verhältnis zu partizipativen und direktdemokratischen Verfahren als klar wünschenswerte dominierende Beteiligungsmöglichkeit in ihrer Kommune. Der Wunsch nach mehr Partizipationsmöglichkeiten und direktdemokratischen Abstimmungsmöglichkeiten ist somit stärker in der Bevölkerung ausgeprägt als bei den kommunalen Leitungsspitzen.

Auf Basis dieser ersten deskriptiven Erkenntnisse wurden in einem zweiten Schritt Ursachen für die unterschiedliche Präferenzsetzung der Befragten ermittelt. Hier setzt sich das Erklärungsmodell aus individuellen Faktoren der Befragten und kontextuellen Faktoren der Gemeinde zusammen, wobei es keine Unterschiede in der Parteizugehörigkeit der Befragten gibt: Somit spiegeln sich die durchaus unterschiedlichen Forderungen der Parteien beim Thema Bürgerbeteiligung nicht in den Präferenzen ihrer jeweiligen Bürgermeister wider. Das Amt des Bürgermeisters – so der Befund – stärkt parteiübergreifend die Präferenz für die Repräsentationsdemokratie, bei dem der Bürgermeister auch relativ die meiste Macht, im Vergleich zu den anderen Verfahren, besitzt.

Andere Autoren (Egner et al. 2013a, S. 81; Kersting und Schneider 2016a; Remer-Bollow 2017, S. 249) können Parteieffekte für lediglich für Gemeinderäte feststellen. Gleichzeitig bestätigen diese Befunde auch die Rolle der baden-württembergischen Bürgermeister im konkordanzdemokratischen System: eine starke Akteursorientierung und eine ausgeprägte exekutive Führerschaft mit gewisser Parteiendistanz (vgl. Klingelhöfer 2017, S. 273; vgl. Magin 2010, S. 98ff.; vgl. Schniewind 2010, S. 135ff.; vgl. Sonnenmoser u. Wuketich 2017, S. 301).

Auf individueller Ebene lässt sich die Präferenz der Bürgermeister für repräsentative Beteiligungsmöglichkeiten mit folgenden Faktoren erklären: männlich, rechte sozioökonomische Einstellung, eine Parteizugehörigkeit, die Erfahrung mit nicht-formalisierter Bürgerbeteiligung sowie die Zugehörigkeit zur Mehrheitspartei. Darüber hinaus deutet sich ein für die Beteiligungsforschung unerwarteter Effekt auf der kontextuellen Ebene an: In Gemeinden mit einer stark absinkenden Wahlbeteiligung bewerten deren Bürgermeister repräsentative Elemente deutlich besser als ihre Amtskollegen in Gemeinden mit einer weniger stark abgefallenen Wahlbeteiligung. Somit werden die positiven Versprechungen der Bürgerbeteiligung als Kompensationsmöglichkeit zu einer absinkenden Wahlbeteiligung von den entsprechenden Bürgermeistern nicht geteilt. Es sind also überwiegend Individualfaktoren, die die Präferenzen der Befragten erklären können und weniger kontextuelle Faktoren.

Auch ist ein kommunaler sozioökonomischer Problemdruck als Ursache für die Einstellung zu Beteiligungsmöglichkeiten nicht auszumachen. Ebenso wenig scheinen Varianzen im bürgerschaftlichen Engagement einen Einfluss auf die Einstellung der Befragten zu haben. Darüber hinaus konnte kein Kohabitationseffekt auf die Einstellung der Befragten ermittelt werden (Gross 2017): Bürgermeister, die sich der Minderheit im Gemeinderat zurechnen, haben keine stärkere Präferenz für direktdemokratische Beteiligungsmöglichkeiten, mit denen sie Blockadesituationen umgehen könnten. Jedoch kann über die Zuordnung der Bürgermeister zur Mehrheitspartei ein signifikanter Effekt zugeordnet werden. Demnach bestätigen die Ergebnisse die Annahme von Kersting und Schneider (2016a) sowie Gross (2017) auf der Ebene der Parteizugehörigkeit der Befragten in Kombination mit dem Umgehen von Mehrheitsverhältnissen innerhalb des Gemeinderates. Die Machtkonstellationen auf kommunaler Ebene innerhalb des Gemeinderates und zwischen dem Rat und dem Bürgermeister spielen eine Rolle bei der Einstellung zu repräsentativen und direktdemokratischen Beteiligungsmöglichkeiten.

Mit Hilfe der Umfragedaten und der zusätzlich erhobenen Kontextvariablen konnte darüber hinaus gezeigt werden, dass das Sozialkapital der Befragten keinen Einfluss auf deren Einstellung zu den Beteiligungsverfahren hat. Diese Erkenntnis steht somit im Kontrast zu Untersuchungen zur Beteiligungskultur in Kommunen, die hier grundsätzlich einen positiven Zusammenhang sehen (Vetter 2017; Freitag und Schniewind 2007, S. 444). Viel mehr bestätigt sich die Relevanz individueller Faktoren auch innerhalb Einstellungen zu zwei für die kommunalpolitische Ebene hoch relevanten Themen in den vergangenen Jahren: sozialer Wohnungsbau (sozioökonomischen Dimension) und Zuzug von Geflüchteten (gesellschaftspolitische Dimension). Während die gesellschaftspolitische Dimension relevant für die Bewertung partizipativer Verfahren ist, konnte die sozioökonomische Dimension als relevant für die Einstellung der Befragten zu repräsentativen und direktdemokratischen Beteiligungsverfahren identifiziert werden. Hier bleibt zwar die Kritik einer zu einfachen Operationalisierung über lediglich zwei (wenn auch zentrale) kommunale Policies nicht aus, gleichzeitig bestätigen diese Ergebnisse immerhin die Erkenntnisse von Egner et al. (2013a) zu Gemeinderatsmitgliedern sowie von Perry et al. (2015) zur Einstellung von Bürgern in Baden-Württemberg.

Etwas getrübt werden die Ergebnisse mit Blick auf die erklärte Gesamtvarianz in den Regressionsmodellen. Wie auch bei vergleichbaren Studien (Kersting und Schneider 2016a, S. 327ff.; Vetter 2017, S. 439) liegt im Bereich um zehn Prozent Varianzaufklärung. Zwar konnte geklärt werden, welche Faktoren eine signifikante Rolle spielen, dennoch ist mit Blick auf die noch zu erklärende Varianz zu vermuten, dass weitere Faktoren zur Erklärung hinzugezogen werden müssen. Mit Blick auf die breit angelegte Aufnahme verschiedener institutioneller, sozioökonomischer und auch kultureller Faktoren ist anzunehmen, dass diese vornehmlich im individuellen Bereich der Befragten zu verorten sind. So weisen die Daten darauf hin, dass persönliche Merkmale und Erfahrungen mit Bürgerbeteiligung eine Rolle spielen. So konnte beispielsweise Best (Best 2011) zeigen, dass die Persönlichkeitsprofile von Bundestagsabgeordneten Teile ihrer Policy-Präferenz erklären kann. Klar ist jedoch eines: Der Schultes ist ein besonderer Politikertypus mit eigenen Vorstellungen und Präferenzen.

Literatur

Aitchison, John. 2003. *The statistical analysis of compositional data*, Caldwell, N.J: Blackburn Press.
Arzheimer, Kai, und Annette Schmitt. 2014. Der ökonomische Ansatz. In *Handbuch Wahlforschung*, Hrsg. Jürgen W. Falter, und Harald Schoen, 331–403. Wiesbaden: Springer VS. http://link.springer.com/10.1007/978-3-658-05164-8_8. Zugegriffen: 9. Oktober 2017.
Bäck, Henry. 2005. The institutional setting of local political leadership and community involvement. In *Urban Governance and Democracy*, Hrsg. Michael Haus, Hubert Heinelt, und Murray Stuart, 65–102. New York: Routledge.
Baden-Württemberg Stiftung, Hrsg. 2015. *Demokratie-Monitoring Baden-Württemberg 2013/2014: Studien zu Demokratie und Partizipation*. Wiesbaden: Springer VS.
Barber, Benjamin R. 1994. *Starke Demokratie: über die Teilhabe am Politischen*. Hamburg: Rotbuch-Verl.
Bernhard, Laurent. 2012. *Campaign strategy in direct democracy*. London: Palgrave Macmillan UK. http://link.springer.com/10.1057/9781137011343. Zugegriffen: 4. April 2018.
Bertelsmann-Stiftung. 2003. *Bertelsmann-Transformation-Index*. Gütersloh: Verlag Bertelsmann-Stiftung.
Best, Heinrich. 2011. Does personality matter in politics? Personality factors as determinants of parliamentary recruitment and policy preferences. *Comparative Sociology* 10(6): 928–948. https://doi.org/10.1163/156913311X607638.
Bogumil, Jörg, und Lars Holtkamp. 2007. *Kommunalpolitik und Kommunalverwaltung: Eine policyorientierte Einführung*. Wiesbaden: Springer VS.
Bogumil, Jörg, und Lars Holtkamp, Hrsg. 2016b. *Kommunale Entscheidungsstrukturen in Ost- und Westdeutschland: zwischen Konkordanz- und Konkurrenzdemokratie*. Wiesbaden: Springer VS
Bogumil, Jörg, Lars Holtkamp, Martin Junkernheinrich, und Uwe Wagschal. 2014. Ursachen kommunaler Haushaltsdefizite. *PVS Politische Vierteljahrsschrift* 55(4): 614–647. https://doi.org/10.5771/0032-3470-2014-4-614.
Bräuninger, Thomas, und Marc Debus. 2012. *Parteienwettbewerb in den deutschen Bundesländern*. Wiesbaden: Springer VS. http://dx.doi.org/10.1007/978-3-531-93226-2. Zugegriffen: 16. April 2018.

Bühlmann, Marc, Wolfgang Merkel, Lisa Müller, Heiko Giebler, und Bernhard Weßels. 2012. Demokratiebarometer: ein neues Instrument zur Messung von Demokratiequalität. *Zeitschrift für Vergleichende Politikwissenschaft* 6(S1): 115–159. https://doi.org/10.1007/s12286-012-0129-2.

Cho, Youngho. 2015. How well are global citizenries informed about democracy? Ascertaining the breadth and distribution of their democratic enlightenment and its sources. *Political Studies* 63(1): 240–258. https://doi.org/10.1111/1467-9248.12088.

Christmann, Anna. 2009. *In welche politische Richtung wirkt die direkte Demokratie? Rechte Ängste und linke Hoffnungen in Deutschland im Vergleich zur direktdemokratischen Praxis in der Schweiz*, 1. Aufl., Baden-Baden: Nomos.

Copus, Colin. 2010. The Councillor: Governor, governing, governance and the complexity of citizen engagement. *The British Journal of Politics and International Relations* 12(4): 569–589. https://doi.org/10.1111/j.1467-856X.2010.00423.x.

Dahl, Robert A. 1971. *Polyarchy; participation and opposition*. New Haven: Yale University Press.

Debus, Marc, und Martin Gross. 2016. Coalition formation at the local level: Institutional constraints, party policy conflict, and office-seeking political parties. *Party Politics* 22(6): 835–846. https://doi.org/10.1177/1354068815576292.

van Deth, Jan W., und Markus Tausendpfund, Hrsg. 2013. *Politik im Kontext: Ist alle Politik lokale Politik?* Wiesbaden: Springer VS.

Egner, Björn. 2007. *Einstellungen deutscher Bürgermeister*. Baden-Baden: Nomos. http://www.nomos-elibrary.de/index.php?doi=10.5771/9783845205403. Zugegriffen: 8. November 2017.

Egner, Björn, Max-Christopher Krapp, und Hubert Heinelt. 2013a. *Das deutsche Gemeinderatsmitglied*. Wiesbaden: Springer VS. http://site.ebrary.com/lib/alltitles/docDetail.action?docID=10624955.

Egner, Björn, Max-Christopher Krapp, und Hubert Heinelt. 2013b. *Das deutsche Gemeinderatsmitglied Problemsichten – Einstellungen – Rollenverständnis*. Wiesbaden: Springer VS. http://dx.doi.org/10.1007/978-3-531-94361-9. Zugegriffen: 15. Juni 2017.

Ekardt, Felix. 2015. Grenzen der Partizipation auf Politik- und Konsumentenebene. In *Kursbuch Bürgerbeteiligung*, Hrsg. Jörg Sommer, 131–143. Berlin: Deutsche Umweltstiftung.

Font, Joan, und Carolina Galais. 2011. The qualities of local participation: The explanatory role of ideology, external support and civil society as organizer: Local participation in Catalonia, Spain. *International Journal of Urban and Regional Research*, no-no. https://doi.org/10.1111/j.1468-2427.2011.01018.x.

Freedomhouse. 2018. Freedom in the world 2018.

Freitag, Markus. 2017. *Die Psyche des Politischen. Was der Charakter über unser politisches Denken und Handeln verrät*. Zürich: NZZ Libro, Neue Zürcher Zeitung AG.

Freitag, Markus, und Aline Schniewind. 2007. Direkte Demokratie und Sozialkapital. Der Einfluss der Volksrechte auf das Vereinsengagement. In *Direkte Demokratie. Bestandsaufnahmen und Wirkungen im internationalen Vergleich*, Hrsg. Markus Freitag, und Uwe Wagschal, 251–275. Berlin: Lit.

Freitag, Markus, Adrian Vatter, und Arend Lijphart, Hrsg. 2008. *Die Demokratien der deutschen Bundesländer: politische Institutionen im Vergleich*, Opladen: Budrich.

Freitag, Markus, und Uwe Wagschal, Hrsg. 2007. *Direkte Demokratie*. Berlin. http://www.gbv.de/dms/sub-hamburg/53442726X.pdf.

Gabriel, Oscar W. 2013. Politische Partizipation. In *Politik im Kontext: Ist alle Politik lokale Politik?*, Hrsg. Jan W. van Deth, und Markus Tausendpfund, 381–411. Wiesbaden: Springer VS.

Gabriel, Oscar W., und Norbert Kersting. 2014a. Politische Beteiligung und lokale Demokratie. In *Partizipation im Wandel. Unsere Demokratie zwischen Wählen, Mitmachen und Entscheiden*, Hrsg. Bertelsmann-Stiftung, und Baden-Württemberg Stiftung, 1–140. Gütersloh: Verl. Bertelsmann-Stiftung.

Gabriel, Oscar W., und Norbert Kersting. 2014b. Politisches Engagement in deutschen Kommunen: Strukturen und Wirkungen auf die politischen Einstellungen von Bürgerschaft, Politik und Verwaltung. In *Partizipation im Wandel*, Hrsg. Bertelsmann-Stiftung, und Staatsministerium Baden-Württemberg, 43–181. Gütersloh: Bertelsmann Stiftung.

Geissel, Brigitte, und Marko Joas, Hrsg. 2013. *Participatory democratic innovations in Europe: improving the quality of democracy?* Opladen: Barbara Budrich Publishers.

Gross, Martin. 2017. Machtstrukturen in der lokalen Politik. In *Politische Einstellungen von Kommunalpolitikern im Vergleich*, Hrsg. Markus Tausendpfund, und Angelika Vetter, 111–149. Wiesbaden: Springer VS. http://link.springer.com/10.1007/978-3-658-16398-3_4. Zugegriffen: 09. Oktober 2017.

Gross, Martin, und Michael Jankowski. 2018. Party competition in multilevel democracies: Evidence from the local manifesto project. *Working Paper*.

Habermas, Jürgen. 1996. *Die Einbeziehung des Anderen: Studien zur politischen Theorie*, 1. Aufl., Frankfurt am Main: Suhrkamp.

Habermas, Jürgen. 1998. *Faktizität und Geltung: Beiträge zur Diskurstheorie des Rechts und des demokratischen Rechtsstaats*, 1. Aufl., Frankfurt am Main: Suhrkamp.

Heinelt, Hubert. 2013. Welches Demokratieverständnis haben deutsche Ratsmitglieder und wie schlägt es sich in ihren Handlungsorientierungen nieder? In *Das deutsche Gemeinderatsmitglied. problemsichten. Einstellungen. Rollenverständnis.*, Hrsg. Björn Egner, Max-Christopher Krapp, und Hubert Heinelt, 105–126. Wiesbaden: Springer VS.

Heinelt, Hubert, Annick Magnier, Marcello Cabria, und Herwig Reynaert, Hrsg. 2018. *Political leaders and changing local democracy: The European mayor*, Cham: Palgrave Macmillan.

Hooghe, Liesbet, Gary Marks, und Carole J. Wilson. 2002. Does Left/Right Structure Party Positions on European Integration? *Comparative Political Studies* 35(8): 965–989. https://doi.org/10.1177/001041402236310.

Jäske, Maija. 2017. 'Soft' forms of direct democracy: Explaining the occurrence of referendum motions and advisory referendums in Finnish local government. *Swiss Political Science Review* 23(1), 50–76. https://doi.org/10.1111/spsr.12238.

Karlsson, Martin. 2012. Participatory initiatives and political representation: the case of local councillors in Sweden. *Local Government Studies* 38(6): 795–815. https://doi.org/10.1080/03003930.2012.688036.

Kersting, Norbert. 2017. Demokratische Innovation. Qualifizierung und Anreicherung der lokalen repräsentativen Demokratie. In *Urbane Innovation*, Hrsg. Norbert Kersting, 81–120. Wiesbaden: Springer VS.

Kersting, Norbert, und Sebastian H. Schneider. 2016a. Neue Machtansprüche in der Kommunalpolitik. *Zeitschrift für Vergleichende Politikwissenschaft* 10(3–4): 311–339. https://doi.org/10.1007/s12286-016-0308-7.

Kersting, Norbert, und Sebastian H. Schneider. 2016b. Neue Machtansprüche in der Kommunalpolitik. *Zeitschrift für Vergleichende Politikwissenschaft* 10(3–4): 311–339. https://doi.org/10.1007/s12286-016-0308-7.

Kitschelt, Herbert. 2003. Political-economic context and partisan strategies in the German federal elections, 1990–2002. *West European Politics* 26(4): 125–152. https://doi.org/10.1080/01402380312331280718.

Kitschelt, Herbert, und Anthony J. McGann. 1995. *The radical right in Western Europe: a comparative analysis*, Ann Arbor: University of Michigan Press.

Kost, Andreas, Hrsg. 2013. *Direkte Demokratie*, Wiesbaden: Springer VS.

Laakso, Markku, und Rein Taagepera. 1979. "Effective" number of parties: a measure with application to West Europe. *Comparative Political Studies* 12(1): 3–27. https://doi.org/10.1177/001041407901200101.

Lauth, Hans-Joachim, und Oliver Kauff. 2012. Demokratiemessung: Der KID als aggregiertes Maß für die komparative Forschung. Empirische Befunde der Regimeentwicklung von 1996 bis 2010. Würzburger Arbeitspapiere zur Politikwissenschaft und Sozialforschung (WAPS) 2: 1–55. https://opus.bibliothek.uni-wuerzburg.de/frontdoor/index/index/docId/6174.

Laver, Michael, und Ernest Sergenti. 2012. *Party competition: an agent-based model*. Princeton: Princeton University Press.

Lowndes, Vivien, Lawrence Pratchett, und Gerry Stoker. 2006. Local political participation: the impact of rules-in-use. *Public Administration* 84(3): 539–561. https://doi.org/10.1111/j.1467-9299.2006.00601.x.

Mckenna, Dave. 2012. Local politicians' attitudes towards participatory initiatives: a Bulpittian perspective. *Public Money & Management* 32(2): 103–110. https://doi.org/10.1080/09540962.2012.656012.

Mullahy, John. 2010. *Multivariate fractional regression estimation of econometric share models*. Cambridge, MA: National Bureau of Economic Research. http://www.nber.org/papers/w16354.pdf. Zugegriffen: 16. April 2018.

Müller, Jochen. 2009. The Impact of the Socio-Economic Context on the Länder Parties' Policy Positions. *German Politics* 18(3): 365–384. https://doi.org/10.1080/09644000903055815.

Nanz, Patrizia, und Miriam Fritsche. 2012. *Handbuch Bürgerbeteiligung*. Bonn: Bundeszentrale für Politische Bildung. http://gso.gbv.de/DB=2.1/PPNSET?PPN=782387942.

Naßmacher, Hiltrud, und Karl-Heinz Naßmacher. 2007. *Kommunalpolitik in Deutschland*. Wiesbaden: Springer VS. http://gso.gbv.de/DB=2.1/PPNSET?PPN=562219722.

Papke, Leslie E., und Jeffrey M. Wooldridge. 1996. Econometric Methods for Fractional Response Variables with an Application to 401 (K) Plan Participation Rates. *Journal of Applied Econometrics* 11(6): 619–632.

Pateman, Carole. 1970. *Participation and democratic theory*. Cambridge [Eng.]: University Press.

Perry, Sarah, Jan W. van Deth, Rüdiger Schmitt-Beck, und Thorsten Faas. 2015. Bürger und Demokratie in Baden-Württemberg. In *Demokratie-Monitoring Baden-Württemberg 2013/2014*, Hrsg. Baden-Württemberg Stiftung, 37–150. Wiesbaden: Springer VS. http://link.springer.com/10.1007/978-3-658-09420-1_4. Zugegriffen: 19. Oktober 2017.

Putnam, Robert D. 2001. *Bowling alone: the collapse and revival of American community* 1. touchstone ed., New York, NY: Simon & Schuster.

Remer-Bollow, Uwe. 2017. Politische Ideologie und ideologische Kongruenz in der lokalen Politik. In *Politische Einstellungen von Kommunalpolitikern im Vergleich*, Hrsg. Angelika Vetter, und Markus Tausendpfund, 217–254. Wiesbaden: Springer VS.

Saalfeld, Thomas. 2007. *Parteien und Wahlen*, 1. Aufl., Baden-Baden: Nomos.

Schmidt, Manfred G. 2010. *Demokratietheorien: eine Einführung*, 5. Auflage, Lizenzausgabe., Bonn: Bundeszentrale für Politische Bildung.

Shepsle, Kenneth A. 2010. Analyzing politics: rationality, behavior, and institutions 2nd ed., New York: W. W. Norton.

Smith, Graham. 2009. *Democratic Innovations: Designing institutions for citizen participation.* Cambridge: Cambridge University Press. http://ebooks.cambridge.org/ref/id/CBO9780511609848. Zugegriffen: 4. April 2018.

Sonnenmoser, Eva, und Marius Wuketich. 2017. Konkurrenz versus Konsens in lokalen Entscheidungsprozessen. In *Politische Einstellungen von Kommunalpolitikern im Vergleich,* Hrsg. Markus Tausendpfund, und Angelika Vetter, 297–322. Wiesbaden: Springer VS.

Stecker, Christian. 2017. Parteien und Fraktionsgeschlossenheit auf der kommunalen Ebene. In *Politische Einstellungen von Kommunalpolitikern im Vergleich,* Hrsg. Markus Tausendpfund und Angelika Vetter, 323–348. Wiesbaden: Springer VS. http://link.springer.com/10.1007/978-3-658-16398-3_10. Zugegriffen: 3. Mai 2017.

Tausendpfund, Markus, und Angelika Vetter. 2017. *Politische Einstellungen von Kommunalpolitikern im Vergleich.* http://search.ebscohost.com/login.aspx?direct=true&scope=site&db=nlebk&db=nlabk&AN=1510950. Zugegriffen: 23. Mai 2017.

Teorell, Jan. 2006. Political participation and three theories of democracy: A research inventory and agenda. *European Journal of Political Research* 45(5): 787–810. https://doi.org/10.1111/j.1475-6765.2006.00636.x.

Vanhanen, Tatu. 2000. A New Dataset for Measuring Democracy, 1810-1998. *Journal of Peace Research* 37(2): 251–265.

Vatter, Adrian. 2016. *Das politische System der Schweiz,* 2. aktualisierte Auflage 2016., Baden-Baden: Nomos.

Vatter, Adrian, und Deniz Danaci. 2010. Mehrheitstyrannei durch Volksentscheide? Zum Spannungsverhältnis zwischen direkter Demokratie und Minderheitenschutz. *Politische Vierteljahresschrift* 51(2): 205–222. https://doi.org/10.1007/s11615-010-0019-7.

Verba, Sidney, und Norman H. Nie. 1987. *Participation in America: political democracy and social equality* University of Chicago Press ed., Chicago: University of Chicago Press.

Vetter, Angelika, Hrsg. 2008. *Erfolgsbedingungen lokaler Bürgerbeteiligung,* 1. Aufl., Wiesbaden: Springer VS. http://gso.gbv.de/DB=2.1/PPNSET?PPN=571013007.

Vetter, Angelika. 2017. Beteiligungskulturen und Bürgerbeteiligung. In *Politische Einstellungen von Kommunalpolitikern im Vergleich,* Hrsg. Markus Tausendpfund und Angelika Vetter, 415–456. Wiesbaden: Springer VS.

Vetter, Angelika, und Uwe Remer-Bollow. 2017. *Bürger und Beteiligung in der Demokratie.* Wiesbaden: Springer VS.

Wagschal, Uwe. 2013. Das direktdemokratische Paradoxon in der empirischen Demokratieforschung. In *Staatstätigkeiten, Parteien und Demokratie: Festschrift für Manfred G. Schmidt,* Hrsg. Klaus Armingeon, 613–627. Wiesbaden: Springer VS. https://doi.org/10.1007/978-3-658-01853-5_34.

Wagschal, Uwe. 2015. Direkte Demokratie: Instrumente – Policy-Wirkungen – neue Formen der Bürgerbeteiligung. In *Einführung in die Vergleichende Politikwissenschaft. Institutionen – Akteure – Policies,* Hrsg. Uwe Wagschal, Georg Wenzelburger und Sebastian Jäckle, 85–102. Stuttgart: Kohlhammer Verlag.

Wagschal, Uwe, Eva Krummenauer, und Florian Ruf. 2017. Die Einstellung baden-württembergischer Bürgermeister zu repräsentativer, direkter und partizipativer Demokratie.

Wagschal, Uwe, Janine von Wolfersdorff, und Kathrin Andrae. 2016. *Update Gewerbesteuer und Grundsteuer: Steuerentwicklung, Steuerwettbewerb und Reformblockaden.* Berlin: Institut Finanzen und Steuern in Medienkooperation mit Der Betrieb.

Ware, Alan. 1996. *Political parties and party systems*. Oxford: Oxford University Press.
Warren, Mark E. 1996. Deliberative Democracy and Authority. *The American Political Science Review* 90(1): 46–60. https://doi.org/10.2307/2082797.
Warren, Mark E. 2002. What Can Democratic Participation Mean Today? *Political Theory* 30(5): 677–701. https://doi.org/10.1177/0090591702030005003.
Warwick, Paul V. 2002. Toward a Common Dimensionality in West European Policy Spaces. *Party Politics* 8(1): 101–122. https://doi.org/10.1177/1354068802008001005.
Witt, Paul. 2016: Wohin entwickelt sich der Beruf der Bürgermeisterin/des Bürgermeisters in der Zukunft. In *Karrierechance Bürgermeister – Leitfaden für die erfolgreiche Kandidatur und Amtsführung*, Hrsg. Paul Witt. Stuttgart: Richard Boorberg Verlag.

Machtlos durch Bürgerbeteiligung? Die Einstellung von Gemeinderäten im Kontext lokaler Beteiligung in Baden-Württemberg

Florian Ruf, Eva Krummenauer und Uwe Wagschal

11.1 Einleitung

In den 1.101 eigenständigen baden-württembergischen Gemeinden tragen kommunale Entscheidungsträger mit ihrem täglichen Handeln dazu bei, Demokratie und Staatstätigkeit für die Bürger direkt erfahrbar zu machen. Neben den klassischen repräsentativen und direktdemokratischen Beteiligungsmöglichkeiten kommen dabei auch vermehrt partizipative Beteiligungsinstrumente zum Einsatz. Wenn auch meist unverbindlich in ihrem Ergebnis, bieten diese den Bürgern eine neue Möglichkeit, sich gesellschaftlich einzubringen (Smith 2009; Nanz und Fritsche 2012; Geißel und Joas 2013; Kersting und Schneider 2016a, S. 313; Kersting 2017). Trotz des Versprechens einer direkten Teilhabe an der Entscheidung oder zumindest der Teilhabe am Entscheidungsprozess, bleiben die zentralen Gatekeeper bei diesen Verfahren die Bürgermeister und Gemeinderäte. Ganz gleich, ob ein Beteiligungsverfahren Bottom-Up (von unten initiiert) oder Top-Down (von oben verordnet) entsteht, so ist doch der gesamte Prozess vor allem von dem politischen Willen und der Einstellung der beteiligten politischen Entscheidungsträger geprägt (Lowndes et al. 2006; Font und Galais 2011; Vetter 2008, S. 18f.). Während die Bürgermeister in einem quasi „semi-präsidentiellen System" dabei deutlich unabhängiger von der Parteipolitik agieren können (Bäck 2005; Freitag et al. 2008; Debus und Gross 2016), wird der parteipolitischen Orientierung von Gemeinderäten eine deutlich stärkere Rolle für den politischen Alltag einer Kommune zugeschrieben (Egner et al. 2013, S. 81; Bogumil und Holtkamp 2016; Kersting und Schneider 2016b, S. 249; Remer-Bollow 2017, S. 249). Neben den parteipolitischen Erwägungen kommen darüber hinaus noch machttaktische und strategische Erwägungen ins Spiel (Shepsle 2010, S. 183). Diese resultieren sowohl aus dem interfraktionellen Rollenverständnis der Räte (Gross 2017; Stecker 2017) als auch aus einem Spannungsverhältnis zwischen Machterhalt und Responsivität gegenüber den Bürgern (Copus 2010, S. 571).

Letzteres ist ein Ergebnis aus dem möglichen Bedeutungsverlust der Räte durch die Einbindung der Bürger in kommunale Entscheidungen und Entscheidungsprozesse. Wenn sie auch nicht unbedingt ihre Entscheidungen ändern, müssen die Räte dadurch zumindest ihr Responsivitätsverhalten gegenüber ihren Bürgern und Einwohnern überdenken. Vor dem Hintergrund dieser tiefgreifenden Veränderungen in der lokalen Beteiligungskultur und der machttaktischen und parteipolitischen Zwänge, in denen sich die Räte in Baden-Württemberg befinden, ist deren Einstellung zu verschiedenen Verfahren der lokalen Beteiligung ein interessanter, zu beleuchtender Aspekt. Wie entscheiden sich Gemeinderäte in Baden-Württemberg, wenn sie ihre Präferenzen hinsichtlich der lokalen Beteiligung der Bürger über Gemeinderatswahlen, Bürgerentscheide und Bürgerfragestunden festlegen müssen?

Anhand der Prämisse, dass wir die Befragten höflich in eine Präferenzsetzung zu ihren präferierten lokalen Beteiligungsformen im Verhältnis zueinander zwingen, gliedert sich dieser Beitrag in zwei Punkte. Zuerst werden deskriptiv die Präferenzen der Räte erfasst:

- In welche Präferenzordnung setzen Gemeinderäte repräsentative, direkte und partizipative Beteiligungsverfahren vor Ort?
- Anschließend wird mit Hilfe einer Regressionsanalyse nach den Ursachen für die Präferenzsetzung auf Ebene der Befragten und auf Ebene der übergeordneten Struktur, innerhalb der die Räte agieren müssen, gefahndet.
- Welche (a) individuellen und (b) kontextuellen Faktoren erklären die Präferenzen der Gemeinderäte für repräsentative, direkte und partizipative Beteiligungsverfahren?

Wie auch schon im ersten Beitrag von Ruf, Wagschal und Krummenauer (Kapitel 10) stammen die Daten für diese Untersuchung aus dem Forschungsprojekt zur Einstellung kommunalpolitischer Eliten zur Bürgerbeteiligung in Baden-Württemberg von 2017 und 2018 sowie aus ergänzend recherchierten Strukturdaten der Gemeinden. Darin wurden insgesamt 1638 Gemeinderäte in Baden-Württemberg zur Bürgerbeteiligung auf lokaler Ebene befragt.[74] Ebenso wie bei der Bürgermeisterbefragung, konnten wir auch hier auf Befragungen von Räten aus allen Gemeindegrößenklassen zurückgreifen. Somit bietet dieser Beitrag eine starke

---

74 Für Gemeinden zwischen 5.000 und 49.999 Einwohner wurde eine Stichprobe von 100 Gemeinden gezogen. Während für Gemeinden über 50.000 Einwohner (22 Gemeinden) sowie für Gemeinden unter 5.000 Einwohner (589 Gemeinden) eine Vollerhebung stattfand. Eine Gewichtung nach sozioökonomischen oder parteipolitischen Gesichtspunkten lässt sich aber aufgrund fehlender Kenntnisse nicht bewerkstelligen. Um eine falsche Gewichtung zu vermeiden, wird daher gänzlich auf diese verzichtet.

Ergänzung zur bisherigen Literatur zur Einstellung kommunalpolitischer Eliten und Bürgerbeteiligung: Zum einen (1) fragen wir gleichzeitig die Einstellung zu repräsentativen, direktdemokratischen und partizipativen Verfahren ab, was bisher nur Gabriel und Kersting (2014) für 27 deutschen Kommunen abgefragt haben. Zum anderen (2) geschieht dies zum ersten Mal im Verhältnis zueinander und fordert die Befragten somit zu einer Präferenzsetzung bezüglich der drei Beteiligungsformen im Verhältnis zueinander auf. Dieser methodischen Herausforderung entsprechen wir mit einer multinomial fractional logit (Papke und Wooldridge 1996; Mullahy 2010). Weiter (3) ist unsere Untersuchung mit der Anzahl von 1638 Befragten der umfassendste Datensatz zu Gemeinderäten in einem Bundesland. Abschließend (4) ist diese Untersuchung ein großer Gewinn, weil es sich um eine Befragung in allen Gemeindegrößenklassen handelt. Somit werden auch Rückschlüsse für kleinere Kommunen möglich. Dies konnten bisherige Studien mit Bezug auf kommunale Bürgerbeteiligung in Deutschland nicht leisten (Egner et al. 2013; Gabriel und Kersting 2014; Kersting und Schneider 2016b; Tausendpfund und Vetter 2017; Vetter 2017).

11.2 Lokale Beteiligung in Baden-Württemberg und deskriptive Befunde

Aus Sicht der baden-württembergischen Gemeindeordnung sind für die Bürger drei Beteiligungsformen auf kommunaler Ebene vorgesehen: Zum einen (1) die Beteiligung über repräsentative Verfahren in Form von allgemeinen Wahlen der Gemeinderäte und (Ober-) Bürgermeister. Daneben (2) gibt es in Baden-Württemberg aber auch eine lange Tradition in der Nutzung (rules in use) und Möglichkeit (rules in form) von direktdemokratischen Verfahren. Hier werden Entscheidungen zu einem bestimmten Sachverhalt in formalen Verfahren (durch Rats- und Bürgerbegehren initiierte Bürgerentscheide, aber auch bürgerinitiierte, konsultative Einwohneranträge) den Bürgern überlassen. Daneben gibt es als dritte Möglichkeit (3) auch eine Bandbreite an partizipativen Verfahren mit denen Bürger in Dialogform zu bestimmten Entscheidungen zu Rate gezogen werden können. Neben den formalisierten Verfahren aus der Gemeindeordnung (Bürgerfragestunde, Bürgeranhörung und Einwohnerversammlung) sind hier auch nicht-formalisierte Verfahren möglich, die nicht in der Gemeindeordnung stehen (Bürgerforen, Mediationsrunden, Bürgersprechstunden, Beratung durch Beiräte und explorative Bürgerbefragungen), in ihrem beratenden Charakter aber ebenfalls zu den partizipativen Verfahren zählen. Nicht nur mit Blick auf die baden-württembergische Gemeindeordnung, sondern auch aus theoretischer Sicht ist eine Dreiteilung der Beteiligungsformen in repräsentative Verfahren (Dahl 1971; Verba und Nie 1987) partizipative Verfahren (Habermas 1998; Warren 1996, 2002) und direktdemokratische Verfahren (Barber et al. 1994; Pateman 1970) sinnvoll. Insbesondere mit Blick auf die Häufigkeit und die Form der Beteiligung der Bürger lohnt sich eine Dreiteilung der Demokratiemodelle, um den unterschiedlichen Partizipationscharakter hervorzuheben (Teorell 2006).

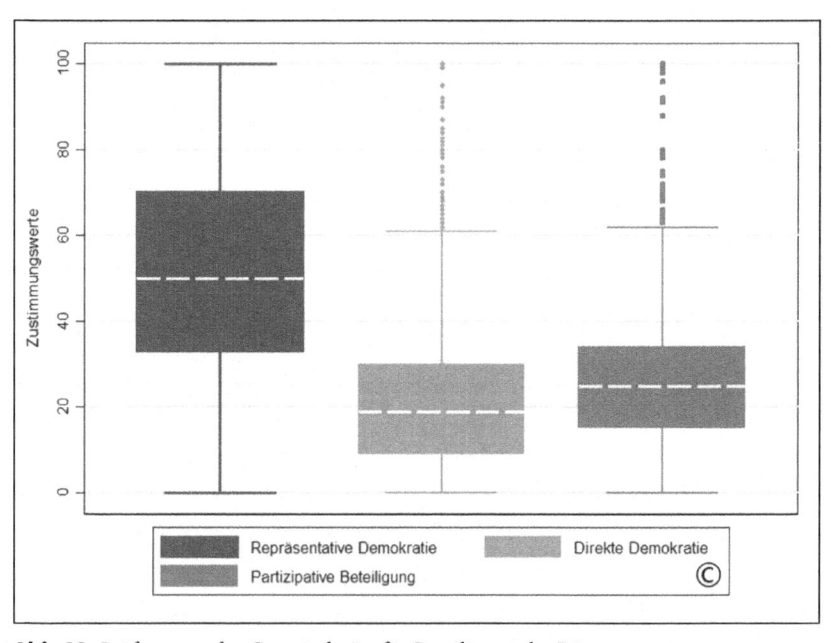

Abb. 33 Präferenzen der Gemeinderäte für Beteiligung der Bürger

Quelle: Eigene Darstellung

*Werte beruhen auf eigener Berechnung. Median für repräsentative Beteiligung = 50. Median für direkte Beteiligung = 19. Median für partizipative Beteiligung = 25. Den Befragten wurde folgende Frage gestellt: „In welchem Verhältnis sollten in Ihrer Kommune Ihrer Ansicht nach folgende Elemente der Demokratie stehen?" Die Werte auf der y-Achse geben die Antwortkategorien von 0 (=kein Anteil) bis 100 (=stärkster Anteil) wieder. Die Boxplots geben eine grafische Zusammenfassung der Datenverteilung in Quantilen an. So liegen zwischen der ersten horizontalen Linie und der zweiten horizontalen Linie 25 Prozent der Werte. Zwischen der zweiten horizontalen Linie und der gestrichelten horizontalen Linie weitere 25 Prozent und so weiter. Die gestrichelte Linie stellt darüber hinaus den Median der Verteilung dar. Punkte außerhalb der Boxplots stellen Ausreißer dar. Die deskriptive Darstellung beruht auf einer Fallzahl von 1742 Befragten.

11.2 Lokale Beteiligung und deskriptive Befunde

Mit Blick auf die erfasste Einstellung der Gemeinderäte liefert Abb. 33 ein unklares Bild: Grundsätzlich spiegeln die Gemeinderäte in ihrer Einstellung zwar die institutionelle Dominanz von allgemeinen Wahlen (repräsentative Beteiligung) wider. Jeder zweite Befragte bewertet in seiner Präferenzordnung repräsentative Beteiligungsmöglichkeiten mit mehr als 50 Punkten, jedoch bewertet genau die andere Hälfte allgemeine Wahlen unter 50 Punkten. Im Vergleich mit der Beteiligung der Bürger über unmittelbare Sachentscheidungen (direkte Beteiligung) oder beratenden Beteiligungsverfahren (partizipative Beteiligung) liegt die Präferenz der Befragten aber deutlich niedriger. So bewertet jeder zweite Befragte direkte Beteiligung mit weniger als 19 Punkten und partizipative Beteiligung mit weniger als 25 Punkten. Damit steht im Verhältnis die repräsentative Demokratie deutlich an erster Stelle der Präferenzordnung. Die Mehrheit der Gemeinderäte in Baden-Württemberg sieht die Beteiligung der Bürger abseits von allgemeinen Wahlen lediglich als Ergänzung – auch wenn diese durchaus beachtenswert ausfällt.

Neben der Darstellung der Einstellung der Befragten im Gesamten lässt sich diese auch noch deutlich differenzierter darstellen. So können wir die Erkenntnisse bezogen auf (1) die parteipolitische Zugehörigkeit der Befragten und (2) ihre Zugehörigkeit zur Fraktionsminderheit oder Fraktionsmehrheit differenzieren. Diese zwei Filter ermöglichen uns den Blick auf die Präferenzordnung durch ein parteiideologisches und machttaktisches Brennglas. Präferieren Gemeinderäte verschiedener parteipolitischer Färbung die drei Beteiligungsformen in unterschiedlichem Ausmaße? Präferieren Ratsmitglieder, die sich im Rat in der Minderheit oder Mehrheit befinden, Bürgerbeteiligung stärker als ihre Kollegen in der Ratsmehrheit bzw. -minderheit?

Auch wenn sich der Eindruck aus Abb. 33 verfestigt, gibt es durchaus nennenswerte Unterschiede zwischen den einzelnen Parteien. So bewerten CDU-Ratsmitglieder repräsentative Beteiligungsmöglichkeiten besser (Abb. 34). Während vor allem Grüne (Abb. 34), Grün-Alternative (Abb. 35) und Ratsmitglieder der Partei DIE LINKE (Abb. 35) repräsentative Beteiligung weniger stark präferieren. Diese Bild spiegelt sich bei partizipativen und direktdemokratischen Beteiligungsmöglichkeiten wider. Ratsmitglieder der Grünen und der SPD (Abb. 34) sowie von der Linken und den Grün-Alternativen (Abb. 35) präferieren partizipative Beteiligung in der Tendenz etwas stärker als ihre Konkurrenten. Deutlich stärker zeigt sich dieser Effekt bei direktdemokratischen Beteiligungsmöglichkeiten: Hier sind es vor allem Ratsmitglieder der Linken, die eine unmittelbare Beteiligung der Bürger an Entscheidungen deutlich stärker präferieren als alle anderen.

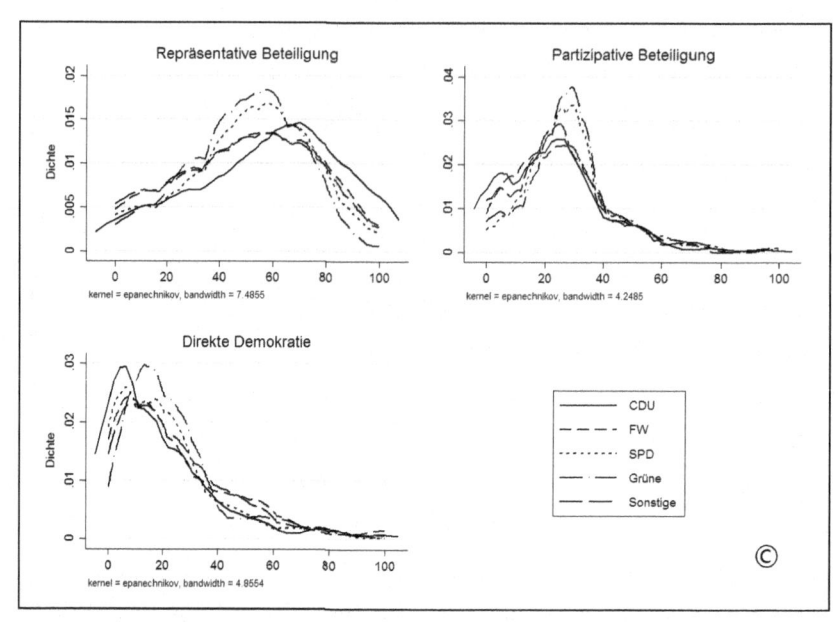

Abb. 34 Liniendiagramm der Beteiligungsformen nach Parteizugehörigkeit der Ratsmitglieder für CDU, FW, SPD, Grüne und Sonstige*

Quelle: Eigene Darstellung

*Werte beruhen auf eigener Berechnung. Den Befragten wurde folgende Frage gestellt: „In welchem Verhältnis sollten in Ihrer Kommune Ihrer Ansicht nach folgende Elemente der Demokratie stehen?" Die Werte auf der x-Achse geben die Antwortkategorie von 0 (=kein Anteil) bis 100 (=stärkster Anteil) wieder. Die Werte auf der y-Achse geben die Kerndichte der Verteilung an. Die deskriptive Darstellung beruht auf einer Fallzahl von 1638 Befragten.

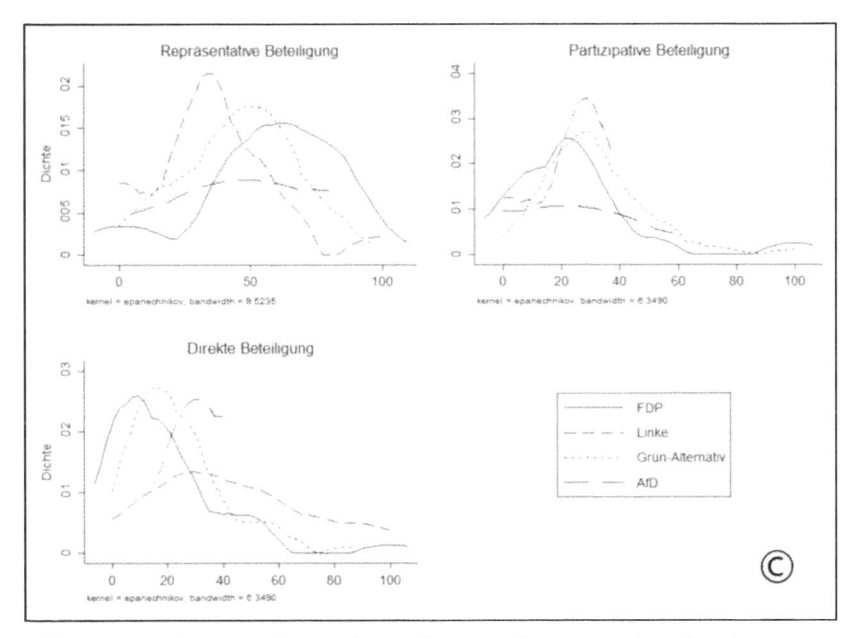

11.2 Lokale Beteiligung und deskriptive Befunde

Abb. 35 Liniendiagramm der Beteiligungsformen nach Parteizugehörigkeit der Ratsmitglieder für FDP, Linke, Grün-Alternative und AfD*
Quelle: Eigene Darstellung
*Werte beruhen auf eigener Berechnung. Den Befragten wurde folgende Frage gestellt: „In welchem Verhältnis sollten in Ihrer Kommune Ihrer Ansicht nach folgende Elemente der Demokratie stehen?" Die Werte auf der x-Achse geben die Antwortkategorie von 0 (=kein Anteil) bis 100 (=stärkster Anteil) wieder. Die Werte auf der y-Achse geben die Kerndichte der Verteilung an. Die deskriptive Darstellung beruht auf einer Fallzahl von 1638 Befragten.

Abb. 36 geht einen etwas anderen Weg und fragt nach der Zugehörigkeit des jeweiligen Ratsmitgliedes zur Ratsminderheit oder Ratsmehrheit. Dabei ist auch eine Position denkbar in der das jeweilige Ratsmitglied aus seiner Position als Fraktionsloser sich weder der Minderheit noch der Mehrheit im Rat zuordnet. Tatsächlich fördert ein Blick auf Abb. 36 deutliche Unterschiede zu Tage: Ratsmitglieder die sich der Ratsminderheit zurechnen oder sich als Fraktionslos weder der Minderheit, noch der Mehrheit zugehörig sehen, präferieren repräsentative Beteiligung weniger stark. Dafür befürworten Ratsmitglieder der Minderheit partizipative Beteiligung deutlich stärker. Während Fraktionslose direktdemokratische Beteiligung stärker befürworten.

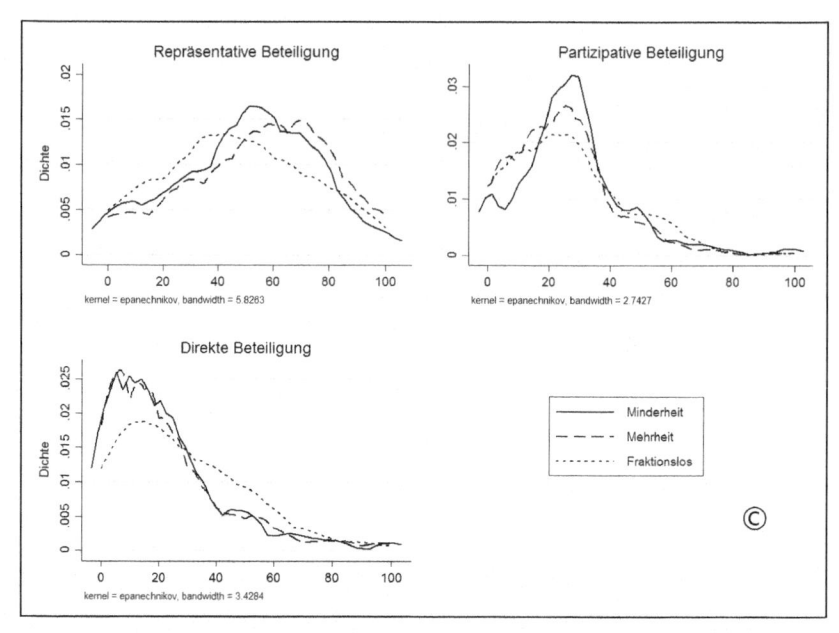

Abb. 36 Liniendiagramm der Beteiligungsformen nach Mehrheitszugehörigkeit der Ratsmitglieder*

Quelle: Eigene Darstellung

*Werte beruhen auf eigener Berechnung. Den Befragten wurde folgende Frage gestellt: „In welchem Verhältnis sollten in Ihrer Kommune Ihrer Ansicht nach folgende Elemente der Demokratie stehen?" Die Werte auf der x-Achse geben die Antwortkategorie von 0 (=kein Anteil) bis 100 (=stärkster Anteil) wieder. Die Werte auf der y-Achse geben die Kerndichte der Verteilung an. Die deskriptive Darstellung beruht auf einer Fallzahl von 1638 Befragten.

11.3 Individuelle und kontextuelle Erklärungsfaktoren

Im vorherigen Abschnitt konnten wir anhand der deskriptiven Auswertung nach Parteizugehörigkeit und interfraktioneller Machtverhältnisse bestimmte Tendenzen bei der Präferenzsetzung für Beteiligungsmöglichkeiten erkennen. Im Folgenden geht es darum, diesen ersten, rein deskriptiven Zusammenhang theoriebasiert auf signifikante Effekte hin zu überprüfen. Lässt sich hier ein statistisch signifikanter Effekt feststellen, der zuvor schon rein optisch ersichtlich ist? Oder sind es viel mehr zu vernachlässigende Effekte, die hier auftreten und andere, kontrollierende

11.3 Individuelle und kontextuelle Erklärungsfaktoren

Faktoren sind deutlich einflussreicher? Oder scheinen gar manche Parteieneffekte vor dem Auge existent, sind es bei der kontrollierten Zugabe anderer Faktoren dann aber nicht mehr?

Um diesen Fragen nachzugehen, werden bezüglich der Parteizugehörigkeit sowie der Mehrheitsverhältnisse im Rat zwei verschiedene Hypothesengruppen abgeleitet, die sodann im nächsten Abschnitt statistisch überprüft werden.

Die Bedeutung von Parteien auf lokaler Ebene in Baden-Württemberg wird allgemein als deutlich geringer im Vergleich zu anderen kommunalpolitischen Systemen in Deutschland beschrieben (Schniewind 2009; Bogumil und Holtkamp 2016). Ursächlich dafür ist zum einen die starke Rolle kommunaler Wählergemeinschaften wie den Freien Wählern und zum anderen der geringe Handlungsspielraum in den Kommunen in Kombination mit der starken Rolle der Bürgermeister (Holtkamp et al. 2015). Doch insbesondere in größeren Kommunen verlaufen die Parteiensysteme entlang der bekannten parteiideologischen Linien (Mielke und Eith 1994; Nyhuis 2016, 2017; Gross und Jankowski 2018). Darüber hinaus unterscheiden sich die klassischen Parteien auf Landesebene auch in ihren Forderungen bezüglich der Beteiligung der Bürger über partizipative oder direktdemokratische Verfahren. Während Parteien des rechten ideologischen Spektrums hier der vermehrten Einbeziehung der Bürger eher skeptisch gegenüberstehen, sind Parteien des linken Spektrums demgegenüber eher offen. Eine Ausnahme bildet hingegen die AfD: Sie tritt trotz ihrer Verortung im rechten politischen Raum für eine stärkere Einbeziehung der Bürger über direktdemokratische Beteiligungsmöglichkeiten ein. Jedoch sollten parteipolitische Positionen der Landesebene nicht automatisch auf andere ebenen übertragen werden. Bezogen auf die lokale Ebene lasse sich auch aus empirischer Sicht bei Gemeinderäten Effekte hinsichtlich ihrer parteipolitischen Orientierung finden (Kersting und Schneider 2016a, S. 317; Egner et al. 2013, S. 81; Remer-Bollow 2017, S. 249). Auch wenn für Baden-Württemberg stets eine geringere Parteipolitisierung in den Kommunen festgestellt werden konnte, sind Parteieneffekte, insbesondere mit steigender Gemeindegröße, durchaus vorhanden. Folglich lassen sich entsprechend einer Parteiendifferenzannahme folgende Hypothesen aufstellen:

H1a: Die Parteizugehörigkeit eines Ratsmitgliedes hat einen Einfluss auf die Präferenz für repräsentative Beteiligungsmöglichkeiten.

H1b: Die Parteizugehörigkeit eines Ratsmitgliedes hat einen Einfluss auf die Präferenz für partizipative Beteiligungsmöglichkeiten.

H1c: Die Parteizugehörigkeit eines Ratsmitgliedes hat einen Einfluss auf die Präferenz für direktdemokratische Beteiligungsmöglichkeiten.

Neben der individuellen Parteizugehörigkeit greifen hinsichtlich der Präferenzen der Ratsmitglieder zu Bürgerbeteiligungsverfahren möglicherweise auch strategische Überlegungen (Debus und Gross 2016; Gross 2017; Stecker 2017), je nachdem, ob sich die Ratsmitglieder in einer Rolle der relativen Machtstärke oder -schwäche sehen und auf Unterstützung zur Durchsetzung ihrer Präferenz angewiesen sind (Shepsle 2010, S. 183). Letztendlich muss ein Ratsmitglied bei der Durchsetzung seiner Präferenzen die Mehrheit der Ratsstimmen hinter sich vereinen, um diese umsetzen zu können.

Zum einen kann die formale Zugehörigkeit des Ratsmitgliedes zur Mehrheitsfraktion im Gemeinderat dessen Einstellung zur Bürgerbeteiligung beeinflussen. Analog zu Kersting und Schneiders Untersuchung (2016a) sollten Ratsmitglieder, die nicht der Mehrheit im Rat angehören, theoretisch direktdemokratische Beteiligungsmöglichkeiten stärker befürworten als repräsentative oder partizipative Beteiligungsmöglichkeiten, da sie so die Mehrheitsverhältnisse im Gemeinderat umgehen können. Gehören sie hingegen zur Mehrheit im Gemeinderat, sollten Ratsmitglieder repräsentative und partizipative Verfahren deutlich stärker präferieren als direktdemokratische. So kann die politische Präferenz schon über die Mehrheit im Gemeinderat durchgesetzt werden und Bedarf nicht der direkten Entscheidung der Bürger:

H2a: Ratsmitglieder, die der Mehrheit im Gemeinderat angehören, befürworten repräsentative Beteiligungsmöglichkeiten stärker als Kollegen der Gemeinderatsminderheit.

H2b: Ratsmitglieder, die der Mehrheit im Gemeinderat angehören, befürworten partizipative Beteiligungsmöglichkeiten stärker als Kollegen der Gemeinderatsminderheit.

H2c: Ratsmitglieder, die der Mehrheit im Gemeinderat angehören, befürworten direktdemokratische Beteiligungsmöglichkeiten weniger stark als Kollegen der Gemeinderatsminderheit.

Neben diesen beiden zentralen Faktoren auf individueller Ebene lassen sich aber noch weitere Variablen identifizieren, denen aufgrund bisheriger Untersuchungen ein Einfluss zugerechnet werden kann. Dies sind zum einen weitere individuelle, soziostrukturelle Faktoren wie das Geschlecht, der Bildungsgrad, das Alter oder der Berufsstand (Egner et al. 2013, S. 57 ff., 63 ff., 114; Kersting und Schneider 2016b, S. 320). Neben mandatsbezogenen Angaben wie der Amtszeit oder der Verwaltungserfahrung können darüber hinaus noch ideologische Verortungen herangezogen werden (Kitschelt 2003; Egner et al. 2013; Arzheimer und Schmitt 2014; Remer-Bollow 2017; Gross und Jankowski 2018). Für diese Studie können wir auf die Links-Rechts-Selbsteinstufung der Befragten sowie Aussagen zur kommunalen Wohnungsbaupolitik und Zuwanderungspolitik zurückgreifen. Daneben sind auch Informationen über die formelle und informelle Erfahrung mit Bürgerbeteiligung vorhanden (Jäske 2017). Einen weiteren gewichtigen Punkt können auch Faktoren auf der Gemeindeeben spielen, die den Handlungsspielraum der Befragten eingrenzen oder auch befördern (Vetter 2017). Beispielsweise die Bevölkerungsdichte und die Einwohnerzahl, die Arbeitslosenquote, die Haushaltsverschuldung pro Kopf (Bogumil et al. 2014; Deth und Tausendpfund 2013), die Vereinsdichte (Putnam 2001; Sonnenmoser und Wuketich 2017; Vetter und Remer-Bollow 2017), sowie die Anzahl effektiver Parteien als Gradmesser für den Parteienwettbewerb (Laakso und Taagepera 1979) und die Veränderung der Wahlbeteiligung (Kersting und Schneider 2016b). All diese Faktoren werden zur Kontrolle in der Analyse der Beteiligungspräferenzen miteinbezogen.

11.4 Determinanten der Beteiligungsformen

In Kap. 11.2 konnten wir feststellen, dass die Parteizugehörigkeit eines Gemeinderates einen Einfluss auf dessen Bewertung repräsentativer, partizipativer und direktdemokratischer Beteiligungsformen hat. Ebenso konnten wir deskriptiv festhalten, dass Räte, die sich in der Mehrheit im Gemeinderat befinden, repräsentative Beteiligung stärker befürworten als ihre Amtskollegen in der Ratsminderheit oder Fraktionslose. Doch sind diese Effekte auch unter Kontrolle verschiedener anderer, individueller und kontextueller Faktoren haltbar? Zur Beantwortung dieser Frage wurden die in Kap. 11.3 gebildeten Hypothesen für eine statistische Analyse (fractional multinomial logit) operationalisiert und weitere Faktoren hinzugefügt. Das Gesamtmodell (Tab. 18) bestätigt die aufgestellten Hypothesen zum großen Teil. Wobei wir schon im deskriptiven Teil (Kap. 11.2) gesehen haben, dass die befragten Ratsmitglieder grundsätzlich starke Befürworter repräsentativer Beteiligungsformen sind und partizipative sowie direktdemokratische lediglich als Ergänzung sehen. Wenn sich das jeweilige Merkmal um eine Einheit ändert, steigt oder sinkt die Bewertung der jeweiligen Beteiligungsverfahren um den in Tab. 18 dargestellten Effekt. Die Symbole hinter den Effekten geben jeweils an, inwieweit der Effekt auch statistisch signifikant ist. Ein Plus-Symbol (+) steht für eine Irrtumswahrscheinlichkeit von 10 Prozent, während drei Sternchen (***) für eine Irrtumswahrscheinlichkeit von lediglich 0,1 Prozent stehen. Die Wahrscheinlichkeit, dass der Effekt mit drei

Tab. 18 Marginale Effekte der fractional multinomial logit nach Beteiligungsformen

	(1) Repräsentative Beteiligung	(2) Partizipative Beteiligung	(3) Direktdemokratische Beteiligung
FW	-0.0452*	0.0106	0.0346*
	(0.0190)	(0.0136)	(0.0151)
SPD	-0.0257	0.00538	0.0204
	(0.0231)	(0.0158)	(0.0197)
B90 Grüne	-0.0571*	-0.0103	0.0674**
	(0.0247)	(0.0169)	(0.0214)
FDP	-0.000239	-0.0190	0.0193
	(0.0459)	(0.0377)	(0.0403)
Die Linke	-0.138*	-0.0629+	0.201***
	(0.0551)	(0.0343)	(0.0461)
Grün-Alternativ	-0.0836*	0.0242	0.0594*
	(0.0332)	(0.0247)	(0.0254)
AfD	-0.117	-0.0267	0.143
	(0.255)	(0.200)	(0.0944)
Sonstige Partei	-0.0373+	-0.0122	0.0495**
	(0.0210)	(0.0153)	(0.0176)
Parteilose	-0.0668*	0.000567	0.0662**
	(0.0293)	(0.0208)	(0.0233)
Keine Angabe Partei	-0.0135	-0.0164	0.0299
	(0.0428)	(0.0265)	(0.0313)
Gemeinderatsmehrheit	0.0323*	-0.0326***	0.000296
	(0.0138)	(0.00970)	(0.0113)
Hochschulabschluss	0.109***	-0.0256**	-0.0830***
	(0.0125)	(0.00908)	(0.0102)
Machtverlust Rat	0.124***	-0.0389**	-0.0846***
	(0.0172)	(0.0123)	(0.0144)
Machtverlust OB	-0.0190	-0.00712	0.0262+
	(0.0182)	(0.0128)	(0.0147)
Beamte	-0.0182	0.0150	0.00312
	(0.0180)	(0.0123)	(0.0155)
Weiblich	0.0202	-0.0195*	-0.000773
	(0.0129)	(0.00924)	(0.0108)
Links-Rechts	0.00741	-0.00328	-0.00412
	(0.00518)	(0.00347)	(0.00436)
Zuwanderung begrenzen	0.00195	0.00882*	-0.0108*
	(0.00609)	(0.00429)	(0.00509)

11.4 Determinanten der Beteiligungsformen

	(1) Repräsentative Beteiligung	(2) Partizipative Beteiligung	(3) Direktdemokratische Beteiligung
Wohnungsbau fördern	-0.00566	0.00504	0.000618
	(0.00821)	(0.00592)	(0.00701)
Erfahrung formalisiert	0.0269*	-0.0208*	-0.00613
	(0.0137)	(0.00999)	(0.0105)
Erfahrung nicht-formalisiert	0.0133	0.0178+	-0.0311**
	(0.0141)	(0.0103)	(0.0109)
Veränderung der Wahlbeteiligung von 1994 zu 2014	0.000216	0.00125	-0.00146
	(0.00141)	(0.00111)	(0.00112)
Arbeitslosenquote	0.311	0.0658	-0.377
	(0.467)	(0.223)	(0.372)
Vereinsdichte	-0.0224	-0.00745	0.0298*
	(0.0165)	(0.0118)	(0.0132)
Haushaltsverschuldung pro Kopf	-0.00000492	-0.000000265	0.00000519
	(0.00000715)	(0.00000499)	(0.00000583)
Anzahl Effektiver Parteien	-0.000663	0.00406	-0.00340
	(0.00683)	(0.00492)	(0.00539)
Bevölkerungsgröße	4.07e-09	-2.46e-08	2.05e-08
	(9.56e-08)	(6.23e-08)	(6.89e-08)
Beobachtungen	1638	1638	1638

Marginale Effekte; Standardfehler in Klammern. (d) für diskrete Veränderung der Dummy-Variablen von 0 zu 1. + $p < 0.1$, * $p < 0.05$, ** $p < 0.01$, *** $p < 0.001$. Die Referenzkategorie für die Parteien-Dummies ist die CDU. Innerhalb einer multiplen OLS Regression wurde sodann der Varianzinflationsindex berechnet, wobei keiner der Werte 2,23 überschreitet. Über die OLS-Regression wird es auch möglich, ein korrigiertes R^2 zu berechnen. Für repräsentative Beteiligung beträgt dies 0.1105, für partizipative Beteiligung 0.0416 und für direktdemokratische Beteiligung 0.0997. Somit ist die erklärte Gesamtvarianz – wie in vergleichbaren Studien auch – gering.

Sternchen nicht innerhalb eines bestimmten Intervalls liegt, ist hier sehr gering (0,1 Prozent) während bei einem Plus-Symbol die Irrtumswahrscheinlichkeit recht hoch ist (10 Prozent). Effekte ohne ein Symbol haben dagegen solch eine hohe Irrtumswahrscheinlichkeit, dass deren Interpretation unseriös wäre. Diese Effekte sind daher nicht statistisch haltbar.

Tab. 18 zeigt den jeweiligen Effekt der unabhängigen Variablen auf die abhängigen Variablen (1) repräsentative Beteiligung, (2) partizipative Beteiligung und

(3) direktdemokratische Beteiligung. Grundsätzlich können wir festhalten, dass die jeweilige Parteizugehörigkeit der Befragten Gemeinderäte einen Einfluss auf deren Präferenz für repräsentative und direktdemokratische Beteiligungsformen hat. Dies gilt jedoch nur stark eingeschränkt für partizipative Beteiligungsformen. Im Verhältnis zur CDU bewerten die Freien Wähler (FW), Bündnis 90/ Die Grünen, DIE LINKE, Grün-Alternative sowie sonstige Wahllisten und Parteilose repräsentative Beteiligungsformen zum Teil deutlich schlechter. Dabei sind es vor allem Grün-Alternative (-8,36 Prozent) und Mitglieder der Linken (-13,8 Prozent), die Repräsentation weniger stark präferieren. In umgekehrter Weise gilt dies auch für direktdemokratische Beteiligungsformen. Diese bewerten FW, Bündnis 90/ Die Grünen, DIE LINKE, Grün-Alternative sowie Sonstige Wahllisten und Parteilose – im Verhältnis zur CDU – deutlich besser. Spitzenreiter sind hier Ratsmitglieder der Partei DIE LINKE mit 20,1 Prozent. In Bezug auf partizipative Beteiligungsformen lässt sich bis auf Mitglieder der Linken jedoch kein Effekt feststellen. Diese präferieren partizipative Verfahren im Schnitt mit 6,29 weniger. Hier lässt sich feststellen, dass Räte der Partei DIE LINKE Befürworter direktdemokratischer, also unmittelbarer Beteiligung der Bürger sind. Für Ratsmitglieder der SPD, FDP, AfD sowie für diejenigen Ratsmitglieder, die uns ihre Parteimitgliedschaft nicht mitgeteilt haben, konnten keine signifikanten Effekte festgestellt werden. In Zusammenhang mit den in Kap. 11.3 aufgestellten Hypothesen lassen sich also alle drei Hypothesen bestätigen (H1a, H1b, H1c), auch wenn dies nur für bestimmte Parteizugehörigkeiten gilt und diesen auch unterschiedlich starke Effekte zugerechnet werden müssen. Eindrücklich ist dabei jedoch, dass mit den Grünen, der Linken und Grün-Alternativen drei Parteien des linken Spektrums einen signifikanten Effekt haben, genauso aber auch sonstige Wahllisten und Freie Wähler Gruppierungen einflussreich sind. Dabei sind die Parteien vom linken Spektrum deutlich reservierter in ihrer Präferenzsetzung gegenüber repräsentativer Beteiligung als dies die anderen Parteien sind. Für die CDU (hier als Referenzkategorie) lässt sich festhalten, dass deren Mitglieder im Gemeinderat repräsentative Beteiligungsformen am stärksten von allen präferieren und direktdemokratische am geringsten. Auch wenn die Unterschiede nur in Teilen deutlich ausfallen, zählt die Partei mit dem stärksten kommunalen Wahlstimmenanteil (die CDU) zu den absoluten Verfechtern klassischer repräsentativer Vertretung.

Ebenfalls bestätigen lässt sich Hypothese 2a, während sich für Hypothese 2b der gegenteilige Effekt einstellt. Für Hypothese 2c konnte kein Effekt festgestellt werden. Ratsmitglieder, die der Mehrheit im Rat angehören, befürworten der Erwartung nach repräsentative Beteiligungsformen stärker als ihre Kollegen in der Ratsminderheit. Demnach bestätigt sich die Annahme, dass Ratsmitglieder in der Mehrheit keine Ausweichmöglichkeiten benötigen, um ihre Präferenzen außerhalb des Rates über

11.4 Determinanten der Beteiligungsformen

direktdemokratische Beteiligungsmöglichkeiten durchzusetzen. Jedoch präferieren selbige – entgegen der Erwartungen – partizipative Beteiligungsformen nicht, sondern bewerten diese schlechter als Kollegen in der Ratsminderheit. Somit lässt sich grundsätzlich festhalten, dass Befragte, die sich im Rat in der Mehrheit befinden, alternative Beteiligungsformen weniger stark präferieren.

Neben diesen beiden zentralen Hypothesengruppen konnten aber auch für andere Faktoren einflussreiche Effekte gemessen werden (Tab. 18). So bewerten Gemeinderäte mit einem Hochschulabschluss repräsentative Beteiligung um 10,9 Prozent stärker als ihre Kollegen ohne Hochschulabschluss. Gleichzeitig bewerten selbige partizipative und direktdemokratische Verfahren deutlich schlechter. Einen deutlich stärkeren Einfluss hat auch der selbstwahrgenommene oder befürchtete Machtverlust, den Ratsmitglieder mit direktdemokratischen Beteiligungsformen in Verbindung setzen. Ratsmitglieder, die solch einen Machtverlust befürchten, präferieren repräsentative Beteiligung im Schnitt um 12,4 Prozent stärker und bewerten partizipative und direktdemokratische Verfahren geringer als Kollegen, die keinen Machtverlust befürchten. Ein Effekt aufgrund des Geschlechts lässt sich dabei aber nur bedingt feststellen. Weibliche Ratsmitglieder sind partizipativen Beteiligungsformen gegenüber minimal skeptischer eingestellt als ihre männlichen Kollegen. Während Unterschiede aufgrund der Parteizugehörigkeit der Befragten festgestellt werden konnten, hat ihre individuelle Selbsteinschätzung auf einer Links-Rechts-Achse sowie zu zwei zentralen Themen der Kommunalpolitik (Zuwanderung und Wohnungsbau) kaum einen Einfluss auf die Präferenzsetzung. Lediglich Ratsmitglieder, die eine stärkere Begrenzung der Zuwanderung fordern, präferieren partizipative Formen der Beteiligung marginal stärker und direktdemokratische Verfahren marginal schwächer. Dabei sind die Effekte aber mit 0,88 Prozent und 1,08 Prozent äußerst gering. In ebenfalls geringem Ausmaße, aber überraschend für die Beteiligungsforschung und für alle Befürworter von mehr partizipativer und direktdemokratischer Beteiligung, sind die Variablen zur Erfahrung mit Beteiligungsverfahren (formell und informell) auf kommunaler Ebene. Ratsmitglieder, die in ihrer Kommune in den letzten Jahren Erfahrungen mit direktdemokratischen und partizipativen Verfahren gemacht haben, bewerten diese Verfahren etwas schlechter als Kollegen ohne solche Erfahrung. Ratsmitglieder sind nach gemachter Erfahrung mit Bürgerbeteiligung eher skeptischer als Kollegen ohne solche Erfahrung.

Einen lohnenswerten Blick stellen auch übrige Kontextfaktoren dar, denen kein Einfluss auf die Präferenzsetzung zu repräsentativen, partizipativen oder direktdemokratischen Beteiligungsformen zugeordnet werden konnte. Es sind also hauptsächlich persönliche Merkmale und Erfahrungen der Ratsmitglieder oder eben die Parteizugehörigkeit der Befragten, die die Präferenzsetzung statistisch erklären. So haben weder Niveauunterschiede in der Arbeitslosigkeit vor Ort, der lokalen Vereinsdichte, Haushaltsverschuldung, Anzahl effektiver Parteien oder Bevölkerungsgröße einen Einfluss. Auch wenn unter den homogenen sozioökonomischen Bedingungen in Baden-Württemberg solch ein Befund zunächst nicht überraschend scheint, ist doch anzumerken, dass es auch bei eben diesen Faktoren Niveauunterschiede zwischen den Gemeinden gibt. Insbesondere überrascht, dass die Bevölkerungsgröße nicht als signifikant einflussreicher Faktor identifiziert werden konnte. Für kommunalpolitische Studien ist dies ein ungewöhnlicher Befund, dem mehr Beachtung zugemessen werden sollte, auch weil er konträr zu Ergebnissen von Kersting und Schneider steht (2016b, S. 320, 332).

11.5 Fazit und Ausblick

Zu Beginn wurde die Frage gestellt, welche Beteiligungsformen Gemeinderäte in Baden-Württemberg für die Beteiligung der Bürger in ihren Kommunen präferieren. Grundsätzlich präferieren diese zum überwiegenden Teil allgemeine Wahlen (repräsentative Beteiligung) als zentrale Partizipationsform in ihrer Kommune. Zu einem deutlich geringeren Teil befürworten Ratsmitglieder partizipative und direktdemokratische Verfahren. Erklärt werden kann diese Präferenzsetzung über individuelle Merkmale der Befragten sowie über deren Parteizugehörigkeit und die Zugehörigkeit zur Ratsmehrheit. Auch wenn es signifikante Unterschiede gibt, sind diese meist im einstelligen Prozentbereich zu verorten. Aber, Unterschiede existieren und trennen die Befragten voneinander in Bezug auf ihre Einstellungen. Und gerade vor dem Hintergrund ihrer starken Rolle bei der Einsetzung und Durchführung von Beteiligungsverfahren in den Kommunen sind diese Unterschiede in der Erklärung hoch relevant.

Mit Hilfe eines umfassenden Datensatzes mit über 1638 Befragten konnten wir zeigen, dass die Gemeinderäte in Baden-Württemberg in einem gewissen Dilemma zwischen Machterhalt und Responsivität stecken. Bürgerbeteiligung und vor allem alternative Beteiligungsformen werden von der Bevölkerung zwar gewünscht und nachgefragt, jedoch sind diejenigen Personen, die in den Gemeinden über die Einsetzung von Bürgerbeteiligungsverfahren entscheiden oder mitbestimmen, solchen gegenüber sehr skeptisch. Wie vermutet liegen diesen Einstellungen auch machttaktische Überlegungen zu Grunde (Kersting und Schneider 2016b; Gross 2017): Räte, die sich in der Ratsmehrheit befinden, bewerten Bürgerbeteiligung durch partizipative und direktdemokratische Verfahren schlechter. So sind ihre Möglichkeiten, ihre eigenen Präferenzen im Rat durchzusetzen, deutlich höher und

11.5 Fazit und Ausblick

sie sind nicht darauf angewiesen, alternative Formen der Präferenzdurchsetzung zu suchen. Dagegen bewerten Ratsmitglieder aus der Ratsminderheit alternative Beteiligungsformen besser. Somit kommen hier ganz klar strategische Überlegungen zu Tage, die sich auch in der Angst vor einem drohenden Machtverlust widerspiegeln: Räte, die mit zunehmender Durchführung von Beteiligungsverfahren in ihrer Kommune rechnen, sehen für ihre eigene Position einen erheblichen Bedeutungsverlust. Eben diese befürworten klassisch repräsentative Verfahren in einem deutlich stärkeren Ausmaß als Kollegen, die keinen Bedeutungsverlust befürchten. Damit unterstreicht diese Erkenntnis das Spannungsverhältnis in dem sich die Räte auf kommunaler Ebene befinden.

Ebenfalls bewerten Ratsmitglieder die unterschiedlichen Beteiligungsformen entlang ihrer Parteifärbung: So präferieren Räte der CDU repräsentative Beteiligungsformen stärker als alle anderen Räte. Während Räte der Partei DIE LINKE diese am wenigsten stark präferieren. Grundsätzlich sind Parteien des linken parteipolitischen Spektrums etwas skeptischer gegenüber Parteien wie der Freien Wähler, sonstigen kommunalen Wahllisten und eben der CDU. Dabei bestätigt sich ein Befund den auch schon Kersting und Schneider (2016b) sowie Egner et al. (2013) machen konnten. Jedoch ist hervorzuheben, dass Kersting und Schneider eine Analyse unterschiedlicher kommunalpolitischer Systeme in Deutschland leisten, worin sich der Grad der Parteipolitisierung von sehr schwach (Baden-Württemberg) bis sehr stark (Nordrhein-Westfalen) unterscheidet, also eine hohe Varianz herrscht. Dass aber ausgerechnet auch im konkordanzdemokratischen Baden-Württemberg Parteieneffekte vorzufinden sind, unterstreicht die Bedeutung der Parteiendifferenzhypothese im Besonderen. Darüber hinaus bestätigt dies die Erkenntnisse von Nyhuis (2016, 2017) sowie Gross und Jankowksi (2018), die zum einen Parteieneffekte bei den Policy-Positionen in baden-württembergischen Großstädten feststellen können, als auch die Relevanz bekannter ideologischer Dimension bestätigen. Darüber hinaus konnte unsere Untersuchung konträre Erkenntnisse im Vergleich zur Arbeit von Kersting und Schneider (2016b) aufzeigen: So konnten wir die Gemeindegröße als nicht signifikanten Faktor identifizieren, während der Bildungshintergrund unserer Befragten (Hochschulabschluss) einen starken Effekt in der Präferenzsetzung repräsentativer Verfahren hat. In Bezug auf die Einstellung von Gemeinderäten muss hier weiter nachgebessert werden.

Darüber hinaus konnten wir Kontextfaktoren als nicht einflussreich identifizieren. Somit wird klar, dass es vor allem individuelle Faktoren sind, die die Einstellung der Ratsmitglieder zu Bürgerbeteiligung bedingen. Auch wenn in Baden-Württemberg homogene sozioökonomische und institutionelle Bedingungen vorherrschen, ist es doch überraschend, dass keinerlei Faktoren eines lokalen Problemdrucks (sinkende Wahlbeteiligung, hohe Arbeitslosigkeit, hohe Haushaltsverschuldung etc.)

signifikant einflussreich sind. Es ist deshalb nötig, weitere individuelle Faktoren zu erörtern. Dies könnten auch sozialpsychologische Faktoren oder bestimmte Charaktereigenschaften von Befragten sein (Freitag 2017).

Literatur

Arzheimer, K., und A. Schmitt. 2014. Der ökonomische Ansatz. In *Handbuch Wahlforschung*, Hrsg. J. W. Falter, und H. Schoen, 331–403. Wiesbaden: Springer Fachmedien Wiesbaden. http://link.springer.com/10.1007/978-3-658-05164-8_8. Zugegriffen: 9. Oktober 2017.

Bäck, Henry. 2005. The institutional setting of local political leadership and community involvement. In *Urban Governance and Democracy*, Hrsg. M. Haus, H. Heinelt, und M. Stuart, 65–102. New York: Routledge.

Barber, Benjamin R., C. Goldmann, H. Buchstein, und R. Schmalz-Bruns. 1994. *Starke Demokratie*. Hamburg: Rotbuch-Verlag.

Bogumil, Jörg, und L. Holtkamp, Hrsg. 2016. *Kommunale Entscheidungsstrukturen in Ost- und Westdeutschland: zwischen Konkordanz- und Konkurrenzdemokratie*. Wiesbaden: Springer VS.

Bogumil, Jörg, L. Holtkamp, M. Junkernheinrich, und U. Wagschal. 2014. Ursachen kommunaler Haushaltsdefizite. *PVS Politische Vierteljahresschrift* 55(4): 614–647.

Copus, Colin. 2010. The Councillor: Governor, Governing, Governance and the Complexity of Citizen Engagement. *The British Journal of Politics and International Relations* 12(4): 569–589.

Dahl, Robert A. 1971. *Polyarchy; participation and opposition*. New Haven: Yale University Press.

Debus, Marc, und M. Gross. 2016. Coalition formation at the local level: Institutional constraints, party policy conflict, and office-seeking political parties. *Party Politics* 22(6): 835–846.

Deth, Jan W. van, und M. Tausendpfund, Hrsg. 2013. *Politik im Kontext: ist alle Politik lokale Politik?: individuelle und kontextuelle Determinanten politischer Orientierungen*. Wiesbaden: Springer VS.

Egner, Björn, M. Krapp, und H. Heinelt. 2013. *Das deutsche Gemeinderatsmitglied*. Wiesbaden: Springer VS.

Font, Joan, und C. Galais. 2011. The Qualities of Local Participation: The Explanatory Role of Ideology, External Support and Civil Society as Organizer: Local participation in Catalonia, Spain. *International Journal of Urban and Regional Research*, no-no.

Freitag, Markus. 2017. *Die Psyche des Politischen. Was der Charakter über unser politisches Denken und Handeln verrät*. Zürich: NZZ Libro, Neue Zürcher Zeitung AG.

Freitag, Markus, A. Vatter, und A. Lijphart, Hrsg. 2008. *Die Demokratien der deutschen Bundesländer: politische Institutionen im Vergleich*. Opladen: Budrich.

Gabriel, O. W., und N. Kersting. 2014. Politische Beteiligung und lokale Demokratie. In *Partizipation im Wandel. Unsere Demokratie zwischen Wählen, Mitmachen und Entschei-*

den, Hrsg. Bertelsmann-Stiftung, und Baden-Württemberg Stiftung, 1–140. Gütersloh: Verl. Bertelsmann-Stiftung.

Geißel, Brigitte, und M. Joas, Hrsg. 2013. *Participatory democratic innovations in Europe: improving the quality of democracy?*. Opladen: Barbara Budrich Publishers.

Gross, Martin. 2017. Machtstrukturen in der lokalen Politik. In *Politische Einstellungen von Kommunalpolitikern im Vergleich*, Hrsg. M. Tausendpfund, und A. Vetter, 111–149. Wiesbaden: Springer Fachmedien Wiesbaden. http://link.springer.com/10.1007/978-3-658-16398-3_4. Zugegriffen: 9. Oktober 2017.

Gross, Martin, und M. Jankowski. 2018. Party Competition in Multilevel Democracies. Evidence From the Local Manifesto Project. *Working Paper*.

Habermas, Jürgen. 1998. *Faktizität und Geltung: Beiträge zur Diskurstheorie des Rechts und des demokratischen Rechtsstaats*. Frankfurt am Main: Suhrkamp.

Holtkamp, Lars, T. Bathge, und C. Friedhoff. 2015. Kommunale Parteien und Wählergemeinschaften in Ost- und Westdeutschland. *Zeitschrift für Vergleichende Politikwissenschaft* 9(1–2): 1–18.

Jäske, Maija. 2017. 'Soft' forms of direct democracy: Explaining the occurrence of referendum motions and advisory referendums in Finnish local government. *Swiss Political Science Review* 23(1): 50–76.

Kersting, Norbert. 2017. Demokratische Innovation. Qualifizierung und Anreicherung der lokalen repräsentativen Demokratie. In *Urbane Innovation*, Hrsg. Norbert Kersting, 81–120. Wiesbaden: Springer Fachmedien Wiesbaden.

Kersting, Norbert, und S. H. Schneider. 2016a. Neue Machtansprüche in der Kommunalpolitik. *Zeitschrift für Vergleichende Politikwissenschaft* 10(3–4): 311–339.

Kersting, Norbert, und S. H. Schneider. 2016b. Neue Machtansprüche in der Kommunalpolitik. *Zeitschrift für Vergleichende Politikwissenschaft* 10(3–4): 311–339.

Kitschelt, Herbert. 2003. Political-economic context and partisan strategies in the German federal elections, 1990–2002. *West European Politics* 26(4): 125–152.

Laakso, Markku, und R. Taagepera. 1979. "Effective" Number of Parties: A Measure with Application to West Europe. *Comparative Political Studies* 12(1): 3–27.

Lowndes, Vivien, L. Pratchett, und G. Stoker. 2006. LOCAL POLITICAL PARTICIPATION: THE IMPACT OF RULES-IN-USE. *Public Administration* 84(3): 539–561.

Mielke, Gerd, und U. Eith. 1994. *Honoratioren oder Parteisoldaten?: eine Untersuchung der Gemeinderatskandidaten bei der Kommunalwahl 1989 in Freiburg*. Bochum: Universitätsverlag N. Brockmeyer.

Mullahy, John. 2010. *Multivariate Fractional Regression Estimation of Econometric Share Models*. Cambridge, MA: National Bureau of Economic Research. http://www.nber.org/papers/w16354.pdf. Zugegriffen: 16. April 2018.

Nanz, Patrizia, und M. Fritsche. 2012. *Handbuch Bürgerbeteiligung*. Bonn: Bundeszentrale für Politische Bildung.

Nyhuis, Dominic. 2016. Partei oder Person? Parteispezifische Wahlmotive bei baden-württembergischen Kommunalwahlen. *Zeitschrift für Parlamentsfragen* 47(3): 657–669.

Nyhuis, Dominic. 2017. Estimating policy positions of local parties in elections with multi-vote ballots. *Local Government Studies* 43(3): 475–498.

Papke, Leslie E., und J. M. Wooldridge. 1996. Econometric Methods for Fractional Response Variables With an Application to 401 (K) Plan Participation Rates. *Journal of Applied Econometrics* 11(6): 619–632.

Pateman, Carole. 1970. *Participation and democratic theory.* Cambridge [Eng.]: University Press.
Putnam, Robert D. 2001. *Bowling alone: the collapse and revival of American community.* New York, NY: Simon & Schuster.
Remer-Bollow, Uwe. 2017. Politische Ideologie und ideologische Kongruenz in der lokalen Politik. In *Politische Einstellungen von Kommunalpoloitikern im Vergleich*, Hrsg. A. Vetter, und M. Tausendpfund, 217–254. Wiesbaden: Springer VS.
Schniewind, Aline. 2009. Kommunale Parteiensysteme zwischen Mehrheits- und Verhandlungsdemokratie. In *Vergleichende subnationale Analysen für Deutschland. Institutionen, Staatstätigkeit und politische Kulturen*, Hrsg. M. Freitag, und A. Vatter, 131–176. Berlin: Lit.
Shepsle, Kenneth A. 2010. *Analyzing politics: rationality, behavior, and institutions.* New York: W. W. Norton.
Smith, Graham. 2009. *Democratic Innovations: Designing institutions for citizen participation.* Cambridge: Cambridge University Press. http://ebooks.cambridge.org/ref/id/CBO9780511609848. Zugegriffen: 4. April 2018.
Sonnenmoser, Eva, und M. Wuketich. 2017. Konkurrenz versus Konsens in lokalen Entscheidungsprozessen. In *Politische Einstellungen von Kommunalpolitikern im Vergleich*, Hrsg. M. Tausendpfund, und A. Vetter, 297–322. Wiesbaden: Springer VS.
Stecker, Christian. 2017. Parteien und Fraktionsgeschlossenheit auf der kommunalen Ebene. In *Politische Einstellungen von Kommunalpolitikern im Vergleich*, Hrsg. M. Tausendpfund, und A. Vetter, 323–348. Wiesbaden: Springer Fachmedien Wiesbaden. http://link.springer.com/10.1007/978-3-658-16398-3_10. Zugegriffen: 23. Mai 2017.
Tausendpfund, Markus, und A. Vetter. 2017. *Politische Einstellungen von Kommunalpolitikern im Vergleich.* http://search.ebscohost.com/login.aspx?direct=true&scope=site&db=nlebk&db=nlabk&AN=1510950. Zugegriffen: 23. Mai 2017.
Teorell, Jan. 2006. Political participation and three theories of democracy: A research inventory and agenda. *European Journal of Political Research* 45(5): 787–810.
Verba, Sidney, und N. H. Nie. 1987. *Participation in America: political democracy and social equality.* Chicago: University of Chicago Press.
Vetter, Angelika, Hrsg. 2008. *Erfolgsbedingungen lokaler Bürgerbeteiligung.* Wiesbaden: Springer VS. http://gso.gbv.de/DB=2.1/PPNSET?PPN=571013007.
Vetter, Angelika. 2017. Beteiligungskulturen und Bürgerbeteiligung. In *Politische Einstellungen von Kommunalpolitikern im Vergleich*, Hrsg. M. Tausendpfund, und A. Vetter, 415–456. Wiesbaden: Springer VS.
Vetter, Angelika, und U. Remer-Bollow. 2017. *Bürger und Beteiligung in der Demokratie.* Wiesbaden: Springer VS.
Warren, Mark E. 1996. Deliberative Democracy and Authority. *The American Political Science Review* 90(1): 46–60.
Warren, Mark E. 2002. What Can Democratic Participation Mean Today? *Political Theory* 30(5): 677–701.

Stimmen Sie mit Ja! 12
Eine qualitative Inhaltsanalyse der öffentlichen Kommunikation zu sechs Bürgerentscheiden

Eva Krummenauer, Florian Ruf und Uwe Wagschal

12.1 Einleitung

Die essentielle Bedeutsamkeit politischer Kommunikation in modernen westlichen Demokratien ist unstrittig (Norris 2014, S. 330), denn die politische Öffentlichkeit wird durch Massenmedien geschaffen, sie dienen im politischen Prozess der Informationsvermittlung und der Herstellung von Öffentlichkeit (Bernauer et al. 2009, S. 320; Heindl 2014, S. 156f.). Während insgesamt eine zunehmende Professionalisierung der politischen Kommunikation zur Einwirkung auf die öffentliche Meinung angenommen wird, weil deren Bedeutung nicht nur in der Wissenschaft, sondern auch in der Politikpraxis bekannt ist (König, S. 6), wird über den kommunalen direktdemokratischen Diskurs wenig empirisch geforscht. Dieser Aufsatz beleuchtet das öffentliche Kommunikationsverhalten bezüglich des jeweils aktuellsten Bürgerentscheides sechs ausgewählter Gemeinden in Baden-Württemberg.

Anschauung findet über die Kommunikation politischer Entscheidungsträger hinaus auch die Kommunikation anderer, nämlich aller öffentlich wahrnehmbarer Akteure, die den Bürgerentscheid mit ihren öffentlichen Deutungsmustern zu beeinflussen suchen, etwa mit Abstimmungsparolen, wie der Buchbeitragstitel es bereits suggeriert. Naheliegend ist, dass auch wenn Bürgermeister und Gemeinderäte die direktdemokratische Kommunikation und Praxis wesentlich beeinflussen, sie nicht die einzigen relevanten Akteure sind. Neben politischen Entscheidungsträgern sind es vor allem die Vertrauensleute des Bürgerbegehrens und häufig die korrespondierenden Bürgerinitiativen sowie sonstige komplexe Akteure, beispielsweise Wirtschaftsakteure, die neben den Journalisten das öffentliche Stimmungsbild prägen.

Der Kommunikationsanalysefokus liegt auf den Framing-Strategien zur Beeinflussung der Sachabstimmung als solche und nicht etwa auf den normativen

Argumenten für beziehungsweise gegen die direktdemokratische[75] Entscheidungfindung (Marschall 2014). Welche Strategien nutzen Akteure, um ihre Überzeugung im öffentlichen Diskurs zu vermitteln? Kritisch begutachtet wird in diesem Zusammenhang, inwiefern die Medienvertreter selbst eine politische Botschaft prägen. Datengrundlage der qualitativen Inhaltsanalyse sind 405 Dokumente, die der Zeitungsberichterstattung, Amtsblättern und Internetauftritten verschiedener Akteure entstammen.[76] In drei der sechs Kommunen wurden zusätzlich Telefoninterviews mit Kommunalverwaltungsmitarbeitern geführt.[77]

12.2 Gliederung

Zunächst wird die Bedeutung des öffentlichen Diskurses für die Kommunalpolitik und die Akteure der kommunalen Direktdemokratie erörtert. Die Fallauswahl, die Datenquellen und die Datenanalysemethode werden in Kapitel 12.4 vorgestellt, bevor die theoretische Fundierung der qualitativen Inhaltsanalyse anhand des Advocacy Coalition Frameworks (ACF) und des Framing-Ansatzes beleuchtet wird. Die Kommunikationsanalyse wird in Kapitel 12.6 präsentiert und mit dem Fazit wird der Buchbeitrag abgerundet.

12.3 Öffentlicher Diskurs und Akteure der Direktdemokratie

Bei politischer Kommunikation handelt es sich nicht nur um ein Ausdrucks- und Verständigungsmittel, sondern um ein Mittel zur Etablierung politischer Überzeugungen und damit Macht (Sarcinelli 2011, S. 16). Mit dem öffentlichen Diskurs ist eine indirekte, mediale Vermittlung von Politik gemeint (Bernauer et al. 2009, S. 324). Laut Heindl ist der Kommunikation, die auf direktdemokratische Entschei-

---

75 In diesem Aufsatz finden nur direktdemokratische Sachentscheidungen Anschauung. Zur Diskussion, ob auch Personenwahlen Element direkter oder repräsentativer Demokratie sind, siehe Marschall (Marschall 2014, S. 50).

76 Das Quellenverzeichnis ist aufgrund seines Umfangs nicht unmittelbarer Bestandteil dieser Publikation, es kann bei der Autorin angefordert werden (eva.krummenauer@politik.uni-freiburg.de).

77 Verwaltungsmitarbeiter wurden nicht mittels der standardisierten Onlineumfrage adressiert.

12.3 Öffentlicher Diskurs und Akteure der Direktdemokratie

dungen bezogen ist, eigen, dass es eine stärkere Ausrichtung der öffentlichen Auseinandersetzung auf einen eingegrenzten Themenkomplex gibt als bei Wahlen. Die direktdemokratische Entscheidung ist in der Fragestellung auf eine klare politische Alternative ausgelegt, da die gestellte Frage mit ja oder nein beantwortet wird. So gibt es die begründete Annahme, dass sich diese Dichotomie auf den Kommunikationsprozess und die darin angewandten Überzeugungsstrategien auswirkt, den Heindl als antagonistisch zweigeteilten Raum bezeichnet (Heindl 2014, S. 21). Zur Bedeutung von Medien in der Kommunalpolitik schreibt Gross:

> „Lokale Medien, insbesondere Tageszeitungen mit eigenständigem Lokalteil (Kurp 1994; Naßmacher und Naßmacher 2007, S. 217 ff.), sind für Bürger und Politiker wichtige Informationsquellen für die Bewertung kommunalpolitischer Entscheidungen. [...] Hierbei ist nicht der Wettbewerb zwischen einzelnen lokalen Medien entscheidend, sondern der Umfang lokaler Medienberichterstattung, der selbst bei nur einer einzigen lokalen Tageszeitung groß ausfallen kann (Mortensen und Serritzlew 2006)." (Gross 2017, S. 114f.)

Während bisherige Forschungsbeiträge eher den Effekt der Kampagne auf den Wahlausgang zu bemessen suchen (Bernhard 2012, S. 201; Glantz u. Schoen 2014, S. 129ff.; Kriesi 2008, 2016; Marcinkowski 2012, S. 208; Mayer 2017, S. 55ff.; Paulsen et al. 2008, S. 163f.; Pleschberger 2015, S. 360, 362f., 384), werden in diesem Beitrag die kommunal agierenden Akteure und ihre politischen Kommunikationsstrategien beleuchtet.

> „Die Forschung zu direkter Demokratie auf kommunaler Ebene befasst sich überwiegend mit Rahmenbedingungen, Prozessen, Inhalten und Wirkungen von Bürgerbegehren und Bürgerentscheiden. Wenig beachtete die Forschung allerdings bislang die Akteure direktdemokratischer Verfahren." (Busch 2014, S. 102)

Einige wenige Aufsätze behandeln explizit, aber nur einzelne kommunale Akteure der direkten Demokratie: Busch untersucht die kommunalpolitische Strategie rechtsradikaler Akteure und schreibt ihnen zu, dass sie ihren Handlungsspielraum erweitern wollten (Busch 2014, S. 105) und die Politikdarstellung und/oder die Politikherstellung durch die Direktdemokratie anstrebten. Mobilisierungskampagnen und deren Effekte auf die politische Kultur seien dabei noch zu untersuchen (Busch 2014, S. 112f.). Das Handeln verschiedener Akteure in der kommunalen Direktdemokratie benennt Heyne im Umfang einer Seite. Relevant sind demnach Einzelpersonen, Bürgerinitiativen, Aktionsbündnisse, Verbände, Verwaltungen und nicht zuletzt Parteien (Eith u. Mielke 2013, S. 159, 164; Heyne 2017, S. 180).

Zu ergänzen sind Medienvertreter und politische Entscheidungsträger, die den öffentlichen Diskurs mitprägen, aber auch Wirtschaftsakteure. Selbst wenn die Gemeindeordnung den Gemeinderat „Hauptorgan der Gemeinde" nennt (§ 24 Satz

1 GemO), ist der zentrale Akteur der (Ober-)Bürgermeister (Gross 2017, S. 111). Zu diesen beiden kommunalpolitischen Institutionen kommt als dritte die Kommunalverwaltung hinzu. Diese ist wegen ihres „Informationsvorsprungs", vor allem gegenüber dem Gemeinderat, von Bedeutung (Gross 2017, S. 114). Der Bürgermeister hat den Vorsitz im Gemeinderat, leitet die Verwaltung und repräsentiert die Gemeinde nach außen. Der Gemeinderat ist die politische Vertretung der Bürgerschaft, legt die Verwaltungsgrundsätze fest, trifft Entscheidungen über Gemeindeangelegenheiten, soweit dies nicht in die Zuständigkeit des (Ober-)Bürgermeisters fällt und kontrolliert die Gemeindeverwaltung.[78] Die Kommunalverwaltung, verstanden als politisch-administrativer Akteur, unterscheidet sich strukturell von anderen kommunalen Akteuren, vor allem hinsichtlich ihres Organisationsgrades, gegebenenfalls auch ihrer Expertise hinsichtlich direktdemokratischer Formerfordernisse (Finanzplan und Verfahrensablauf), ihrer Policy-bezogenen Expertise und ihrer personellen Ressourcen. Die Akteursfreiheit der Verwaltungsmitarbeiter ist im Hinblick auf normative Entscheidungen geringer als bei politischen Akteuren (Müller 2014, S. 146). Sie haben aber, das zeigt die Forschungsliteratur und die Kommunikationsanalyse, einen bedeutsamen Anteil an der Vorbereitung und Durchführung von Bürgerentscheiden (NeulandQuartier GmbH u. pollytix strategic research gmbh 2018).

Während die Einstellung und die Reformbereitschaft der lokalen politischen Entscheidungsträger, also Bürgermeister und Gemeinderat, in Bezug auf direktdemokratische und partizipative Verfahren in den beiden voranstehenden Buchbeiträgen erörtert wurden, weil bei ihnen als repräsentativ gewählten Gatekeepern gemäß der Kommunalverfassung überwiegend die Auslösungskompetenzen liegen (vgl. Land Baden-Württemberg 2000), sind in der Forschung zur kommunalen Direktdemokratie die für Bürgerbeteiligungsverfahren relevanten Kommunalverwaltungsmitarbeiter weitestgehend unbeachtet geblieben. Deutsche kommunalpolitische Entscheidungsprozesse sind indes durch eine Verwaltungsdominanz gekennzeichnet (Bogumil u. Holtkamp 2016, S. 8) und bekannt ist, dass die Sicherheit, mit der kommunalpolitische Bürgerbeteiligungsinstrumente angewendet werden, erst mit der Zeit wächst (Jäske 2017, S. 56). Das gilt für Kommunalpolitiker und Kommunalverwaltungsmitarbeiter, die sich die Einsetzungsprozeduren sowie die Durchführung bislang eher wenig etablierter oder zumindest selten genutzter Bürgerbeteiligungsverfahren erst vertraut machen müssen und genauso für Bürger,

---

78 Der Gemeinderat ist rechtlich betrachtet ein Verwaltungsorgan und kein Parlament. Politikwissenschaftlich diskutiert wird, ob die kommunale Selbstverwaltung tatsächlich so unpolitisch sei, angenommen wird mitunter eine Zunahme von Parteipolitisierung, Parlamentarisierung und Professionalisierung der Kommunen (Holtmann et al. 2017).

die sich ihrer politischen Rechte – wie der Initiierung von Bürgerbegehren oder der Nutzung des Einwohnerantrags – bewusst werden müssen.

Insgesamt schreiben die baden-württembergischen Gemeinderäte folgenden Akteuren in absteigender Reihenfolge Einfluss auf die Kommunalpolitik zu: öffentliche Meinung (der Einwohner), Medien, Unternehmen, Parteien, Vereine, Einzelhandel, Kirche und Verbände (Witt et al. 2009, S. 26ff.). In der Analyse des öffentlichen Diskurses dürften sich demgemäß einige der aufgezählten Akteure wiederfinden. Lokale Vereine stehen – anders als Wirtschaftsverbände oder Gewerkschaften – nicht als politisch-strategisch handelnde Akteure im Fokus der politikwissenschaftlichen Lokalforschung. Ihre Funktion wird bislang vor allem in der Sozialintegration und als Dienstleistungserbringer für die eigenen Mitglieder gesehen (Paulsen et al. 2008, S. 149f.), doch auch sie haben organisatorisches Potential zur Diskursbeeinflussung. Wirtschaftsakteure unterscheiden sich von den zuvor genannten Akteuren insbesondere durch ihre Konfliktfähigkeit (Gross 2017, S. 115), die sich direkt über die kommunalen Steuereinnahmen auf die kommunale Verschuldung, den kommunalen Arbeitsmarkt und indirekt auf die Kulturförderung auswirken kann. Der Verweis auf die lokale Wirtschaft und den kommunalen Haushalt dürften in der Kommunikation vorzufindende Argumente sein, denn Interessenkonflikte um Infrastrukturprojekte sind empirisch häufig im Spannungsfeld von Problemdruck eines effizienten Ressourceneinsatzes und einer zufriedenen Bürgerschaft wiederzufinden (Althaus 2015; Kersting u. Schneider 2016, S. 313; Vetter et al. 2013, S. 257f.). Auch solche Akteure mögen unter Umständen öffentlichkeitswirksam am Diskurs zur direktdemokratischen Entscheidungsfindung teilhaben.

12.4 Fallauswahl, Datenquellen und Datenanalysemethode

Fokussiert wird im vorliegenden Beitrag auf die öffentlich wahrnehmbare Kommunikation zu den Verfahren, an deren Ziel eine verbindliche Sachentscheidung der Bürger steht: Bürgerentscheide. Die Relevanz der Verfahren ist gegenüber nicht-formalisierten Verfahren höher und für die qualitativ vergleichende Studie ist eine systematischere Auswahl der Untersuchungsfälle dank der Datenbank Bürgerbegehren möglich: Für den Zeitraum nach der Kommunalrechtsreform für Baden-Württemberg 2015 sind in der Datenbank Bürgerbegehren 70 Fälle zum Stichtag des 15.08.2017 gelistet, davon 49 im Jahr 2016 und 21 im Jahr 2017 bis zum 15.08. (Forschungsstelle Bürgerbeteiligung Universität Wuppertal u. Forschungsstelle Bürgerbeteiligung und Direkte Demokratie Universität Marburg 2017b, 2017a).

Für die hiesigen Untersuchungsfälle kamen nur Bürgerentscheide in Betracht, die bereits stattgefunden haben, somit kann gewährleistet werden, dass auch die Kommunikation unmittelbar vor der Sachabstimmung in die Analyse einbezogen wird. Dieser Phase wird eine besondere Bedeutung zugeschrieben und zwar in Analogie zur „heißen Phase des Wahlkampfs" (Reinemann et al. 2013, S. 275) der repräsentativdemokratischen Abstimmungen, bei denen kommunikative Anstrengungen unmittelbar vor der Abstimmung noch einmal intensiviert werden. In der Direktdemokratie werden in dieser Phase nicht nur die Wahlbenachrichtigungen, sondern auch die gesetzlich geforderten kommunalen Informationsbroschüren versendet.

Thematisch spiegeln die ausgewählten Bürgerentscheide typische Themen der Verfahren von 2016 und 2017 wider, nämlich kommunale Infrastrukturprojekte. Es geht also genau um die Widerstand evozierende Thematik, die im Rahmen der kommunalen Governance-Probleme als ein wesentliches Feld von alternativen Beteiligungsformen charakterisiert wird (Kersting u. Schneider 2016, S. 313).[79] Wenngleich es sich nicht bei allen Bürgerentscheiden um Korrekturbegehren handelt, wollen alle Akteure, die die direktdemokratische Entscheidung als erstes einfordern, dass eine Maßnahme verhindert wird, sind im Wesen also gegen eine bereits getroffene Entscheidung. Um eine tiefgehende qualitative Analyse mit entsprechend umfangreichem Datenmaterial durchführen zu können, werden beim Vergleich sechs Kommunen betrachtet, die sich jeweils einer der drei Gemeindegrößenklassen zuordnen lassen. So wird erstens die charakteristische, unterschiedliche Größenstruktur der baden-württembergischen Kommunen abgebildet[80] und zweitens durch die Auswahl von Untersuchungsfällen aus beiden Landesteilen der Annahme unterschiedlicher regionaler, historisch gewachsener religiös-kultureller Traditionen Rechnung getragen (Eith u. Mielke 2013, S. 160; Fatke u. Freitag 2013, S. 219f.). Zu Untersuchungsfällen wurden somit die sechs Kommunen Rottweil, Lahr, Wendlingen am Neckar, Edingen-Neckarhausen, Waldburg und Hüffenhardt (siehe Tab. 19 im Anhang).

Sodann wurden die auszuwertenden Zeitungsartikel über die Datenbanken wiso und LexisNexis recherchiert, ergänzend kommen einige über die Google-Su-

---

79 Unerheblich ist in diesem Zusammenhang die Erfassung der tatsächlichen Bedeutsamkeit einer politischen Angelegenheit im kommunalen Kontext, vielmehr ist die kommunizierte Bedeutsamkeit von Interesse. Für diese qualitative Untersuchung mit einer geringen Fallzahl ist ein genuin Policy-bezogener Erklärungsansatz daher zu vernachlässigen, bei einer quantitativen Untersuchung, etwa aller abgeschlossenen direktdemokratischen Verfahren in Baden-Württemberg allerdings, wäre die Betrachtung, ob bestimmte policy issues erklärungsfähig für den Verfahrensverlauf und -erfolg sind, höchst relevant.

80 Beachtet wird so die Gemeindegröße, deren Bedeutung umstritten ist (Kersting u. Schneider 2016, S. 320, 332; Wagschal et al. 2018), wenngleich eine messbare Auswirkung auf die politische Kommunikation in einer qualitativen Untersuchung nicht zu erwarten ist.

12.4 Fallauswahl, Datenquellen und Datenanalysemethode

che gefundene Medienformate hinzu.[81] Das Datenmaterial umfasst neben der Medienberichterstattung weitere Quellen, die den Bürgerentscheid thematisieren, nämlich die Internetauftritte der Kommunen und ihre Ratsinformationssysteme, in denen relevante Gemeinderatsprotokolle recherchiert wurden, Amtsblätter und Stellungnahmen sowie Internetauftritte anderer an der öffentlichen Kommunikation teilnehmender Akteure.[82] Es wurde keine Berichterstattung in Populärmedien vorgefunden, sondern nur in (regionalen) Leitmedien. Vorwiegend handelt es sich um textförmige Daten, aber auch einige (audio-)visuelle Daten, etwa Videos, Plakate und Flyer. Die Datenbasis ist damit sehr breit angelegt, weil alle auffindbaren Daten inkludiert wurden und ermöglicht eine fundierte qualitative Inhaltsanalyse der öffentlichen Kommunikation der Akteure kommunaler Direktdemokratie in den ausgewählten baden-württembergischen Kommunen.

Die Datensammlung mittels telefonischer Leitfadeninterviews adressierte die Kommunalverwaltungsmitarbeiter, die die Vertrauensleute des Bürgerbegehrens über verfahrensrechtliche Aspekte informiert haben. In drei von sechs angefragten

---

[81] Suchoperatoren waren grundsätzlich der Name der Kommune, „Bürgerbegehren", „Bürgerentscheid" und „Bürger!". Für den Untersuchungsfall Rottweil wurde auch mit „Hängebrücke" und „Bürgerinitiative" gesucht. Für den Untersuchungsfall Wendlingen am Neckar finden sich entsprechend mit den Suchoperatoren „Wendlingen", „Kirche" und „Bürger!" nützliche Treffer. Im Untersuchungsfall Waldburg brachten die Operatoren „Waldburg", „Flüchtlings!" und „Bürger!" verwertbare Treffer sowie im Amtsblatt der Suchoperator „Flüchtlingsunterkunft". Für den Untersuchungsfall Lahr wurde zudem mit dem Stichwort „Altenberg" gesucht. Ergänzend wurde entsprechend des sogenannten „Schneeballsystems" geprüft, ob etwa bei Zeitungsarchiven verlinkte Artikel schon im Untersuchungsmaterial enthalten sind.

[82] Bei der Suche nach geeignetem und bedeutsamem Untersuchungsmaterial wurden „soziale Medien" wie Facebook und Twitter als Maßnahme der Umfangsbegrenzung ausgeschlossen. Dies hat auch den Hintergrund, dass die Daten nur mit einem Account bei diesen Medienplattformen zugänglich sind und die Datenerhebung nicht nur aufwendig ist, sondern sich auch methodisch grundlegend unterscheidet. Wichtigster Grund für die Entscheidung zum Ausschluss ist, dass der Kommunikationsinhalt in diesen Medien kürzer, aber nicht grundlegend anders sein dürfte. Eine Konsequenz dieses Datenausschlusses ist, dass die Mittel, die zur Kommunikation genutzt wurden und die Einschätzung der Reichweite der Kommunikation, nicht exakt bestimmt werden können. Die „encounter-Öffentlichkeit" (Kommunikation am Arbeitsplatz, Nachbarschaft (Heindl 2014, S. 156f.) usw.) bleibt außen vor, ebenso wie gewisse Versammlungsöffentlichkeiten. Zwar sind Einwohnerversammlungsprotokolle inkludiert, nicht aber Bürgerinitiativen-Sitzungen, die grundsätzlich auch öffentlich zugänglich und bei entsprechendem Verständnis Teil des Diskurses sind. Bezüglich der Mittel ist dabei zu bedenken, dass auch interne Kommunikationswege aus der Analyse außen vor bleiben (Newsletter für Mitglieder, Nachrichten in den Mitgliederbereichen einer Homepage u. v. m.), die dann aber folglich auch nicht als Teil der öffentlichen Kommunikation verstanden werden sollten.

Kommunen erklärten sich Mitarbeiter der Kommunalverwaltung dankenswerterweise zu einem Interview bereit, in zwei Kommunen bestand trotz mehrmaliger Rückfrage offenbar kein Mitteilungsbedürfnis und in einer Kommune wurde die Befürchtung geäußert, durch die etwaige Veröffentlichung von verfahrensbezogenen Aussagen könnten kommunale Prozesse beeinträchtigt werden. Die Ergebnisse werden gänzlich anonymisiert berichtet. Abgefragt wurden die Erfahrungen, die sich auf den letzten Bürgerentscheid der jeweiligen Gemeinde beziehen (siehe Tabelle 16). Für den semistrukturierten Interviewleitfaden sind von 15 Fragen einerseits zwei Fragen geschlossen gestellt, um die Einstellung der Befragten genauso wie in der standardisierten Online-Befragung zu erfassen. Andererseits werden 13 offene Fragen genutzt, um neue Aspekte auszumachen und detailreiche Informationen zu erheben. Eine mündliche Befragung wird verwendet, weil eine insgesamt eng begrenzte Fragestellung (nach der Wahrnehmung) zur öffentlichen Kommunikation in der kommunalen Direktdemorkatie verfolgt wird (Przyborski u. Wohlrab-Sahr 2014). Persönliche Interviews sollten nicht länger als 60 Minuten und Telefoninterviews nicht länger als 40 Minuten dauern (Behnke et al. 2012, S. 228); in den drei geführten Interviews wurden jeweils zwischen 25 und 36 Gesprächsminuten aufgewendet. In der Wissenschaftsliteratur werden Vor- und Nachteile mündlicher und schriftlicher Befragung gegeneinander abgewogen (Behnke et al. 2012, S. 237). Ein Telefoninterview ermöglicht in dieser Studie eine zeit- und kostengünstige Datenerhebung und eine gezielte Nachfrage zu den durch die Dokumentanalyse aufgekommenen Fragen.

Weil direkte Demokratie sich als Prozess verstehen lässt, wird dem zeitlichen Kontext der Kommunikation Beachtung geschenkt: In Anlehnung an Schiller zählt die Kommunikation vor dem Gemeinderatsbeschluss pro Bürgerentscheid beziehungsweise vor der Feststellung der Gültigkeit eines aus dem Bürgerbegehren resultierenden Bürgerentscheids zur Vorbereitungsphase. Die öffentliche Abstimmungsphase ist der fallspezifische Zeitraum zwischen der Festsetzung des Bürgerentscheids und dem Termin desselben.[83] Die darauf folgende Umsetzungsphase, wird – wie bei Faußner – nicht bearbeitet, denn hier geht es nicht mehr um die auf die Abstimmung ausgerichtete Kommunikation über den Entscheidungsgegenstand (Faußner 2014, S. 34; Schiller 2002, S. 39). Der Untersuchungszeitraum wird vom Tag des Bürgerentscheides aus in die Vergangenheit zurück recherchiert und hängt von den jeweiligen Untersuchungsfällen selbst ab, vorab definiert wurde also nicht, dass nur Kommunikationsbeiträge x Monate vor dem Bürgerentscheid Anschauung finden, sondern der tatsächliche Zeitraum, in dem über diesen Bürgerentscheid diskutiert wurde (siehe Tabelle 16 im Anhang).

Die Forschungsmethode, die Mayring „qualitativ orientierte kategoriengeleitete Textanalyse" (Mayring 2010, S. 604) nennt, vereinfacht qualitative Inhaltsanalyse,

---

83 Der Untersuchungszeitraum wird durch die Dokumentvariable in MAXQDA erfasst.

ist eine interpretative Textanalyse, die, systematisch und möglichst intersubjektiv nachvollziehbar, größere Textmengen durch Beschreibung und Zuordnung von Kategorien zu Textmaterial bearbeiten kann (Mayring 2010, S. 602). Das angewendete Verfahren ist mehrstufig und als regelgeleitete Interpretation des Untersuchungsmaterials zu verstehen (Mayring 2010, S. 603). Im ersten Durchgang durch das Material werden die benannten Akteure erfasst, die Aussagen aufgenommen, die auf die Einstellung zu repräsentativer, partizipativer und direkter Demokratie rückschließen lassen und die vier Frame-Elemente, die die near policy core beliefs und die secondary aspects betreffen, entsprechenden Textstellen zugeordnet. Es werden also die Akteure mit ihren Überzeugungssystemen und etwaige advocacy coalitions identifiziert. Im zweiten Durchgang durch die Daten werden Framing-Strategien erhoben, dazu wird ebenso eine theoriegeleitete Kodierung des Datenmaterials vorgenommen. Darüber hinaus wird das Untersuchungsmaterial induktiv nachkodiert, um fallspezifische Eigenheiten zu erfassen. Mit dieser Vorgehensweise wird der Materialbezug gewährleistet und der Vorteil der Offenheit der – grundsätzlich theoriegeleiteten – Analyse genutzt (Behnke et al. 2012, S. 341). Die Analyseeinheiten sind ganze Sätze und Sinneinheiten. Die Codierstrategie ist es, immer den spezielleren Code zu vergeben; genutzt wird also nicht der übergeordnete Code, sondern der Subcode.

12.5 Advocacy Coalition Framework und Framing-Ansatz

Das ACF als eine dynamische analytische Perspektive der Policy-Forschung zur Erklärung politischer Entwicklungen (Sabatier 1999, S. 9) kombiniert Grundannahmen (sogenannte deduktive Elemente) und empirische Befunde (sogenannte induktive Elemente) (Bandelow 2015, S. 305ff.).

Die erste Grundannahme des ACF ist, dass politische Entscheidungen in policy subsystems getroffen werden, welche sich durch vielfältige Akteure mit klaren Positionen und Akteure mit weniger klaren Positionen, sogenannte Vermittler, konstituieren (Vogeler u. Bandelow 2016). Principal actors agieren zentral und dauerhaft in der Koalition, während die auxiliary actors diskontinuierlich oder nur in kurzen Zeiträumen tätig werden. Entsprechend sind Ressourcen, Strategien und Aktivität zu differenzieren, die als Kennwerte die Kapazität der advocacy coalition zur erfolgreichen Beeinflussung des policy subsystems bestimmen (Jenkins-Smith et al. 2014, S. 197). Nach der Erfassung relevanter Akteure des Politikfeldes im gewählten Untersuchungszeitraum[84], ist der zweite Arbeitsschritt die „Erfassung der Ziele politischer Akteure über Überzeugungssysteme (,belief systems')" (Bandelow 2015, S. 308), dem die zweite Grundannahme des ACF zugrunde liegt, dass Akteure zum einen Grundüberzeugungen haben, die alle Politikfelder umfassen, zum zweiten allgemeine Wahrnehmungen und Überzeugungen in Bezug auf ein Politikfeld und drittens spezifische Überzeugungen und Einstellungen bezüglich der zur Abstimmung gestellten Sachfrage haben (deep normative core beliefs, near policy core beliefs und secondary aspects) (Bandelow 2015, S. 308f.). Die Reichweite der Überzeugungen nimmt – in der Reihenfolge der Nennung – ab, während die Erwartbarkeit von Veränderung derselben – in der Reihenfolge der Nennung – zunimmt. Die dritte Grundannahme des ACF ist, dass sich Akteure mit ähnlichen Überzeugungen in policy subsystems zu advocacy coalitions assoziieren und mit gesenkten Transaktionskosten ihre Handlungen koordinieren, um ihre politische Position effektiv durchzusetzen. Dritter Anwendungsschritt ist damit die Prüfung, ob sich verschiedene Policy-bezogene Kernüberzeugungen von Akteuren in einem Politikfeld feststellen lassen, die einen Konflikt aufweisen und ob Akteure übereinstimmender Kernüberzeugungen koordiniert handeln.

Entsprechend einer Nebenannahme, dass eine gegenseitige Wahrnehmung von Koalitionen vom Phänomen des devil shifts geprägt ist, dass also die Intention der anderen Seite als besonders feindlich wahrgenommen und deren Einfluss überschätzt wird (Bandelow 2015, S. 310ff.), während die eigene Seite, auch als Strategie zur internen Koalitionsbildung, idealisiert wird (angel shift) (Sabatier u. Jenkins-Smith 1999, S. 131f.; Vogeler u. Bandelow 2016, S. 301, 303), wird die Darstellung der persönlichen Diskussion mit Vertretern der Gegenseite, öffentliche, scharfe Polemiken zur Auseinandersetzung mit der Gegenseite, die Infragestellung der Glaubwürdigkeit der Gegenseite, die Androhung von aktiver oder passiver Gewalt zur Durchsetzung der eigenen Ziele und die Falschinformation durch die Gegenseite betrachtet (Vogeler u. Bandelow 2016, S. 311).[85]

Als induktive Elemente werden dem ACF neben devil und angel shift weitere kommunikative Überzeugungsstrategien beigefügt. Die Anschlussfähigkeit dieser deduktiven und induktiven Elemente ist durch deren akteurszentrierte Annahmen

---

84 Politikprozesse seien fortwährend, ohne Beginn und ohne Ende, daher sei eine langfristige Perspektive zu untersuchen, vorgeschlagen wird gar ein Untersuchungszeitraum von zehn Jahren (Jenkins-Smith et al. 2014, S. 192–193). Dieser zeitliche Umfang ist hier unpassend, bedacht wird freilich, dass Untersuchungsräume immer nur einen Teil der tatsächlich stattfindenden Ereignisse anschauen und daher begründungswürdig sind.

85 Die Aspekte „bewusste Zerstörung von Sachgegenständen" und „Gewalt gegen Akteure der Gegenseite" werden außen vor gelassen, da sie wegen ihrer rechtlichen Relevanz sicherlich nicht von den Akteuren als von ihnen genutztes Mittel kommuniziert würden.

und deren zugerechneter Bedeutsamkeit von koordiniertem Akteurshandeln gegeben. Unter Beachtung des Forschungsstands scheinen es insbesondere kommunikative Überzeugungsstrategien zu sein, die Akteure im Kontext direktdemokratischer Verfahren nutzen. Die Überzeugungsstrategie als ein planvolles und zielorientiertes kommunikatives Vorgehen dient unter Einsatz sprachlicher, argumentativer und rhetorischer Mittel (Heindl 2014, S. 81f.) der Persuasion. Auch die Kampagnenintensität sei bedeutsam, um die Vertrautheit des Stimmberechtigten mit dem Abstimmungsthema zu erzeugen (Giger u. Traber 2016, S. 401, 405f.).

Als analytische Terminologie zur Registrierung von Überzeugungsstrategien wird sich des Framing-Ansatzes bedient. Unter Framing „versteht man kommunikative Raster, die die subjektive Wahrnehmung und Bewertung einer politischen Frage durch den Empfänger prägt – etwa durch die einseitige Akzentuierung oder selektive Betonung bestimmter Merkmale […]" (Heindl 2015, S. 307). Zu beachten gilt es die konzeptionelle Unterscheidung des Framings zu einem Frame, der lediglich die „inhaltliche[n] Merkmale von Kommunikationsangeboten" (Löblich 2014, S. 63) beschreibt. Frames werden von Matthes definiert als „[…] strategisch gefärbte Blickwinkel auf politische Themen, die gewisse Informationen in den Vordergrund rücken und andere außen vor lassen." (Matthes 2014, S. 18) Sie sind zu verstehen als evaluative Deutungsmuster, die sich in Aussagen von Kommunikatoren finden (Matthes 2014, S. 23).

Dem Framing in der Politik wird folgendes beigemessen:

> „Beim strategischen Framing steht der Wettbewerb von Kommunikator-Frames im Vordergrund […]. Das strategische Ziel der Kommunikatoren ist es, den eigenen Frame zu vermitteln und in der öffentlichen Diskussion zu etablieren (Pan/Kosicki 2001). Framing beinhaltet aus dieser Perspektive aber nicht nur das Aushandeln der eigenen Sichtweise, sondern auch einen Wettbewerb mit den Frames anderer Kommunikatoren. Es wird davon ausgegangen, dass es zu fast allen Themen immer mehrere Frames gibt, die sich in einem strategischen Wahlkampf befinden (Callaghan/Schnell 2005)." (Matthes 2014, S. 19)

> „Jeder öffentliche Diskurs ist ein Wettbewerb verschiedener Akteure um den dominanten Frame, und zwar auf Ebene der Kommunikatoren, der Medieninhalte und der Bevölkerungsmeinung. Frames legen eine bestimmte Problemdefinition nahe, sie machen Ursachen für Probleme aus, bieten eine Bewertung des Problems und zeigen Lösungsmöglichkeiten auf […]." (Matthes 2014, S. 18)

Dabei sollte zumindest das Problem und ein weiteres Element charakterisiert werden, damit von einem Frame gesprochen werden kann (Matthes 2014, S. 27f.). Um Frames zu erfassen, wird also die Sprache geprüft, das sind latent gegebene Hinweise, konnotierte Begrifflichkeiten und rhetorische Mittel, die Auslassung bestimmter Phänomenaspekte, aber auch der Aufbau und der Kontext der Aussage (Heindl 2015, S. 305; Löblich 2014, S. 63).[86] Geprüft wird ebenso, ob eine Veränderung der Muster und Strategien (Matthes 2014, S. 19) über den Untersuchungszeitraum hinweg zu erkennen ist.

Zeitungsartikel werden insofern gesondert analysiert, als ihnen die publizitätsträchtigen Nachrichtenfaktoren Aktualität, Personalisierung und Prominenz, Negativismus, Konflikt (Sarcinelli 2011, S. 163) und Information zugeordnet werden. Hier lautet die Annahme, dass bei Vorhandensein dieser Größen ein Thema Eingang in die Medien findet.[87] Medien werden dabei nicht nur als „Politikdarstellungsplattform" und „Politikwahrnehmungsplattform" (Sarcinelli 2011, S. 343) verstanden, sondern vor allem auch als Wirklichkeitskonstrukteure, weil Journalisten und Zeitungsredaktionen eben nicht nur als Mediatoren, sondern selbst als politische Akteure auftreten können (Sarcinelli 2011, S. 343), beispielsweise indem sie mit dem (Nicht-)Publizieren spezifischer Zeitungsartikel ein bestimmtes Wirklichkeitsbild zeichnen. Es findet Anschauung, ob mit Werturteilen gearbeitet wird und ob von den Journalisten (partei-)politisch lancierte Value-Frames aufgegriffen werden (vermittelnde Rolle) oder sie selbst Value-Framing betreiben (prägende Rolle) (Sarcinelli 2011, S. 163).[88] Wenn andere als journalistische Akteure einen Value-Frame einsetzen, wird die entsprechende Fundstelle als Symbolisierung von Politik gekennzeichnet. Für journalistische Medien werden Texteigenschaften wie Textart und Textlänge erfasst, um Rückschlüsse auf die der direktdemokratischen Abstimmung zugeschriebene Bedeutsamkeit in der öffentlichen Diskussion zu ziehen. Für die Dokumente, die anderen Quellen entstammen, wird die Bedeutsamkeit über genutzte Ressourcen erfasst.

Neben den eigentlichen Frames werden somit die Strategien des devil und angel shifts und des Value-Framings gesammelt. Darüber hinaus werden Vereinnahmungsstrategien und Umdeutungsstrategien ausgewertet. Erstere bezeichnen das Aufgreifen der Aussagen anderer Akteure zum Zweck der Bestärkung der eigenen Position. Diese Akteure werden vereinnahmt, um die Richtigkeit der eigenen Überzeugung darzustellen. Mit Umdeutungsstrategien ist wiederum das Aufnehmen der von gegnerischen Akteuren getroffenen Aussagen gemeint, die dergestalt verändert werden, dass sie zur Bekräftigung der eigenen Position gereichen (siehe das Codebuch der qualitativen Inhaltsanalyse und Ankerbeispiele in Tabelle 2 im Anhang).

---

86 Bei der Bearbeitung des Kommunikationsmaterials ist auf den Kommunikationszusammenhang zu achten: Nach Behnke wird nach dem Autor und seinem Hintergrund gefragt und was er mit der Kommunikation bezweckt (Behnke et al. 2012, S. 339f.).
87 Einen ähnlichen Ansatz hat die Nachrichtenwerttheorie, die die Eigenschaften eines Ereignisses formuliert, die es zur Nachricht werden lassen (Bernauer et al. 2009, S. 333ff.).
88 Als Code wird aus ökonomischen Gründen nur der selbstgeprägte, nicht aber der vermittelnde Value-Frame genutzt.

Aus den voranstehenden Ausführungen lassen sich folgende empirisch zu überprüfende Hypothesen ableiten:

Hypothese 1: Wenn Akteure in ihren Überzeugungssystemen übereinstimmen, dann bilden sie eine kommunikative advocacy coalition.
Hypothese 2: Wenn Akteure nicht in ihren Überzeugungssystemen übereinstimmen, dann drücken sie dies mittels Framing aus.

12.6 Kommunikationsanalyse

12.6.1 Zentrale Akteure und ihre wichtigsten Überzeugungsstrategien

Es sind vor allem komplexe Akteure, die im öffentlichen Diskurs zum Bürgerentscheid in den sechs Untersuchungsfällen Rottweil, Lahr, Wendlingen am Neckar, Edingen-Neckarhausen, Waldburg und Hüffenhardt identifiziert werden können. Während (Ober-) Bürgermeister und Gemeinderat ihre Überzeugung kundtun (principal actors), sind es die Verwaltungsmitarbeiter, die als Experten in der Sache auftreten, aber keine Überzeugung kommunizieren (Vermittler). Die Initiatoren des jeweiligen Bürgerbegehrens sind loser organisierte Gruppen, Bürgerinitiativen, die eine geplante kommunale beziehungsweise in Wendlingen am Neckar eine kirchengemeindliche Infrastrukturmaßnahme ablehnen. Ihre Mitglieder sind bis auf die Vertrauenspersonen (principal actors) in der Regel nicht namentlich benannt oder näher charakterisiert. In der Selbst- und Fremddarstellung handelt es sich in Rottweil, Lahr, Waldburg und Hüffenhardt um Anwohner, die einen geringen Nutzen, aber hohe Kosten und damit eine absteigende Lebensqualität durch das jeweilige Bauvorhaben befürchten.

In den Untersuchungsfällen Rottweil, Lahr und Hüffenhardt sind über diese beiden Akteursgruppen der kommunalen Entscheidungsträger und der Bürgerinitiativen hinaus weitere komplexe Akteure zu identifizieren, hier treten solche aus der Wirtschaft und der Zivilgesellschaft auf, die ihre Überzeugungen in den Diskurs tragen (beispielsweise in Rottweil: der Investor, das Bürgerforum Perspektiven Rottweil (principal actor), der Gewerbe- und Handelsverein und die Industrie- und Handelskammer (auxiliary actor); in Lahr: die DBA Deutsche Bauwert AG (auxiliary actor); in Hüffenhardt: die Fortwengel Holding GmbH (auxiliary actor)).

Während die sechs Diskurse nicht durch parteipolitische Ideologien strukturiert werden, treten Parteien beziehungsweise Wählervereinigungen zumindest in Rottweil und Lahr in den öffentlichen Diskurs ein, im Wesentlichen vertreten durch die Fraktionsvorsitzenden des Gemeinderats. Doch auch diese Diskurse zum Bürgerentscheid sind keineswegs parteipolitisch dominiert. Weitere Akteure, die weniger klare oder meist keine Position zum Bürgerentscheid einnehmen, sondern ihr Expertenwissen in den Diskurs einbringen, sind unter anderem Landratsämter, Landesämter und verschiedene Beratungsunternehmen (Vermittler).

Die Zeitungsberichterstattung als Politikdarstellungs- und -wahrnehmungsplattform wirkt in den Untersuchungsfällen als Mediation von Politik. Dass Journalisten in den Untersuchungsfällen selbst als politische Akteure auftreten, muss bei nur 12 Kommentaren und ansonsten ausgewogener Vermittlung der Argumente anderer Akteure insgesamt verneint werden.

Um ihre Überzeugungen im öffentlichen Diskurs zu vermitteln, benutzen die Akteure Frames: Diese Deutungsangebote der Wirklichkeit sind insgesamt und in allen sechs Untersuchungsfällen über die Zeit hinweg stabil. Festzustellen ist, dass die Diskurse in der „Vorbereitungsphase" vor allem auf die Bürgerbeteiligung und das Verfahren als solches ausgerichtet sind und erst in der „öffentlichen Abstimmungphase" (Schiller 2002, S. 39) die zur Abstimmung gebrachte Frage fokussieren. Akteure gleicher Überzeugungen kommunizieren ihre Frames gemeinsam, sie bilden advocacy coalitions, die zur Platzierung der Frames im öffentlichen Diskurs nicht nur auf die Zeitungsberichterstattung, sondern auch auf Informationsveranstaltungen (mit Ausnahme von Wendlingen am Neckar) und -stände auf dem Wochenmarkt (mit Ausnahme von Waldburg) setzen. Wesentlich für die Information der Bürgerschaft ist die Stellungnahme der Gemeindeorgane und der Vertrauenspersonen eines Bürgerbegehrens, in allen Untersuchungsfällen wurde eine Veröffentlichungsform gewählt, die allen Haushalten der Gemeinde zugeht. Während andere Wahlen nur die Wahlbenachrichtigung kennen, die allen Haushalten mit Wahlberechtigten zugestellt wird, wurde in den Untersuchungsfällen jeder Haushalt mit Abstimmungsberechtigten zwei Mal auf den Bürgerentscheid aufmerksam gemacht. Im Untersuchungsfall Rottweil wird auch eine Werbekampagne mit Plakaten und Stellwänden genutzt, wie sie bei Wahlen etabliert ist.

Insgesamt wird das kommunikative Angebot zur Persuasion mit diversen Framing-Strategien versehen. Durch die mit Ja oder Nein zu beantwortende Fragestellung des Bürgerentscheids zeigt sich ein zweigeteilter Diskursraum: Dieser spiegelt sich einerseits in den unterschiedlichen Problem- und Lösungszuschreibungen der angebotenen Frames und den korrespondierenden, einander gegenüberstehenden Abstimmungsparolen der Akteure wider. Andererseits nutzen die Bürgerinitiativen, die in den Untersuchungsfällen die Verhinderung der Infrastrukturmaßnahmen anstreben, den devil shift als zentralste Strategie, um die Überzeugung der Gegenseite infrage zu stellen. Gleichermaßen setzen die Akteure, ob sie Befürworter oder Gegner der baulichen Maßnahme sind, Strategien der Vereinnahmung und der Symbolisierung von Politik ein, um ihre eigene Überzeugung zu stützen. Während die von den verschiedenen Akteuren angebotenen Frames einander gegenüberstehen und entsprechend für das Ja oder Nein bei der direktdemokratischen Sachentscheidung werben, sind die Framing-Strategien insgesamt unwesentlich unterschiedlich. Während seitens der Bürgerinitiativen eher der devil shift Verwendung findet, neigen kommunale Entscheidungsträger etwas häufiger dazu, mit der Vereinnahmungsstrategie die positive Betroffenheit der Allgemeinheit durch die angedachte Maßnahme herauszustellen und führen als Garanten Expertengutachten an.

12.6.2 Interviewerkenntnisse

Aus der Dokumentanalyse heraus ist keine Bestimmung der Überzeugungssysteme der Kommunalverwaltungsmitarbeiter der Untersuchungsfälle möglich. Interessant ist insbesondere eine erste Einschätzung des deep normative core beliefs der Verwaltungsmitarbeiter, darüber hinaus wurde eine Beurteilung des Direktdemokratie-bezogenen Kommunikationsverhaltens abgefragt. Für die drei Kommunen kann eine Selbsteinschätzung der befragten Verwaltungsmitarbeiter vorgelegt werden, die den Telefoninterviews entnommen ist. Demnach wird zunächst klar, dass die Repräsentativdemokratie als das Standardverfahren der kommunalen Politikpraxis angesehen und gewünscht wird. Direktdemokratische Verfahren werden dennoch als ein durch die Gemeindeordnung festgelegtes, legitimes Teilhaberecht der Bürger verstanden, welches in der Politikpraxis selten auftritt. Es zeigt sich bezüglich des deep normative core beliefs, dass die geringe Anwendungshäufigkeit als für die kommunale Politikpraxis angemessen befunden wird. Partizipative, also konsultative Politikelemente seien bekannt, sinnvoll, doch in der Anwendungshäufigkeit noch ausbaufähig.

Als wichtigste Aufgaben der Kommunalverwaltungsmitarbeiter im direktdemokratischen Verfahren geben die Interviewpartner einhellig die formal korrekte Durchführung, insbesondere die Zulässigkeitsprüfung des Bürgerbegehrens und die Information über Wahlformalitäten an. Der Arbeitsaufwand bei einem Bürgerentscheid und einer Kommunalwahl wird für ähnlich hoch befunden. Ein Mehraufwand entstehe vor allem, wenn eine Bürgerinformationsveranstaltung zu organisieren sei. Unterstützung bei der Planung und Durchführung eines Bürgerentscheides wird von den Interviewpartnern nicht konkret eingefordert, allerdings seien die Möglichkeiten der Rücksprache mit erfahrenen Nachbarkommunen und dem Landratsamt hilfreich. Bei konfliktiven Sachabstimmungen sei eine professionelle Mediation interessant, die jedoch weitere kommunale Mittel binde, so zwei Interviewpartner.

Die Information der Vertrauensleute eines Bürgerbegehrens zu Formerfordernissen gemäß § 21 Gemeindeordnung, auch über die Anhörung durch den Gemeinderat, erfolgte in den untersuchten sechs Gemeinden durch den Bürgermeister und/oder den Hauptamtsleiter. Ein Feedback zur Information der Vertrauensleute hätten die Verwaltungsmitarbeiter nach Kenntnis der Interviewpartner nicht erhalten; inwieweit die Vertrauensleute eine sonstige Beratung in Anspruch genommen haben, ist den Interviewpartnern nicht bekannt, lag in zwei Fällen aber nahe. Die Information der Vertrauensleute über verfahrensbezogene Gesetzesvorgaben und die Kommunikation der Verwaltungsmitarbeiter mit selbigen erfolge unabhängig von einer möglicherweise divergierenden politischen Meinung, so die Interviewpartner, das sei rechtlich geboten und möglich, weil nur zu Formerfordernissen aufgeklärt würde.

Die befragten Verwaltungsmitarbeiter sind der Auffassung, dass der Bürgerschaft alle relevanten Informationen der unterschiedlichen Interessengruppen vorlagen, um sich eine Meinung zu der zur Abstimmung gebrachten Sachfrage zu bilden. Hinsichtlich der gesetzlichen Vorgabe, nach der die in den Gemeindeorganen vertretene Auffassung durch Veröffentlichung oder Zusendung einer schriftlichen Information bekannt gemacht werden muss, wird von den Interviewpartnern als bedeutsam herausgestellt, dass sie tatsächlich alle Haushalte erreichen müsse, um Kenntnis über den Vorgang, aber auch eine hohe Abstimmungsteilnahme zu erzielen.

Bezüglich der Kommunikation der Vertrauensleute des Bürgerbegehrens, die in der Regel eine nicht der Gemeindemehrheit entsprechende politische Positionierung vertreten, sei die öffentliche Kommunikation einem Abstimmungswahlkampf entsprechend resolut geführt worden. Notwendigerweise würde die eigene Sache als die richtige dargestellt, was als legitim erachtet wird. Insofern wird seitens der Verwaltungsmitarbeiter keine Kritik geäußert, wobei angemerkt wird, dass die Alternative zu der von den kommunalen Entscheidungsträgern favorisierten Entscheidung nach eigener Meinung weniger Weitsicht habe. Auf Ebene des near policy core beliefs positionieren sich die Interviewpartner nicht, während sie sich hinsichtlich der secondary aspects jeweils zu der von kommunaler Seite entworfenen Infrastrukturpolitik bekennen. Bezüglich der lokalen Medienberichterstattung wird angegeben, dass sowohl Ausgewogenheit als auch Umfang der Berichterstattung über das direktdemokratische Verfahren und sein jeweiliges Thema angemessen gewesen seien.

12.6.3 Überprüfung der Hypothesen

Hypothese 1: Wenn Akteure in ihren Überzeugungssystemen übereinstimmen, dann bilden sie eine kommunikative advocacy coalition.

12.6 Kommunikationsanalyse

Akteure gleicher Überzeugung auf near policy core belief- und secondary aspects-Ebene schließen sich im Untersuchungsfall Rottweil zu advocacy coalitions zusammen. Die deep normative core beliefs sind dabei nach der Kommunikationsanalyse zumindest innerhalb einer advocacy coalition unterschiedlich, was in der Vorbereitungsphase diskutiert wird. Sie kommen in der Abstimmungsphase kommunikativ weniger zum Ausdruck und scheinen zur Verwirklichung der Überzeugungen der beiden unteren Systemebenen zurückgestellt zu werden.[89]

Für die Untersuchungsfälle Wendlingen am Neckar, Lahr, Edingen-Neckarhausen, Waldburg und Hüffenhardt ist ebenfalls festzuhalten, dass diejenigen Akteure als kommunikative advocacy coalition auftreten, die gleiche Überzeugungen haben. Dies gilt zumindest im Hinblick auf die near policy core beliefs und secondary aspects. Inwieweit in den jeweiligen advocacy coalitions Unterschiede hinsichtlich der deep normative core beliefs bestehen, geht aus der Kommunikationsanalyse des öffentlichen Diskurses nicht hervor, weil keine tiefergehende Grundsatzdiskussion über Bürgerbeteiligungsformen geführt wird.

Hypothese 2: Wenn Akteure nicht in ihren Überzeugungssystemen übereinstimmen, dann drücken sie dies mittels Framing aus.

Sehr deutlich zeigen sich die Unterschiede in den Überzeugungssystemen der Akteure in den Untersuchungsfällen Rottweil und Edingen-Neckarhausen, dies wird sichtbar durch den Einsatz vielfältiger Framing-Strategien, namentlich Value-Framings, devil shifts, Vereinnahmungsstrategien und Umdeutungen seitens der beiden advocacy coalitions.

In den Untersuchungsfällen Wendlingen am Neckar, Lahr und Hüffenhardt lassen sich die advocacy coalitions ganz klar unterscheiden, denn sie grenzen sich mit ihren Frames und den Framing-Strategien voneinander ab, wesentlich indem der devil shift zur Anwendung gebracht wird.

Neben den eigentlichen Frames lassen sich in den Untersuchungsfällen Lahr und Waldburg die Strategien des Value-Framings und Vereinnahmungsstrategien identifizieren, die die Unterschiede in den Überzeugungssystemen der beiden advocacy coalitions betonen.

Die theoretisch fundierten Hypothesen können für die sechs Untersuchungsfälle bestätigt werden. Beachtet werden muss die bei der Aufstellung der Hypothesen gemachte Einschränkung, dass die Übereinstimmung der Überzeugungen auf die secondary aspects begrenzt sein kann, um von einer advocacy coalition sprechen zu können.

---

89 Empirisch festzustellen ist, dass die öffentliche Kommunikation in der Abstimmungsphase in den Untersuchungsfällen die zwei- bis dreifache Anzahl von Beiträgen im Vergleich zur Vorbereitungsphase aufweist.

12.6.4 Wesentliche Erkenntnisse und Generalisierungsmöglichkeiten

In fünf der sechs untersuchten Kommunen wurde keine Grundsatzdiskussion über die Direktdemokratie geführt, vielmehr schien sie seitens politischer Entscheidungsträger als akzeptierte, punktuelle Ergänzung der repräsentativen Entscheidungsfindung aufgefasst zu werden. In der sechsten Kommune, Rottweil, fiel die Diskussion grundlegender aus und die Abwägung, ob eine direktdemokratische Sachabstimmung stattfinden solle, bestimmte die öffentliche Diskussion eine ganze Weile. Seitens der den Bürgerentscheid initiierenden Vertrauensleute der jeweiligen Bürgerbegehren wurde die Unmittelbarkeit der bürgerlichen Entscheidungsfindung und für die Sachfrage die angemessenste Entscheidungsfindung beworben. Bei allen sechs Bürgerentscheiden wurde hingegen erörtert, inwiefern ein direktdemokratischer Beschluss gegen die angestrebten Bauvorhaben einen alternativen Handlungsspielraum für die Kommunen ermögliche. Eine solche Abwägung der Sinnhaftigkeit der Fragestellung und der Informationsgrundlage zur Entscheidungsfindung ist wesentlicher Bestandteil der Diskussion und spiegelt die pluralistische Gesellschaft wieder. Generalisierungen sollten auf Grundlage dieser Fallauswahl nicht über die Untersuchungsfälle hinaus gezogen werden. Aus der Dokumentanalyse geht dennoch hervor, dass direktdemokratische Sachabstimmungen nach wie vor Ergänzungsstatus in repräsentativdemokratischen Systemen haben; hier nehmen in den Untersuchungsfällen sowohl die Kommunalverwaltung als auch die Journalisten eine wichtige Informationsfunktion wahr, indem sie Verfahrensregelungen benennen und erklären (Zulässigkeitserfordernisse des Bürgerbegehrens, Ablauf und Gültigkeit des Bürgerentscheides, Bildung des Wahlausschusses, Abstimmungsberechtigung und Modalitäten zur Teilnahme am Bürgerentscheid).

12.7 Fazit

Verschiedene Akteure versuchen mit Deutungsmustern den öffentlichen Diskurs zu beeinflussen: Neben Bürgermeistern und Gemeinderäten sind es vor allem die Vertrauensleute des Bürgerbegehrens und häufig die korrespondieren Bürgerinitiativen sowie sonstige komplexe Akteure, beispielsweise Wirtschaftsakteure. Die Dauer der Diskurse, in denen das jeweilige Thema in Verbindung eines direktdemokratischen Verfahren diskutiert wird, variiert zwischen 6 und 15 Monaten und ist ebenso unterschiedlich konfliktiv aufgeladen. Wichtigste Medien zu der zur Abstimmung

12.7 Fazit

gebrachten Sachfrage ist die gesetzlich vorgegebene öffentliche Information, zumeist im Amtsblatt publiziert und die Kommunikation in der jeweiligen Regionalzeitung. Medienvertreter in den Untersuchungsfällen weisen eine ausgewogene Berichterstattung auf, die jenseits der Kommentarspalten keine Bewertung des Modus der Entscheidungsfindung oder eigene Abstimmungsparolen ausgibt.

Festzustellen ist, dass die Diskurse in der „Vorbereitungsphase" vor allem auf die Bürgerbeteiligung und das Verfahren als solches ausgerichtet sind und erst in der „öffentlichen Abstimmungphase" (Schiller 2002, S. 39) die zur Abstimmung gebrachte Frage fokussieren. Politische Entscheidungsträger, also Bürgermeister und Gemeinderäte, fordern die Direktdemokratie in den Untersuchungsfällen nicht mehrheitlich ein, sie gehen vielmehr bei Absehbarkeit eines Bürgerentscheides auf die Sachfrage, auf die die Abstimmung hinausläuft, ein und diskutieren Handlungsoptionen. Seitens der Bürgerinitiativen werden Unzulänglichkeiten der Repräsentativdemokratie angeführt und die Unmittelbarkeit der bürgerlichen Entscheidung beworben, dies wird verknüpft mit der positiven Konnotierung der eigenen Abstimmungsparole.

Um einen weiterführenden Eindruck über Akteure kommunaler Direktdemokratie in Baden-Württemberg zu erhalten, sollten in einem eigenständigen Forschungsprojekt Verwaltungsmitarbeiter zu ihrer Wahrnehmung von und Einstellung zu Bürgerbeteiligung adressiert werden, da hierzu durch die Analyse des öffentlichen Diskurses und drei Interviews weder eine weitreichende, noch eine statistische Auswertung vorgelegt werden kann. Sie scheinen aber, das zeigt die Forschungsliteratur und die Kommunikationsanalyse, einen bedeutsamen Anteil an der Vorbereitung und Durchführung von Bürgerentscheiden zu haben. Immerhin liegen hiermit erste empirisch fundierte Einsichten zur Rezeption gegenwärtiger direktdemokratischer Verfahren vor.

Vor dem Hintergrund der Feststellung, dass im Untersuchungsfall Waldburg wenige Beiträge den Bürgerentscheid thematisiert haben, wäre es interessant, Erklärungsfaktoren für die hohe Abstimmungsbeteiligung herauszufinden, zeigte sich doch in den Fällen Wendlingen am Neckar und Lahr die Anzahl der Diskursbeiträge deutlich umfangreicher, die Abstimmungsbeteiligung jedoch erheblich niedriger. Eine solche (Wirkungs-)Studie müsste Bürger befragen, wie sie ihre Entscheidungsfindung gestalten und ihre Abstimmungsteilnahme begründen. Hierbei sind, neben dem allgemeinen Aufwand der Datenerhebung, Probleme hinsichtlich der Selbstreflektion der abstimmungsberechtigen Bürger zu diskutieren. Fand eine bewusste Entscheidung statt und kann begründet werden, warum diese getroffen wurde? Wie wichtig war die öffentliche Kommunikation, zum Beispiel die Abstimmungsempfehlung, die Akteur X getroffen hat? Hinzu kommt der zeitliche Abstand zum Abstimmungstag, der die Wahrnehmung nachträglich verzerren könnte.

12.8 Anhang

Tab. 19 Übersicht Untersuchungsfälle

Gemeinde aus dem Landesteil Württemberg (W) bzw. Baden (B)	Thema und Richtung des Bürgerentscheids	Korrekturbegehren/ Initiativbegehren	Fragestellung des Bürgerentscheids	Verfahrensausgang	Datum des Bürgerentscheids	Untersuchungszeitraum	Anzahl Untersuchungsmaterial	Gesamtzahl Bürgerentscheide (auch vor 2015)
ab 20.000 Einwohner								
Rottweil (W)	Gegen den Bau einer Hängebrücke	Korrekturbegehren	„Soll die Stadt Rottweil die Voraussetzungen dafür schaffen, dass ein privater Investor eine Hängebrücke zwischen dem Berner Feld und der historischen Kernstadt errichten kann?"	Bürgerentscheid nicht im Sinne des Begehrens	19.03.2017	21.01.2016 – 19.03.2017	191	2
5.000–19.999 Einwohner								
Wendlingen am Neckar (W)	Für den Erhalt eines kirchlichen Gemeindezentrums	Initiativbegehren	„Sind Sie für eine Grundsatzentscheidung der Stadt, sich dafür einzusetzen und alles rechtlich Mögliche dafür zu tun, dass die evangelische Stadtkirche in der Stadtmitte als wesentlicher Bestandteil eines Gemeindezentrums im Rahmen einer Mehrfachnutzung erhalten bleibt?"	Bürgerentscheid unecht gescheitert	06.11.2016	29.04.2016 – 06.11.2016	40	3
bis 4.999 Einwohner								
Waldburg (W)	Gegen den Standort einer Flüchtlingsunterkunft	Korrekturbegehren	„Soll der Bau einer Asyl-/ Flüchtlingsunterkunft bzw. der Wohnungsbau in der Amtzeller Straße (Grundstück auf Zugang zum Sportplatz/FV), entgegen dem Beschluss des Waldburger Gemeinderats vom 15.12.2015, unterlassen werden?"	Bürgerentscheid im Sinne des Begehrens	10.07.2016	12.02.2016 – 10.07.2016	11	1
ab 20.000 Einwohner								
Lahr (Schwarzwald) (B)	Gegen die Bebauung des Reichwaisenhaus-Areals	Korrekturbegehren	„Sind Sie dafür, dass der Beschluss des Gemeinderats vom 25.07.2016 zur Aufstellung des Bebauungsplanes Altenberg (1. Änderung des Bebauungsplanes Altenberg) aufgehoben wird?"	Bürgerentscheid unecht gescheitert	26.03.2017	28.07.2016 – 25.03.2017	84	3y

12.8 Anhang

5.000–19.999 Einwohner	**Edingen-Neckarhausen (B)**	Gegen die Bebauung des „Mittelgewann"	Korrekturbegehren	„Sind Sie dafür, dass der Gemeinderatsbeschluss (Tagesordnungspunkt 6) vom 21. September 2016 zur Aufstellung des Bebauungsplans ‚Edingen-Südost-Mittelgewann II' mit einem Geltungsbereich von 15 ha aufgehoben wird und die mit diesem Bebauungsplan beabsichtigte des Mittelgewanns unterbleibt?"	Bürgerentscheid im Sinne des Begehrens	26.03.2017	15.07.2016 – 23.03.2017	43	1
bis 4.999 Einwohner	**Hüffenhardt (B)**	Gegen den Bau eines Windkraftparks	Korrekturbegehren	„Sind Sie gegen die Einleitung einer punktuellen Änderung des Flächennutzungsplans im Gebiet ‚Großer Wald', welche die Errichtung von Windkraftanlagen dort ermöglichen soll?"	Bürgerentscheid im Sinne des Begehrens	30.10.2016	25.02.2016 – 30.10.2016	25	3

Tab. 20 Codebuch der qualitativen Inhaltsanalyse und Ankerbeispiele[89]

Code	Subcodes	Code Memo	Ankerbeispiel
Akteure	Contra-Akteure	Dieser Code wird vergeben, wenn der Akteur sich gegen die Baumaßnahme wendet.	„Gleich zwei Bürgerinitiativen sammeln Unterschriften für die Erhaltung der evangelischen Johannes-kirche, die mitten im Ortszentrum steht." (Wendlingen-Presse\2016-05-04 Stuttgarter Zeitung: 8 - 8)
	Pro-Akteure	Dieser Code wird vergeben, wenn der Akteur sich für die Baumaßnahme ausspricht.	„Kirchengemeinderat Wendlingen" (Wendlingen-Presse\2016-06-13 Der Teckbote: 8 - 8)
	Vermittler	Dieser Code wird vergeben, wenn Akteure benannt werden, die nicht mehrheitlich oder nicht eindeutig einer Pro- oder Contra-Position zugeordnet werden können.	„Grundlage der Entscheidung für die Gemeinderäte war ein Rechtsgutachten, das die Stadtverwaltung bei der Stuttgarter Rechtsanwaltskanzlei Dolde, Mayen und Partner in Auftrag gegeben hat." (Wendlingen-Presse\2016-07-21 Wendlinger Zeitung: 1: 712 - 1: 902)
Partizipation	pro Repräsentativdemokratie	Dieser Code wird vergeben, wenn (ein Element der/) die Repräsentativdemokratie positiv besetzt wird.	im Untersuchungsfall Wendlingen nicht vergeben
	contra Repräsentativdemokratie	Dieser Code wird vergeben, wenn (ein Element der/) die Repräsentativdemokratie negativ besetzt wird.	im Untersuchungsfall Wendlingen nicht vergeben
	pro Partizipationsverfahren	Dieser Code wird vergeben, wenn (ein Element der/) die konsultative(n) Demokratie, zum Beispiel ein runder Tisch, positiv besetzt wird.	im Untersuchungsfall Wendlingen nicht vergeben
	contra Partizipationsverfahren	Dieser Code wird vergeben, wenn (ein Element der/) die konsultative(n) Demokratie, zum Beispiel ein runder Tisch, negativ besetzt wird.	im Untersuchungsfall Wendlingen nicht vergeben
	pro Direktdemokratie	Dieser Code wird vergeben, wenn (ein Element der/) die Direktdemokratie (Legitimität, Unmittelbarkeit, Selbstbestimmung) positiv besetzt wird.	„Initiative Pro Johanneskirche und Freundeskreis wollen die Bürger entscheiden lassen, wie es mit der Johanneskirche weiter gehen soll" (Wendlingen-Presse\2016-04-29 Wendlinger Zeitung: 1: 90 - 1: 225)
	contra Direktdemokratie	Dieser Code wird vergeben, wenn (ein Element der/) die Direktdemokratie (Kosten, Zeitverzögerung bis zur Entscheidungsfindung, Unwissenheit der Bürgerschaft) negativ besetzt wird.	„Der [sic] Weg des Bürgerbegehrens halt sie für nicht korrekt, da die Stadt hier in die Verantwortung genommen werde, wo sie keine habe. Deshalb habe sich die Stadt bisher auch neutral verhalten, sagte sie." (Wendlingen-Presse\2016-06-08 Wendlinger Zeitung: 3: 348 - 3: 550)

12.8 Anhang

	Einwohnerversammlung	Dieser Code wird vergeben, wenn die Einwohnerversammlung/die Informationsveranstaltung, die sich auf den Bürgerentscheid bezieht, erwähnt wird. Die Konnotation ist aus dem Zusammenhang zu erfassen und ggf. über ein Frame-Element zu erfassen.	„Wir haben im Gemeinderat intensiv diskutiert, ob wir eine Informationsveranstaltung machen sollen", sagt Bürgermeister Steffen Weigel. Aus ‚Respekt vor dem demokratisch gewählten Gremium des Kirchengemeinderats' wolle die bürgerliche Gemeinde sich nun erst nach einer Stellungnahme enthalten. Die Stadt sei erst dann wieder gefragt, wenn die Kirchengemeinde bauen will und wir einen Plan aufstellen'." (Wendlingen-Presse\2016-10-19 Der Teckbote: 9 - 9)
	Frageformulierung und Information	Dieser Code wird vergeben, wenn sich auf die Fragestellung und/oder die Information, wie sie in der Gemeindeordnung festgelegt wird, bezogen und/oder sie bewertet wird.	„Die Fragestellung lautet: ‚Sind sie für eine Grundsatzentscheidung der Stadt, sich dafür einzusetzen und alles rechtlich Mögliche dafür zu tun, dass die evangelische Johanneskirche in der Stadtmitte als wesentlicher Bestandteil eines Gemeindezentrums im Rahmen einer Mehrfachnutzung erhalten bleibt?' Diese Frage hat in Vorhinein etliche Wendlinger ziemlich ratlos zurückgelassen." (Wendlingen-Presse\2016-11-05 Eßlinger Zeitung: 1: 829 - 1: 1226)
	explizite Positionierung bezüglich Sachenscheid	Dieser Code wird vergeben, wenn ein Akteur sich explizit zum Sachenscheid positioniert. Das kann die Abstimmungsparole sein, aber auch eine Bewertung, als wie sinnvoll der Bürgerentscheid in diesem Politikfeld/zu diesem policy issue angesehen wird.	„Wir bitten Sie deshalb, gehen Sie am Sonntag, den 6. November 2016 zum Bürgerentscheid und stimmen Sie mit Ja'." (Wendlingen-Amtsblatt\2016-10-14 Stadt Wendlingen am Neckar: 3: 7334 - 3: 7448)
Ressourcen	Strategiefähigkeit	Dieser Code wird vergeben, wenn die Fähigkeit zur Konzipierung, internen Durchsetzung und Durchführung von Strategien angesprochen wird.	„Informationsstand auf dem Wochenmarkt am 30. Juli In einer Auflage von 7000 Exemplaren will die Kirchengemeinde den Flyer an alle Wendlinger Haushalte verteilen. Zudem soll es einen Informationsstand auf dem Wendlinger Wochenmarkt am Samstag, 30. Juli, geben, an dem die Kirchengemeinde ebenfalls mit den Bürgern ins Gespräch kommen will. Der Flyer kann auch schon heute im Internet unter www.gruende-dafuer.de oder auf der Homepage der Kirchengemeinde www.evk-wendlingen-neckar.de aufgerufen werden." (Wendlingen-Presse\2016-07-18 Wendlinger Zeitung: 2: 1136 - 2: 1649)
	Konfliktfähigkeit	Dieser Code wird vergeben, wenn die Fähigkeit zur kollektiven Einflussnahme durch Konflikt thematisiert wird.	„Daher haben die Kirchenbefürworter eine Alternativplanung selbst angestrengt." (Wendlingen-Presse\2016-04-29 Wendlinger Zeitung: 2: 1659 - 2: 1738)
	Kooperationsfähigkeit	Dieser Code wird vergeben, wenn die Fähigkeit zur kollektiven Einflussnahme durch Verhandlung/Kooperation angesprochen wird.	„Die Evangelische Kirchengemeinde wird auf jeden Fall in enger Zusammenarbeit mit der Stadt Wendlingen Szenarien entwickeln, die zu den jeweilig möglichen Ausgängen der Befragung eingeschlagen werden können, so Class." (Wendlingen-Presse\2016-07-18 Wendlinger Zeitung: 2: 2850 - 2: 3073)

Framing-Strategien	Organisationsfähigkeit		Dieser Code wird vergeben, wenn die Fähigkeit zur formalen kollektiven Interessenorganisierung thematisiert wird.	„Und auch eine zweite Voraussetzung ist laut Viktor Ziegler bereits erfüllt, denn die 800 Unterschriften lägen ebenfalls bereits vor." (Wendlingen-Presse\2016-05-14 Wendlinger Zeitung:2: 1060 - 2: 1193)
	Frame	Problem-definition	Dieser Code wird vergeben, wenn das Thema, die Frage, das Problem, um das es je nach Deutung des Akteurs geht, aufgeworfen wird.	„‚Die Johanneskirche steht an einem stadtbildprägenden Ort. Sie ist Teil der Stadt, da steht sie auch in der Verantwortung', meinte Gfrör." (Wendlingen-Presse\2016-06-13 Der Teckbote: 9 - 9)
		Ursachen-zuschreibung	Dieser Code wird vergeben, wenn begründet wird, was eine Erscheinung, eine Handlung oder einen Zustand bewirkt, veranlasst.	„Die Zahl der Gemeindemitglieder nehme seit vielen Jahren kontinuierlich ab, wie der Pfarrer Stefan Wannenwetsch erklärt. Während es 1986 noch 6729 Protestanten in ganz Wendlingen gegeben habe, seien es Ende des vergangenen Jahres noch 5151 Gemeindemitglieder gewesen. Besonders seit dem Jahrtausendwechsel würden nur noch wenige Kinder in der evangelischen Gemeinde geboren. ‚Das sind diejenigen, die in zwanzig Jahren Kirchensteuer bezahlen', bringt es der Geistliche auf den Punkt." (Wendlingen-Presse\2016-05-04 Stuttgarter Zeitung: 12 - 12)
		explizite Bewertung	Dieser Code wird vergeben, wenn eine ausdrückliche Beurteilung vorgenommen wird.	„So wie er hängen viele an ihrer Kirche. ‚Die Gefühle der Menschen werden bei der Entscheidung des Kirchenabrisses nicht beachtet', moniert Köhler." (Wendlingen-Presse\2016-04-29 Wendlinger Zeitung: 3: 553 - 3: 701)
		Lösungs-zuschreibung	Dieser Code wird vergeben, wenn die zu treffende/zu unterlassende Maßnahme benannt wird.	„Die Initiativen meinen lediglich, dass das Vorhaben auch mit einem Umbau statt Abriss möglich sein müsse." (Wendlingen-Presse\2016-05-06 Der Teckbote: 11 - 11)
	Vereinnahmungsstrategien	Garant	Dieser Code wird vergeben, wenn ein Experte zitiert wird, um die eigene Aussage zu bestätigen.	„Die Erhaltung des Gebäudes sei auch nach einem Umbau zu teuer, wie eine sogenannte Due-Diligence-Prüfung aus dem Jahre 2013 ergeben habe. Das Ergebnis dieser Prüfung sei die Empfehlung eines Neubaus gewesen, erklärt der Wendlinger Pfarrer." (Wendlingen-Presse\2016-05-04 Stuttgarter Zeitung: 13 - 13)
		Stimmung	Dieser Code wird vergeben, wenn auf die Stimmung anderer Akteure verwiesen wird, um die eigene Aussage zu bestätigen.	„Köhler glaubt wie seine Mitstreiter, dass eine Mehrheit der Bürger für den Erhalt der Kirche sei. Er ist deshalb auch zuversichtlich, dass auch mindestens 20 Prozent der Wahlberechtigten beim Bürgerentscheid zu schaffen sind". (Wendlingen-Presse\2016-04-29 Wendlinger Zeitung: 3: 1213 - 3: 1441)
		Betroffenheit	Dieser Code wird vergeben, wenn darauf rekurriert wird, dass Akteure von der Infrastrukturmaßnahme oder durch ihr Ausbleiben berührt werden, um die eigene Überzeugung zu untermauern.	„Im Falle einer Entscheidung ‚Pro Neubaugegner' sieht Hans-Georg Class die Gefahr einer ‚Gemeindeimplosion', da ähnlich des Brexits keine Verantwortlichen in Sicht seien, die den Prozess danach weiterführen würden. ‚Eine solche Entscheidung ist kein ‚Pro Umbau', sondern nur ein ‚Kontra Zukunft', befürchtet Class. Das Kirchenleben werde von einem lahmgelegt. ‚Jahrelange Arbeit engagierter Mitglieder des Kirchengemeinderats sei umsonst gewesen." (Wendlingen-Presse\2016-07-18 Wendlinger Zeitung: 2: 3075 - 3: 128)

12.8 Anhang

Value Framing	Symbolisierung von Politik	Dieser Code wird vergeben, wenn eine Symbolisierung einer politischen Maßnahme vorgenommen wird.	„[…] Die Johanneskirche ist ein wesentlicher ‚Baustein' des baulichen und geistig-kulturellen Zusammenwachsens der ehemals selbstständigen Gemeinden Unterboihingen und Wendlingen und deshalb ein lokales Baudenkmal mit orts- und zeitgeschichtlicher sowie kulturhistorischer Bedeutung. Ein [sic] Kirche ist eine sichtbare Werte-Repräsentanz! Durch ihre symbolische Kraft stellen Kirchen für viele Menschen – auch für Kirchenferne und Konfessionslose – eine sichtbare Werte-Repräsentanz dar. Der Abriss einer Kirche im Stadtzentrum ist stets ein Zeichen des Rückzugs der Kirche aus dem öffentlichen Raum, denn kein noch so architektonisch gelungenes Gemeindezentrum kann jemals die Symbolkraft und Wirkung eines Kirchengebäudes entfalten. Viele Menschen suchen heute nach Sinn und Orientierung." (Wendlingen-Amtsblatt\2016-10-14 Stadt Wendlingen am Neckar 3: 2666 - 3: 3977)
	selbstgeprägter Value Frame	Dieser Code wird vergeben, wenn ein Journalist selbst einen Value-Frame prägt, also als politischer Akteur agiert.	„Im Wendlinger Rathaus hätte man sich gerne herausgehalten und die Entscheidung der Kirchengemeinde überlassen. Das hätte Bürgermeister und Stadträten unliebsame Diskussionen erspart. Doch der bequeme Weg ist nicht immer der richtige, auch wenn Kommunalpolitiker ihn gerne gehen mögen." (Wendlingen-Presse\2016-11-05 Eßlinger Zeitung 1: 5320 - 1: 5633)
	positive/negative Umdeutung	Dieser Code wird vergeben, wenn Frame-Elemente, also sachliche Interessen, vom Akteur der gegnerischen advocacy coalition aufgegriffen und dann zum eigenen Vorteil umgedeutet werden.	im Untersuchungsfall Wendlingen nicht vergeben
	angel shift	Dieser Code wird vergeben, wenn im Sinne des ACF eine Idealisierung der eigenen Seite vorgenommen wird.	im Untersuchungsfall Wendlingen nicht vergeben
	devil shift	Dieser Code wird vergeben, wenn im Sinne des ACF zumindest eine der konfliktverschärfende Strategien eines anderen Akteurs angeprangert wird: die Falschinformation durch die Gegenseite, die Darstellung der persönlichen Diskussion mit Vertretern der Gegenseite, öffentliche scharfe Polemiken zur Auseinandersetzung mit der Gegenseite, die Infragestellung der Glaubwürdigkeit, die Gewaltandrohung (passiv und aktiv, hier vermutlich v.a. Androhung einer Klage).	„Heinz Gfrör sprach dabei auch die Fusion der beiden Kirchengemeinden Unterboihingen und Wendlingen an. In diesem Prozess seien verschiedene Aussagen von Kirchenleuten zum Erhalt der Johanneskirche gemacht, aber nicht gehalten worden, wodurch sich viele Mitglieder ‚getäuscht' sehen und sich aus dem Gemeindeleben zurückgezogen hätten." (Wendlingen-Presse\2016-06-30 Wendlinger Zeitung 2: 2731 - 2: 3072)

Publizitätsträchtige Nachrichtenfaktoren	Aktualität	Dieser Code wird vergeben, wenn die Berichterstattung auf eine unmittelbare Entwicklung Bezug nimmt.	„Gestern haben die beiden Bürgerinitiativen Pro Johanneskirche und der Freundeskreis ihre gesammelten Unterschriften für ein Bürgerbegehren Bürgermeister Weigel übergeben." (Wendlingen-Presse\2016-06-08 Wendlinger Zeitung 1: 195 - 1: 368)
	Information	Dieser Code wird vergeben, wenn die Berichterstattung über eine bestimmte Sache unterrichtet.	„Die Anhörung der Vertrauensleute für das Bürgerbegehren zum Erhalt der Johanneskirche in Wendlingen stand am Dienstag auf der Tagesordnung des Gemeinderats. Eine Entscheidung über die Zulässigkeit dieses Begehrens war aber hier noch nicht zu erwarten. Diese ist erst in der Gemeinderatssitzung am 19. Juli vorgesehen. Vielmehr galt es in dieser Sitzung zu erläutern, weshalb sich der Gemeinderat zuständig fühlen sollte." (Wendlingen-Presse\2016-06-30 Wendlinger Zeitung: 1: 197 - 1: 627)
	Konflikt	Dieser Code wird vergeben, wenn die Berichterstattung das Aufeinanderprallen widerstreitender Auffassungen, Interessen der Akteure darstellt.	„Nun ruht die Weiterentwicklung bis zum Bürgerentscheid. Die Stadt ist für den Abbruch gar nicht zuständig. Nachdem Weigel auch auf die Kosten hingewiesen hatte, die ein Bürgerentscheid mit sich bringt – die Rede war von 20 000 bis 25 000 Euro – sagte er: ‚Die Tatsache, dass die Bürgerinitiativen nicht sagen, was sie wollen, halte ich für eine Farce'. Er erwartet, dass alle Beteiligten sagen, was passieren soll." (Wendlingen-Presse\2016-07-22 Der Teckbote: 9 - 9)
	Personalisierung	Dieser Code wird vergeben, wenn die Berichterstattung auf einzelne Personen ausgerichtet ist.	im Untersuchungsfall Wendlingen nicht vergeben
	Negativismus	Dieser Code wird vergeben, wenn einem Akteur in der Berichterstattung eine ablehnende Haltung, negative Einstellung oder Grundhaltung zugeschrieben wird.	im Untersuchungsfall Wendlingen nicht vergeben
	Prominenz	Dieser Code wird vergeben, wenn einem Akteur in der Berichterstattung eine hervorragende Bedeutung attestiert wird.	im Untersuchungsfall Wendlingen nicht vergeben

90 Die Ankerbeispiele sind dem Untersuchungsfall Wendlingen am Neckar entnommen. Der Stil der Quellennachweise ist von MAXQDA vorgegeben, er bezeichnet den Dateinamen, gibt das Datum und das Seiten- und Zeilenspektrum der interpretierten Textstelle an. Das Quellenverzeichnis sowie die MAXQDA-Datei können bei der Autorin angefordert werden (eva.krummenauer@politik.uni-freiburg.de).

Literatur

Althaus, Marco. 2015. Sonst gerne, nur bitte nicht hier! Regionaler Widerstand gegen Großprojekte und die Reaktion der Industrie. In *Der politische Mensch. Akteure gesellschaftlicher Partizipation im Übergang zum 21. Jahrhundert*, Hrsg. Ursula Bitzegeio, Jürgen Mittag, und Lars Winterberg, 200–256. Bonn: Dietz.

Bandelow, Nils C. 2015. Advocacy Coalition Framework. In *Handbuch Policy-Forschung*, Hrsg. Georg Wenzelburger, und Reimut Zohlnhöfer, 305–324. Wiesbaden: Springer Fachmedien Wiesbaden.

Behnke, Joachim, Nina Baur, und Nathalie Behnke. 2012. *Empirische Methoden der Politikwissenschaft*. Stuttgart: UTB GmbH.

Bernauer, Thomas, Detlef Jahn, Patrick Kuhn, und Stefanie Walter. 2009. *Einführung in die Politikwissenschaft*. Baden-Baden: Nomos.

Bernhard, Laurent. 2012. *Campaign strategy in direct democracy*. Houndmills, Basingstoke, Hampshire: Palgrave Macmillan.

Bogumil, Jörg, und Lars Holtkamp (Hrsg.). 2016. *Kommunale Entscheidungsstrukturen in Ost- und Westdeutschland*. Wiesbaden: Springer Fachmedien Wiesbaden.

Busch, Christoph. 2014. Bürgerbegehren und Bürgerentscheide als kommunalpolitische Strategie rechtsradikaler Akteure. In *Direkte Demokratie. Analysen im internationalen Vergleich*, Hrsg. Ursula Münch, 101–115. Baden-Baden: Nomos.

Eith, Ulrich, und Gerd Mielke. 2013. Volksentscheide versus Parteiendemokratie? Das Lehrstück Stuttgart 21. In *Der historische Machtwechsel: Grün-Rot in Baden-Württemberg*, Hrsg. Uwe Wagschal, Ulrich Eith, und Michael Wehner, 155–166. Baden-Baden: Nomos.

Fatke, Matthias, und Markus Freitag. 2013. Zuhause statt oben bleiben. Stuttgart 21 und die direkte Demokratie in Baden-Württemberg. In *Der historische Machtwechsel: Grün-Rot in Baden-Württemberg*, Hrsg. Uwe Wagschal, Ulrich Eith, und Michael Wehner, 207–228. Baden-Baden: Nomos.

Faußner, Dominic. 2014. *Volksentscheide in den deutschen Bundesländern. Direkte Demokratie oder eine andere Form von Parteienpolitik?* Hamburg: Diplomica.

Forschungsstelle Bürgerbeteiligung Universität Wuppertal, und Forschungsstelle Bürgerbeteiligung und Direkte Demokratie Universität Marburg. 2017a. *Datenbank Bürgerbegehren*. Begehren Nr. 9473. http://www.datenbank-buergerbegehren.info/fsbbdd/updateprop.php?Begehren_ID=9473. Zugegriffen: 15.08.2017.

Forschungsstelle Bürgerbeteiligung Universität Wuppertal, und Forschungsstelle Bürgerbeteiligung und Direkte Demokratie Universität Marburg. 2017b. *Datenbank Bürgerbegehren*. Bürgerbegehren Baden-Württemberg 2016. http://www.datenbank-buergerbegehren.info/fsbbdd/begehrensliste.php?Ort_ID=&ErgebnisLang=&BBJahr=2016&BLkurz=BAW. Zugegriffen: 16.08.2017.

Giger, Nathalie, und Denise Traber. 2016. Die Salienz von Sachthemen im internationalen Vergleich. Zurück zu „It's the economy, stupid" während der Krise? In *Wahlen und Wähler*, Hrsg. Harald Schoen, und Bernhard Weßels, 401–419. Wiesbaden: Springer Fachmedien Wiesbaden.

Glantz, Alexander, und Harald Schoen. 2014. Mobilisierung durch Kampagnen? Eine Analyse zum Volksentscheid über den Nichtraucherschutz in Bayern. In *Direkte Demokratie. Analysen im internationalen Vergleich*, Hrsg. Ursula Münch, 117–132. Baden-Baden: Nomos.

Gross, Martin. 2017. Machtstrukturen in der lokalen Politik. In *Politische Einstellungen von Kommunalpolitikern im Vergleich*, Hrsg. Markus Tausendpfund, und Angelika Vetter, 111–149. Wiesbaden: Springer Fachmedien Wiesbaden.

Heindl, Andreas. 2014. *Überzeugungsstrategien in Europaabstimmungen*. Baden-Baden: Nomos.

Heindl, Andreas. 2015. Inhaltsanalyse. In *Methodologie, Methoden, Forschungsdesign*, Hrsg. Achim Hildebrandt, Sebastian Jäckle, Frieder Wolf, und Andreas Heindl, 299–333. Wiesbaden: Springer Fachmedien Wiesbaden.

Heyne, Lea. 2017. Direkte Demokratie auf Kommunal- und Länderebene in Deutschland:. Die Beispiele Bayern und Hamburg. In *Die Legitimität direkter Demokratie*, Hrsg. Wolfgang Merkel, und Claudia Ritzi, 177–192. Wiesbaden: Springer Fachmedien Wiesbaden.

Holtmann, Everhard, Christian Rademacher, und Marion Reiser. 2017. ‚Sachpolitik' statt ‚Parteienstreit' im Rathaus? In dies.: *Kommunalpolitik*, 123–150. Wiesbaden: Springer Fachmedien Wiesbaden.

Jäske, Maija. 2017. 'Soft' forms of direct democracy: Explaining the occurrence of referendum motions and advisory referendums in Finnish local government. *Swiss Political Science Review* 23: 50–76. doi: 10.1111/spsr.12238.

Jenkins-Smith, Hank C., Daniel Nohrstedt, Christopher M. Weible, und Paul A. Sabatier. 2014. The Advocacy Coalition Framework: Foundations, Evolution, and Ongoing Research. In *Theories of the Policy Process*, Hrsg. Paul A. Sabatier, und Christopher M. Weible, 183–223. New York: Westview Press.

Kersting, Norbert, und Sebastian H. Schneider. 2016. Neue Machtansprüche in der Kommunalpolitik. Die Einstellungen von Ratsmitgliedern zu Bürgerbeteiligung. *Zeitschrift für Vergleichende Politikwissenschaft* 10: 311–339. doi: 10.1007/s12286-016-0308-7.

König, Pascal. *Die Vermittlung von Reformen in Zeiten der Krise*. Dissertation. Baden-Baden: Nomos.

Kriesi, Hanspeter. 2008. *Direct democratic choice*. The Swiss experience. Lanham Md. u. a.: Lexington Books.

Kriesi, Hanspeter. 2016. Role of The Political Elite in Swiss Direct-Democratic Votes. *Party Politics* 12: 599–622. doi: 10.1177/1354068806066790.

Löblich, Maria. 2014. Qualitative Inhaltsanalyse von Medienframes. Kategoriengeleitetes Vorgehen am Beispiel der Presseberichterstattung über den 12. Rundfunkänderungsstaatsvertrag. In *Framing als politischer Prozess. Beiträge zum Deutungskampf in der politischen Kommunikation*, Hrsg. Frank Marcinkowski, 63–76. Baden-Baden: Nomos.

Marcinkowski, Frank. 2012. Winning without victory? The media Coverage of Minority Affairs in Swiss Direct Democratic Campaigns. In *Direct Democracy and Minorities*, Hrsg. Wilfried Marxer, 194–211. Wiesbaden: Springer VS.

Marschall, Stefan. 2014. *Demokratie*. Opladen, Toronto: Verlag Barbara Budrich.

Matthes, Jörg. 2014. Zum Gehalt der Framing-Forschung. Eine kritische Bestandsaufnahme. In *Framing als politischer Prozess. Beiträge zum Deutungskampf in der politischen Kommunikation*, Hrsg. Frank Marcinkowski, 17–28. Baden-Baden: Nomos.

Mayer, Christoph. 2017. Direkte Demokratie in der Schweiz. In *Die Legitimität direkter Demokratie*, Hrsg. Wolfgang Merkel, und Claudia Ritzi, 51–72. Wiesbaden: Springer Fachmedien Wiesbaden.

Mayring, Philipp. 2010. Qualitative Inhaltsanalyse. In *Handbuch Qualitative Forschung in der Psychologie*, Hrsg. Günter Mey, und Katja Mruck, 301–613. Wiesbaden: Springer VS.

Müller, Wolfgang C. 2014. Governments and bureaucracies. In *Comparative politics*, Hrsg. Daniele Caramani, 131–149. Oxford: Oxford University Press.

NeulandQuartier GmbH, und pollytix strategic research gmbh. 2018. *Studie: Bürgerbeteiligung aus kommunaler Sicht*. Stellenwert und Verbreitung informeller Bürgerbeteiligung in deutschen Kommunen. https://pollytix.de/wp-content/uploads/2018/05/pdf_studie_buergerbeteiligung.pdf. Zugegriffen: 08.06.2018.

Norris, Pippa. 2014. Political Communication. In *Comparative politics*, Hrsg. Daniele Caramani, 318–331. Oxford: Oxford University Press.

Paulsen, Friedrich, Freia Stellmann, und Annette Zimmer. 2008. Schach dem Parlament – Lokalvereine machen Ratsentscheidungen rückgängig. In *Erfolgsbedingungen lokaler Bürgerbeteiligung*, Hrsg. Angelika Vetter, 149–170. Wiesbaden: Springer VS.

Pleschberger, Werner. 2015. Kommunale direkte Demokratie in Österreich – Strukturelle und prozedurale Probleme und Reformvorschläge. In *Direkte Demokratie und Parlamentarismus. Wie kommen wir zu den besten Entscheidungen?*, Hrsg. Theo Öhlinger, 359–395. Wien/Graz u. a.: Böhlau.

Przyborski, Aglaja, und Monika Wohlrab-Sahr. 2014. *Qualitative Sozialforschung*. Ein Arbeitsbuch. München: Oldenbourg.

Reinemann, Carsten, Marcus Maurer, Thomas Zerback, und Olaf Jandura. 2013. Fazit: Medien und Wahlentscheidungen im Wahlkampf 2009. In dies.: *Die Spätentscheider*, 275–289. Wiesbaden: Springer Fachmedien Wiesbaden.

Sabatier, Paul A. 1999. The Need for Better Theories. In ders.: *Theories of the policy process*, 3–17. Boulder, Colo.: Westview Press.

Sabatier, Paul A., und Hank C. Jenkins-Smith. 1999. The Advocacy Coalition Framework. In *Theories of the policy process*, Hrsg. Paul A. Sabatier, 117–166. Boulder, Colo.: Westview Press.

Sarcinelli, Ulrich. 2011. *Politische Kommunikation in Deutschland*. Wiesbaden: Springer VS.

Schiller, Theo. 2002. *Direkte Demokratie*. Eine Einführung. Frankfurt: Campus-Verlag.

Vetter, Angelika, Helmut Klages, und Frank Ulmer. 2013. Bürgerbeteiligung braucht Verstetigung und Verlässlichkeit: Gestaltungselemente einer dauerhaften und systematischen Bürgerbeteiligung in Städten und Gemeinden. *Der moderne Staat: Zeitschrift für Public Policy, Recht und Management* 6: 253–271.

Vogeler, Colette S., und Nils C. Bandelow. 2016. Devil Shift und Angel Shift in eskalierten politischen Konflikten am Beispiel von Stuttgart 21. *Zeitschrift für Politikwissenschaft* 26: 301–324. doi: 10.1007/s41358-016-0061-0.

Wagschal, Uwe, Eva Krummenauer, und Florian Marco Ruf. 2018. *Bürgerbeteiligung und ihre Wahrnehmung durch politische Entscheidungsträger*. Manuskript. Albert-Ludwigs-Universität Freiburg.

Witt, Paul, Christina Krause, und Adrian Ritter. 2009. *Wer sind die Gemeinderäte in Baden-Württemberg?* Im Schatten der hohen Politik – Studie zur Situation der Gemeinderäte in Baden-Württemberg. www.hs-kehl.de/fileadmin/hsk/Forschung/Dokumente/PDF/Studie_Gemeinderatsbefragung.pdf.

Die Autorinnen und Autoren

Prof. Dr. Daniel Buhr
Institut für Politikwissenschaft
Eberhard-Karls-Universität Tübingen
Melanchthonstr. 36
72074 Tübingen
daniel.buhr@uni-tuebingen.de

Gisela Erler
Staatsrätin für Zivilgesellschaft und Bürgerbeteiligung
Staatsministerium Baden-Württemberg
Richard-Wagner-Str. 15
70184 Stuttgart
gisela.erler@stm.bwl.de

Dr. Rolf Frankenberger
Institut für Politikwissenschaft
Eberhard-Karls-Universität Tübingen
Melanchthonstr. 36
72074 Tübingen
rolf.frankenberger@uni-tuebingen.de

Tim Gensheimer, M.A.
Forschungsinstitut für Arbeit, Technik und Kultur e.V. (F.A.T.K.)
an der Universität Tübingen Hausserstraße 43
72076 Tübingen
tim.gensheimer@uni-tuebingen.de

© Springer Fachmedien Wiesbaden GmbH, ein Teil von Springer Nature 2019
Baden-Württemberg Stiftung (Hrsg.), *Demokratie-Monitoring Baden-Württemberg 2016/2017*, https://doi.org/10.1007/978-3-658-23331-0

Prof. Dr. Volker M. Haug
Institut für Volkswirtschaftslehre und Recht
Universität Stuttgart
Keplerstraße 17
70174 Stuttgart
haug@ivr.uni-stuttgart.de

Eva Krummenauer, M.A.
Albert-Ludwigs-Universität Freiburg
Seminar für Wissenschaftliche Politik
Werthmannstr. 12
79098 Freiburg
eva.krummenauer@politik.uni-freiburg.de

Sarah Perry, M.A.
Mannheimer Zentrum für Europäische Sozialforschung (MZES)
Universität Mannheim
68131 Mannheim
Email: sarah.perry@uni-mannheim.de

Dr. Simone Plahuta
Baden-Württemberg Stiftung gGmbH
Kriegsbergstr. 42
70174 Stuttgart
plahuta@bwstiftung.de

Florian Ruf, M.A.
Albert-Ludwigs-Universität Freiburg
Seminar für Wissenschaftliche Politik
Werthmannstr. 12
79098 Freiburg
florian.ruf@politik.uni-freiburg.de

Prof. Dr. Rüdiger Schmitt-Beck
Lehrstuhl für Politikwissenschaft I – Politische Soziologie
Universität Mannheim
68131 Mannheim
schmitt-beck@uni-mannheim.de

Die Autorinnen und Autoren

Alexander Staudt, M.A.
Mannheimer Zentrum für Europäische Sozialforschung (MZES)
Universität Mannheim
68131 Mannheim
astaudt@mail.uni-mannheim.de

Prof. Dr. Jan W. van Deth
Mannheimer Zentrum für Europäische Sozialforschung (MZES)
Universität Mannheim
68131 Mannheim
jvdeth@uni-mannheim.de

Prof. Dr. Uwe Wagschal
Albert-Ludwigs-Universität Freiburg
Seminar für Wissenschaftliche Politik
Werthmannstr. 12
79098 Freiburg
uwe.wagschal@politik.uni-freiburg.de

Dr. Andreas Weber
Baden-Württemberg Stiftung gGmbH
Kriegsbergstr. 42
70174 Stuttgart
weber@bwstiftung.de

Dr. Marc Zeccola
Institut für Volkswirtschaftslehre und Recht
Universität Stuttgart
Keplerstraße 17
70174 Stuttgart
marc.zeccola@ivr.uni-stuttgart.de

Baden-Württemberg Stiftung *Hrsg.*

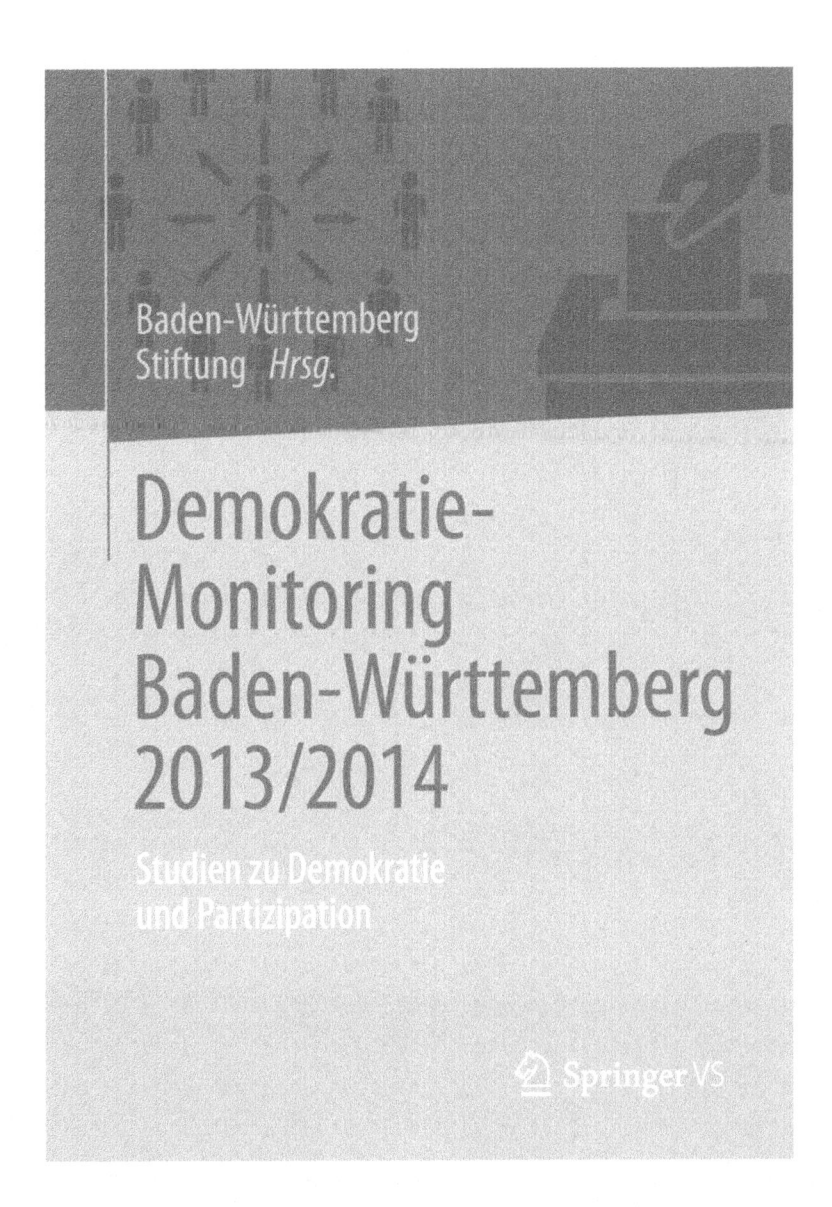

Demokratie-Monitoring Baden-Württemberg 2013/2014

Studien zu Demokratie und Partizipation

Jetzt im Springer-Shop bestellen:
springer.com/978-3-658-09419-5